교차와 횡단의 정치사상

교차와 횡단의 정치사상

강정인 편저

까치

* 이 저서는 2017년 정부(교육부)의 재원으로 한국연구재단의 지원을 받아
  수행된 연구다(NRF-2017S1A3A2065772).

교차와 횡단의 정치사상

편저자 / 강정인
발행처 / 까치글방
발행인 / 박후영
주소 / 서울시 용산구 서빙고로 67, 파크타워 103동 1003호
전화 / 02 · 735 · 8998, 736 · 7768
팩시밀리 / 02 · 723 · 4591
홈페이지 / www.kachibooks.co.kr
전자우편 / kachibooks@gmail.com
등록번호 / 1−528
등록일 / 1977. 8. 5
초판 1쇄 발행일 / 2019. 5. 20

값 / 뒤표지에 쓰여 있음
ISBN 978−89−7291−685−7 93340

이 도서의 국립중앙도서관 출판예정도서목록(CIP)은 서지정보유통지원시스템 홈페이지(http://seoji.
nl.go.kr)와 국가자료종합목록시스템(http://www.nl.go.kr/kolisnet)에서 이용하실 수 있습니다. (CIP
제어번호 : CIP2019016755)

차례

저자 약력(가나다순)

강정인(姜正仁) / 서강대학교 정치외교학과 교수이자 서강대학교 글로컬한국정치사상연구소 소장이다. 주요 연구 분야는 비교정치사상, 한국 현대 정치사상, 문화와 정치 등이다. 주요 저서로는 『넘나듦의 정치사상』, 『한국 현대 정치사상과 박정희』, 『죽음은 어떻게 정치가 되는가』 등이 있고, 역서로는 『통치론(*Two Treatises of Government*)』(공역), 『정치와 비전1, 2, 3(*Politics and vision*)』(공역), 『군주론(*Il Principe*)』(공역), 『평등이란 무엇인가(*Equality*)』(공역), 『민주주의란 무엇인가(*Democracy*)』(공역) 『로마사 논고(*Discourses*)』(공역) 등이 있다.

권도혁(權度赫) / 서강대학교 정치외교학과에서 석사학위를 받았다. 정치사상을 전공했으며, 주요 관심 분야는 평등 이론, 공화주의, 비교정치사상 등이다. 논문으로는 "경제민주화 담론에 대한 정치사상적 고찰", "조소앙의 삼균주의의 재해석: '균등' 개념의 분석 및 균등과 민주공화주의의 관계를 중심으로", "유교의 정치적 평등의 전개—유형원과 이익을 중심으로—", "한미 자유무역협정(FTA)은 순응의 산물인가 아니면 선택의 결과인가?"가 있고, 역서로는 『평등이란 무엇인가(*Equality*)』(공역)가 있다.

김우영(金宇鈴) / 서강대학교 정치외교학과에서 석사학위를, 리옹2대학교 문학과에서 석사학위를 받았다. 주요 관심 분야는 18세기 프랑스의 종교와 정치철학이다. 논문으로는 "볼테르의 종교적 관용 사상: 그는 보편적 관용을 주장했는가?"가 있다.

김태환(金泰煥) / 서강대학교 정치외교학과에서 석사학위를 받았고, 현재 철학과에서 박사과정을 밟고 있다. 주요 관심 분야는 유가정치철학 및 비교정치철학이다. 논문으로는 "성인에 대한 한비자의 중층적 언술 검토—성인에 대한 모순된 평가를 중심으로" 및 "맹자의 인내의내설에서 살펴볼 수 있는 자연법적 특징—토마스 아퀴나스의 자연법 이론과 관련하여"가 있다.

이석희(李碩熙) / 서강대학교 정치외교학과에서 석사학위를 받았다. 정치사상을 전공했으며 논문으로는 "왜 통일인가?: 세 가지 통일담론에 대한 비판적 고찰", "조선 유교 헌정주의의 성립", 역서로는 『민주주의란 무엇인가(*Democracy*)』(공역)가 있다.

장원윤(張元胤) / 서강대학교 정치외교학과 석사 졸업 및 동대학원 박사과정을 수료했다. 현재 서울특별시 성동구청 정책비서관으로 일하고 있다. 주요 논문으로는 "마루야마 마사오(丸山眞男)의 정치사상에 나타난 서구중심주의와 일본중심주의", "19세기 유럽의 보수주의와 조선 위정척사파의 근대 서구문명 비판", "조선의 과거사 정리담론: 4대 사화를 중심으로" 등이 있다.

한유동(韓儒東) / 서강대학교 정치외교학과 석사 졸업 및 동대학원 박사과정을 수료했다. 정치사상을 전공했으며, 주요 관심 분야는 다문화주의, 한국 현대 정치사상, 비교정치사상 등이다. 논문으로는 "이승만 대통령의 국가기념일 활용에 관한 연구: '반공'국민을 만드는 국민의식(國民儀式)"이 있다.

책머리에

1. 『교차와 횡단의 정치사상』이라는 제목으로 지난 20년 동안 집필한 논문들 가운데 일부를 한데 모아서 책으로 출간하게 되었다. 이 책은 2017년 정부(교육부)의 재원으로 한국연구재단의 지원을 받아 수행된 연구의 성과물을 출간한 것이다(NRF-2017S1A3A2065772). 10편의 논문과 2편의 서평으로 구성된 이 책은 연구의 발상과 주제에 있어서 2013년에 출간된 『넘나듦(通涉)의 정치사상』과 거의 동일하다. 큰 차이점이 있다면, 단독으로 집필한 4편의 논문 이외에도 대학원 제자들과 공동으로 집필한 6편의 논문과 필자가 쓴 2편의 서평이 수록되어 있다는 것이다.

2004년 『서구중심주의를 넘어서』를 출간한 이후 지난 15년 동안 나의 일관된 관심은 한국 정치사상 연구의 서구중심주의를 타개하기 위해 비교 정치사상 연구를 수행하는 것이었다. 그러한 시도는 '서양 정치사상의 한국화', '(동아시아) 전통 정치사상의 현대화', '한국 현대정치의 사상적 재구성'이라는 원칙과 명제로 수행되었다. 수록된 논문 10편 가운데 명시적으로 동아시아와 서양의 정치사상을 비교한 것은 덕치와 법치를 비교한 논문뿐이다. '전통 정치사상의 현대화'와 관련된 글은 율곡 이이의 사상, 한비자의 성인 개념, 조선의 유교 헌정주의, 조선의 과거사 청산을 다룬 4편의 논문이다. 비록 전통 사상을 소재로 다루지만, 이 논문들은 연구의 발상이나 접근 방식에서 서구 정치사상 연구의 영향을 크게 받았다는 점에서 비교 정치사상 연구라 할 수 있다. 루소의 정치참여 이론, 볼테르의 관용 사상을 다룬

2편의 논문은 엄격히 말해 '서양 정치사상의 한국화'라고 규정할 수 없다. 그러나 선진(先秦) 유학의 고전적 개념인 대동(大同)·소강(小康)·소강(少康) 개념을 성리학적 입장에서 혁신적으로 재해석한 율곡의 사상을 유학 사상의 한국(조선)화로 해석할 수 있다면, 루소의 정치참여 이론을 필자 나름대로 해석하고, 또 볼테르의 종교적 관용 사상을 전통시대 동아시아의 특징인 종교적 다원주의의 영향을 받은 것으로 해석한 두 논문은 넓은 의미에서 '서양 정치사상의 한국화'로 분류할 수 있을 것이다. 조소앙의 삼균주의, 이승만의 국가기념일 활용, 박정희의 국가주의를 체계적으로 해석한 3편의 논문은 '한국 현대정치의 사상적 재구성'에 해당한다.

선후배 동료 학자들과 종종 공동으로 논문 작업을 했지만, 대학원생들과도 꾸준히 논문 작업을 해왔다. 2000년대 초반에는 이지윤, 엄관용, 장원윤, 김현아 등과 함께 논문을 공동으로 출간했다. 공저 출간은 2011년 한국연구재단이 지원하는 SSK(한국사회과학연구지원) 사업에 참여하면서 더욱 체계적으로 추진되었다. 특히 2014년엔 김우영과 공저한 것을 포함해 4편의 논문을 출간했고, 이를 포함해 현재까지 총 10편의 논문을 대학원생들과 함께 출간했다. 이러한 성과는 뛰어난 제자들을 만났기 때문에 가능했다.

제자들과의 이러한 공동 작업은 커다란 즐거움을 안겨주었다. 공동으로 학술지에 투고하기 위해 학생들이 정성껏 집필한 초고를 필자에게 제출하면, 필자가 상세히 논평하면서 수정·보완을 요청했다. 이 과정을 논문이 정교해질 때까지 몇 차례 반복하곤 했다. 수정과정을 통해서 원고가 학술논문으로 점차 의젓한 모습을 갖추어갈 때, 내심 흐뭇함을 느끼곤 했다. 비유적으로 표현하면, 논문의 집필과 출간 과정은 임신 기간 중에 태아가 점차 사람의 모습을 갖추어가는 과정을 함께 지켜보는 그런 느낌을 주곤 했다.

대학원생들과 공동으로 작업한 결과인 논문들을 묶어 출간하니, 작업 당시에 느꼈던 힘들었지만 행복했던 추억이 새삼 되살아난다. 선생으로서 내가 제자들을 학문적으로 가르치고 이끌어왔지만, 그들은 또한 내가 집필했거나 집필 중인 논문을 독해하면서 비판적인 논평을 하거나 편집 및 교정 작업을 수행함으로써 나의 학문 활동을 지원해왔다. 또한 그들이 주도적으로 논문을 집필할 때, 나는 그들의 조언자로서 비판적인 논평과 조언을 통해 논문의 완성에 기여했다. 이러한 교학상장(敎學相長)의 경험은 "배우고 그것을 때때로 익히면 기쁘지 않겠는가"라는『논어』의 유명한 구절을 새로운 시각에서 재조명하게 한다. 비록 그 구절이 독백의 형식으로 서술되었지만, 혼자 공부하는 즐거움이 아니라 공부모임을 통해 여럿이 끌어주고 밀어주면서 함께 깨우쳐주는 즐거움을 읊은 구절이라고 믿게 된다. 외로운 즐거움이라기보다는 더불어 나누는 즐거움을 술회한 것이다. 대학에 몸담고 있으면서 제자들과 함께 이런 즐거움을 여러 가지 방식으로 오랫동안 누렸으니, 나름 다복한 삶을 살았지 않나 싶다.

2편의 서평 논문은 각각 논문 한 편에 달할 만큼 분량에 있어서 손색이 없는 것이고 이 단행본의 기본적인 주제인 비교사상 연구와 호흡을 같이 하기 때문에 이 책에 실었다. 두 논문은 각각 김성국 교수의『잡종사회와 그 친구들 : 아나키스트 자유주의 문명전환론』(2015)과 조긍호 교수의『사회관계론의 동·서 비교 : 새로운 심리학의 가능성 모색 II』(2012)을 대상으로 본격적인 서평을 시도한 것이다. 김성국 교수는 아나키즘에 관해, 조긍호 교수는 사회관계론에 대해 동서 비교연구를 수행하면서 역저를 출간했다. 이 서평들은 크게 두 가지 학술적 의미를 지닌다. 먼저 두 저작에 대한 서평을 통해 필자는 두 분의 비교사상 연구의 방법을 비판적으로 검토하고, 그분들의 학문적 지혜를 배울 수 있는 행운을 누렸다. 두 선배 교수는 비교사상적 연구를 선구적으로 수행하면서 필자가 고민하는 비교 정치사상 연구의 모범을 보여주었기 때문이다. 둘째, 두 학자의 저술에 대한 체계적이고 치열한 비평을 통해 필자는 오랫동안 꿈꾸어왔지만 시도하지 못했던 본격적인 서평을 나름대로 실천해 옮길 수 있는 소중한 기회를 누렸다. 필자는 한국 학계에서 대부분의 서평이 심도 있는 분석을 결여하고 있다는 점에 적잖이 실망해왔고, 이러한 겉치레적인 관행이 개선되어야 한다고 생각했다. 그런데 필자가 이러한 관행을 타파할 수 있는 기회를 갖게 된 것은 하나의 도전이자 즐거움이었다. 후배 학자의 거칠고 투박한 비판을 너그러운 마음으로 포용해주신 두 선배 학자의 관대함에 이 자리를 빌려 다시 한번 감사를 드린다.

이 책에 수록된 원고들은 학술지에 이미 게재된 것들이고 책의 말미에 그 출처를 밝혔다. 기꺼이 전재(轉載)를 승인해준 개별 학술지들에 사의를 표한다. 책의 출간을 위해 원고를 편집하고 수정하는 데 노고를 아끼지 않은 이지윤 박사와 이종원 석사에게 깊이 감사드린다. 출판 시장의 지극히 열악한 상황에도 불구하고, 까치글방의 박종만 사장님께서 책의 출판을 흔쾌히 맡아주셨다. 묵묵히 편집을 담당한 까치글방의 권은희·이예은 선생에게도 감사를 드린다.

2. 이 책의 출간을 준비하면서 돌이켜보니, 필자가 서강대학교에 부임한 지 30년이 되었고, 내년에는 정년퇴임이 기다리고 있다는 사실을 깨닫게 되었다. 이 책은 필자가 퇴임하기 전에 마지막으로 출간하는 책이 될 것이다. 이 점에서 그동안 필자의 짧지 않은 학문적 여정을 지켜보면서 도와준 많은 이들에게 감사의 글을 남기고 싶다. 독자들에게는 다소 장황하게 느껴지겠지만, 필자에게는 최소한의 도리라 생각된다.

먼저 자유로운 학풍을 자랑하는 서강대학교에서 30년 이상 몸담으며 연구와 강의에 몰입할 수 있었던 것은 필자에게 커다란 행운이었다. 훌륭한 교수진이 포진해 있는 것은 물론 이념적 다양성이 존중되는 정치외교학과의 분위기는 필자에게 커다란 축복이었다. 이러한 분위기에서 우수하고 성실한 학생들을 만나서 가르치고 함께 연구하면서 맹자가 말하는 군자삼락(君子三樂) 가운데 하나인 '천하의 영재를 얻어 교육하는 즐거움'을 분에 넘치게 누렸다.

한국정치사상학회 역시 필자에게 정치사상을 연구하는 데 더할 나위 없는 지적 자극과 인간적 친밀감을 제공해주었다. 본래 서양 정치사상을 전공한 필자가 사상학회가 제공한 지적 향연에서 동아시아와 한국의 전통 정치사상을 전공한 학자들과 사귀게 된 것은 필자의 사상적 지평을 넓히는 데 엄청난 기여를 했다. 마지막으로 필자는 지난 20년간 성취한 연구업적이 대부분 한국연구재단의 연구지원에 힘입은 바가 컸다는 점을 밝히지 않을 수 없다. 필자는 물론 대학원생들에게 재정적으로 넉넉한 연구여건을 마련해준 한국연구재단의 연구지원에 깊은 감사를 드린다.

정치사상 연구를 심화시키고 학문 후속세대의 역량을 강화하기 위해 1998년 2월부터 필자는 서강대학교 정치외교학과 대학원생들은 물론 뜻을 같이하는 동료 학자들과 함께 '동서 정치사상 세미나'를 시작했다. 2018년에는 창립 20주년을 자축하는 세미나를 목포대학교에서 개최했다. 초창기에 참여했던 박동천·이상익·안외순 교수는 물론 제자인 하상복·최일성 교수 및 글로컬한국정치사상연구소의 연구원들이 참여한 감격스런 회의였다. 정년퇴임이 다가오고 그와 더불어 사상을 전공하는 대학원생들을 더 이상 받지 않게 됨에 따라 그 세미나의 미래가 이제 불투명하다는 사실은 진한 아쉬움으로 남는다.

지난 30년 동안 필자의 연구 성과를 기꺼이 책으로 출간해준 출판사들에 대해서도 감사의 말씀을 남겨야 할 것 같다. 지속적인 인연을 맺고 필자의 책을 출간해준 '문학과지성사', '아카넷', '후마니타스', '책세상', '까치글방' 등에 깊은 감사를 느낀다. 특히 까치글방의 박종만 사장님은 1994년에 마키아벨리의 『군주론』을 출판할 때, 번역된 초고를 친히 다듬어주시면서 좋은 책을 출간하는 것에 대한 남다른 열정을 보여주셨다. 후학으로서 매우 감동스러운 경험이었다. 그후 25년 동안 필자에게 각별한 후의를 베풀어주셨다.

마지막으로 지금은 곁에 계시지 않지만 부모님의 은혜에 깊이깊이 머리 숙여 감사드린다. 아버님은 자식의 유학비용을 지원하기 위해 연로한 나이에도 홀로 객지에서의 직장생활을 감당하셨다. 어머님은 자식의 능력을 자식보다 더 굳게 믿으셨다. 작고하신 부모님의 뒤를 이어, 작은 아버님과 작은 어머님은 필자를 포함하여 조카들을 물심양면으로 보살피셨다. 현명하신 작은 어머님, 너그러우신 작은 아버님은 나이 들어감의 진정한 아름다움을 몸소 보여주셨다.

현재 진행 중인 존 로크의 『통치론』 개정판이 조만간 출간되면, 필자는 비로소 정년퇴임 후의 삶을 내다볼 만큼 개인적인 여유를 찾을 것이다. 그동안 연구와 강의를 핑계로 만남을 소홀히 해왔던 오랜 친구들이 반갑게 맞이해줄까? 가족 역시 낯설기도 한 남편과 아버지의 '귀환'을 반길 것인가? 걱정과 두려움이 앞선다.

3. 이 글을 쓰고 있는 4월 어느 날 무심한 봄비가 대지를 적셨다. 연분홍빛으로 캠퍼스를 물들이던 화사한 벚꽃을 쓸어내렸다. 감수성이 풍부한 청년기에는 한 가닥 비애가 엄습하곤 했다. 이제 인생의 마무리를 앞둔 필자의 소회는 자못 담담하다. 벚꽃이 지는 것은 개별자로서는 아쉬운 일이겠지만, 대자연의 순환으로 보면 신록의 봄을 환영하는 전령사가 오는 것이 아닌가? "오늘 밤에도 별이 바람에 스치운다"라는 시구가 문득 떠오른다.

4월 어느 날
서강대학교 다산관에서
강정인

01

율곡 이이의 정치사상에 나타난
대동(大同)·소강(小康)·소강(少康)

시론적 개념 분석

강정인

1. 글머리에

이 글은 율곡(栗谷) 이이의 정치사상에 나타난 대동(大同)과 소강(小康), 그리고 소강(少康) 개념을 분석하고자 한다.[1] 이를 통해서 율곡이 자신의 성리학적 도통론, 군신공치론 및 경장론을 정당화하고 강조하기 위해서 대동 및 小康 개념을 『예기(禮記)』「예운(禮運)」편에 나온 대동 및 小康 개념과 다르게 혁신했음을 밝힐 것이다. 결과적으로 율곡은 대동에 小康을 흡수함으로써 대동 개념을 확장하는 한편, 대동과 小康을 통합해 맹자의 왕도(王道) 개념과 일치시키고 있다. 따라서 율곡 사상에서는 『예기』에 나오는 小康 개념의 상당히 많은 실질적인 요소들이 대동에 포섭되어 있다. 이 점은, 나중에 논할 것처럼, 『율곡전서(栗谷全書)』[2]에서 小康이라는 용

---

1) 소강(小康)과 소강(少康)은 이 글의 핵심 개념에 속하는데 양자의 한글 발음이 같기 때문에, 매번 한글 단어에 한자 표기를 병행하기보다는 편의상 한자 표기만 사용하도록 하겠다.
2) 이 글의 본문에서 자주 인용될 『율곡전서』의 대본으로는 한국정신문화연구원(현재 한

15

어를 율곡이 '직접적으로' 사용한 적이 없다는 사실에서 재차 확인된다. 나아가 小康과 少康을 혼용하던 조선 시대의 일반적 언어 관행과 달리, 율곡은 小康과 少康을 엄격하게 구분하고 있으며, 종래 '다소 강안(康安)하다'는 의미에서 포괄적으로 사용되던 少康을 한(漢)·당(唐) 시대 현군(賢君)의 치세, 즉 왕도보다는 열등한 패도(覇道)에 해당하는 치세를 규정하는 용어로 명확히 구분해 사용하고 있다. 이 글의 목적은 필자의 이런 주장을 밝히고 정당화하는 것이다.[3]

이런 목적을 달성하기 위해서 이 글은 다음과 같은 순서로 진행된다. 먼저『예기』와 율곡 사상에 각각 나타난 대동과 小康을 비교하면서 율곡이 두 개념을 혁신했음을 밝힐 것이다. 이어서 율곡이 조선 시대의 일반적인 언어 관행과 달리 小康과 少康을 구분해 사용했음을 밝히고 양자가 지닌 의미상의 차이를『율곡전서』에 나타난 용례를 중심으로 해명할 것이다. 이 과정에서『조선왕조실록(朝鮮王朝實錄)』과『율곡전서』에 나타난 小康·少康 개념을 상호 비교할 것이다. 나아가 율곡의 대동·小康·少康 개념에 대한 필자의 분석에 근거해, 율곡에 대한 기존의 국내 연구가 이런 차이를 적절히 인지하지 못했음을 지적할 것이다. 그리고 마지막으로 이 연구가 제기하는 추가적인 의문과 한계를 제시하면서 논의를 마무리할 것이다.

국학중앙연구원)에서 발간한『국역 율곡전서(國譯 栗谷全書)』를 사용했다. 본문에서 인용할 때 국역본의 한글 번역이 다소 부자연스럽게 여겨지는 경우에도 혼란을 피하기 위해서 그 번역을 그대로 따랐다. 다만 당시의 맞춤법이 현재의 맞춤법과 다른 경우에는 현재의 맞춤법으로 바꾸었다(예를 들어, 했읍니다 → 했습니다). 그리고 예외적으로 번역을 약간 수정한 경우에는 이를 밝혔다.

3) 필자는 대동과 小康에 관한 율곡의 개념적 혁신을 선행 연구에서 이미 자세히 논한 바 있다(강정인 2005). 이 글에서는 율곡의 小康과 少康 개념을 집중적으로 분석할 것이지만, 먼저 율곡이 시도한 대동과 小康의 개념적 혁신에 대한 필자의 기존 연구를 간략히 소개하면서 논의를 시작할 것이다.

2. 『예기』와 율곡 사상에 나타난 대동과 小康[4]

율곡은 「성학집요(聖學輯要)」의 마지막 권인 "성현도통(聖賢道統)"편에서 『예기』에 나오는 전통적인 대동 및 小康 개념을 대폭 수정함으로써 사실상 자신만의 독창적인 대동 및 小康 개념을 전개하고 있다. 무엇보다도 율곡은 『예기』에 나오는 대동에 대한 서술을 탈도가화(脫道家化)하는 동시에 성리학적 입장에 맞게 수정하고 있다. 이를 위해서 율곡은 도가적 서술을 삭제하는 한편, 『서경』·『맹자』·성리학에 근거해 대동 사회에 원시 유가적 색채[5]와 성리학적 요소를 가미하고 있다. 이와 더불어 경장(更張)과 시무(時務)를 중시하는 자신의 경세론(=변통론)을 유가 사상의 본원이자 목표인 대동 사회에 배치하고 있다. 이를 통해서 율곡은 자신의 경세론을 유가 사상의 기원과 목적의 관점에서 정당화하고 있다. 마지막으로 율곡은 『예기』에 나오는 대동과 小康 개념의 구분을 폐지하고, 小康을 사실상 대동에 흡수·통합함으로써 대동을 맹자의 왕도 개념으로 환원시키고 있다. 이하에서는 이런 해석을 뒷받침하기 위해서 먼저 『예기』에 나오는 대동과 小康을 검토하고 이어서 "성현도통"에 나오는 대동과 小康에 해당하는 구절을 인용한 후, 양자의 공통점과 차이를 비교·검토하도록 하겠다.

---

4) 앞에서도 언급한 것처럼 이 절의 내용은 필자가 과거에 발표한 논문을 압축적으로 요약하는 한편 새롭게 표를 만들어 정리한 것이다. 이에 대한 상세한 내용은 강정인(2005) 참조.

5) 일반적인 통념에서 원시 유가는 두 가지 의미를 가지고 있다. 한당 유가 이전의 유가를 원시 유가라 하기도 하며, 유가에 음양가, 도가 등의 사상이 유입되기 이전, 즉 공자와 맹자 사상의 원형적 형태를 원시 유가라 하기도 한다. 여기서 '원시 유가적 색채를 가미' 했다는 표현은 후자를 지칭한다. 곧 율곡이 성인군주의 적극적인 통치행위를 긍정한 공자와 맹자의 사상에 입각해 『예기』에 나타난 도가의 '무위지치(無爲之治)'적 대동 상태에 대한 서술을 삭제함으로써, 대동 개념을 원시 유가의 사상적 지향에 맞게 수정했다는 것을 의미한다.

1) 『예기』에 나타난 대동과 小康

유가가 추구하는 이상 사회의 모습으로는 『예기』에 나오는 '대동'과 '小康'사회가 흔히 언급되어왔다. 이를 순서대로 인용해보면 다음과 같다.

대도(大道)가 행해질 때에는 천하가 공공의 것이었다[天下爲公]. 어질고 능력 있는 사람을 등용하여 신의를 가르치고 화목을 닦았다. 그러므로 사람들은 자기의 어버이만 어버이로 여기거나, 자기의 자식만을 자식으로 여기지 않았다. 노인은 편안히 여생을 마치도록 했고, 젊은이는 자기의 능력을 발휘할 수 있도록 했으며, 어린이는 잘 자라나도록 했다. 홀아비·과부·고아·늙어서 자식이 없는 사람·몹쓸 병을 앓는 사람 등이 모두 먹고 살 수 있도록 했으며, 남자들은 직업이 있고 여자들은 시집갈 곳이 있게 했다. 재물이 낭비되는 것을 미워했지만 반드시 자기가 소유하려고 하지는 않았으며, 몸소 일을 하지 않는 것을 미워했으나 반드시 자기만을 위해서는 일하지 않았다. 그러므로 간사한 음모가 생겨나지 않았고, 도둑이나 난리도 일어나지 않았다. 그리하여 문을 바깥으로 하여 잠그지도 않았다. 이것을 '대동'이라 한다(『예기』「예운」 ; 번역은 이상익 2001, 88에서 인용).[6]

이제 대도가 이미 숨어, 천하가 개인의 가처럼 되었다(天下爲家). 그리하여 각각 자기의 어버이만 어버이로 여기고, 자기의 자식을 자식으로 여기며, 재물과 힘을 자기를 위해서 사용하게 되었다. 천자와 제후의 자리를 부자간에 전승하거나 형제간에 전승하는 것을 예로 여기고, 성곽과 구지(溝池)를 견

---

6) 『禮記集說大全』 禮運第九 참조. 무엇보다도 지면상의 제약으로 인해서, 한문 원전을 번역해 인용할 경우 세간에 널리 알려진 구절, 원문의 해석상 논란의 소지가 없는 구절에는 한문을 주에 첨가하지 않겠다. 다만 이 글의 내용과 관련해 특별히 중요한 구절, 필자가 참조한 『국역 율곡전서』의 한글 번역문을 다소 수정한 경우, 그리고 해석상 논란의 소지가 있는 경우에는 한문 원문을 주에 밝혔다.

고하게 했으며, 예의로 기강을 세웠다. 이로써 군신 관계를 바르게, 부자 관계를 돈독하게, 형제 관계를 화목하게, 부부 관계를 화목하게 했다. 또한 이로써 제도를 베풀고, 경작지와 마을을 세웠으며, 용기와 지식이 있는 사람을 훌륭하게 여기고, 공을 자기의 것으로 삼았다. 그러므로 꾀를 씀이 생겨나고, 전쟁이 이로써 일어나게 되었다. 우·탕·문·무·성왕·주공은 이런 상황에서 선출된 사람들이다. 이 여섯 군자들은 예를 삼가지 않은 사람이 없었다. 이로써 의(義)를 밝히고, 신(信)을 이루고, 허물을 밝히고, 인(仁)을 모범으로 삼고, 겸양을 가르쳐서, 백성들에게 떳떳한 법도를 보여주었다. 만일 이런 것에 말미암지 않은 군주가 있다면, 백성에게 재앙을 끼치는 군주라 하여 폐출(廢黜)했다. 이것을 '소강(小康)'이라 한다(『예기』「예운」; 번역은 이상익 2001, 88에서 인용).

유가는 위에서 인용된 대동 사회와 小康 사회가 역사상 실재했다고 생각하며, 흔히들 『서경』에 기록된 요·순 시대가 대동 사회에, 하(夏)·은(殷)·주(周) 3대의 우·탕·문·무·성왕·주공의 시대가 小康 사회에 해당한다고 본다. 먼저 대동 사회는 천하가 공공의 것인 상태로서 개인의 덕성과 재능을 존중하고 "자·타의 구별을 넘어선 보편적 인류애"가 넘치고, (개인 용도의) 사유재산이 있더라도 그에 대한 구분이나 집착이 강하지 않으며, 오늘날의 의미에서 소외된 계층에 대한 사회보장이 온전히 실현되어 있고, 범죄와 전쟁이 없는 평화로운 사회로 묘사되고 있다(이상익 2001, 87-88). 따라서 정치권력은 교화의 기능을 행사하는 데 그친 것으로 보인다.

그러나 대도가 숨게 됨에 따라 천하위공(天下爲公)의 대동 사회는 천하위가(天下爲家)의 小康 사회로 변모하게 된다. 小康 사회는 인간의 이기심과 자기애가 지배적인 흐름이 되며, 이와 더불어 경작지와 마을이 세워짐으로써 사유재산이 좀더 뚜렷하게 형성되고, 재물·능력·가족·국가 등에 있어서 자기의 것과 타인의 것을 엄격하게 구분하게 되며, 권력의 세습이 일어난다. 이런 변화로 인해서 사람들 사이에 분쟁과 전쟁이 발생하게 된다. 따라서 군신·부자·형제·부부 관계를 적절히 규율하기 위해서 유교적 인륜 질서가 발생하게 되며,[7] 이와 함께 인간을 다스리기 위한 정치·사회 제도가 발생하게 된다. 이런 시대에 우·탕·문·무·성왕·주공 등과 같은 정치 지도자가 나와 인(仁)·의(義)·예(禮)·지(智)·신(信)[8] — 오상(五常) — 등 공동체의 기강을 세우고 법제를 정비하게 되는바, 이를 小康 사회라고 일컫게 된다. 일반적으로 유가는 이런 小康 사회를 실현 가능한 이상 사회로 받아들인다.

2) 율곡 사상에 나타난 대동과 小康:「성학집요」를 중심으로

우리는 율곡이 대동과 小康에 대해서 일견 이중적인 태도를 취하고 있다는 점에 주목할 필요가 있다. 율곡은 「성학집요」의 "위정"편을 마무리하는 마지막 장인 "위정공효(爲政功效)"의 모두에서 『예기』에 나오는 대동 사회를 "인(仁)이 천하를 덮는 공효에 대한 말씀"이라는 소제목하에 인용하고 있다. 이를 옮기면 아래와 같다.

> 대도가 행할 때에는 천하를 공유로 생각하여 어진 이와 능한 이를 선발하여 신의를 강구하고 화목을 닦는다. 그러므로 사람들은 자기의 어버이만 어버이로 여기지 아니하고, 자기의 아들만 아들로 여기지 아니하며, 늙은이는 종신할 곳이 있고, 젊은이는 쓰일 곳이 있으며, 어린이는 자랄 곳이 있으며, 홀아

---

7) 물론 이는 오륜(五倫)을 지칭한다. 인용된 小康 사회에서는 장유(長幼)와 붕우(朋友) 의 관계에 대한 언급이 없으나, 커다란 차이는 없다고 생각된다.

8) 이 글에서는 인용문에 나오는 '허물을 밝히는 것'을 지(智)의 기능으로 받아들이고자 한다.

비와 과부와 고아와 독신, 그리고 병든 불구자도 모두 부양될 곳이 있다. 이러므로 모략이 일어나지 아니하며, 도둑이 일어나지 아니하여 사립문을 열어 놓고 닫지 아니하니, 이것을 대동이라 한다(『국역 율곡전서[V]』 「성학집요」 위정 하 위정공효, 397-398).[9]

이 구절은 유교적 이상 사회인 대동에 관한 『예기』의 전통적 인용이라고 생각된다. 그러나 궁금한 점은 대동에 짝하여 항상 나오는 小康 사회에 대해서는 율곡이 "위정공효" 장에서 아무런 언급도 하지 않고 있다는 것이다. 아울러 좀더 놀라운 사실은 「성학집요」를 마무리하는 "성현도통"의 말미에서 대동 사회에 대한 자신의 개념을 본격적으로 제시하는바, 거기에 나타난 대동 사회에 대한 서술은 "위정공효"에서 인용한 『예기』의 대동 사회에 대한 서술과 현저한 차이를 보이고 있다는 점이다. 율곡은 "위정공효"에서와는 달리 책을 마무리하는 최종 단계에서 도가적 색채가 진한 구절을 삭제하는 한편, 『서경』, 『맹자』 등에 서술된 원시 유가적 입장, 성리학적 세계관 및 자신의 입장을 가미하고 자신의 경세론을 덧붙임으로써 대동 사회에 대한 '독창적'인 정의를 시도하고 있다.[10]

따라서 『예기』에 나오는 대동 사회에 대한 서술과 본격적으로 비교 분석하기에 앞서, "성현도통"에 나오는 율곡의 대동 사회에 대한 서술을 다소 길지만 인용할 필요가 있다.

---

9) 『栗谷全書』卷之二十五 聖學輯要七 爲政第四下 爲政功效章第十, "大道之行也 天下爲公 選賢與能 講信修睦 故人不獨親其親 不獨子其子 使老有所終 壯有所用 幼有所長 鰥寡孤獨廢疾者 皆有所養是故 謀閉不興 盜賊不作 外戶不閉 是謂大同." 인용문의 한글 번역이 다소 다른 것은 『국역 율곡전서』를 그대로 인용했기 때문이다. 또한 양자를 대조해볼 때, 『예기』에 나온 서술이 다소 생략되어 있지만 대의는 거의 동일하다.

10) 물론 율곡의 정의가 원시 유학이나 성리학에서 벗어났다는 의미에서 '독창적'인 것이라고 평가한 것은 아니다. 그의 정의는 『예기』에 서술된 대동 사회보다 원시 유학이나 성리학에 오히려 더 충실하다.

태초의 생민들은 풍기(風氣)가 처음으로 열리어 새처럼 거처하고 혈식하여 생활의 도리가 구비되지 못했으며, 머리를 풀어 헤친 채 발가벗고 있었으며 인문(人文)이 구비되지 못하여 임금도 없이 모여 살고 있었으므로 물어뜯고 손톱으로 움켜쥐어 먹고 살았는데, 소박한 생활은 이미 흩어지고 대란이 일어나려고 했습니다(『국역 율곡전서[V]』 「성학집요」 성현도통, 448).[11]

여기에 성인이 여러 중물 가운데서 뛰어나, 총명과 지혜로써 그 성품을 온전하게 하니, 억조의 백성들이 자연히 돌아오게 되었습니다. 다툼이 있으면 해결해주기를 구했고, 의문이 있으면 가르쳐주기를 구하여 백성들이 받들어 임금으로 삼았는데, 민심의 향하는 바가 바로 천명(天命)의 돌아오는 바이라, 이 때문에 성인은 억조의 백성이 스스로 돌아온 것을 알고 군사(君師)의 직책을 맡지 않을 수 없었습니다. 천시(天時)에 순하고 지리에 따라서 백성을 기르는 기구를 만들었습니다. 여기서 궁실과 의복과 음식과 기용(器用)이 점차로 구비되고 백성들이 필수품을 얻어서 생을 즐기면서 업에 편안하게 되었습니다. 그러나 또 안일하게 지내면서 가르치지 않으면 금수에 가까워짐을 근심하여 인심에 따르고 천리에 근본하여 교화의 기구를 만들었습니다. 부자(父子)·군신(君臣)·부부(夫婦)·장유(長幼)·붕우(朋友)가 각각 그 도리를 얻으니, 하늘의 질서가 이미 밝아지고 또 시행되었습니다. 또 시대가 같지 않기 때문에 제도를 마땅히 하여야 하고, 현우(賢愚)가 같지 않기 때문에 교치(矯治)하는 방법을 고려하여 인정을 절제하고 시무(時務)를 촌탁해서, 이에 더하고 줄이는 규범을 만들었습니다. 여기서 문질(文質)과 정령(政令)과 작상(爵賞)과 형벌이 각각 마땅하게 되었는데, 그 과한 것은 억제하고

---

11) 이 글이 참조한 『국역 율곡전서(V)』의 「성학집요」에서는 '……일어나려고 했습니다' 대신에 '……일어나려고 할 때에'로 번역했는데, 이 글에서는 '했습니다'로 문장을 끊었다.

그 미치지 않은 것은 끌어올려서, 착한 이는 일으키고 악한 자는 징계하여 마침내 대동(大同)으로 돌아왔습니다. 성인이 하늘을 이어 준칙을 세워 일세를 다스린 것도 이런 것에 불과했고 도통의 이름은 여기서 생겼습니다.……그러므로 성인이 이미 세상을 떠나면 또다른 성인이 나와서 대신 천하에 군림하여, 수시로 변통하면서 백성으로 하여금 궁하지 않게 했습니다. 그리고 소위 인심에 따르고 천리에 근본한다는 도리는 조금도 변하지 않았습니다. 변치 않는 것은 천지의 상경이요, 변통하는 것은 고금의 통의입니다(『국역 율곡전서[V]』「성학집요」성현도통, 448-449).

위 인용문이 율곡이 묘사한 (대동 사회에 선행하는) 일종의 '자연 상태'와 '대동 사회'의 모습이다. 그러나 현실에서 실현 가능한 '小康 사회'에 대한 서술은 이 인용구를 전후해 명시적으로 보이지 않는다. 다만 위 인용문 뒤에 나오는 다음의 구절은 율곡의 입장에서 『예기』의 '小康 사회에 해당하는 것'을 서술한 것으로 보인다.

시대가 점차 내려오면서 풍토가 옛날과 같지 않고 성인이 드물게 나서 성군(聖君)으로써 성군을 이을 수가 없었기 때문에 대통(大統)이 정해지지 않아서 도리어 간웅이 이것을 엿보게 되었습니다. 그러므로 성인이 이것을 근심하여 바로 아들에게 전하는 법을 세웠는데, 아들에게 전한 뒤에는 도통이 반드시 임금에게 있지 않았습니다. 그리하여 반드시 아래에 있는 성현(聖賢)들이 도와서 재결(裁決)하고, 보필(輔弼)하는 도를 이루어서 사도(斯道)의 전통을 잃지 않았습니다. 이러므로 3대 이상은 임금이 반드시 성스럽지 않아도 천하가 치평(治平)된 것입니다(『국역 율곡전서[V]』「성학집요」성현도통, 449).

3) 양자의 비교

이제 율곡이 서술한 대동 사회를 『예기』에 나오는 대동 사회와 비교하면서 살펴본 후, 대동과 小康의 전통적 구분에 대한 율곡의 입장을 검토하기로 하자.

율곡의 대동 사회론을 『예기』의 대동 사회와 비교할 때, 우리는 율곡이 자신의 대동 사회론을 전개하면서 『예기』의 대동 사회에 나오는 도가적 색채를 지닌 구절—'대도'의 시행 여부, 천하위공과 천하위가의 구분 등—을 삭제했다는 사실에 주목할 필요가 있다. 필자는 율곡이 이런 삭제를 정당화하기 위해서 『예기』의 서술과 달리 대동 사회 이전에 홉스적인 전쟁 상태에 근접하는 일종의 원시적인 자연 상태를 상정하지 않았나 추정한다. 문명이 발생하기 이전 율곡식의 '자연 상태'에서는 인간 사이에 분쟁이 발생해도 이를 해결해줄 수 있는 임금이 없어 '대란'이 일어나려 했는데, 성인이 출현해 군사(君師)의 직책을 떠맡아 이를 해결함으로써 비로소 대동 사회가 출현한다. 이처럼 율곡은 홉스적 자연 상태를 설정함으로써 태초의 세계를 무위자연의 이상이 실현된 것으로 상정한 도가적 세계관을 원천적으로 부정하고 있다. 도가적 세계관을 삭제함으로써 율곡에게 대동 사회는 이제 인위적인 문명 세계로 나타난다. 따라서 대란을 구원하기 위해서 출현한 성군이 행하는 중요한 사업은 인간들 사이의 분쟁을 해결하고 이를 위한 적절한 규범과 제도를 수립하는 것, 곧 유가적 문명을 건설하는 것이다.

그런데 대동 사회에 대한 율곡의 본격적인 서술은 아이러니하게도 『예기』의 小康 사회의 성격을 더 강하게 지니고 있다. 다만 율곡의 대동 사회에서도 요와 순이 각각 자기 아들이 아닌 순과 우에게 선위한 것처럼 왕위가 성인들 사이에 선양된다는 점에서, 천하위공이라는 『예기』의 대동 사회의 모습을 일부 유지하고 있을 뿐이다. 그밖의 다른 조건들은 『예기』의 대동 사회보다는 小康 사회에 더 잘 들어맞는다. 이 점에서 율곡의 대동 사회는

小康적 제도 정비와 백성의 교화를 통해서 '마침내 귀결된 상태', 즉 '小康의 최대치'로 나타난다.[12] 율곡식 대동 사회의 특징을 몇 가지 항목으로 나누어 살펴보자.

첫째, 율곡은 자신의 대동 사회에서 유가가 최고의 덕목으로 상정하는 윤리·기강을 확립한다. 『예기』의 대동 사회에서는 보편적 인류애가 넘치기 때문에 효를 비롯한 '오륜'에 대한 강조가 없는데 반해, 율곡은 "부자(父子)·군신(君臣)·부부(夫婦)·장유(長幼)·붕우(朋友)가 각각 그 도리를 얻"게 되는 '오륜'의 윤리를 정식으로 도입한다. 당연한 지적이지만 이는 『예기』의 대동 사회에 대한 서술과는 배치되며, 오히려 "군신 관계를 바르게, 부자 관계를 돈독하게, 형제 관계를 화목하게, 부부 관계를 화목하게" 정비한 小康 사회에 대한 서술에 더 부합한다.

둘째, 『예기』의 대동 사회에서는 인간들 사이에 분쟁이나 갈등이 없는데 반해 율곡의 대동 사회에서는 백성들 사이에 다툼과 갈등이 있으며, 성군의 직무는 이를 해결하고 가르쳐주는 것이다. 따라서 율곡의 대동 사회에 대한 서술은 "……꾀를 씀이 생겨나고, 전쟁이 이로써 일어나게 되었다"라는 小康 사회에 대한 『예기』의 서술에 오히려 더 근접한다.

셋째, 앞의 인용문에서 볼 수 있는 것처럼, 율곡의 대동 사회에서는 성군이 양민(養民)과 교민(敎民)을 위해서 다양한 법제를 정비한다. 이는 『예기』에 나오는 대동 사회의 내용과 부합하지 않고 오히려 小康 사회에 대한 서술에 더 적합하다. 대동 사회에 대한 서술에서 율곡은 후대 성리학의 개념들인 '천리', '도통' 등을 활용하면서 과거의 대동 사회를 소급적으로 재해석하고 있다. 나아가 변통과 경장을 중시하는 자신의 경세론이 이상 사회

---

12) 이런 해석은 학술발표회에서 이 논문의 초고를 읽고 논평을 해준 한형조 교수(한국학중앙연구원)의 예리한 논평에 힘입은 것이다.

	『예기』	"성현도통"
『예기』의 대동·소강과 "성현도통"의 대동·소강* 비교		

		『예기』	"성현도통"
최초의 세계		천하위공의 이상적인 대동 사회	대동 사회 이전에 원시적 자연 상태를 상정 -인간의 이기심 발호 -정치 지도자의 부재로 혼란 발생 -성인이 출현해 임금이 군사(君師)의 지위를 떠맡음으로써 대동 사회 출현
도의 행(行)·불행(不行)에 따른 구분	대동	선(先)문명적인 도의 행, 천하위공	선(先)문명적인 도의 행·불행에 따른 천하위공, 천하위가의 구분 삭제, 대동 사회 역시 문명 세계로서 유가적인 도가 지배
	소강	선문명적인 도의 불행, 천하위가	
소유관계	대동	사유재산 개념이 미약	대동 사회와 소강 사회 모두에서 초보적 형태의 사유재산이 형성됨
	소강	사유재산이 뚜렷이 형성, 가족 단위로 분할해 소유	
분쟁의 유무	대동	자·타의 구별이 약한 보편적인 인류애의 세계로 분쟁이 발생하지 않음.	대동과 소강 모두 인간의 이기심과 사유재산으로 인한 분쟁 발생
	소강	인간의 이기심과 자애심이 지배적인 흐름을 이루며 사유재산의 형성으로 인해서 분쟁과 전쟁 발생	
정치의 주요 기능	대동	강제력의 행사가 불필요한 공공의 기능만을 수행, 법제의 정비가 부재	대동과 소강 모두 분쟁을 해결하기 위해서 유교적 인륜질서에 기반해 정치의 기강을 세우고 법제를 정비하며 경장이 이루어짐
	소강	분쟁과 전쟁을 해결하기 위해서 유교적 인륜질서에 기반해 정치의 기강을 세우고 법제를 정비	
통치권의 향방	대동	성인 사이의 선양	대동	성인 사이의 선양, 천명과 민심에 의해서 지지됨
	소강	권력의 세습	소강	권력의 세습 -세습된 왕의 대통 계승＋성현의 도통 계승 -군신공치의 제도화

* 이 표에서는 율곡의 서술에 따라 왕위 세습이 일어나지만 성현의 보필에 의해서 도가 이루어지는 사회를 잠정적으로 小康으로 표기했다.

인 대동 사회에서부터 존재했다는 점을 부각시킴으로써, 자신의 입장의 정당성을 대동 사회에까지 소급해 근원적으로 확보하고자 한다.

지금까지 서술한 것처럼 "성현도통"에 나오는 율곡의 대동 사회는『서경』에 서술된 요순의 '대동 사회적' 치세, 성리학적 세계관, 경장과 변통을 중시하는 율곡의 유가적 신념에 부합되게 서술되어 있다. 여기서 우리는 율곡의 이런 서술이 왕위 선양과 왕위 세습의 차이를 제외하고는,『예기』에 나오는 대동 사회와 小康 사회의 구분을 부정하는 함의를 갖고 있다는 점을 알 수 있다. 그렇기 때문에『예기』의 小康 사회에서 왕위 세습의 특징만을 수용한 율곡식의 '小康 사회'에서는 세습된 왕이 대통을 계승하기는 하지만 도통을 계승한 "아래에 있는 성현(聖賢)들이 도와서 재결(裁決)하고, 보필(輔弼)하는 도를 이루어서" 천하가 유교적 이상에 맞게 다스려진다. 이 점에서 새롭게 구성된 율곡식 대동과 小康 사회의 개념은, 왕위 선양과 왕위 세습의 차이가 지닌 중요성을 부정한 맹자의 왕도 개념의 다른 이름일 뿐이다(『맹자집주[孟子集註]』「만장장구 상」, 274-277 참조).

지금까지 제시한『예기』에 나오는 대동 및 小康과 율곡 사상에 나오는 대동 및 小康에 대한 비교를 표로 정리하면 26쪽의 <표>와 같다.

3. 율곡 사상에 나타난 '少康'과 '小康'

앞의 논의에서 율곡이 "위정공효"와 "성현도통"에서 유교의 이상 사회인 대동을 논하지만, 그에 짝하여 으레 나타나는 小康 사회에 대해서는 침묵을 지켰다는 점을 살펴보았다. 그렇다고 하더라도『율곡전서』에서 율곡이 小康을 전혀 언급하지 않는 것은 아니다. 또한 율곡은『예기』의 小康과 구분되는 少康 개념을 고안해 주로 패도를 지칭하는 의미로 사용하고 있다. 따라서 이 절에서는 율곡 사상에 나타난 小康과 少康 개념을 분석하도록 하겠다. 그렇지만 율곡의 少康 개념을 이해한 연후에 그가 사용한 小康 개념을 더 잘 이해할 수 있기 때문에, 少康을 먼저 분석하도록 하겠다. 그러고 나서 조선 시대에 小康과 少康이 자주 동의어로서 혼용되어 사용되어왔다는 점에 주목하고자 하며, 이런 사실이 율곡이 엄격히 구분하고자 한 小康과 少康에 덧씌워짐으로써 당대는 물론 오늘날에 이르기까지 율곡 사상의 정확한 이해에 상당한 혼란과 차질을 초래해왔다는 점을 지적할 것이다.

1) 『율곡전서』에 나타난 少康

『율곡전서』에 小康과 少康이 여러 차례 나타나지만, 율곡은 少康을 小康보다 더 빈번히 언급하고, 나아가 少康을 사실상 패도와 거의 동일시하며, 왕도와 함께 치평(治平)에 포함시킨다. 이 점을 밝히기 위해서 먼저 "성현도통"에서 율곡이 少康을 언급한 구절을 다소 길지만 여기에 인용할 필요가 있다.

시대가 더욱 내려가면서 풍기가 혼란하고 백성들의 거짓이 날로 더하여 가서 교화가 이루어지기 어려웠고, 임금은 이미 자기 수양의 덕이 없으며 또 현인을 좋아하는 성의가 결핍되어, 천하를 자기의 오락으로 삼고는 천하를 근심하지 않았으며, 사람을 덕으로써 쓰지 않고 세상을 도로써 다스리지 않았으니, 이래서 아래에 있는 성현은 스스로 조정에 설 수가 없어서……보물을 쌓아 두고 일생을 그냥 마치게 되었습니다.……도통이 군상(君相)에게 있지 않는 것은 참으로 천하의 불행입니다. 이 뒤로부터는 교화가 무너지고 풍속이 퇴폐했을 뿐만 아니라, 이단(異端)이 횡행하고 기만하는 계책이 치열하여……삼강이 윤락되고, 구법(九法)이 괴멸되니, 도학의 전통이 항간에서도 끊어지게 되었는데, 천지의 암흑이 여기서 극도에 달했습니다. 간혹 임금이 재지(才智)로써 소강(少康 ; 국역본은 小康으로 오기)을 이루었으나, 대개는 공리설(功利說)에 빠져서 도덕의 실마리를 찾을 수 없었는데, 비유하면, 이것은 마치 어둡고 긴 밤에 반짝이는 불빛과 같을 뿐이니, 어찌 우주를 지탱하고 일월을 밝게 하여 도통을 전하는 책임을 맡겠습니까?(『국역 율곡전서 [V]』「성학집요」성현도통, 449-450).[13]

앞에서 길게 인용한 것처럼 율곡은 "성현도통"의 말미에서 율곡식 '대동'과 '小康'을 서술한 이후 "천지의 암흑"이 극도에 달한 상태로 귀결되는 현실 세계의 타락 과정을 간략히 묘사한다. 이 과정에서 율곡은 '少康'이라는 독특한 개념을 도입하는데, 그 암흑 속에서라도 "간혹 임금이 재지로써 소강(少康)을 이루었으나, 대개는 공리설(功利說)에 빠져서 도덕의 실마리를 찾을 수 없었"다는 언급이 그것이다. 여기서 율곡이 언급한 '少康'이 『예기』의 小康과 다른 것임은 분명하다. 유가가 이상으로 삼는 小康은 공리설과는 거리가 먼 사회이기 때문이다. 그렇다면 율곡이 말한 "어둡고 긴 밤에 반짝이는 불빛"에 불과해 "우주를 지탱하고 일월을 밝게 하여 도통을 전해줄 수는 없는" '少康' 사회의 구체적 내용은 무엇인가?

이를 좀더 잘 알기 위해서는 「성학집요」를 저술하기 6년 전에 집필된 "동호문답(東湖問答)"의 모두에서 율곡이 少康과 패도를 연관시켜 명시적으로 언급하고 있는 논의를 참조할 필요가 있다. 율곡은 치평이 이루어지는 두 가지 형태를 왕도와 패도로 구분하고, 그것이 이루어지는 방식을 주체에

---

13) 『栗谷全書』 卷之二十六 聖學輯要 聖賢道統 第五單章, "時世益下 風氣淆漓 民僞日滋 敎化難成 而人君旣無自修之德 又乏好賢之誠 以天下自娛 不以天下爲憂 用人不以德 治世不以道 於是 在下之賢聖 不能自立於朝……蘊寶終身……道統之不在君相 誠天下之不幸也 自此以降 敎化陵夷 風俗頹敗 加之以異端橫騖 權詐熾興……三綱淪而九法斁 以至於道統之傳 亦絕於閭巷 則乾坤長夜 於此極矣 間有人君 或以才智能致少康而類陷於功利之說 不能尋道德之緒 譬如長夜之暗 爝火之明爾 安能撑拄宇宙 昭洗日月 以任傳道之責乎."

따라 각각 두 가지로 구분한다. 먼저 왕도는 "인의(仁義)의 도(道)를 몸소 행하여 남을 차마 해치지 못하는 정치(不忍人之政)를 행하고 천리(天理) 의 올바름을 극진히 하는 것"을, 패도는 "인의의 이름만을 빌어 권모술수 (權謀術數)의 정책을 씀으로써 공리(功利)의 사(私)를 이룩하는 것"을 지 칭한다. 여기서 왕도 정치는 주체의 역량에 따라 재지가 특출한 성군이 직접 왕도 정치를 편 경우와 임금이 성신(聖臣)의 정성스러운 보필을 받아 왕도 정치를 편 경우로 구분되는데, 전자에는 5제 3왕[복희·신농·황제·요·순의 5 제 그리고 우·탕·문무의 3왕] 정치가, 후자에는 이윤의 보필을 받은 은의 태갑, 주공의 보필을 받은 주의 성왕의 정치가 해당된다(『국역 율곡전서 [IV]』「잡저」동호문답, 77-78).[14]

이어서 율곡은 패도 정치의 두 가지 분류에서 재지가 뛰어나서 직접 패 도 정치를 이룩한 왕으로 진(晉)의 문공과 도공, 한(韓)의 고조와 문제, 당(唐)의 태종, 송(宋)의 태조를 예시하고 있으며, 어진 이에게 맡겨 패도 를 이룬 경우로는 각각 관중과 제갈량의 보좌를 받은 제(齊) 환공과 촉한 (蜀漢)의 소열을 들고 있다. 율곡은 패도를 "나라를 부강하게 하고 백성을 번성하게는 했지만" 군주가 "능히 몸소 행하고 마음으로 터득하여 선왕(先 王)의 도를 회복"하지 못하거나 어진 신하인 관중이나 제갈량이 성현의 도 를 제대로 알지 못했기 때문에 왕도에까지 이르지 못한 것으로 설명한다 (『국역 율곡전서[IV]』「잡저」동호문답, 78-79).

그러나 율곡은 패도 정치를 어느 정도 긍정적으로 평가하는바, 한·당의 패도 정치를 少康으로 규정하고, 나아가 이를 (제한적 차원에서지만) 긍정 하는 것을 "동호문답"의 다음과 같은 구절에서 확인할 수 있다.

---

14) 앞에서도 언급한 것처럼 이는 율곡식 대동과 小康의 구분에 해당한다.

왕도에 뜻을 둔다면 요순시대의 정치의 교화도 모두가 내 분수 안의 일이요, 패도(覇道)에 뜻을 둔다면 한·당(漢·唐) 정도의 소강(少康; 국역본은 小康으로 오기)도 또한 이룰 수 있는 것입니다(『국역 율곡전서[IV]』「잡저」동호문답, 96).

어찌 말이 그렇게 지나치오. 왕도(王道)가 행해지지 않은 것은 한(漢)나라 때부터 이미 그러했는데, 하물며 오늘날의 사람들은 한(漢)나라 사람들보다도 훨씬 떨어지는데 말입니다. 우리나라는 기자(箕子) 이후로 다시는 선정(善政)이 없었으며, 지금의 풍속을 살펴보면, 결코 전조(前朝)만도 못합니다. 그러니 만약 소강(少康; 국역본은 小康으로 오기)이나 바란다면 혹시 가능하겠지만 자기의 도(道)를 행하고자 한다면 한갓 처사(處士)의 큰 소리만 되고 말 것입니다(『국역 율곡전서[IV]』「잡저」동호문답, 93).

위에서 살펴본 인용문들을 통해서 우리는 율곡이 패도를 少康 개념과 동일시하는 한편, 이를 본받아야 할 정치로 적극 권장하지는 않았지만, 치평(治平)이라는 점에서 어느 정도 긍정적으로 묘사하고 있다는 점을 알 수 있다. 사실 왕도 정치가 구현된 적이 있다가 단절된 (3대 이후의) 세계에서는 패도 정치가 '그나마 볼 만한 정치'—"소강(少康)이나 바란다면"— 였다고 할 수 있기 때문이다.

그러나 우리는 율곡이 정의한 '패도(='少康')' 개념에 대해서 다소 혼란스러움을 느끼게 된다. 이를 구체적으로 살펴보기로 하자. 율곡은 세 차례에 걸쳐 '패도(='少康')'를 다음과 같이 간략하게 정의한다.

1. "간혹 임금이 재지(才智)로써 소강(少康)을 이루었으나, 대개는 공리설(功利說)에 빠져서 도덕의 실마리를 찾을 수 없었는데……"(『국역 율곡전

서[V]』「성학집요」성현도통, 450).

2. "인의의 이름만을 빌어 권모술수(權謀術數)로 공리(功利)의 사(私)를 이룩하는 것은 패도입니다"(『국역 율곡전서[IV]』「잡저」동호문답, 77).

3. 패도란 "나라를 부강하게 하고 백성을 번성하게는 했지만", 군주가 "능히 몸소 행하고 마음으로 터득하여 선왕(先王)의 도를 회복"하지 못하거나 어질고 재주 있는 신하가 "성현(聖賢)의 도(道)"를 제대로 알지 못한 정치를 말합니다(『국역 율곡전서[IV]』「잡저」동호문답, 79).

여기서 우리는 '패도=少康'에 대한 율곡의 개념이 맹자의 패도 개념과 대체로 일치함을 발견할 수 있다. 먼저 패도는 성현의 도를 회복하지 못한 단계라는 점에서 맹자와 율곡은 인식을 같이한다. 나아가 첫 번째 정의에 나온 '공리설'에 빠진 경우나 두 번째 정의에 나오는 "인의의 이름만을 빌어 권모술수(權謀術數)의 정책을 씀으로써 공리(功利)의 사(私)를 이룩하는 것" 역시 맹자의 패도 개념에서 발견된다. 먼저 맹자는 왕자(王者)를 "덕으로 인을 행한 자"로, 패자(覇者)를 "인의 행위를 빌린 자"로 구분하고 있다(『맹자집주』「공손추장구 상」, 97). 맹자는 왕도와 패도 치하의 백성을 비교함으로써 그 차이를 밝히기도 한다. "패자의 백성들은 매우 즐거워하고 왕자의 백성들은 호호(皡皡)하다"(『맹자집주』「진심장구 상」, 381-382). 이에 대해서 주자와 정자 및 양씨는 주(註)를 통해서 패자의 백성들이 즐거움을 느끼기 위해서는 인위적으로 조작한 바가 있어야 하며 반드시 도를 어기고 칭찬을 요구하는 일이 있을 것인 데 반해, 왕자의 백성들은 광대해서 '천지의 조화'를 따르듯이 자연스럽게 만족해한다고 해석한다(『맹자집주』「진심장구 상」, 381-383). 마지막으로 맹자는 "요·순은 본성대로 한 것이요, 탕·무는 실천하신 것이요, 5패는 빌린 것이다. 오래도록 빌리고 돌아가지 않았으니 어찌 그 자신이 가지고 있는 것이 아님을 알겠는가"(『맹자집주』「진심장구 상」, 397-398)라고 말한다. 이런 논의에서 우리는 패자에 대한 맹자의 개념이 '인의의 이름을 빌리기만 하고 도덕의 실마리를 찾지 못한 것', '선왕의 도를 회복하지 못한 것', '공리의 사를 이루는 데 그친 것'으로 규정한 율곡의 패도(=少康) 개념과 대체로 일치함을 알 수 있다.

여기서 우리는 율곡이 패도의 개념 규정에 있어 맹자에 접근하면서도, 그 평가에 있어서는 왜 맹자보다 좀더 긍정적이었는가라는 의문에 봉착하게 된다.[15) 이는 앞서 언급한 "동호문답"에서 볼 수 있는바, 율곡은 왕도와 패도를 바람직한 정치 질서로서의 "치평"이란 범주에 동일하게 배치하고 있다. 왕도와 패도를 엄격히 구분한 맹자와는 분명히 다른 입장인 것이다. 이와 관련해 우리는 공자와 맹자 역시 전면적이지는 않지만 부분적으로 패도를 긍정적으로 평가한 적이 있다는 점에 주목할 필요가 있다. 예를 들어, 잘 알려진 것처럼 공자는 관중의 공을 장하게 여겨, 그를 '인(仁)'이라 일컬은 적이 있으며(『논어집주[論語集註]』「헌문」, 284-285), 맹자 역시 "5패는 3왕의 죄인이요, 지금의 제후들은 5패의 죄인이요, 지금의 대부들은 지금 제후의 죄인이다"라고 말함으로써, 패자인 5패가 왕도를 행한 3왕의 죄인이라는 점을 비난하긴 하면서도 동시에 당대의 제후와 대부는 5패에도 미치지 못함을 지적하고 있다. 따라서 이 구절은 맹자가 자신이 살던 전국 시대의 상황과 비교해 춘추시대에 천자의 뜻을 받든 환공의 채구(葵丘)의 회맹을 들어, 5패를 긍정적으로 평가할 구절이라 할 수 있다(『맹자집주』 「고자장구 하」, 358-360 ; 「공손추장구 하」, 116 참조).

그렇다 하더라도 우리는 율곡이 패도를 치평의 하나로 인정함으로써 그 평가에 있어서 맹자보다 좀더 적극적이었다는 판단을 부정할 수 없고, 따라

---

15) 물론 율곡의 사상이 패도(=少康)에 만족하지 말고 왕도 정치를 추구할 것을 강조하고 있다는 점은 그의 많은 저작에서 너무나 명백하기 때문에 새삼 지적할 필요가 없다.

서 그 이유에 대해서 묻지 않을 수 없다. 이에 대한 명확한 답변은 어렵지만 율곡의 긍정적인 평가에 대한 이 글의 추론은 다음과 같다. "동호문답"에서 인용된 대화에서 율곡이 주장한 것처럼, 먼저 정치가로서 율곡은 맹자 사후 오랜 세월이 흘렀지만, 중국은 물론 조선에서도 왕도 정치가 한번도 구현된 적이 없었다는 역사적 사실을 고려했을 것이다. 또한 율곡은 후대의 인물로서 맹자 이후의 중국 유학자들 역시 공자나 맹자보다는 어느 정도 긍정적으로 패도를 평가한 사실을 알고 있었을 것이다.[16) 아울러 우리는 선조 시대 신하들 역시 경연석상에서 선조와의 대화 도중 원칙적으로 패도를 비판하지만, 제한적인 차원에서는 패도를 긍정적으로 언급하고 있는 사례를 발견할 수 있다(예를 들어 『선조실록[宣祖實錄]』 7년 2월 1일 참조). 이런 이유로 율곡 역시 패도를 맹자보다는 좀더 긍정적으로 평가한 것으로 생각된다.

이제 우리는 율곡이 다른 곳에서 少康을 언급했을 때, 위에서 살펴본 少康 개념과 일관되게 사용했는지를 검토할 필요가 있다. 앞에서 언급한 경우 외에도 율곡은 『율곡전서』에서 여섯 번 정도 少康을 사용하고 있는바, 이를 차례대로 살펴보도록 하자.

먼저 율곡은 「경연일기(經筵日記)」에서 선조에게 모든 사람들로 하여금 나랏일에 힘쓰도록 하려면 반드시 다스리고자 하는 왕의 뜻을 주지시킬 것을 촉구하면서 아래와 같이 말한다.

> 전하께서 만약 당요(唐堯)·우순(虞舜)·삼대(三代)의 정치를 하시려면 비록
> 조종(祖宗)의 법이라도 고치지 않을 수 없는 것이 있을 것이요, 만일 소강
> (少康; 국역본은 小康으로 오기)에 그치시려면 조종(祖宗)의 좋은 법과 좋

---

16) 대표적으로 송대에 패도를 긍정하려고 한 진량(陳亮)과 주자 사이에 격렬하게 전개된 왕패(王覇) 논쟁을 들 수 있을 것이다. 이에 대해서는 이승환(1998), 이상익(2007)을 참조할 것.

은 뜻을 준수할 것입니다. 지금의 이른바 조종을 법받는다는 것은 다만 근래의 규례 가운데 전습해오는 것만을 지킬 뿐, 조종의 좋은 법과 좋은 뜻은 실상 폐지하고 행하지 아니하니 이 점이 심히 옳지 못한 것입니다(『국역 율곡전서[Ⅵ]』「경연일기」만력 이년 갑술, 141 ; 번역문 일부 수정).[17]

이 구절에서 당우삼대(唐虞三代)는 대동과 小康을 모두 지칭하는 것이니 少康은 거기에 미치지 못하는 패도에 해당하는 치세라 할 수 있다.[18] 그렇지만 위 인용문에서 율곡은 "조종의 좋은 법과 좋은 뜻"을 따르는 少康이 '그나마 볼 만한 정치'라는 전제 위에서, 그것을 따른다는 명분하에 오히려 당대의 잘못된 규례를 따르는 현실 정치를 꼬집고 있다.

「성학집요」의 "용현(用賢)"에서 율곡은 선조에게 신하를 믿고 정치를 맡길 것을 촉구하면서 아래와 같이 말한다.

……그에게 위임하기를 심히 성실성 있게 하여 두 가지 마음을 먹지 않아야만 도를 행하고 다스림을 지극히 할 수 있어서, 오직 하고 싶은 대로 한 시대를 훈도(薰陶 : 임금이 백성을 교화함)하고 그 여운을 만세에 끼칠 수 있습니다. 군신이 서로 만나는 것이 어찌 우연한 일이겠습니까. 5제·3왕도 모두 이 도에서 말미암았으니, 후왕은 마땅히 본받아야 할 것입니다. 후세에 비록 소강(少康 : 국역본은 小康으로 오기)한 임금이라 하더라도, 사람을 쓰지 않고 혼자서는 다스리는 이가 없었습니다. 다만 임금이 선왕의 성덕에 미치지 못하고,

---

17) 『栗谷全書』卷之二十九 經筵日記二 萬曆二年甲戌, "殿下若欲倣唐虞三代之治 則雖祖宗法 亦有不得不改者矣 若欲少康而止 則可遵祖宗良法美意也 今之所謂法祖宗者 只守近規之傳襲者 而祖宗良法美意 實廢不行 此甚不可也."

18) 그렇지만 국역본에서는 '小康'으로 표기되어 『예기』의 小康의 의미에 익숙한 독자는 혼란에 빠질 법하다. 그러나 율곡은 그런 혼란을 피하기 위해서 분별 있게 少康이라는 용어를 사용하고 있다.

신하가 고인의 현명한 것만 같지 못하기 때문에, 공렬(功烈)이 비열해지는 것을 면하지 못합니다(『국역 율곡전서[V]』「성학집요」위정 하 용현, 322).

이 구절에서 少康의 군주는 5제·3왕처럼, 곧 선왕처럼 성스럽지는 못한 군주로서 『예기』의 小康에 이르지 못하고 단순히 패도를 이룬 군주를 지칭한다고 할 수 있다.

한편 지금까지의 검토와 달리 『율곡전서』의 다른 곳에서 우리는 율곡이 언급한 少康이 위에서 지적한 '패도'가 도달한 치평의 의미가 아니라 다른 의미로 사용된 경우를 발견할 수 있다. 먼저 율곡은 "진시사소(陳時事疏)"에서 황주 판관의 개혁을 칭송하면서 선조에게 개혁을 촉구할 때, 少康이라는 용어를 사용한다.

황주판관(黃州判官)이 혁파되자 이민(吏民)이 뛰고 춤추며 서로 경하했으니, 두 읍을 하나로 병합하는 것도 판관을 혁파하는 것과 마찬가지이므로 알기 어렵지 않습니다. 백성들의 고통이 조금 편안해질[少康 ; 국역본은 한자 표기 생략] 수 있는데, 전하께서 어찌 한 번 혜택을 베풀지 않으십니까?(『국역 율곡전서[II]』「소차」진시사소, 309)[19]

이 구절에서 율곡은 백성들의 번다한 역을 덜어주기 위해서 주현(州縣)

---

19) 『栗谷全書』卷之七 疏箚五 陳時事疏, "黃州判官之革也 吏民蹈舞相賀 二邑爲一 亦與革判官一也 不難知矣 斯民憔悴 訖可少康 殿下何不一施惠澤乎." 여기서 흥미로운 사실은 『선조수정실록』(宣祖修正實錄) 16년 4월 1일 자에도 동일한 표현이 율곡의 발언으로 서술되어 있는데, 거기에는 少康이 아니라 小康으로 표기되어 있다는 점이다. 어느 정도 다스림이 이루어져 백성들이 느끼는 '다소 편안한 상태'를 지칭하기 위해서 조선 시대(『조선왕조실록』)에 小康과 少康이 혼용되어온 것은 사실이지만, 『선조수정실록』의 표현은 일견 율곡의 용례에 벗어난 것으로 여기서 인용한 『율곡전서』의 표현이 율곡의 용례에 부합한 것으로 생각된다.

의 통폐합을 건의하고 있다. 그런데 여기서 사용된 少康은 왕의 치세를 지칭하기보다는 위정자의 좋은 정치로 인해서 백성이 '다소 강안(康安)함을 느끼는 상태'를 뜻하는 것으로 읽힌다. 따라서 이는 우리가 관심을 갖고 있는 임금의 치세에 대한 분류, 곧 대동·小康·少康과는 다른 용례라 할 수 있다.

율곡이 왕명을 받아서 쓴 "황해도 관찰사로 부임하는 박대립에게 내리는 교서"에서 나타난 少康이라는 표현 역시, 위에서 언급한 인용문처럼, 객관적인 치세를 지칭하기보다는 서술어로서 백성이 '다소 편안함을 느끼는 상태'를 뜻한다.

> 아! 백성의 수고로움을 다소라도 편안히[少康 ; 국역본은 한자 표기 생략]
> 할 수 있겠는가. 그대는 가서 공경히 직무를 수행하여 나의 명령을 폐지하지
> 말라(『국역 율곡전서[III]』「응제문」교 황해도관찰사 박대립 서, 246).

위 두 인용문에서 알 수 있는 것처럼 백성이 '다소 편안함을 느끼는 상태'를 지칭하는 少康에 대해서 국역본은 괄호 속에 少康을 표기하지 않고 단순히 서술어로 풀어쓰고 있다.

그러나 율곡이 언급한 少康의 의미가 불분명한 경우도 있다. 선조 6년(1573년)에 임금이 치도에 뜻을 두고 있지 않다고 근심한 신하들이 자신들의 출처(出處)를 논하는 과정에서 정인홍과 이이가 대화를 나누는데, 정인홍은 이이의 사람됨을 평가하면서 少康이라는 단어를 사용한다.

> 정인홍이 말하기를, "임금의 마음이 굳게 정해져 일을 하지 않으려 해도 또한
> 희망은 있는 것이오?" 하니, 이이가 답하기를, "주상이 위에 계신 지 7년인데
> 보좌할 만한 사람이 없어 할 수 없는 상태에 이르게 된 것이오. 만일 어진
> 사람이 조정에 있어서 정성껏 보좌하면 혹 만의 하나라도 희망이 있을까 하

오.”했다. 정인홍이 나가 어떤 사람에게 말하기를, “숙헌(叔獻)이 만일 일을 맡게 되면 오늘날 어쩌면 소강(少康)을 기할 수 있을 것이다. 그렇지 않으면 숙헌을 제외하고는 모두 보통 재상으로 될 수밖에 없다.”했다(『국역 율곡전서[Ⅵ]』「경연일기」만력 원년 계유, 130 ; 번역문 일부 수정).[20]

위의 인용문에 나온 少康의 의미는 분명하지 않다. 곧 이에 대해서는 앞에서와 같이 少康을 『예기』의 小康을 의미하는 것으로 읽을 것인가, 小康의 치세에 필적하지 못하지만 그래도 긍정적인 의미를 지닌 패도로 읽을 것인가, 아니면 국가나 백성이 ‘다소 강안함을 느끼는 상태’를 지칭하는 서술어로 받아들일 것인가 하는 의문이 제기된다. 이 글은 세 가지 해석 가운데 두 번째의 것을 지지한다. 먼저 세 번째 해석은 지지하기 어렵다. 왜냐하면 율곡이라면 “어쩌면 少康을 기할 수 있”다는 정인홍의 평은 율곡을 칭찬하는 말인데, 그 칭찬이 “진시사소”나 “박대립에게 내리는 교서”에서처럼 단순히 백성이 ‘다소 강안함을 느끼는 상태’인 少康을 지칭한다면 이는 문맥상, 곧 칭찬의 의도에 비추어 부적절하게 여겨지기 때문이다. 다른 한편 『예기』의 小康을 의미하는 것으로 해석하고자 하는 첫 번째 입장은 두 번째 입장에 대해서 다음과 같은 반론을 제기할 법하다. 즉 율곡은 항상 3대의 치(治)를 이루고자 했고 기회가 있을 때마다 이를 선조에게 역설하곤 했는데, 율곡이 단순히 패도에 해당하는 少康을 기할 수 있다는 평은 율곡에게 오히려 모욕적일 수 있다는 것이다.[21] 또 이런 해석은 정인홍의 평이

---

20) 『栗谷全書』 卷之二十九 經筵日記二. 萬曆元年 癸酉, “仁弘曰 君心堅定 不欲做事 則亦有可望乎 珥曰 主上在位七年 無人輔導 故馴致不可爲 若賢者在朝 盡誠輔導 則恐有萬一之望也 仁弘退謂人曰 叔獻若做事 則今日或可少康矣 不然則除是叔獻 變爲凡宰相也.”

21) 물론 이런 반론은, 뒤에서 상세히 논할 것처럼, 조선 시대에는 빈번히 小康과 少康을 혼용해 사용했으며 율곡 역시 때때로 그랬을 것이라는 전제 위에 서 있다.

율곡의 인물됨(도학)에 대한 최대한의 칭찬 — 곧 율곡이 『예기』에 묘사된 유교의 이상적 치세인 小康 또는 맹자가 옹호한 왕도를 성취할 수 있는 도학적 역량이 있다 — 을 담고 있다는 점을 시사한다. 정인홍의 이런 평이 그 자신의 주관적 평가이기 때문에 우리는 이런 해석을 전적으로 배제할 수 없다. 그러나 당시의 일반적 정세와 그에 대한 율곡의 판단 그리고 임금으로서 잘 다스려보고자 하는 의지가 약했던 선조의 인물됨을 고려했을 때, 패도에 해당하는 少康을 기할 수 있다는 평 역시 여전히 율곡에 대한 칭찬으로 받아들일 수 있다. 특히 "동호문답"에서 율곡이 "패도에 뜻을 둔다면 한·당 정도의 少康도 또한 이룰 수 있다"고 말했던 것을 고려하면, 이는 여기서의 少康이 문경지치[文景之治, 한 문제와 경제(景帝)의 치세] 또는 정관지치(貞觀之治, 당태종의 치세)와 같은 한·당 시대의 치세, 즉 패도에 해당하는 少康을 가리킨다는 해석에 무게를 실어준다. 우리는 첫 번째와 두 번째 해석 중 어느 것이 타당한지에 대해서 결정적인 해답을 얻을 수는 없다. 그러나 만약 두 번째 해석을 지지하는 이 글의 해석이 타당하다면, 율곡은 少康의 의미를 일관되게, 곧 패도에 해당하는 치세를 지칭하기 위해서 사용했다고 풀이할 수 있다. 만약 첫 번째 해석이 타당하다면 율곡 역시 小康과 少康을 때로 혼용했다고 풀이할 수 있다. 그러나 이 경우에도 여기서 언급된 少康이 일단 정인홍의 말을 인용한 것이라는 점을 감안해 이 인용문을 제외함으로써, 율곡이 여전히 少康 개념을 일관되게 사용했다고 주장할 여지는 남아 있다.

마지막으로, 율곡이 언급한 少康이 하(夏)나라를 중흥시킨 군주 少康을 지칭할 때도 있다. 율곡은 "천도인사책(天道人事策)"에서 촉한의 소열을 거론하면서 少康이라는 단어를 사용한다.

진실로 주환왕(周桓王)이 문왕, 무왕의 업을 닦았더라면 서경(西京)을 회복할 수 있었을 것이요, 한 소열이 소강(少康) 같은 덕이 있었다면 간흉을 제거할 수 있었을 것이요, 조송(趙宋)도 주 선왕(周 宣王) 같은 공을 본받았다면 오랑캐들을 소탕할 수 있었을 것입니다. 이제 이렇게 인사는 다하지 않고 천도의 감응을 바라는 것이야말로 어찌 작은 소리가 크게 메아리치기를 바라는 것과 무엇이 다르겠습니까(『국역 율곡전서[IV]』「습유」천도인사책, 434).

이 구절에서 거론되는 少康은 패도를 행할 수 있는 왕의 역량을 지칭하는 것이 아니라 종통이 끊어진 지 40년 만에 하나라를 중흥시킨 少康이라는 군주의 이름을 거명한 것이다(『국역 율곡전서[IV]』「습유」천도인사책, 434, 주 22 참조). 물론 구문상 이 구절을 패도에 해당하는 少康을 가리키는 말로 해석해 소열에게 '少康을 이룰 만한 덕이 있었다면'으로 해석할 수도 있을 것이다. 그러나 이런 해석은 "동호문답"에서 율곡이 이미 한 소열을 제갈량의 도움을 받아 少康을 이룬 군주로 해석했다는 사실과 논리적으로 모순된다. 따라서 이런 해석은 받아들이기 어렵다.

지금까지 『율곡전서』에 나타난 少康 개념을 분석했다. 이 과정에서 하나라 군주인 少康을 지칭한 경우를 제외하고는, 율곡이 少康을 대체로 두 가지 의미로, 곧 '패도'를 지칭하거나 백성이 '다소 강안함을 느끼는 상태'를 서술하기 위해서 사용했다는 점을 밝혔다. 동시에 우리는 율곡이 직접 '패도'를 언급할 때는 거의 항상 부정적인 평가나 서술어(수식어)를 수반시키지만,[22] 少康을 언급할 때는 ('비록' 또는 '어쩌면'이라는 양보적인 의미의 수식어가 붙더라도) 대체로 긍정적인 평가나 서술어를 부가한다는 점을 확인했다. 이렇게 볼 때 우리는 율곡이 '패도=少康' 등식을 어느 정도 받아

---

22) 율곡이 '패도'에 대해서 긍정적으로 평가하는 언급을 한 때는 "동호문답"의 가상적인 대화편에서 '주인'으로 가탁하면서 왕도와 패도를 '치평'으로 분류했을 때뿐이다. 그러나 곧 이어서 그는 패도에 대해서 비판적인 설명을 달고 있다.

들이되, 이에 대해서 이중적인 태도를 취했다고 해석하는 것이 온당할 듯하다. 율곡은 성리학자로서 '공리(功利)의 사사로운 이익'을 추구하며, 이를 위해서 임시방편적 조치와 모략을 구사하는 패도에 대해서 원칙적이고 공개적으로는 비판적인 태도를 일관되게 견지했다. 하지만 이와 동시에 패도 정치가 삼대(三代) 이후에는 '그나마 볼 만한 정치'였던 한·당 시대의 少康, 즉 '다소 강안(康安)'했던 치세를 만들어냈다는 주장을 신중하게 제기하면서 패도를 어느 정도 승인하는 현실주의적 태도를 취하고 있다. 다시 말해, 그는 부정적인 어감을 지닌 패도의 결과 얻어진 치세를 다소 긍정적인 뉘앙스를 담은 少康에 연결시킴으로써 그 부정적 의미를 약화시키고 있었고, 조선 시대 유학자들 사이에서 이는 어느 정도 묵인된 관행이었던 것으로 보인다.

2) 『율곡전서』에 나타난 小康

이제 우리는 『예기』의 小康과 율곡의 少康 개념을 충분히 검토했기 때문에 『율곡전서』에 사용된 小康 개념을 좀더 쉽게 이해할 수 있는 입장에 서 있다. 『율곡전서』에는 네 번에 걸쳐 小康의 용례가 나오는데 모두 율곡 자신이 아닌 타인의 말과 글을 인용한 것이다. 그중 두 번은 선조의 동일한 발언을 반복해서 인용한 것이고, 한 번은 정명도의 소차(疏箚)를 인용한 것이며, 마지막 한 번은 율곡의 사후 그를 추모하면서 심희수가 지은 만사(挽詞)에 나오는 것이다. 그렇게 보면 율곡은 적어도 자신이 남긴 글에서 小康이라는 용어를 '직접적으로' 사용한 적은 없다고 할 수 있다. 이를 검토하면서 그 뜻을 분석해보면 다음과 같다.

먼저 선조가 小康을 언급한 것은 「경연일기」(선조 6년 11월)에서 인용되고 있다.

상이 이르기를, "예전부터 새로 나라를 세운 임금의 그 행실을 상고하면 실덕 (失德)이 없지 않아도 오히려 소강(小康)을 이루었다. 그러나 건국한 지 오래 되어 차차 쇠미하게 되면 아무리 어진 임금이라도 잘 다스리지 못하는 것이다." 했다. [이]이가 아뢰기를, "이것도 그렇지 아니합니다. 주 선왕(周 宣王), 한 광무(漢 光武)는 다 중흥을 이룩한 임금입니다. 두 임금이 어찌 [주나라] 무왕 (武王)이나 [한나라] 고조(高祖)보다 현명했겠습니까? 진 도공(晉 悼公) 같 은 이는 겨우 14세에 즉위하매, 육경(六卿)은 강하고 공실(公室)은 약했으나 도공이 능히 스스로 분발하여 마침내 패업(霸業)을 이루었으니, 그 뜻을 세우 기에 달렸습니다"(『국역 율곡전서[VI]』「경연일기」 만력 원년 계유, 126).

이 구절은 선조가 자신은 "재덕이 없는데다 마침 다스리기 어려운 시대 를 만났다"라고 하면서 자포자기하는 듯한 태도를 취하자, 율곡이 선조에 게 오직 뜻을 세워 다스림을 구할 것을 촉구하면서 만약 재덕이 없다면 어 진 이를 얻어 정치를 맡길 것을 권하는 과정에서 나온 말이다(『국역 율곡 전서[VI]』「경연일기」 만력 원년 계유, 126). 여기서 선조가 언급한 小康 의 의미는 분명하지 않다. 그러나 전체적인 맥락을 고려할 때 여기서 小康 은 '치(治, 다스림)'와 등가적인 의미 관계를 형성하고 있으며, 율곡은 그 '치'를 실현한 자로서 주나라 선왕과 한나라 광무, '패업'을 이룬 진나라 도 공을 들고 있다. 따라서 선조와 율곡 사이에 상호 주관적인 의사소통이 이 루어지고 있다고 본다면, 여기서 小康은 『예기』에 나오는 小康이 아니라 패업을 통한 少康을 지칭하는 것으로 해석하는 것이 온당할 듯하다. 우리 가 『예기』에 나오는 엄밀한 小康의 정의를 고수하는 한, 인용된 왕들의 치 적이 小康에 필적할 수는 없기 때문이다.[23]

---

23) 선조와 율곡이 거의 똑같은 문답을 교환한 대화가 율곡의 "행장"(行狀)에도 나온다

다른 한 번은 「성학집요」 "법선왕(法先王)"에서 율곡이 정명도를 인용하는 과정에서 나온다.

정자는 [송나라] 신종(神宗)에게 차자를 올려 아뢰기를, "신은 삼가 아룁니다.……비록 이제(二帝)·삼왕(三王)이라도 때를 따라 개혁하고 일을 따라 더하고 줄이는 제도가 없지 않았으나, 정치하는 근본과 백성을 다스리는 도(道)의 요령이야 앞 성인이나 뒤 성인들이 어찌 같지 않은 것이 있겠습니까.……만약 생민을 다스리는 데 궁한 것이 있다면, 성스러운 임금의 법으로써 개혁할 수 있습니다.……후세에서도 능히 이 도를 다하면 크게 다스려지고[大治], 혹시 편벽되게 한다면 소강(小康) 상태가 될 것이니, 이것은 역대를 내려오면서 밝게 실증(實證)된 것입니다"(『국역 율곡전서[V]』「성학집요」위정 하 법선왕, 338).

여기서 정명도가 사용한 小康의 의미는 분명치 않다. 다만 전체 맥락을 고려할 때, 『예기』의 小康에 해당하는 3대의 통치라 할 수 있는 3왕, 곧 우·탕·문무의 통치가 대치(大治)에 해당한다면, 거기에 대응하는 小康은 문맥상 『예기』의 小康이 아님은 분명하다. 따라서 小康에 미달하는 少康을 포함해 어느 정도 다스림이 이루어진 상태를 지칭하는 것으로 읽어야 할 것이다. 물론 이 구절 역시 율곡이 직접적으로 小康이라는 용어를 사용한 것은 아니다.

마지막으로는 심희수가 율곡을 추모하면서 지은 만사에서 小康이라는

(『국역 율곡전서[VII]』「부록」행장, 168). 거기서는 율곡의 답변에서 주나라 선왕의 비교대상이 주나라 무왕에서 주나라 문왕으로 바뀌었지만, 전체적인 대의는 같기 때문에 그 대화를 별도로 분석하지는 않겠다. 동일한 대화가 율곡의 「연보」에 세 번째로 나오는데, 거기에는 흥미롭게도 '小康'이 아니라 '少康'으로 표기되어 있다(『국역 율곡전서[VII]』「부록」연보 상, 45).

용어가 나온다.

> 성심으로 옛것을 좋아하여 선성(先聖)을 스승 삼고,
> 시대 걱정하는 뜻 간절하여 소강(小康)을 부끄러워했네
> (『국역 율곡전서[VII]』「부록」사제문, 355).

이 구절에서 小康의 의미 역시 『예기』의 小康으로 읽기에는 거북함이 따른다. 율곡은 항상 小康을 의미하는 3대의 다스림[治]을 이상으로 삼아 이를 실현하기를 갈구했기 때문이다. 따라서 이 구절의 小康 역시 패도에 해당하는 少康이나 아니면 임금이나 백성이 '다소 편안함을 느끼는 상태'를 지칭하는 것으로 해석하는 것이 온당할 것이다. 지금까지 살펴본 것처럼 『율곡전서』에는 小康이라는 용어가 네 번 정도 사용되지만, 선조, 정명도, 심희수의 말과 글에서 나타날 뿐 율곡 자신은 小康이라는 용어를 자신의 글에서 직접 사용한 적이 없다. 그리고 네 번 나타난 小康을 모두 『예기』의 小康이 아니라 少康 또는 그에 미치지 못하는 치세나 상태를 의미하는 것으로 해석하는 것이 온당하다고 생각된다.

3) 『조선왕조실록』과 『율곡전서』에 나타난 小康·少康 개념의 비교

조선 시대 小康과 少康의 용례에 대한 체계적인 이해를 위해서는 조선 시대 문헌을 포괄적으로 검토하고, 나아가 그 용례가 시대적으로 어떤 변화를 겪어왔는지를 치밀하게 분석해야 할 것이다. 다만 이 글에서는 여러 가지 한계로 인해서 『조선왕조실록』을 중심으로 하여 추출된 小康과 少康의 용례를 간략히 수집해 그 의미를 정리하고자 한다. 필자가 조사한 바에 따르면 『실록』에는 小康과 少康의 의미가 혼용되어 사용되고 있으며, 그 의미는 대략 다음과 같이 정리된다.

① 특기할 만한 천재지변이나 내우외환이 없이 그저 평온한 상태(小康, 『중 종실록』 23년 9월 2일 ; 少康, 『세종실록』 25년 5월 25일)[24]

② 어느 정도 다스림이 이룩되어 국가(임금)나 백성이 '다소 강안(또는 편 안)함을 느끼는 상태'(小康, 『세종실록』 14년 3월 12일 ; 少康, 『선조수정 실록』 20년 9월 1일)

③ 한·당 시대 현군(賢君)의 치세(小康, 『세조실록』 1년 7월 5일 ; 少康, 『효 종실록』 4년 7월 4일)

④ 『예기』의 小康에 해당하는 치세(小康, 『태종실록』 7년 4월 18일 ; 少康, 『현종개수실록』 1년 11월 23일)

⑤ 종종 '하소강(夏少康)'이라 표기되는 하나라를 중흥시킨 少康이라는 임 금의 이름(少康, 『선조실록』 31년 9월 28일 ; 小康, 『선조실록』 26년 5월 25일)

여기서 ①과 ②는 다소 중복될 수 있으며, 또한 ①과 ②는 한글로 번역 될 때 치세를 지칭하는 명사보다는 '다소 강안(또는 편안)함을 느끼는 상 태'를 의미하는 서술어로 번역된다. ③과 ④는 유가에서 개념상 엄격히 구 분되어야 하지만, 실제 용례에 있어서는 종종 혼용되기도 하고, 문맥상 그 의미가 명확하게 식별되지 않을 때도 있다. ⑤는 고유명사이기 때문에 少 康으로 표기되어야 마땅하지만, 예외적으로(오기로 인해서?) 小康으로 표 기된 때도 있다(『선조실록』 26년 5월 25일 등).

이런 용례에 따라 『율곡전서』에 나타난 小康이라는 용어를 검토해보면 그 의미가 다소 명료하지 않은 편이다. 그렇지만 필자는 小康을 ③의 의미

---

24) 여기서 괄호 속에 표기된 小康과 少康은 각 의미를 드러내기 위해서 실제 사용된 용어 이며, 일자는 『조선왕조실록』에 기록된 일자이다. 이하에서도 마찬가지다.

로 일관되게 해석했다. 먼저 정명도와 심의수가 사용한 小康 개념을 ③으로 해석했다. 또한『율곡전서』의「경연일기」와 "행장"에 기록된 선조와 율곡의 문답에서 나타나는 '小康'의 경우 그 의미가 분명히 드러나지 않지만, 필자는 선조의 언술보다는 율곡의 답변을 중시해 ③으로 해석했다. 물론 선조는 사실 ④의 의미에서 小康을 언급했을 수도 있다. 조선의 건국 초, 특히 태종, 세종, 성종 치세에는 임금이나 신하가 새로운 국가를 수립한 자부심과 낙관적 확신에 차서, 그 시대를 당대에 평하거나 나중에 회고하면서 ④의 의미인 小康으로 묘사한 경우가 종종 발견되기 때문이다.[25] 그러나 일단 필자가 선택한 (『율곡전서』에 나타난) 小康에 대한 해석은 일관되게 ③의 의미였다.

　『율곡전서』에 나타난 少康이라는 용어를 검토해보면 율곡은 자신의 체계적인 저술이라고 할 수 있는 "동호문답"이나「성학집요」에서 少康을 일관되게 ③의 의미로 사용했다. 그런데 여기서 유의할 점은『조선왕조실록』과『율곡전서』에서 ③의 의미로 사용되는 少康의 의미가 조금 다를 수 있다는 점이다.『조선왕조실록』과『율곡전서』모두 ③의 少康을 한·당 시대 현군(賢君)의 치세를 가리키는 것으로 사용하고 있다. 하지만 "동호문답"에서 율곡은 한·당 시대 현군의 정치를 명백하게 "패도를 행한 것"으로 규정하고 있다. 즉『율곡전서』에서 ③의 少康은 한·당 시대 현군의 치세이면서 동시에 패도의 의미로 사용되고 있는 것이다. 이와 별도로「경연일기」에서 율곡이 정인홍의 말로 인용한 '少康'의 의미는 ③인지 ④인지 분명하지 않은데 이 글은 일단 ③으로 해석했다. 그런데 "진시사소"와 "박대립에게 내리는 교서"에서는 少康을 백성이 '다소 강안(또는 편안)함을 느끼는

---

25) 예를 들어『태종실록』7년 4월 18일,『성종실록』5월 15일,『숙종실록』14년 12월 2일 등의 기록을 볼 것.

상태'를 지칭하는 ②의 의미로 사용하고 있으며, 이에 따라 국역본에서는 서술어로 옮기고 있다. 마지막으로 율곡은 "천도인사책"에서 少康을 ⑤의 의미에서, 곧 하나라를 중흥시킨 임금을 지칭하기 위해서 사용하고 있다.

4. 기존 연구의 검토

이제 지금까지 이 글이 분석한 율곡의 대동과 小康, 그리고 少康에 따라 국내의 기존 연구를 검토할 차례다.[26] 먼저 율곡의 대동 개념을 논하는 학자들은 "성현도통"에 나오는 율곡의 대동에 대한 서술을 인용할 때, 이를『예기』의 대동 개념과 대체로 동일한 것으로 인식하면서 율곡의 대동 개념(의 혁신)에 대해서 별다른 언급을 하지 않고 있다(장숙필 1992, 168-170 ; 황준연 1995, 188-193 ; 황의동 1998, 80-83 ; 황준연 2000, 180 ; 전세영 2005, 220-221 ; 송하경 2007, 51-53). 그러나 이 글에서 제시한 것처럼 "성현도통"에 나타난 율곡의 대동 개념이『예기』의 대동 개념과 다른 것이 확실하다면, 국내 율곡 연구자들의 혼동 또는 침묵은 매우 당혹스럽다.

대부분의 율곡 연구자들은 율곡 사상의 小康 개념에 대해서도 마찬가지로 침묵을 지키고 있다. 율곡이『율곡전서』에서 小康을 스스로 언급한 적

---

26) 본래 기존 연구의 검토는 논문의 모두에서 행해지는 것이 관행이다. 그러나 이 글의 성격상 율곡의 대동 · 小康 · 少康 개념에 대한 분석을 제시하기에 앞서 기존 연구에 대한 비판적 검토를 서술하는 일이 매우 어렵게 여겨졌기 때문에, 부득이 글의 마지막 부분에서 수행하게 되었다. 또한 이 글에 대해서 한 논평자는 이 글에서 인용된 일반 문헌이 수적인 면에서 많이 부족하다고 지적했다. 이 글을 쓰는 과정에서 필자는『율곡학연구총서』등 율곡 사상에 관한 적지 않은 문헌을 섭렵했다. 그러나 압도적 다수의 문헌은 율곡의 대동 · 小康 개념이『예기』의 그것과 동일하다는 가정에 따라 별다른 언급을 하지 않았다. 또한 이 글에서 제시한 小康과 少康의 구분에 대해서는 아예 거론조차 하지 않았다. 따라서 이 글에서 제시한 주요한 논점에 대해서 침묵을 지키고 있는 대다수의 관련 문헌을 긍정적이든 비판적이든 인용할 수 없었다는 점을 밝혀둔다.

이 없기 때문에 이는 오히려 당연한 것으로 여겨지기도 한다. 그러나 앞에서도 검토한 것처럼 율곡이 사용한 少康 개념이 국역본의 오기로 인해서 종종 小康 개념과 동일한 것으로 오해되기도 할 법한데, 그런 오해는 특히 "성현도통"과 "동호문답"에서 율곡이 논한 (小康으로 오기된) '少康'에서 비롯되는 것 같다.[27] 이에 따라 어떤 연구자들은 "성현도통"의 마지막 부분에 나오는 少康에 대한 서술을 小康으로 오인해서 논하고 있다(전세영 2005, 223 ; 황준연 1995, 188-189 ; 192-193).[28] 다른 한편 전세영은 율곡이 치란의 주체로서 군주를 세 가지 유형으로 나누었다고 해석하면서, "성왕군주(聖王君主), 소강군주(小康君主), 난망군주(亂亡君主)가 그것" 이라고 주장한다. 그는 小康군주를 "덕이 성왕군주에는 미치지 못하나 인재를 발굴하여 그들에게 정치를 분산"시키고 "예를 통치 원리로 소강 세계의 치세를 구축한 군주"로 정의한다(전세영 2005, 113). 그러나 이 글에서 검토한 것처럼, 율곡 사상에서는 대동군주든 小康군주든 차별 없이 왕도로 파악되고, 또 『예기』의 小康에 정확히 부합하는 개념이 없기 때문에 전세영의 이런 분류를 율곡 사상에 적합한 것으로 받아들이기는 어렵다.

이런 혼동은 『율곡전서』에 대한 한글 번역본에서도 자주 발견된다. 『국역 율곡전서』에서 少康을 小康으로 오기한 사례는 율곡의 小康과 少康 개념을 분석하면서 이미 충분히 지적한 바 있다. 이외에도 최근에 번역된 『성학집요』나 『동호문답』에서도 비슷한 오류가 발견된다. 먼저 김태완은 『성

---

27) 앞에서 필자는 율곡 사상에 『예기』의 小康에 해당하는 개념이 전혀 없는 것은 아니며, 율곡이 대동을 서술한 다음 왕위 선양이 왕위 세습으로 전환되는 과정을 묘사하면서 부분적으로 小康에 해당하는 언급을 했다는 점을 지적한 바 있다.

28) 이는 매우 흥미롭다. 두 학자 모두 율곡의 少康에 대한 서술이 「예운」의 小康에 대한 서술과 다르다는 점을 식별하지 못하고 있기 때문이다. 나아가 두 학자 모두 자신들의 한글 인용에서 "성현도통"편에 나오는 소강(少康)을 소강(小康)으로 괄호 속에 오기하고 있다.

학집요』에서 "성현도통"편의 少康에 대한 부분을 이렇게 옮기고 있다. "그 사이에 임금이 혹 재능과 지혜로 잠정적인 평화[小康]를 이루는 데 그치고 대개는 이익을 추구하는 학설에 빠져 도덕의 실마리를 찾을 수 없었다"(이이[김태완 옮김] 2007, 617). 역자 자신의 주가 없어서 잘 알 수 없지만, 그는 원문의 '少康'을 '小康'으로 잘못 이해한 후 그 의미에 대해서 고심하면서 『예기』의 小康을 뜻하는 것으로 옮기기에는 부적절하다고 생각해 (필자의 추측에 따르면) 국가나 백성이 '다소 강안함을 느끼는 상태'에 해당하는 '잠정적인 평화'로 옮긴 것으로 보인다.

안외순이 한글로 옮긴 『동호문답』 역시 두 차례 나오는 少康을 아래와 같이 옮기고 있다.

만일 소강(小康)을 이루고자 한다면 몰라도 왕도 정치를 이루고자 하는 것은 처사가 큰소리치는 것과 같은 것 아니겠습니까?(이이[안외순 옮김] 2005, 49).

그리고 패도 정치에 뜻을 두더라도 한(漢)·당(唐)의 소강(少康) 정도는 가능하겠지요(이이[안외순 옮김] 2005, 57).

필자가 보기에 안외순은 두 차례에 나오는 少康 가운데 한 번은 원문과 다르게 기재하고, 다른 한 번은 정확하게 표기했다. 여기서 흥미로운 것은 그가 각각 나오는 小康과 少康에 대해서 지적 불편함을 느끼면서 주를 달고 있다는 점이다. 먼저 그는 첫 번째 인용문에 나오는 小康에 대해서 "원래는 『예기(禮記)』「예운(禮運)」편에 나오는 현실적인 모범 정치이나 율곡은 그다지 높이 평가하고 있는 것 같지 않다"(이이[안외순 옮김] 2005, 147)는 주를, 두 번째 인용문의 少康에 대해서는 "일반적으로 '소강'은 '小康'으로 기재하나 율곡은 '少康'으로 기재하고 있다"(이이[안외순 옮김]

2005, 148)라는 주를 달고 있다. 만약 김태완이나 안외순이 원문 대조를 좀더 꼼꼼히 하고, 또 小康과 少康에 대한 율곡의 구분에 좀더 주의를 기울였더라면, 그런 오류를 범하지 않았을 것이다.

『예기』의 小康 개념과 율곡 스스로 고안한 少康 개념에 대한 율곡 자신의 엄격한 구분이 제대로 인지되지 못한 것을 단순히 오늘날 학자들의 부주의 탓으로만 돌릴 수는 없다. 앞에서 『조선왕조실록』에 대한 간략한 검토를 통해서 드러난 것처럼, 『실록』에서도 양자는 자주 혼용되었기 때문이다. 이런 언어적 관행이 오늘날에 이르기까지 전승된 결과, 최초의 한글 번역본인 『국역 율곡전서』는 율곡이 원문에서 少康이라고 표기한 적지 않은 구절들을 부주의하게 小康으로 표기하는 오류를 범하게 되었다. 그 결과 오늘날의 적지 않은 학자들 역시 율곡의 엄격한 구분을 간취하지 못했다고 생각할 수 있다. 이렇게 볼 때, 小康과 少康에 대한 율곡의 엄격한 구분이 제대로 이해되지 못한 원인을 조선 시대에는 양자의 혼용에서, 오늘날에는 혼용의 전통과 그에 덧씌워진 국역본의 오기에서 찾을 수 있는 것 같다. 그렇다 하더라도 "동호문답"과 "성현도통"에서 제시된 少康 개념이 『예기』의 小康 개념과 명백히 다르며 패도에 해당한다는 논변을 율곡이 때로는 명시적으로, 때로는 내용상의 명료한 서술을 통해서 분명히 밝혔음에도 불구하고 당대의 학자는 물론 현대의 학자들 역시 이를 포착해내지 못했다는 것은 다소 당혹스러운 사실이다.

5. 맺는글

지금까지 율곡의 정치철학에 나타난 대동·小康·少康 개념을 분석하면서 율곡의 대동·小康 개념이 『예기』에 나오는 대동·小康의 개념과 다르며, 나아가 율곡은 小康과 少康의 개념을 구분하지만 스스로 小康이라는 용어를 직접 사용한 적이 없으며, 少康을 『예기』의 小康과 달리 패도에 해당하는 치세를 지칭하기 위한 명사 또는 임금이나 백성이 '다소 강안함을 느끼는 상태'를 묘사하기 위한 서술어로 사용했다는 점을 밝혔다.

그러나 이 글이 시도한 율곡의 대동·小康·少康 개념에 대한 분석은 몇 가지 추가적인 의문점을 제기한다. 첫째, 앞에서도 잠시 언급한 것처럼, 「성학집요」 "위정"편의 말미에 붙인 "위정공효"의 모두에서 율곡 스스로 인용한 『예기』의 '대동'과 "성현도통"편의 말미에서 율곡이 근본적으로 혁신해 제시한 '대동'의 관계를 어떻게 볼 것인가 하는 점이다. 둘째, 율곡이 맹자를 좇아 당우삼대, 곧 『예기』의 대동·小康에 해당하는 왕도 정치를 이상으로 삼았음에도 불구하고, 패도에 해당하는 少康을 구분해 '그나마 볼 만한 정치'로서 긍정한 이유가 무엇이며, 이 경우 왕도와 패도(또는 少康)의 관계를 어떻게 설정해야 하는가다. 물론 율곡이 "성현도통"에서 암울하게 묘사한 것처럼 역사적으로 3대 이후 오랫동안 패도에도 훨씬 못 미치는 폭군(暴君)·혼군(昏君)·용군(庸君)의 통치가 넘쳐났던 것이 사실이기 때문에 부득이 少康이라도 '그나마 볼 만한 정치'로서 긍정적으로 평가하지 않을 수 없었다는 설명은 일견 설득력이 있다. 하지만 율곡이 추숭했던 맹자와 주자가 그토록 왕도와 패도를 엄격히 구분하고자 했던 점을 고려한다면, 패도에 少康이란 새로운 개념적 위상을 부여하고 이를 왕도와 더불어 긍정적인 통치 형태를 가리키는 치평이란 범주에 배치한 점을 어떻게 이해할 수 있는가라는 의문은 여전히 남아 있다.[29] 마지막으로 조선 시대 유학

---

29) 궁극적으로 패도에 대한 율곡의 이중적 입장은 당혹감을 느끼게 한다. 성리학자로서 율곡은 패도를 준엄하게 비판하는 듯하면서도 정치 질서의 가치적 위계 서열을 구조화하는 과정에서는 패도를 왕도보다는 못하지만 폭군·혼군·용군의 통치보다는 나은 정치 질서로서 평가하고 있다. 이에 따라 패도(=少康)는 왕도의 차선으로서 상대적으로 안정적인 개념적 위상을 부여받게 된다. 이런 논리적 구조는 패도에 대한 맹자와 주자의 입장을 고려할 때, 상당히 파격적이다. 특히 주자는 패도에 대한 일체의 긍정적 가치

자들 가운데 율곡처럼 少康을 小康과 엄격하게 구분해 개념화한 학자들이 존재하거나 아니면 율곡의 구분에 주목한 학자들이 있었는지, 나아가 전통 시대 중국이나 일본의 유학자들 가운데 율곡과 같은 구분을 내린 학자들이 있었는가다. 이런 추가적인 의문들에 대한 답변은 필자의 학문적 능력을 넘어서는 과제다. 다만 필자의 시론적 연구가 추가적 연구의 디딤돌이 될 수 있다면, 이 연구는 스스로 설정한 목표를 초과 달성한 셈이 될 것이다.

마지막으로 이 연구의 의의를 평가하면서 이 글을 마무리 짓고자 한다. 앞에서도 지적한 것처럼 조선 시대에는 小康과 少康이 혼용되어 널리 사용되었다. 이런 이유로 인해서 현대 유학을 연구하는 국내 학자들 역시 대부분 이를 당연시해온 것 같다. 그러나 지금까지 제시된 이 글의 분석이 타당하다면, 율곡은 이를 명확히 구분해 사용했다. 율곡은 자신의 경장론을 통해서 현실을 개혁하고자 했듯이, 기존 유가의 주요 개념인 대동과 小康의 개념적 혁신을 통해서 동시대의 유학을 경장하고자 했다.[30] 현실이나 학문 영역 모두에서 창업과 수성 못지않게 경장이 필요하다고 판단했기 때문이다. 그러나 율곡의 경장론이 현실에서 받아들여지지 않았듯이, 이를 학문적으로 뒷받침하기 위한 대동·小康·少康에 대한 그의 개념적 혁신 역시 제대로 인식되지 못한 것 같다.

평가를 완강하게 거부했다. 예를 들어, 주자는 '삼대(三代)는 천리의 시대요, 한·당은 인욕의 시대'라는 식의 주장을 전개하면서 당태종 등을 패도로 규정하고, 도덕적 동기가 아닌 사사로운 이익에서 정치를 행했다고 비판하고 있으며, 패도에 대해서 차선의 지위조차 허용하지 않고 있다(이상익 2007, 333~335). 그런데 율곡은 주자와 마찬가지로 한문제, 당태종 등을 패도를 지향하고 그것에 안주했다는 이유로 비판하면서도, 패도에 대해서는 치평의 범주에서 왕도에 버금가는 차선의 지위를 부여하고 있다. 즉 패도군주는 비판하면서도 그들에 의한 패도적 치세는 상대적으로 긍정적으로 평가하고 있는 것이다. 어떤 면에서 이는 공자가 『논어』에서 관중의 부족한 인격과 비례(非禮)적 행위를 비판하면서도 그의 정치적 업적은 인정하는 모습과 흡사하다.

30) 필자는 '이통기국(理通氣局)', '기발이승일도(氣發理乘一途)' 등 이기심성(理氣心性)에 대한 율곡의 주요 명제들 또한 이런 사례에 속한다고 본다.

만약 율곡의 개념적 혁신에 대한 이 글의 발견과 해석이 타당하다면, 잘 알려진 '벌거벗은 임금님'이라는 동화가 시사하듯이, 이는 임금을 가까이서 모시면서 권위와 전통(관행)의 마법에 친숙한 신하들보다는 그 마법에 생소한 (필자와 같은) 어린 아이의 벌거벗은 눈(육안)에 진실이 더 잘 보일 수 있다는 역설을 시사한다. 이 점에서 현실의 경장에 못지않게 현실을 보는 안목에 해당하는 학문의 경장 역시 중요하다. 서세동점 이후 지난 200년 간 동북아시아 사상은 격동적인 변화를 겪어왔다. 그동안 어려운 여건 속에서 국내의 유학 연구자들은 온갖 시련에 맞서 유학을 보존하고 전승하기 위해서 수성에 몰두해왔고, 그 노고는 값진 것이다. 바야흐로 이제 한국이 세계의 중심부에 진입했다는 낙관론이 대두하고 있다. 이런 낙관론을 학문적으로 현실화하기 위해서 이제 우리에게 부여된 과제는 유학을 포함한 우리의 전통문화를 수세적으로 수성하기보다는 적극적으로 경장하는 것이라 믿는다.

참고 문헌

『國譯 栗谷全書(II-VII)』(재판 2쇄). 1996. 성남 : 한국정신문화연구원.

『論語集註』. 성백효 역주. 1991. 서울 : 전통문화연구회.

『孟子集註』. 성백효 역주. 1992. 서울 : 전통문화연구회.

『書經集傳(上)』. 성백효 역주. 1998. 서울 : 전통문화연구회.

『禮記集說大全』. 전통교재편찬위원회 편. 1979. 서울 : 경인문화사.

강정인. 2005. "율곡 이이의 경장론과 개념의 혁신 : 대동(大同)·소강(小康) 개념을 중심으로."
　　　『율곡학 연구』(한림대학교 한림과학원 율곡학연구소) 제1집, 227-250.

송하경. 2007. "이율곡의 도통론에 관한 고찰." 율곡학회 편. 『율곡학연구총서(논문편 9)』. 강
　　　릉 : 사단법인 율곡학회, 49-73.

이상익. 2001. 『유가사회철학연구』. 서울 : 심산.

_____. 2007. "주자(朱子)와 진량(陳亮)의 왕패논쟁(王覇論爭)에 대한 재검토." 『동방학지』
　　　138호, 303-360.

이승환. 1998. 『유가사상의 사회철학적 재조명』. 서울 : 고려대학교 출판부.

이이 저. 안외순 역. 2005. 『동호문답』. 서울 : 책세상.

_____. 김태완 역 2007. 『성학집요』. 서울 : 청어람미디어.

장숙필. 1992. 『율곡 이이의 성학연구』. 서울 : 고대민족문화연구소 출판부.

전세영. 2005. 『율곡의 군주론』. 서울 : 집문당.

황의동. 1998. 『율곡 사상의 체계적 이해 2 : 경제사상 편』. 서울 : 서광사.

황준연. 1995. 『율곡 철학의 이해』. 서울 : 서광사.

_____. 2000. 『이율곡, 그 삶의 모습』. 서울 : 서울대학교 출판부.

『朝鮮王朝實錄』. http://sillok.history.go.kr/main/main.do

02

성인(聖人)에 관한 『한비자(韓非子)』의 중층적 언술 검토

성인에 대한 모순된 평가를 중심으로

강정인 · 김태환

1. 글머리에

춘추전국시대 법가(法家) 사상가인 한비자(기원전 280?-기원전 233)의 저작으로 알려진 『한비자』[1]는 유가(儒家) · 묵가(墨家) · 도가(道家)를 비롯한 다른 제자백가와 구분되는 법가의 독특한 사상을 집대성한 저작이다. 또한 이 저작에서는 춘추전국시대 중국이라는 시간적 · 공간적 배경으로 말미암아 다른 제자백가의 저작에서도 발견되는 특징을 찾아볼 수 있는데, 그중 하나가 바로 '성인(聖人)'[2]에 대한 언급이다. 각자의 이상을 역사 속

---

1) 『한비자』는 현재 55편이 전해져 내려오고 있는데, 이를 모두 한비자가 직접 저술했는지는 명확하지가 않다. 「초진견(初秦見)」을 비롯한 6편은 후대의 편집자가 쓴 것이라는 『한비자보전(韓非子補箋)』 서문의 견해(김원중 2010, 33에서 재인용)나, 「주도(主道)」를 비롯한 4편은 노자의 사상과 관계가 깊다는 주장(이운구 2002, 28) 등 한비자가 55편 전부를 썼다는 것에 회의적인 견해들이 제기되기 때문이다. 그러나 이 모든 의문점에도 불구하고, 이 글에서는 서술의 편의를 위하여 『한비자』의 모든 편을 한비자가 저술했다고 가정했고, 따라서 한비자를 관련 언술의 주체로 언급했다. 그리고 이러한 방침을 다른 제자백가의 저작에도 마찬가지로 적용했다.
2) '성인'을 구성하는 글자 가운데 핵심적인 의미를 나타내는 '성(聖)'은 본래 '다른 사람보다

에 오롯이 구현한 존재이자, 그 이상을 정당화하는 유력한 상징으로서 성인을 존숭하는 태도는 주요 제자백가의 저작에서 비교적 공통되고 일관되게 나타나는 특징이기도 하다.

그럼에도 『한비자』에서 발견되는 성인에 대한 언술은 다른 제자백가의 저작과 비교했을 때 혼란스러워 보이는 것이 사실이다. 유가 사상가들에서는 인의(仁義)를 체현하고 예악(禮樂)을 창조한 이상적인 존재로서 성인을 일관되게 존숭하고 긍정하는 경향을 쉽게 찾아볼 수 있는데, 성인에 대한 한비자의 평가에서는 이러한 일관성을 찾아보기 어렵기 때문이다. 예컨대 「유도(有度)」편에서는 유가를 비롯한 당시 제자백가의 행태─백성들의 환심을 사서 어질다는 명성을 얻으려 하거나, 임금에게 거칠게 간언하는 것을 충성스럽다고 평하는─를 선왕(先王)[3]의 법을 근거로 비난하는 반면,[4] 반면 「충효(忠孝)」편에서는 사람들이 요·순의 도를 본받음으로 말미

총명함, 지혜로움과 같은 능력이 뛰어남'을 뜻하는 글자이다(顧頡剛 2010, 627-628 ; 장현근 2004, 55-56). 이를 그대로 적용하면 '성인'은 '다른 사람보다 총명함이나 지혜로움과 같은 뛰어난 능력을 가진 사람'이라는 뜻이 된다. 하지만 이 말은 춘추전국시대에 이르러 유가가 등장하면서 큰 변화를 겪는다. 이들은 자신들이 추구했던 인의(仁義)라는 가치와 이를 실현하기 위한 문물제도인 예악(禮樂)을 창시한 인물로 요(堯)·순(舜)·우(禹)·탕(湯)·문왕(文王)·무왕(武王)과 같은 고대의 임금들을 지목하고, 이들을 '성인'이라고 부르며 높이 받들었다. 이러한 경향은 묵가와 도가를 비롯한 다수의 제자백가에서도 그대로 반복되어, '성인'은 각각의 학파에서 각기 이상으로 추구했던 가치들을 대변하는 존재로 다양하게 묘사되었다(王文亮 1993, 6-7). 이에 관하여 보다 자세한 설명은 吳震(2012), 王中江(1999), 장현근(2012b) 등을 참고.

3) 여기에서 언급하는 '선왕'이란 단순히 앞서 존재했던 임금이라는 뜻이 아니라, 아득히 먼 옛날에 천하에 그 훌륭한 덕이 미쳤던 임금으로, 후세의 통치자들이라면 마땅히 본받아야 하는 존재를 뜻한다. 그리고 이러한 '선왕'의 사례로 언급되는 인물들이 바로 각주 1에서 '성인'으로 존숭되었다고 언급된 요·순·우·탕·문왕·무왕과 같은 고대의 임금들이다. 이런 사정으로 말미암아 '다른 사람보다 뛰어난 능력을 가진 임금'이라는 뜻의 '성왕(聖王)'과 함께, '선왕'은 제자백가의 저술에서 '성인'과 명확하게 구분하여 사용되었다고 보기 어려운 측면이 있다. 따라서 이 글에서는 서술의 편의를 위하여 특별한 사정이 없으면 '성인'·'성왕'·'선왕'과 같은 표현을 모두 '성인'으로 통칭하여 사용했다.

4) 『韓非子』「有度」"今夫輕爵祿 易去亡 以擇其主 臣不謂廉. 詐說逆法 倍主强諫 臣不

56

암아 임금을 시해하고, 아버지에게 잘못된 행동을 한다고 주장하면서 고대의 임금들인 요·순·탕·무왕을 "임금과 신하의 의리를 배반하고 후세의 가르침을 어지럽혔다"고 비난한다.5) 이처럼 비난받은 네 임금들이 유가를 비롯한 여러 다른 제자백가에서 성인으로 여겨졌던 인물이었다는 점을 고려해 본다면, 고대의 성인들로부터 내려온 법을 기준삼아 세태를 비난했던「유도」편의 구절과 성인의 행적을 직접적으로 비난한「충효」편의 구절은 '성인'에 대하여 상반된 태도를 드러낸다고 평가할 수 있다.

이렇게만 보면, 성인을 존숭하거나 그 행적을 본받아야 한다는 태도와 이를 부정적으로 여기는 태도가 하나의 저작에 공존한다는 점을 들어『한비자』에 나타나는 성인관(聖人觀)이 모순되었다고 평가할 수도 있을 것이다. 하지만 성인에 대한 평가에서 상반되는 경향이 나타난다고 하더라도, 이렇게 상반되어 보이는 평가가 '법술에 의한 통치'라는 나름의 일관된 기준이 적용된 결과라고 한다면, 한비자의 성인관이 모순이라고 단정하는 것은 성급하다고 할 수 있을 것이다.

지금까지 국내에서 발표되거나 소개된 연구 가운데 성인에 대한 한비자의 일견 모순된 언술에 주목하여 체계적이고 상세하게 다룬 것을 찾기란 쉽지 않다. 물론 그렇다고 해서 기존 연구들이『한비자』에 나타나는 성인에 대한 한비자의 전반적인 태도를 다루지 않았다는 뜻은 아니다. 한비자의 성인관에 대한 개괄적인 소개는 장현근(2012b)·유택화(劉澤華 2002b) 등에서 찾아볼 수 있다. 그런데 이 연구들은 성왕 또는 성인에 대한 제자백가

謂忠. 行惠施利 收下爲名 臣不謂仁.……此數物者 險世之說也 而先王之法所簡也. 先王之法曰"臣毋或作威 毋或作利 從王之指. 毋或作好 毋或作惡 從王之路." 古者世治之民 奉公法, 廢私術 專意一行 具以待任."
5)『韓非子』「忠孝」"皆以堯·舜之道爲是而法之, 是以有弑君 有曲父. 堯·舜·湯·武或反君臣之義 亂後世之敎者也."

의 사상을 전반적으로 조명하는 과정에서 한비자의 성인관이라는 주제를 전체 연구의 일부로 다루거나(장현근 2012b, 192-198), 부가적인 설명으로만 간략히 소개하는 정도에 그쳤다는 점에서(劉澤華 2002b, 495-497), 한비자의 성인관에 대하여 깊이 있는 분석을 시도하지 않은 측면이 있다.

이뿐만 아니라 이 두 연구들은 한비자가 성인을 '법(法)·술(術)·세(勢)라는 도구를 사용하여 통치함으로써 자기 나라의 힘을 극대화하려는 냉혹한 절대군주'로 본다고 결론짓는다는 공통점이 있다. 이러한 결론은 나름 합당한 해석이라고 할 수 있다. 하지만 두 연구는 공히『한비자』라는 하나의 저작에서 성인에 대한 상반된 관점이 중층적으로 나타나는 양상을 어떻게 보아야 할 것인가라는, 텍스트 내의 미시적인 문제에는 관심을 가지지 않으며 따라서 이를 직접적으로 다루지 않은 채 이런 결론을 내리고 있다. 아마도 이는 해당 연구들이『한비자』에 나타나는 성인에 대한 모든 언술들을 체계적으로 분류하고 분석하기보다는, 한비자의 전반적인 사상과의 정합성을 우선적으로 고려하여 성인에 대한 언술들을 선별적으로 추출하여 분석한 데서 비롯한 것으로 보인다.

이 연구는 한비자의 성인관을 유가·묵가·도가로 대표되는 다른 제자백가나, 한비자를 제외한 법가에 속하는 다른 학자들의 성인관과 비교·검토하기보다는,『한비자』에서 쉽게 찾아볼 수 있는, 일견 모순되어 보이는 성인에 대한 중층적인 언술에 주목하면서 이를 종합적이고 체계적으로 해석하려는 시도이다.6) 이를 위하여 성인에 대한 한비자의 중층적인 언술을 '성인에

---

6) 여기에서 '중층적인' 언술이라는 말은, 성인에 관한 다양한 언술들이 기본적인 가정이나 논리전개에서 일견 상호 간 모순이 발견되기는 하지만, 결과적으로 법술에 의한 통치를 강조하는 한비자의 법가적 사상을 일관되게 뒷받침하고 있다는 뜻이다. 예컨대 채무자 '갑'과 채권자 '을' 사이에 지속적으로 금전적 채무관계가 있는 상황에서, 갑이 을에게 오래 전에 빌린 100만 원을 갚으라는 소송을 당했을 때, 갑은 을에게 갚을 돈이 없다고 주장하기 위해서 법정에서 상호 모순되는 두 가지 주장을 할 수 있다. 먼저 이행이 청구

대한 한비자의 태도'와, '옛 성인의 가르침에 대한 수용 여부'라는 두 가지 기준을 바탕으로 세 가지 유형으로 분류하고, 각각의 유형에 드러나는 특징들을 구체적으로 살펴보고 나서, 한비자의 성인관을 종합적이고 체계적으로 정리할 것이다. 이에 따라 먼저 세 가지 유형의 언술 가운데 ① 성인을 긍정적으로 평가하면서 그 행적을 이상적인 것으로 여겨 본받아야 한다는, 성인에 대한 긍정적-이상적 언술들을 2절에서 살펴보고, 이어서 ② 성인을 긍정적으로 평가하지만 그들의 가르침을 본받아서는 안 된다는, 성인에 대한 긍정적-역설적인 언술들을 3절에서 검토할 것이다. 그리고 ③ 성인을 부정적으로 평가하는 유형의 언술들을 4절에서 다루고 난 뒤, 마지막으로 5절에서는 결론적으로 이들 세 유형에서 나타나는 성인에 대한 한비자의 언술을 종합적으로 정리하면서 이들 유형의 언술들에서 나타나는 '중층성'에 대하여 해명하고자 한다.

2. 성인에 대한 긍정적-이상적인 언술

성인을 긍정적으로 평가하면서도 그러한 성인에게 법가적 혹은 황로학적 이상을 투사하려는 경향을 드러내는 언술은 『한비자』 전반에서 어렵지 않게 찾아볼 수 있다. 이러한 유형의 언술은 비슷해 보이면서도 분명히 구분되는 두 가지 경향으로 나누어볼 수 있다. 하나는 성인을 법가의 전형(典型)으로 파악하여 존숭하려는 경향이고, 다른 하나는 성인을 그러한 법가의 전형과는 다른 방식으로 파악하면서도 존숭하려는 경향이다. 후자의 경

된 100만 원을 빌린 사실이 없다고 '부인'하는 것이고, 다음으로 혹시라도 100만 원을 빌렸다면 이는 이미 갚았다고 '항변'하는 것이다. 두 가지 주장 가운데 하나는 100만 원을 빌렸다는 사실 자체를 부정하는 것이고, 다른 하나는 빌렸다는 사실은 일단 시인하는 것이기에 상호 모순되지만, 갑은 어느 경우에나 이행이 청구된 채무 100만 원을 갚을 필요가 없다는 일관된 결론을 위해서 상호 모순되는 주장을 중층적으로 전개한 것이다.

향을 강하게 드러내는 언술들은 이른바 황로학(黃老學)이라고 불리는, 도가의 영향을 강하게 받은 학설들과 상당한 접점을 발견할 수 있는 것들이다.

1) 법가의 이상을 대변하는 '성인'에 대한 언술

성인을 법가의 이상을 완벽하게 구현한 존재이자 부국강병을 위하여 반드시 본받아야 하는 존재로 묘사하면서 존숭의 대상으로 여기는 내용의 언술에서 나타나는 성인의 면모는, 유가와 묵가를 비롯한 다른 제자백가에서 묘사하는 것과 다른 모습으로 나타난다. 이는 제자백가의 사상가들이 저마다 묘사했던 성인의 면모가 그들이 각자 가지고 있던 바람직한 통치의 내용 및 그러한 통치의 주체가 갖추어야 할 바람직한 인간상에 대한 입장과 긴밀하게 연관을 맺고 있었기 때문일 것이다. 이러한 관점에서 볼 때, 다른 제자백가와 마찬가지로 성인이라는 존재를 자기 학파의 모범으로 묘사하는 다음과 같은 시도들을 『한비자』에서 발견할 수 있다는 사실은 당연한 것으로 보이기도 한다.

무릇 남의 임금이 되어 몸소 백관을 살피려 한다면 날이 충분하지 못하고, 힘이 도달하지 못할 것입니다. 또 윗사람이 눈을 쓰면 아랫사람은 거짓으로 꾸며 보여주려 할 것이고, 윗사람이 귀를 쓰면 아랫사람은 거짓으로 꾸며 소리내려 할 것이며, 윗사람이 사려를 쓰면 번다하게 말하려 할 것입니다. 선왕은 이 세 가지로는 충분하지 못하다고 여겼기 때문에 자기의 능력을 놓아두고 법수(法數)에 근거하여 상벌을 바로잡았던 것입니다.……그러므로 선왕이 이를 귀히 여겨 전한 것입니다. 남의 임금으로서 법을 풀어놓고 사사로움을 쓰면 상하가 구분되지 않을 것입니다(『한비자』「유도」).[7]

---

7) 『韓非子』「有度」 "夫爲人主而身察百官 則日不足, 力不給. 且上用目 則下飾觀, 上用

그러므로 법을 가지고 도로 삼으면 처음에는 괴롭지만 길게는 이롭게 되고, 인(仁)을 가지고 도로 삼으면 구차하게 즐기겠지만 뒤에는 괴롭게 된다. 성인은 그 경중(輕重)을 저울질하여 큰 이득으로 나아가기 때문에, 법을 써서 서로 참아내고 어진 사람이 서로 가련히 여기는 것을 버린다. 학자들의 말은 모두 형벌을 가볍게 해야 한다고 하는데, 이는 어지럽고 망하는 술(術)이다. 대개 상벌을 확실히 한다는 것은 권하고 금하는 것이다. 상이 두터우면 바라는 바를 빨리 얻게 되고, 벌이 무거우면 미워하는 바를 급하게 금지할 수 있다.……그러므로 다스려지기를 심히 바라는 자는 그 상을 반드시 두텁게 하고, 어지러움을 심히 미워하는 자는 그 벌을 반드시 무겁게 한다(『한비자』「육반」).8)

위의 인용된 구절들에서 각각 언급했던 "선왕"과 "성인"을 한마디로 요약한다면, "철저한 법치의 이행자"(장현근 2012b, 194)라고 할 수 있을 것이다. 이 관점에서 성인은 뛰어난 능력을 가지고 있더라도 이에 의존하지 않고 오로지 일정한 법에 따라 통치하는 사람이자, 도덕이 아닌 상벌을 사용함으로써 어지러움을 막는 사람이다. 그리고 모름지기 나라를 다스리는 사람이라면 이러한 성인의 방법을 본받아 법술과 상벌을 적극적으로 사용해야만 '밝은' 임금이라고 부를 수 있다는 것이 한비자의 입장이었다. 이는 『한비자』의 많은 구절들이 '성인'의 특징으로 뛰어난 능력이나 아름다운 행적에 주목하기보다, 간략하면서도 엄정한 법을 사용하여 권세를 휘두르

耳 則下飾聽. 上用廬 則下繁辭. 先王以三者爲不足 故舍己能而因法數 審賞罰.……故先王貴之而傳之. 人主釋法用私 則上下不別矣."

8) 『韓非子』「六反」"故法之爲道 前苦而長利, 仁之爲道 偸樂而後窮. 聖人權其輕重 出其大利, 故用法之相忍 而棄仁人之相憐也. 學者之言皆曰 輕刑, 此亂亡之術也. 凡賞罰之必者 勸禁也. 賞厚 則所欲之得也疾, 罰重 則所惡之禁也急.……是故欲治甚者 其賞必厚矣, 其惡亂甚者 其罰必重矣."

는 절대군주의 모습에 더 주목하는 것을 통하여도 알 수 있다.

　이러한 측면에 주목한다면, 유가는 다른 제자백가 중에서도 한비자를 포함한 법가와 가장 뚜렷하게 대립되는 입장을 가진 학파일 것이다. 역사 속 여러 인물을 성인으로 칭송했던 유가의 기본적인 관점은 법가와 판이하게 달랐다. 예컨대 맹자는 임금이 아닌 신하의 지위에 있었던 인물인 이윤과 같은 인물이나, 정치적 지위와 관계없이 고결한 행실로 이름이 높았던 백이와 유하혜 같은 인물 또한 '성인'으로 부르기를 주저하지 않았다.[9] 그리고 유가에서 요·순과 같은 옛 임금들에게 아낌없이 보냈던 찬사는 그들의 높은 지혜나 훌륭한 언행에 집중되었지, 그들의 강대한 세력이나 무자비한 법 집행과는 무관했다. 이렇게 유가를 포함한 제자백가의 저작에서 찾아볼 수 있는 모습과 구분되는, 법가에서 이상적으로 여기는 통치자의 면모가 바로 『한비자』에서 찾아볼 수 있는 성인의 모습이라고 할 수 있다.

　이와 더불어 『한비자』에서는 일찍이 유가를 포함한 다른 제자백가들이 성인으로 존숭했던 고대의 인물들을 법가의 입장을 대변하는 방향으로 재해석하여, 이를 높이 추앙받고 본받아야 할 대상으로 재구성하기도 했다.

> 무릇 항상된 법을 버리고 사사로운 뜻을 따르면 신하는 지혜와 능력을 꾸밀 것이고, 신하가 지혜와 능력을 꾸미면 법과 금령이 서지 못할 것이다.……일찍이 순(舜)이 관리로 하여금 큰물을 트게 했는데, 영에 앞서 공을 세운 자가 있어 순이 그를 죽였다. 우(禹)가 제후 임금들을 회계산(會稽山) 위에서 조회할 때, 방풍(防風)의 임금이 늦게 이르러서 우가 그를 목 베었다. 이를 본다면 영에 앞선 자는 죽었고, 영에 늦은 자는 목 베었다면 옛날에는 영에 맞

---

9) 『孟子』「萬章下」 "孟子曰 伯夷 聖之淸者也, 伊尹 聖之任者也, 柳下惠 聖之和者也, 孔子 聖之時者也."

는 것을 무엇보다 귀하게 여겼던 것이다(『한비자』「식사」).[10]

이 인용문에서 순과 우는 어떠한 경우에도 일정하게 정해진 법과 명령에 따라서만 통치하는 임금으로 묘사된다. 순은 물을 터서 홍수를 막으라는 명령이 내려지기 전에 미리 물을 튼 사람이 있다는 말을 듣자 그를 죽여버렸으며, 우는 제후들을 회계산에 불러 모았으나 방풍이라는 곳의 제후가 늦게 도착했다는 이유만으로 마찬가지로 죽여버렸다. 물론 유가라고 해서 성인이 형벌을 사용했다는 사실을 부정하지는 않았다. 『서경』에서 순이 이른바 사흉(四凶)이라고 불리는, 공공·환두·삼묘·곤 네 사람을 처벌했다는 것을 포함하여 '형벌로 악을 물리치는' 성인에 대한 기록을 여럿 발견할 수 있기 때문이다.[11] 다만 유가에서는 이런 사례들을 "어질지 못함을 물리쳤다"는 표현을 사용하여 유가적 관점에서 이해하고자 했다면,[12] 한비자는 "죽였다"와 "목 베었다"라는 노골적인 표현을 사용함으로써 엄한 형벌을 강조하는 법가의 입장을 드러내는 방향으로 이 사례들을 재해석하고 활용했다는 점에서 차이가 있다.

요·순으로 대표되는 옛 성인들과 그들이 표상하는 도를 법가의 입장에서 해석하려는 시도는, 『한비자』에서 왕도와 패도의 엄격한 구분을 약화시키는 방식의 언술로도 나타났다. 이러한 언술에서 은나라의 왕업(王業)을 보좌했던 이윤과 제나라의 패업(霸業)을 보좌했던 관중, 진(秦)나라를 강국

---

10) 『韓非子』「飾邪」"夫舍常法而從私意 則臣下飾於智能, 臣下飾於智能 則法禁不立矣.……昔者舜使吏決鴻水, 先令有功而舜殺之. 禹朝諸侯之君 會稽之上, 防風之君 後至而禹斬之. 以此觀之 先令者殺, 後令者斬 則古者先貴如令矣."

11) 『書經』「舜典」"流共工于幽州 放驩兜于崇山 竄三苗于三危 殛鯀于崇山. 四罪, 而天下咸服."

12) 『孟子』「萬章上」"萬章曰 舜流共工于幽州 放驩兜于崇山 殺三苗于三危 殛鯀于羽山, 四罪, 而天下咸服 誅不仁也."

으로 만들었던 상앙은 모두 한비자에게 "패왕의 술(霸王之術)"에 밝은 인물이라는 평가를 받게 된다.[13] 이런 평가는 전적으로 세 사람이 각자 몸담았던 나라를 부유하고 강하게 만들었다는 공통점에 초점을 맞추고, 왕도와 패도의 구분에는 무게를 두지 않은 채 '패왕의 술'이라는 이름 아래 묶어냈기에 가능했다고 할 수 있다.

그러나 『한비자』에서와는 달리, 맹자를 비롯한 유가의 저작들에서는 왕도와 패도 두 개념이 시종일관 명확하게 구분되고 있다. 한비자의 스승으로 알려지기도 했고, 맹자와 비교하여 법가의 색채가 강하다고 평가받는 순자마저도 "왕자는 사람을 가지려 하고, 패자는 동맹을 가지려 하며, 강자(彊者)는 땅을 가지려 한다"[14]는 언급에서 보듯, 비록 패도가 혼란한 상태보다는 나은 것이라고 하더라도 궁극적으로 추구해야 하는 상태는 다름 아닌 왕도라고 역설했다는 점 또한 이를 잘 보여준다.

이렇게 왕도와 패도의 구분이 흐려지는 방식의 언술은 성인으로 추앙받는 고대의 임금들을 법가의 입장에 따라 해석한 결과물이라고 할 수 있다. 부국강병을 추구하는 제후들의 투쟁을 도덕을 통한 감화로써 해소하려는 유가의 입장에서는, 성인의 자질을 갖춘 고대의 왕자와 힘으로 제후들을 통솔하는 패자는 분명히 구분되어야 했다. 반면 법술과 위세를 활용하여 혼란을 마감하려 했던 법가의 입장에서는 고대의 왕자도 패자와 마찬가지로 힘으로 다스리는 사람이어야 했다. 결국 이러한 서술은 다른 제자백가에서 존숭했던 고대의 임금들을 그들이 해석했던 방식과 다른 법가의 방식으로 전용(轉用)하면서 나타난 불가피한 귀결인 셈이다.[15]

---

13) 『韓非子』 「姦劫弒臣」 "伊尹得之 湯以王 管仲得之 齊以霸 商君得之 秦以强 此三人者 皆明於霸王之術 察於治强之數 而不以牽於世俗之言."

14) 『荀子』 「王制」 "王奪之人, 霸奪之與, 彊奪之地."

15) 이러한 해석에 대하여 '본래 성인은 덕이라는 규범적 요소와 형벌이라는 강제적 요소

2) 황로학(黃老學)적 이상이 반영된 언술

성인을 재해석하여 긍정적인 의미를 부여한 언술을『한비자』전반에서 찾아보는 것이 그리 어려운 일은 아니지만, 그렇다고 해서 이런 언술 모두가 앞에서 살펴본 바와 같이 전형적인 법가의 이상만을 반영하는 것은 아니다. 이러한 사실을 단적으로 보여주는 사례를 「해로(解老)」편에서 집중적으로 나타나는, 『노자(老子)』에 대한 독특한 해석에서 찾아볼 수 있다. 이 점에서 「해로」편은 "형명(刑名)과 법술(法術)의 학설을 좋아했는데, 그 귀결은 황로(黃老)에 뿌리를 두고 있다"는,[16] 한비자에 대한『사기(史記)』의 평가를 가장 극명하게 관찰할 수 있는 대목이기도 하다.

여기서 '황로학'이란 전국시대에서부터 한(漢)나라 때까지 유행했던, 노자의 도가와 법가를 중심으로 하여 제자백가의 사상 중 여럿이 결합하여

를 병용하여 통치했는데, 유가가 왕도와 패도를 인위적으로 대립시켜 양자를 엄격히 구분한 후 도덕적 요소를 강조하고 강제적 요소를 희석했다'는 반론도 가능할 것이다. 이런 반론은 유가의 성인관이 정립되기 이전에 '성인'이라는 공적 행위자의 이상형이 규범적 요소와 강제적 요소를 균형 있게 사용한 통치자로 널리 상정되었다는 추론적인 주장을 전제한다. 여기에서 유가와 법가의 차이는 기존의 이상적인 균형적 통치자가 지닌 특정한 성격들을 달리 강조하여 해석한 데서 비롯되며, 양자는 지배적인 해석에 대한 반론(counter-discourse)의 담론투쟁 관계라기보다 근본적으로 역사적 사실의 해석 차이라는 고립적이고 등가적인 관계를 구성한다.

이 글은 예상 가능한 이런 반론이 상당한 설득력을 가질 수 있다는 점을 부정하지는 않는다. 하지만 한비자가 유가의 성인관을 집중적으로 비판하는 과정에서 역설적으로 드러나듯이, 역사적 사실과는 무관하게 성인을 순전히 도덕적인 인물로 이상화하려는 담론이 이에 대한 유가의 풍부한 논의를 통해 성인에 대한 당대의 지배적인 담론이 되었다는 것을 부정하기는 어렵다. 이러한 사실로 말미암아, 그러한 지배적 담론에 대한 반발로서 한비자의 성인에 대한 해석은 역사적 사실에 대한 일차적인 해석이라는 방식이 아니라 지배적인 담론에 대한 '재해석'이라는 방식으로 나타났다. 이 점에서 성인에 대한 유가의 학자들과 한비자의 서술상의 차이는 역사적 사실에 대한 다툼이 아니라 '성인'이라는 이상형을 어떻게 구성할 것인가를 둘러싼 사상적인 담론투쟁이라고 볼 수 있다. 그러나 여러 사상적인 담론 투쟁이 그러하듯, 이러한 투쟁이 종종 전자의 형식으로 벌어진다는 점을 주목할 필요가 있다.

16) 『史記』「老子韓非列傳」 "韓非子……喜刑名法術之學, 而其歸本於黃老."

이루어진 조류를 말한다. 사마담은 제자백가를 여섯 가지로 나누고, 그 가운데 하나로서 도가의 특징을 "음양가의 큰 순서에 의지하고, 유가와 묵가의 좋은 점을 캐내며, 명가와 법가의 요점을 모았다"고 규정했는데,[17] 여기에서 말하는 도가란 바로 황로학을 말하는 것이다(이석명 2005, 152-155). 그리고 「해로」편에서 찾아볼 수 있는 성인에 대한 서술은 '법가의 관점에서 이해된 노자의 사상'이라는 기본 성격에 부합하게도, 두 학파의 관점이 혼재하는 양상을 보여준다.

이를 「해로」편의 구체적인 구절들을 통해서 살펴보자. 아래 인용문에 등장하는 '해내지 못하는 일이 없는 성인'은 어떤 일을 수행한다고 하더라도 그밖의 요소에 전혀 마음을 쓰지 않고 오로지 "그림쇠와 곱자(規矩)", 곧 도형을 그리기 위해서 필요한 작도 도구와 같은 일정한 기준에 따라서만 판단하고 행동하는 사람이다. 그리고 이러한 성인이야말로 『노자』에서 말하는 "천하에 앞서려고 하지 않는" 사람, 곧 세상의 법칙을 인위적으로 거스르지 않고 '무위의 정치(無爲之治)'를 행할 수 있는 사람이 된다.

> 짧고 긴 것, 크고 작은 것, 모나고 둥근 것, 굳고 무른 것, 가볍고 무거운 것, 희고 검은 것을 일러 '이(理)'라고 한다. 이가 정해져 있기에 사물을 나누기 쉬운 것이다.……모든 사물에 그림쇠와 곱자가 있지 않다고 할 수 없기에 의론하고 말하는 선비는 그림쇠와 곱자대로 헤아린다. 성인은 끝까지 만물의 그림쇠와 곱자를 따르므로, "감히 천하에 앞서려 하지 않는다"고 하는 것이다. 감히 천하에 앞서려 하지 않는다면 되지 않는 일이 없고, 이루지 못하는 공이 없어 반드시 의론이 세상을 덮게 된다(『한비자』「해로」).[18]

---

17) 『史記』「太史公自序」"道家……其爲術也. 因陰陽之大順, 采儒墨之善, 撮名法之要."
18) 『韓非子』「解老」"短長, 大小, 方圓, 堅脆, 輕重, 白黑之謂理. 理定而物易割也.…… 萬物莫不有規矩 議言之士 計會規矩也. 聖人盡隨於萬物之規矩, 故曰 "不敢爲天下先.""

여기에서 '무위의 정치'는 한비자의 관점에 들어맞는 방향으로 해석되고 있다. 본디 『노자』에서 말하는 '무위(無爲)'란 자연에 따라 그리고 도에 따라 행하는 것이기에, 무위를 행한다는 것은 욕망을 버리고 지식을 포기하는 등 혼란의 근원이 되는 인위적인 것들을 버리는 것이다. 반면『한비자』에서 말하는 '무위'란 사물에 구체적으로 표현된 법칙인 '이(理)'를 기준으로 각각의 사물을 판별하듯, 인간 사회에서 일정한 목적을 가지고 고안된 '그림쇠와 곱자'와 같은 법도를 기준으로 하여 모든 사안을 판별한다는 것이다(劉澤華 2002b, 40-42 ; 이석명 2005, 157-162). 따라서 개인적인 감정이나 선입견을 배제한 채 오로지 일정한 법도에 따라서 판단하는 「해로」편의 성인 또한 "천하에 앞서려고 하지 않는" 사람이 되는 것이다.

「해로」편의 서술이 전반적으로 황로학의 색채가 짙다는 평가는, 『한비자』의 다른 부분과 달리 개인의 인격수양에 관한 언술을 꽤 많이 찾아볼 수 있다는 점을 통해서도 확인된다. 기본적으로 제자백가의 주요 학파들은 '나라를 다스리기 위해서는 먼저 통치자 자신을 다스려야 한다'는 견해를 공유하고 있었는데, 그러한 점에서 도가에 속하는 『노자』도 예외가 아니었다. 그러하기에 그 해설 또한 아래 인용문과 같이 '나라를 다스리는(治國)' 문제뿐 아니라 '자신을 다스리는(治身)' 문제와 관련된 구절들도 포함이 되었던 것이다.

> 화란(禍亂)은 사악한 마음에서 생기고, 사악한 마음은 욕망하는 것에서 따라 나온다.……그러하다면 욕망하는 부류의 것들이 위로는 임금을 침해하고 아래로는 인민을 다치게 하는 것이다. 무릇 위로는 임금을 침해하고 아래로는 인민을 다치게 하는 것은 큰 죄이다. 그러므로 "화는 욕망하는 것보다 더

不敢爲天下先 則事無不事, 功無不功 而議必蓋世."

큰 것이 없다"라고 하는 것이다. 그러하기에 성인은 오색(五色)에 끌리지 않고 소리와 음악에 어지러워지지 않으며, 밝은 임금은 즐기는 것을 천시하고 어지러운 아름다움을 버린다(『한비자』「해로」).19)

위의 인용문에서 한비자는 모든 재앙의 원인은 사악한 마음이고, 사악한 마음은 욕망에서 나온다는 점을 지적하면서, 겉으로 보이는 아름다움이나 감각을 통하여 충족되는 쾌락을 멀리해야 한다고 주장한다. 여기에서 특기할 점은 욕망을 버려야 하는 이유로 "위로는 임금을 침해하고 아래로는 인민을 다치게" 한다는, 개인을 넘어 나라의 차원에서 재앙을 불러온다는 점을 들고 있다는 점이다. 이러한 설명은 개인적인 인격함양의 문제를 정치적인 문제와 연결하여 생각하는 한비자의 태도를 잘 드러낸다(이석명 2005, 165-170).

3. 성인에 대한 긍정적-역설적인 언술

앞의 장에서 언급했던 것처럼, 성인을 위대한 인물이면서 동시에 본받아야 할 존재로 묘사하는 언술들을 『한비자』 곳곳에서 찾아볼 수 있다. 하지만 이와 반대로 성인으로 존숭되었던 고대의 임금들을 본받으려 해서는 안 된다는 언술을 바로 같은 저작에서 발견할 수 있다는 사실 또한 간과해서는 안 된다. 이러한 언술은 이 '성인'들이 위대한 인물이라는 사실을 인정하면서도, 나라를 제대로 다스리기 위해서는 이들의 위대함을 본받아서는 안 된다는 '역설적인' 주장을 담고 있다는 점에서, 앞의 언술들과 구분된다. 이러한 유형의 언술들은 두 가지 상이한 주장을 내세우는 방식으로 나타

---

19) 『韓非子』「解老」 "禍難生於邪心, 邪心誘於可欲.……然則可欲之類 上侵弱君而下傷
人民. 夫上侵弱君而下傷人民者 大罪也. 故曰 "禍莫大於可欲." 是以聖人不引五色 不
淫於聲樂, 明君賤玩好而去淫麗."

나는데, 그중 하나는 '성인의 현명함에 기대기보다 법술을 사용하여 다스려야 한다'는 주장이고, 다른 하나는 '고대와 당대의 상황이 달라졌기 때문에 옛 성인을 본받는 것은 어리석다'는 주장이다. 전자가 성인들이 갖추었다고 알려진 지혜와 능력이 당대에도 반드시 필요한 것은 아니지만 추구할 만한 것이라는 점을 인정한 것이라면, 후자는 시대의 변화로 말미암아 그러한 지혜와 능력이 무익하고 나아가 해롭다는 견해를 표출한다는 점에서 분명히 차이를 드러낸다.

1) '성인의 현명함으로는 불충분하다'

성인이 현명한 존재임을 인정하면서도 그러한 현명함만으로는 충분하지 않다는, 첫 번째 주장을 포함하는 언술에서는 요·순을 비롯한 고대의 '성인'들을 그 칭호에 걸맞게 평범한 사람의 수준을 뛰어넘는 재능과 현명함을 갖춘 인물들로 묘사한다. 그럼에도 불구하고 이러한 뛰어남이 자신의 나라를 훌륭히 다스리는 데 필요한 것이라는 주장은 도출되지 않는다. 오히려 해당 언술은 개인의 뛰어남에 의존하지 않고 법·술·세라는, 법가에서 긍정하는 수단을 통해서만 제대로 된 다스림을 펼칠 수 있다는 점을 강조한다.

무릇 재질이 있더라도 세(勢)가 없으면 비록 현명하다고 해도 어리석음을 제어할 수 없다.⋯⋯걸이 천자가 되어 능히 천하를 제어할 수 있으리라는 것은, 현명하여서가 아니라 세가 무거웠기 때문이다. 요가 필부가 되면 세 집도 바르게 할 수 없으리라는 것은, 어리석어서가 아니라 자리가 낮았기 때문이다.⋯⋯ 성인으로서 덕이 요·순과 같고, 행실이 백이와 같더라도 자리가 세상에 추대되지 않으면 공적이 설 수 없고, 명성이 따라가지 못한다(『한비자』 「공명」).[20]

---

20) 『韓非子』 「功名」 "夫有材而無勢 雖賢不能制不肖.⋯⋯桀爲天子 能制天下, 非賢也

세상의 통치자는 중간 정도의 인물에서 끊이지 않고 나온다. 내가 말하고자 하는 세도 중간 정도의 인물을 염두에 두고 하는 말이다. 중간 정도의 인물이란 위로 요·순에 미치지 못하지만, 또한 아래로 걸·주가 되지는 않는다. 법을 껴안고 세에 머물면 다스려지고, 법을 등지고 세를 버리면 어지러워진다. 이제 세를 폐하고 법을 등지면서 요·순을 기다린다면, 요·순이 이르러 다스려지지만 이는 천세동안 어지러웠다가 한 번 다스려지는 것이다. 법을 껴안고 세에 머물며 걸·주를 기다린다면, 걸·주에 이르러 어지러워지지만 이는 천세동안 다스려졌다가 한 번 어지러워지는 것이다(『한비자』「난세」).[21]

위의 인용문들은 이러한 방식으로 이루어진 언술들의 전형적인 예라고 할 수 있다. 첫 번째 인용문에서는 아무리 요·순처럼 성인의 자질을 갖추고 있는 사람이라도 천자의 자리에 올라 권세를 부리지 못한다면 평범한 백성들조차 다스리지 못한다는 주장을 하고 있다. 반면 두 번째 인용문에서는 요·순과 같은 성인이 위대한 통치자였다는 사실을 전제하면서도, 법과 세라는 유용한 도구를 버려둔 채 가끔씩 나타나는 성인을 기다리기만 한다면 그때만큼은 제대로 다스려지겠지만 나머지 대부분의 시기에는 어지러워진다는 주장을 하고 있다.

비록 이 두 인용문에서 전제하는 성인의 뛰어남이 통치에 미치는 효과는 일치하지는 않지만, 적어도 이들 인용문에서 내리는 결론만큼은 확실히 일치한다. 나라를 올바로 다스리기 위해서는 성인이 나타나기만을 애타게 기

勢重也. 堯爲匹夫 不能正三家, 非不肖也 位卑也.……聖人德若堯舜 行若伯夷 而位不載於世 則功不立 名不遂."

21)『韓非子』「難勢」"世之治者不絶於中, 吾所以爲言勢者 中也. 中者 上不及堯舜, 而下亦不爲桀紂. 抱法處勢 則治, 背法去勢 則亂. 今廢勢背法而待堯舜, 堯舜至乃治 是千世亂而一治也. 抱法處勢而待桀紂, 桀紂至乃亂 是千世治而一亂也."

다리기보다 우선 법·술·세라는 확실하고 지속 가능한 수단을 적극적으로 활용하여야 한다는 것이다. 성인과 같은 뛰어남을 갖춘 인물에 의존하여 한 나라를 다스리려는 시도는 그 성인에게 강력한 권세가 주어지지 못한다면 아무것도 이루어낼 수 없을 뿐만 아니라, 마침 권세 있는 이가 우연히 성인의 뛰어남을 갖추었다고 하더라도 그러한 인물의 출현이라는 사건이 매우 드물게 일어나기 때문에 이를 올바른 통치가 지속적으로 이루어지도록 보장하는 조건이라고 볼 수 없기 때문이다.

2) '고대와 당대의 상황이 다르다'

『한비자』에는 고대의 성인들이 위대한 인물임을 인정하면서도, 이들을 본받기를 거부하는 주장이 앞에서와는 다른 방식으로도 나타난다. 이 '다른' 주장을 포함한 언술에서 한비자는 성인이라는 칭호로 불리는 옛 임금들이 먼 옛날에는 문명의 발전과 인류의 번영에 기여했다는 점은 수긍하면서도, 이에 근거하여 당대에도 이들의 위대한 행적을 마땅히 본받아야 한다는 논변은 단호하게 거부한다. 옛 성인들이 살았던 시대와 당대의 상황이 너무나도 많이 달라졌기 때문에, 예전의 방식대로 정치가 이루어지는 것은 불가능하다는 것이다.

이러한 주장이 나타나는 언술들은 대체로 『한비자』에서도 「오두(五蠹)」편의 전반부에서 집중적으로 발견된다. 해당 편의 첫머리에서는 상고(上古)·중고(中古)·근고(近古)·당금(當今)의 시대마다 성인으로 추앙받았던 인물들의 업적에 대하여 다음과 같이 설명한다.

상고의 시대에는 인민이 적고 새·짐승이 많아 인민이 새·짐승·벌레·뱀을 이기지 못했는데, 어떤 성인이 나무를 얽어 집을 만듦으로써 여러 해악을 피하게 하자 백성들이 기뻐하여 천하의 왕이 되게 하고 유소씨(有巢氏)라고 불렀다. 백성들이 열매·풀씨·조개를 먹었는데 비린내와 나쁜 냄새로 뱃속이 상하여 백성들이 질병을 많이 앓게 되어, 어떤 성인이 부싯돌로 불을 내어 비린내를 없애자 백성들이 기뻐하여 천하의 왕이 되게 하고 수인씨(燧人氏)라고 불렀다. 중고의 시대에는 천하에 물이 넘쳐 곤(鯀)과 우(禹)가 물을 텄고, 근고의 시대에는 걸과 주가 난폭하여 탕과 무왕이 정벌했다(『한비자』「오두」).22)

이를 종합해보면, 한비자는 각각의 시대에 '성인'이라고 불렸던 사람들이 모두 백성들의 삶을 개선할 수 있는 지혜를 갖추고, 나아가 이를 실제로 구현함으로써 천하를 평안하게 한 인물이었다는 점을 인정한다. 그렇다고 하더라도 성인의 지혜나 업적이라는 것이 그 시대의 과제와 긴밀하게 결부되어 있는 것이지, 이를 초월하여 있는 것이 아니라는 점 또한 위의 인용문을 통하여 파악할 수 있다. 이전 시대에는 성인의 지혜였던 것이 새로운 시대에 이르러서는 고루한 것에 지나지 않게 되는 이상, 새로운 시대에 요구되는 성인의 지혜라는 것도 달라질 수밖에 없다는 것이다.

한비자의 문제의식은 바로 여기에 있다. 지금까지 시대가 변화하면서 성인들이 해결해야 했던 과제는 계속 달라졌는데, 왜 요·순·탕·무왕과 같은 고대의 성인을 계속 본받아야만 하느냐는 것이다. 한비자가 바라보는 당대의 상황은 분명 요·순의 시대와, 문왕·무왕의 시대에 처했던 상황과는 본질적으로 달랐다. 그렇기 때문에 당대의 백성들에게 긴요했던 재능은 이전시대에 요청되었던 홍수를 다스리거나, 난폭한 임금을 정벌하는 것 따위와는 분명히 구별되는 것이어야 했다. 따라서 새로운 시대에 필요한 지혜를

---

22) 『韓非子』「五蠹」 "上古之世 人民少而禽獸衆 人民不勝禽獸蟲蛇, 有聖人作 搆木爲巢以避群害 而民悅之 使王天下 號之曰有巢氏. 民食果蓏蚌蛤 腥臊惡臭而傷害腹胃 民多疾病, 有聖人作 鑽燧取火以化腥臊 而民說之 使王天下 號之曰燧人氏. 中古之世 天下大水 而鯀禹決瀆, 近古之世 桀紂暴亂 而湯武征伐."

갖춘 '새로운 성인'의 눈에는 지나간 시대의 성인의 지혜에 얽매여 이를 고수하려는 무리들이 시류를 알지 못하고 헛된 주장을 하는 것으로 보였을 것이다.[23]

이를 깨닫지 못하고 옛 성인들의 행동을 답습하려고만 하는 임금은 끝내 자신의 나라를 보전하지 못한다는 것이 한비자의 생각이었다. 이에 관하여 『한비자』에서는 흥미로운 사례를 제시하고 있다. 주(周)나라의 문왕은 인의의 정치를 펼침으로써 먼저 서쪽 오랑캐들을 복속시켰고, 나아가 그 아들인 무왕이 왕자가 되어 천하를 다스리게 되었다. 반면 춘추시대 초기에 서(徐)나라를 다스렸던 언왕은 마찬가지로 인의의 정치를 펼침으로써 서른여섯 개의 나라가 귀부(歸附)하도록 하기에 이르렀지만, 서나라의 강성함에 두려움을 느낀 초(楚)나라 문왕(文王)이 군사를 이끌고 침공하여 서나라는 결국 멸망하게 되었다.[24] 문왕의 시대인 은나라 말기에는 인의의 정치로 천하를 얻을 수가 있었지만, 언왕의 시대인 춘추시대 초기에는 인의의 정치가 패망을 불러오는 결과를 낳은 셈이다.

"상고에는 도덕을 겨루고, 중세에는 지모를 견주었으나, 당금에는 기력을 다툰다"(『한비자』「오두」)[25]는 말이 잘 알려주는 것처럼, 당대에 필요했던 성인의 자질은 인의와 같은 고상한 도덕이 아니라, 적대적인 세력으로부터 스스로를 지키거나 나아가 그 세력을 제압할 수 있는 힘이라는 것이 『한비자』에서 일관되게 발견되는 결론이다. 이러한 관점에서 본다면, 고대의 성인이 펼쳤다고 하는 인정(仁政)은 이를 주장했던 유가와 묵가를 포함

---

23) 『韓非子』「五蠹」 "今有構木鑽燧於夏后氏之世者 必爲鯀禹笑矣, 有決瀆於殷周之世者 必爲湯武笑矣. 然則今有美堯舜湯武禹之道於當今之世者 必爲新聖笑矣. 是以聖人不期修古, 不法常可, 論世之事 因爲之備."

24) 『韓非子』「五蠹」 "古者文王處豐鎬之間, 地方百里 行仁義 而懷西戎 遂王天下. 徐偃王處漢東 地方五百里 行仁義 割地而朝者三十有六國. 荊文王恐其害己也 舉兵伐徐 遂滅之."

25) 『韓非子』「五蠹」 "上古競於道德 中世逐於智謀 當今爭於氣力."

한 제자백가들이 이상으로 상상했던 고대에는 의미가 있었는지 몰라도, 그 때와는 이미 판이하게 다르게 흘러가는 당대의 혼란을 제거하는 데에는 아무 소용도 없는 대책이었던 셈이다.

4. 성인에 대한 부정적인 언술

『한비자』에는 앞서 살펴본 두 유형의 언술과 구분되는, 성인과 그 행적에 대하여 부정적인 태도를 드러내는 언술 또한 찾아볼 수 있다. 이러한 유형의 언술들은 성인과 그 행적에 대하여 한비자 자신의 법가적 입장이라는 '외재적' 기준에서 이루어지기도 했지만, 이와 다르게 성인을 칭찬하는 언술 자체의 '내재적' 모순을 파헤침으로써 '성인다움'을 전복하는 방식으로 이루어지기도 했다.

1) 외재적인 비판 : 군신(君臣)의 도리에 관하여

모두가 요·순의 도를 옳다고 하여 본받기 때문에, 임금을 시해하고 아버지를 잘못되게 함이 있다. 요·순·탕·무왕은 미혹되어 군신(君臣)의 의리를 배반하고 후세의 가르침을 어지럽혔다. 요는 남의 임금이 되어 그 신하를 임금으로 삼고, 순은 남의 신하가 되어 그 임금을 신하로 삼았다. 탕·무왕은 남의 신하가 되어 그 군주를 시해해고 그 시체를 벌했으나, 천하가 이를 예찬했다. 이는 천하가 지금까지 다스려지지 않은 까닭이다(『한비자』「충효」).[26]

「충효(忠孝)」편에 실린 위의 인용문에서 한비자는 당대 사람들이 '성인'

---

[26] 『韓非子』「忠孝」"皆以堯舜之道爲是而法之, 是以有弑君 有曲父. 堯舜湯武或反君臣之義 亂後世之敎者也. 堯爲人君而君其臣, 舜爲人臣而臣其君, 湯武爲人臣而弑其主 刑其尸, 而天下譽之. 此天下所以至今不治者也."

이라고 예찬했던 인물들을 직접적으로 비난하고 있다. 위 문장을 살펴보면 한비자가 비난했던 성인의 행적을 크게 두 가지 범주로 묶어볼 수 있는데, 하나는 '임금이 현명한 사람을 골라 자신의 지위를 넘겨주는' 행위인 선양(禪讓)이고, 다른 하나는 '신하의 몸으로 포악한 임금을 죽여 천하를 안정시키는' 행위인 폭군에 대한 방벌(放伐)이다. 유가에 속하는 학자들은 선양과 방벌을 긍정적으로 평가했는데, 그중에서도 맹자와 순자는 공통적으로 선양과 방벌이라는 행위가 '천명(天命)에 따라 마땅한 사람을 마땅한 자리에 있게' 하기 때문에 정당한 것이고, 이를 행했던 선왕들이야말로 천하를 편안하게 한 성인으로서 칭송받아야 하는 인물들이라는 주장을 여러 차례 피력하기도 했다(장현근 2012a 참고).

그러나 한비자의 관점에서 이러한 주장은 천하를 어지럽히는 근원에 지나지 않는 것이었다. 모름지기 천하가 제대로 다스려지기 위해서는 '신하가 임금을 섬기고, 아들이 아버지를 섬기는' 상도(常道)가 지켜져야 하는데, 선양과 방벌 같은 것들은 확고해야 할 위계질서를 어지럽히는 일에 지나지 않기 때문이다. 결국 '다스려지는 것'이란 일정한 법도와 원칙으로 정해진, 윗사람과 아랫사람의 위계가 일관되게 지켜지는 것이었다(장현근 2012b, 258-259). 이러한 관점에서 현명한 사람을 높이거나, 지혜로운 자에게 정치를 맡기는 행위는 임금의 지위를 불안하게 하여 나라의 안정을 해치는 것이기에 반드시 피해야 하는 것이었다.[27)]

이런 입장을 따랐을 때 무엇보다 위험한 상황은 신하의 지위에 있는 사람이 자신의 어짊이나 현명함을 내세워 백성들의 마음을 얻고, 임금의 지위

---

27) 『韓非子』 「忠孝」 "臣之所聞曰 '臣事君, 子事父, 妻事夫 三者順 則天下治, 三者逆則天下亂.' 此天下之常道也. 明王賢臣而弗易也, 則人主雖不肖 臣不敢侵也. 今夫上賢任智無常 逆道也, 而天下常以爲治. 是故田氏奪呂氏於齊, 戴氏奪子氏於宋. 此皆賢且智也 豈愚且不肖乎? 是廢常上賢則亂 舍法任智則危. 故曰 '上法而不上賢.'"

에 있는 사람보다 높은 평판이나 권세를 얻는 것이었다. 대부분의 제자백가에서 성인으로 여겼던 주나라 문왕에 대해서 한비자가 소개한 일화는 이러한 시각을 분명하게 보여준다.

> 비중(費仲)이 주(紂)를 설득하여 말했다. "서백(西伯) 창(昌)은 현명하여 백성들이 그를 좋아하고 제후들이 그에게 붙으니, 죽이지 아니할 수 없습니다. 죽이지 않으면 은에 화가 될 것입니다." 주가 말했다. "네 말에 따르면 의로운 임금인데, 어찌 죽일 수 있겠는가?" 비중이 다시 말했다. "갓이 비록 낡았어도 반드시 머리에 써야 하고, 신발이 비록 아름다워도 반드시 땅을 밟아야 합니다. 이제 서백 창은 남의 신하이지만 의(義)를 닦아 사람들이 그에게 향하고 있습니다. 결국 천하에 근심이 되는 자는 반드시 창일 것입니다. 누구든지 그 현명함으로 그 임금을 위하지 않는다면 죽이지 않을 수 없습니다. 또한 임금이 신하를 죽이는 것이 무슨 잘못이 있겠습니까?" 주가 말했다. "무릇 인의(仁義)라는 것은 위에서 아래에게 권하는 바이다. 이제 창은 인의를 좋아하므로 죽일 수 없다." 세 번 설득했으나 받아들여지지 않았는데, 그 까닭으로 망했다(『한비자』 「외저설 좌하」).[28]

「외저설 좌하(外儲說左下)」편에 등장하는 이 일화에서 한비자가 의도하는 바는 분명하다. 신하가 그 임금보다 명성과 권세를 얻게 되면, 그 임금

---

[28] 『韓非子』 「外儲說左下」 "費仲說紂曰 "西伯昌賢 百姓悅之 諸侯附焉, 不可不誅. 不誅 必爲殷禍." 紂曰 "子言 義主 何可誅?" 費仲曰 "冠雖穿弊 必戴於頭, 履雖五采 必踐之於地. 今西伯昌 人臣也, 修義而人向之. 卒爲天下患 其必昌乎. 人人不以其賢爲其主 非可不誅也. 且主而誅臣 焉有過?" 紂曰 "夫仁義者 上所以勸下也. 今昌好仁義 誅之不可." 三說不用 故亡." 비간(比干)과 같은 현인을 죽여 후세에 폭군이라는 이름을 남겼던 주가 이 일화에서만큼은 어진 사람이라는 이유를 들어 문왕을 죽이기를 거부하고 있다. 주에 대한 이런 묘사는 현재까지 남아 있는 다수의 문헌과 확연히 구분된다고 할 수 있다.

은 반드시 망하게 된다는 것이다. 실제로 전국시대에 이르면 제(齊)나라에서 대부 전상이 여씨의 왕위를 빼앗는 등 찬탈의 사례가 빈번히 일어났는데, 이러한 시대 분위기를 고려한다면 한비자가 선양과 방벌에 대하여 적대적인 태도를 취하는 것도 무리는 아니었다. 임금의 지위가 흔들리고 법이 세워지지 못하는 것이 혼란의 근원이라는 관점에서는, 옛 성인들의 업적으로 칭송되었던 선양이나 방벌은 이미 무분별하게 일어나고 있는 반역과 찬탈을 치장하는 수단이었을 뿐, 절대로 예찬하거나 본받을 만한 성인의 행적이 될 수 없었다.

따라서 다소 강경한 어조로 고대의 선왕들을 비난했던 『한비자』의 서술도 신하의 지위에 있음에도 불구하고 성인의 행적을 명분으로 내세워 선양과 방벌을 칭찬했던 유가와 묵가를 비롯한 제자백가의 행태에 대한 반발이라고 볼 수 있다. 한비자의 견해에 따르면 충성스러운 신하란 임금의 명령에 불만을 제기하거나 거스르려 하지 않고 손발이나 기계와 같이 순순히 따르기만 하는 사람이다. 그렇지 않고 성인의 행적을 언급하며 임금의 정치를 논하는 행위는 임금에 대한 비방이지, 충신의 간언이라고 할 수 없다는 것이다. 그래서 한비자는 "남의 신하된 자로서 요와 순의 현명함을 칭송하지 않고, 탕과 무왕의 방벌을 예찬하지 않으며……힘을 다하여 법을 지키고 임금을 섬기기에 마음을 다하는 자를 충신"이라고 한 것이다.[29]

2) 내재적인 비판 : 논리적 모순에 관하여

「난일(難一)」편에서 발췌된 아래 인용문은 앞서 살펴보았던 성인에 대

---

29) 『韓非子』「忠孝」"夫爲人子而常譽他人之親曰 '某子之親 夜寢早起 强力生財以養子孫臣妾.' 是誹謗其親者也. 爲人臣常譽先王之德厚而願之 是誹謗其君者也. 非其親者 知謂之不孝 而非其君者天下賢之 此所以亂也. 故人臣毋稱堯舜之賢, 毋譽湯武之伐, 毋言烈士之高, 盡力守法 專心於事主者爲忠臣."

한 다른 언술들과 매우 다른 방식으로 이루어진 것이다. 이는 순에 대한 공자의 평가를 '어떤 이'가 반박하는 형식으로 서술되었는데, 공자와 그 가르침을 계승한 유가에서 생각하는 성인에 대하여 법가의 입장 또는 시대의 요구에 근거하여 '외재적'으로 비판한 것이 아니라, 유가의 논리를 그대로 따르더라도 요·순과 같은 성인들이 '성인다움'의 기준에 미치지 못함을 증명함으로써 '내재적'으로 비판했다는 점에서 앞서의 비판과 구분된다.

역산(歷山)의 농민이 밭 경계를 다투었는데, 순이 가서 밭을 가니 일 년이 되자 밭이랑과 두둑이 바로잡혔다. 황하 가의 어부가 어장을 다투었는데, 순이 가서 고기를 잡으니 일 년이 되어 어른에게 내주었다. 동이(東夷)의 도공이 만든 그릇이 약하여 깨지기 쉬웠는데, 순이 가서 그릇을 구우니 일 년이 되어 그릇이 견고해졌다. 공자[仲尼]가 감탄하여 말했다. "밭갈기와 고기잡기와 그릇굽기는 순의 직책이 아니지만, 순이 가서 한 것은 잘못을 구제하기 위한 것이었다. 순은 정말 인자(仁者)이다! 이에 몸소 밭갈이하며 고생하니 백성이 따랐다. 그러므로 '성인의 덕이 감화시켰다'고 하는 것이다."
어떤 이[或]가 유자(儒者)에게 물었다. "바야흐로 그때에 요가 어디에 있었는가?" 그 사람이 말했다. "요는 천자였다." "그렇다면 공자가 요를 성인이라 부른 것은 어찌된 일인가? 성인이 윗자리에서 밝게 살피는 것은 장차 천하에 간악함이 없도록 하려는 것이다. 오늘날 밭을 갈고 고기를 잡는 데 다툼이 없고, 질그릇이 깨지기 쉽지 않으면 순이 무슨 덕으로 감화시키겠는가. 순이 잘못을 구제했다면 요에게 잘못이 있었던 것이다. 순이 현명하다면 요가 밝게 살피는 것이 불가능하고, 요가 성인이라면 순이 덕으로 감화시키는 것이 불가능하니, 두 가지를 모두 얻을 수 없다."[30]

---

30) 『韓非子』「難一」 "歷山之農者侵畔, 舜往耕焉 朞年甽畝正. 河濱之漁者爭坻, 舜往漁

이 인용문에서 주장하는 바는, 요를 성인이라고 칭찬하는 것과 그러한 요의 치세에 순이 여러 곳을 돌아다니며 부조리를 바로잡았다는 이야기가 서로 모순된다는 것이다. 다시 말하자면, 요가 천자의 지위에서 나라를 다스리고 있는데도 순이 직접 가서 해결해야 했던 폐단들이 천자의 여러 곳에 널리 있었다면, 그러한 폐단을 해결하지 못한 요를 과연 성인이라고 부를 수 있는지를 질문하는 것이다. 만약 요를 성인이라고 주장하려면 순의 업적은 존재할 수 없게 되니, 요가 성인이라는 주장과 순이 성인이라는 주장은 동시에 존재할 수 없게 된다는 것이다. 이 논변에 따르면 적어도 요 또는 순 가운데 한 사람의 성인다움은 부정될 수밖에 없는데, 그렇게 되면 두 사람이 모두 성인이라는 유자의 주장에는 모순이 있게 된다.[31]

위의 인용문은 유가를 포함한 여러 제자백가에서 빈번하게 발견할 수 있는, 성인을 존숭하는 내용의 언술들을 논리적으로 비판한다는 점에서 성인의 행적을 본받아야 한다는 당대의 통념에 회의적인 시각을 드러낸다. 그러면서도 요·순과 같은 성인들의 행적이 고대는 물론 당대에도 본받을 만한 것인지에 대하여는 일단 침묵한다는 점에서 앞서 검토했던 두 가지 유형의 언술 — 선양과 방벌이라는 성인의 행적을 직접적으로 비난하는 유형 및 성인이 지혜로운 인물이라는 평가에 이견을 달지 않거나 적어도 옛 성인들

焉 暮年而讓長. 東夷之陶者器苦窳, 舜往陶焉 暮年而器牢. 仲尼歎曰 "耕漁與陶 非舜官也, 而舜往爲之者 所以救敗也. 舜其信仁乎! 乃躬藉處苦而民從之. 故曰 '聖人之德化乎.'"

或問儒者曰 "方此時也 堯安在?" 其人曰 "堯爲天子." "然則 仲尼之聖堯 奈何? 聖人明察在上位 將使天下無姦也. 今耕漁不爭 陶器不窳 舜又何德而化. 舜之救敗也 則是堯有失也. 賢舜 則去堯之明察, 聖堯 則去舜之德化, 不可兩得也."

31) 이와 관련하여 한비자의 논변에서 성인의 내면적인 동기가 아닌 외부적으로 거둔 업적만을 성인다움의 기준으로 한다는 점에 주목할 필요가 있다. 이처럼 성인이 거둔 업적으로만 성인을 평가하는 한비자의 기준은 법치에 대한 한비자의 강조가 백성들의 내면적인 의식을 교화하려는 것보다 법에 대한 복종이라는 외형적 결과를 확보하는 것을 주된 목적으로 하는 것과 맥을 같이한다고 볼 수 있다.

이 살았던 고대에서만큼은 그들의 행적이 유효한 것이었음을 인정하는 유형—과 분명한 차이를 보인다. 제후에게 유세하면서 먹고 살았던 당대의 선비들의 입에서 나왔던, 상대방의 주장에서 논리적인 허점을 찾아 공격하는 복잡한 변설에 별로 호의적이지 않았던 『한비자』 전반의 서술 태도를 고려해볼 때,[32] 이러한 언술은 상당히 이례적이라고 평가할 수 있다.

그런데 한 가지 특기할 사실은 묵자 또한 이와 비슷한 전략을 사용하여 유가를 비판했다는 점이다. 일례로 『묵자』 「비유하(非儒下)」편에서는 "군자는 반드시 옛 옷을 입고 옛 말을 한 뒤에야 어질다"는 유자의 주장에 대해서, '옛 옷과 옛 말이라고 해도 처음에는 모두 새로운 것이었을 터인데, 그러한 주장에 따르면 새로운 옷을 입고 새로운 말을 하는 사람은 군자가 아닐 것이다. 그렇다면 군자가 아닌 사람의 옷을 입고 말을 해야 어질다는 것이냐'고 응수하는 대목을 찾아볼 수 있다.[33] 이는 「난 일」편의 구절과 마찬가지로 유자들의 주장에서 모순된 점을 지적한 구절인데, 두 저작에서 모두 드물게 발견되는 방식의 해당 언술이 성인의 말과 행적을 포함하여 '옛것을 본받아야' 한다고 생각했던 이들, 특히 유가에 대한 비판으로 사용되었다는 점은 특기할 만하다.

5. 맺는글

지금까지 『한비자』에서 찾아볼 수 있는 성인에 대한 중층적인 언술들을, 성인에 대한 평가를 기준으로 크게 세 가지 유형으로 구분하고, 해당되는

---

32) 『韓非子』 「五蠹」 "是故亂國之俗 其學者 則稱先王之道以籍仁義, 盛容服而飾辯說, 以疑當世之法 而貳人主之心."

33) 『墨子』 「非儒下」 "儒者曰 "君子必古服古言 然後仁." 應之曰 "所謂古之言服者 皆嘗新矣, 而古人言之服之 則非君子也. 然則必服非君子之服 言非君子之言 而後仁乎?"

언술들이 어떠한 방식으로 전개되었는지를 살펴보았다. 이제 논의의 편의상 다른 제자백가의 성인관에도 상당한 영향을 미친 유가의 성인관과 대조해보면서 성인에 관한 한비자의 언술에서 발견되는 '중층성'에 대하여 정리하고자 한다.

먼저 한비자는 성인에 대한 긍정적―이상적 언술을 통하여 성인이라는 존재를 한편으로 효과적으로 법술을 사용하는 절대군주의 전형으로 파악하는 방식을 통하여, 또는 개인적인 감정이나 선입견을 드러내지 않고 일정한 법도에 따라 통치하는 임금의 모습을 "천하에 앞서려고 하지 않는"「해로」편의 성인과 중첩시키는 방식을 통하여 유가의 전형적인 성인관을 전적으로 부정하고 있다.

반면 긍정적―역설적 언술에서는 앞의 긍정적―이상적인 언술에서와 달리 유가의 성인관을 통째로 부정하지 않는다. 다만 한편으로는 성인의 현명함만으로 좋은 다스림을 충분히 펼 수 없기 때문에 법 · 술 · 세를 활용하여 통치해야 한다는 방식으로, 다른 한편으로는 사람들의 삶이 소박했던 고대와는 달리 세상이 복잡해진 당대의 상황으로 말미암아 성인의 현명함만으로 세상을 다스리기는 어렵다고 주장하는 방식으로 주로 유가에서 존숭했던 '현명하고 어진' 성인의 한계를 강조한다.

여기에서 한 가지 특기할 점은, 긍정적―역설적 언술과 긍정적―이상적 언술이 상충하는 데 더하여, 긍정적―역설적 언술이 이루어진 두 가지 방식―옛 성인들이 지혜로운 인물이라는 사실을 통시적으로 인정하는 방식 및 성인의 지혜가 해당 인물이 살았던 고대에만 유효한 것이었다고 주장하는 방식― 사이에서도 일견 모순되는 관계를 발견할 수 있다는 것이다. 여기에서 전자는 우연에 의존하는 성인의 능력이 통시적으로 확실하고 영구적인 법술에 의해서 보완되거나 대체되어야 함을 주장하는 방식이고, 후자는 해당 성인이 살았던 고대에는 그 능력이 유용한 것이었으나 당대에 이르러서는 시대의 차이로 말미암아 더 이상 필요하지 않다고 주장하는 방식이다. 그런데 전자와 같이 성인의 뛰어남이 통시적으로 필요하지 않다고 주장한다면 고대에는 필요했던 뛰어남이 당대에는 효용을 다했다는 후자의 주장은 불필요하다. 그러하기에 후자의 주장은 전자의 주장과 외견상 모순된다. 그러나 역설적으로 두 주장은 상호 보완적인 역할을 수행하는데, 설사 전자의 주장을 부정하여 성인의 뛰어난 능력이 효용이 있다는 반론을 마주하더라도, 당대에는 시대의 변화에 따라 유효하지 않다는 주장을 통해서 전자의 주장을 중층적으로 보완할 수 있기 때문이다.[34]

이렇게 하나의 유형 내부에서 이질적인 방식이 공존하는 현상은 성인에 대한 부정적인 언술에서도 마찬가지로 발견할 수 있다. 법술에 의한 통치를 추구하는 법가의 관점이라는 '외재적' 기준에 따라 유가의 이상적인 통치를 구현했던 임금인 성인들과 그 행적을 정면으로 비판하는 방식은 한비자 사상의 진수를 유감없이 보여준다. 반면 두 번째 방식은 요·순이라는 고대의 성인을 동시에 찬양하는 것이 유가의 가정을 따르더라도 모순된다는 것을 보여주는, 내재적이면서 전복적인 비판을 전개한다. 이 두 가지 방식의 서술 역시 법가의 관점과 유가의 관점이라는 이율배반적인 기준을 자유롭게 넘나들면서 중층적 구조를 형성하고 있다고 할 수 있다.

이 글은 『한비자』에서 찾아볼 수 있는 언술들이 성인과 그 행적을 때로는 마땅히 본받아야 할 대상으로, 때로는 반드시 거부해야 할 대상으로 규정하는 일견 모순적이고 중층적인 양태를 나타내고 있다는 관찰에서 출발했다. 그러나 지금까지 분석을 통해서 밝힌 것처럼, 성인에 관한 한비자의 세 가지 유형의 언술들이 일견 모순되거나 이율배반적으로 보일지라도, 법

---

34) 이는 각주 6에서 예시로 들었던, 채무관계에 대한 갑의 중층적 항변과 동일한 구조를 가지고 있다고 할 수 있다.

술에 따른 통치라는 법가의 이상을 옹호한다는 의도와 목적을 가지고 있다는 점에서는 일관성을 유지하고 있다. 한비자에게 긍정적이면서 이상적으로 파악된 성인은 법가의 이상이 반영된 존재라는 점에서, 부정적으로 비판받은 성인들은 유가의 이상이 반영된 존재라는 점에서 결과적으로 법가의 이상에 따라 통치하는 절대군주를 옹호하기 위한 언술로 평가할 수 있다. 이러한 평가는 긍정적-역설적인 언술들에도 적용된다. 비록 한비자가 유가에서 존숭했던 고대의 성인들의 지혜로움을 인정했다고 하더라도, 이는 오로지 부분적인 인정에 지나지 않았고, 오히려 그러한 지혜로움은 법·술·세라는 분명하고 항구적인 수단을 통하여 보완되거나 대체되어야 하는 것에 지나지 않았다. 따라서 이 세 가지 유형의 언술이 서로 모순되는 가정이나 논변을 담고 있기는 하지만, 결국 법술에 따른 통치의 우월성을 강조하는 데 복무한다는 점에서 이들을 모두 '중층적인' 언술이라고 평가할 수 있는 셈이다.

참고 문헌

『論語』.『孟子』.『墨子』.『史記』.『商君書』.『書經』.『荀子』.『詩經』.『詩經集傳』.『申子』. 『愼子』.『韓非子』.

김원중. 2010. "해제 – 제왕학의 성전『한비자』." 한비. 김원중 역.『한비자』. 파주 : 글항아리. 18–35.

류택화 저. 장현근 역. 2002a.『중국정치사상사 선진편(上)』. 고양 : 동과서.

_____. 2002b.『중국정치사상사 선진편(下)』. 고양 : 동과서.

문승용. 2012. "韓非子에 나타난 修辭意識의 形成 淵源 考."『수사학』제16집, 97–119.

양순자. 2012. "중국 고대의 勢 개념 –『孫子兵法』,『愼子逸文』,『韓非子』를 중심으로."『도교 문화연구』제36집, 157–183.

오진. 2012. "중국사상사에서의 '성인(聖人)' 개념."『퇴계학논집』제10호, 57–125.

왕중강. 1999. "儒家的 '聖人' 觀念과 그 변천과정."『퇴계학논집』제5집, 186–218.

우재호. 2005. "해제 – 상앙과『상군서』에 대하여" 상앙. 우재호 역.『상군서』. 서울 : 소명출판, 7–45.

윤무학. 2004. "묵가의 역사의식–유가 비판을 중심으로."『동양철학연구』제36집. 289–312.

이석명. 2005. 「해로(解老)」·「유로(喻老)」의 황로학적 성격과 그 사상사적 의미."『동양철학』 제23집, 151–173.

이운구. 2002. "현명한 군주는 도덕보다 법을 앞세운다." 한비 저. 이운구 역.『한비자 I』. 파주 : 한길사, 21–31.

장현근. 2004. "도덕군주론 : 고대 유가의 聖王論."『한국정치학회보』제38집 제1호. 49–66.

_____. 2012a. "방벌(放伐)과 선양(禪讓)의 이중주 – 초기 유가사상의 정권에 대한 정당화." 『한국정치학회보』제46집 제1호. 5–24.

_____. 2012b.『성왕 : 동양 리더십의 원형』. 서울 : 민음사.

顧頡剛. 2010. "'聖', '賢' 觀念和字義的演變."『顧頡剛全集』1. 北京 : 中華書局, 626–642.

王文亮. 1993.『中國聖人論』. 北京 : 中國社會科學出版社.

네이버 한자사전. http://hanja.naver.com

03

루소의 정치사상에 나타난 정치 참여에 대한 고찰

시민의 정치 참여에 공적인 토론이나 논쟁이 허용되는가?

강정인

1. 글머리에

서구의 근대사상가들 가운데 루소는 인민주권론을 가장 강력하게 제창하고, 시민의 직접적인 정치 참여를 통한 직접민주주의를 가장 일관되게 옹호한 인물로 알려져 있다.[1] 그러나 루소의 시민들이 일반의지를 발견해 입법화하는 과정에서 공적인 토론이나 논쟁이 적극적으로 허용되는지의 여부가 분명하지 않기 때문에, 곧 『사회계약론(*The Social Contract*)』의 본문에는 이를 부정하는 듯한 구절들이 적지 않기 때문에, 루소의 시민들이 우리가 생각하는 것처럼 공적인 토론이나 논쟁을 통해서 적극적으로 정치에 참여할 수 있는가에 관해서 대다수의 서구학자들은 대체로 '부정적' 또는 '소극적'으로 해석해왔다. 『사회계약론』 제2권 3장에 나오는 "적절히 정보를 제공받은 인민이 심의할 때 시민들이 자신들끼리 아무런 의사소통을

---

1) 물론 『폴란드 정부에 관한 고찰(*Considerations on the Government of Poland*)』에서 루소는 영토와 인구의 크기를 고려해 예외적으로 대의 민주주의를 받아들이고 있다.

하지 않는다면, 다수의 작은 차이들로부터 항상 일반의지가 나올 것이고, 그 심의는 항상 좋을 것이다"라는 유명한 구절은 이런 해석의 대표적인 근거로 인용되어왔다.[2]

그런데 시민 의회에서 이루어지는 시민들의 정치 참여가 실상 아무런 공적 토론이나 논쟁 없이 단순히 주어진 법률안에 대해서 찬반 투표를 하는데 국한된다면, 루소의 직접민주주의는 그 취지와 의미가 크게 퇴색하고 만다. 그리고 『사회계약론』, 『폴란드 정부에 관한 고찰』(이하 『고찰』) 등 루소의 저작 전반을 면밀히 살펴보면, 토론이나 논쟁이 '일정한 조건에 따라', 곧 '국가의 유형에 따라 그리고 일정한 규제를 받으면서' 용인되고 있음을 발견할 수 있다.[3] 그러므로 이 글은 루소가 시민들 간의 토론이나 논쟁을 전면적으로 배제했다는 종래의 부정적 해석론에 반대하며, 나아가 루소의 직접민주주의에서 허용되고 있는 시민들 상호 간의 공적인 토론이나 논쟁에 주목하는 것이 루소의 직접민주주의를 평가하는 데 있어 매우 중요하다는 입장을 취한다.

따라서 이 글은 시민들 간의 토론이나 논쟁이 허용된다는 긍정적 해석론을 전개하고 옹호하기 위해서, 먼저 『사회계약론』 제4권 1장에 서술된 국가의 유형을 그 부패 정도와 정치 참여의 양상을 중심으로 유형화해 검토하고, 이어서 루소적 시민의 정치 참여에 공적인 토론이나 논쟁이 허용되는지에 대한 다양한 해석론을 부정론과 긍정론으로 나누어 소개할 것이다. 그리고 『사회계약론』, 『고찰』 등 루소의 주요 저작에 대한 분석을 통해서 부정적 해석론에 대한 비판을 제기하는 동시에 기존의 긍정적 해석의 미비한 점을 보완하면서 긍정론을 강화하고자 한다.

---

2) 이 구절은 이 글의 전개 과정에서 좀더 상세하게 분석·검토될 것이다.
3) 지금 언급한 '일정한 조건에 따라'의 구체적 의미는 이 글의 4절에서 본격적으로 논의될 것이다.

2. 루소의 국가 분류 : 국가의 부패 정도와 정치 참여의 양상

루소는 『사회계약론』 제4권 1장에서 국가의 유형을 주로 부패의 정도와 연관해서 분류하고 있는데, 국가의 유형에 따라 시민들의 정치 참여의 양상과 결과 역시 판이하게 나타난다. 루소는 국가들에 대한 분류를 마친 후, 제4권 2장에서 이 점을 다음과 같이 언급하고 있다. "앞 장에서의 논의를 통해서 일반적인 사안들이 처리되는 방식이 관습의 현황과 정치체의 건강성을 정확히 드러낸다는 점을 알 수 있다"(IV, ii, 109).[4] 그렇다면 루소적 시민들의 정치 참여에 공적인 토론이나 논쟁이 허용되는지 여부 역시 국가의 유형에 따라 살펴보아야 한다는 것이 이 글의 핵심적인 가정이다. 제4권 1장에서 루소는 국가의 유형을 세 가지로 분류하는데, 이 글에서는 제2권 3장과 제4권 2장 등의 논의를 고려해 네 가지로 분류할 것이며 이런 분류의 타당성은 이후의 해석을 통해서 확인될 것이다.[5]

---

4) 이 글에서 인용되는 루소의 『사회계약론』은 다음에 수록된 것이다 : Jean-Jacques Rousseau. 1978. *On the Social Contract with Geneva Manuscript and Political Economy*. ed. Roger D. Masters and tr. Judith R. Masters. New York, U.S.A : St. Martin's. 지금 인용한 것처럼, 앞으로 본문에서 『사회계약론』을 인용할 때에도 이 영문 번역본을 사용할 것이며, 맥락을 분명히 밝히는 가운데 별도의 표기 없이 괄호 속에 권, 장, 쪽수의 순서로 기재할 것이다. 한글 번역본으로는 다음을 참조했다 : 장 자크 루소, 이환 옮김. 1999. 『사회계약론』 서울 : 서울대학교 출판부.

5) 국가의 유형을 네 가지로 분류하는 이 글의 해석은, 제4권 1장의 서술을 그대로 따르면서 국가를 세 가지로 구분하는 통상의 해석과 다른 것이다. 예를 들어, 길딘(Hilail Gildin)은 국가를 세 가지로 분류하고 있다(Gildin 1983, 150-153 참조). 그러나 곧 논할 것처럼, 이 글은 루소가 『사회계약론』 제4권 2장에서 언급한 로마공화정 초기의 민회를 별도의 '준이상적 국가'로 간주한다. 민회를 루소가 제시하는 세 가지 국가유형 중의 어느 한 유형으로 귀속시킬 수 없기 때문이다. 로마공화정에서 하나의 기구에 불과한 민회를 독자적인 국가유형으로 분류하는 이 글의 입장에 대해서 반론이 제기될 수도 있는데, 이에 대해서는 루소가 당시 원로원과 민회의 대립을 논하면서 로마공화정을 두 개의 국가가 하나로 합쳐진 것으로 묘사했다는 점을 지적하고자 한다(IV, ii, 109-110).

1) 이상적 국가 : 건강한 농민 공동체(국가유형 1)

루소는 소박하고 정직한 농민들이 "단일의 정치체"로서, "자신들의 공동의 보존과 일반적 복지에 관련된 오직 하나의 의지"에 따라 자신들의 공동사를 결정하는 국가를 매우 행복하고 이상적인 정치 공동체로 묘사한다. 그런 공동체에서 "공동선은 어느 곳에서나 명백히 드러나며, 이를 인지하기 위해서는 단지 건전한 양식(good sense)만이 필요할 뿐이다." 그리고 시민들이 사적 이익을 추구하거나 파당, 결사 등 소규모 집단을 형성하지 않기 때문에, 개별 시민들에 내재한 특수의지와 일반의지 사이에는 아무런 충돌이 없으며, 따라서 시민들은 쉽게 만장일치의 결정에 도달한다. 시민들은 부패해 있지 않고, 또 공동선이 무엇인지 쉽게 식별하기 때문에 현명하게 국사를 처리한다(IV, i, 108). 이런 공동체에서 국사가 처리되는 양상에 대해서 루소는 다음과 같이 서술한다.

이런 식으로 다스려지는 국가는 아주 적은 수의 법률들을 필요로 하며, 새로운 법률들을 선포하는 것이 필요한 만큼이나, 그 필요성이 보편적으로 느껴진다. 그런 법률들을 제안하는 첫 번째 사람은 단지 모든 이가 이미 느끼고 있는 것을 진술한 데 불과하다. 따라서 다른 사람들이 그렇게 할 것이라고 확신하자마자 각자가 이미 통과시키기로 결심한 것을 법률로 통과시키는 데는 아무런 음모나 능란한 화술(eloquence)이 필요하지 않다(IV, i, 108).

2) 준이상적 국가 : 초기 로마공화정의 민회(국가유형 2)[6]

한편 이 정도는 아니더라도, 루소는 로마공화정 초기의 민회가 준이상적

---

6) 루소는 『사회계약론』에서 초기 로마공화정의 민회를 다룰 때, 이상적 농민 공동체와 달리 시민들의 결의가 만장일치로 통과되지는 않지만, 그렇다 하더라도 시민들 사이의 의견 차이가 상쇄 효과를 발휘함으로써 다수결 또는 압도적 다수결로 일반의지가 발현되는 상황

국가 상태에 있었다고 본다. 루소는 "……사실 가장 격동적인 시대에도 원로원이 간섭하지 않을 때에는 항상 평온하게 그리고 압도적 다수로 결정에 도달했다"는 점을 강조하면서, "시민들은 단 하나의 이익만을 가지고 있었기 때문에 인민은 오직 하나의 의지만을 가지고 있었다"고 언급한다(IV, ii, 109-110). 루소에 따르면 로마 평민들은 개별적으로는 특수한 사적 이익을 추구하기도 하고 따라서 만장일치에 도달하지 못하기도 했지만, 아직 여러 파당이나 결사들로 분열되어 있지 않았기 때문에 압도적 다수결로 의안을 통과시킬 수 있었다는 것이다.

루소의 이런 서술은 초기 로마공화정이 위에서 언급한 이상적인 농민 공동체 국가와 구분되며, 또 비록 그 정도 수준은 아니지만 전체적으로 아직 건강한 정치체였다는 점을 인정하는 것이다. 루소는 정치 공동체에서 사적인 이익이 편파적으로 결집하는 계기가 되는 작은 집단이나 결사들이 형성되지 않는 한, 다시 말해 시민 의회에서 일부 시민들이 사적인 이익에 따라 참여하더라도 그것이 고립적이고 산발적으로 일어나는 한, '만장일치'는 아니더라도 '압도적 다수'에 의한 일반의지의 발현이 가능하다고 본다(IV, ii, 109-111). 이것이 이상적 국가와 준이상적 국가의 차이다. 따라서 루소는 준이상적 국가에서 "일반의지가 잘 표현되기 위해서는 국가에 아무런 부분적인 사회가 없고, 시민 각자가 오직 자신의 의견만을 표출해야 한다는 점이 중요하다"고 말한다(II, iii, 61).

다른 곳에서 시민들의 이런 심의 방식에 관해서 루소는 다음과 같이 말

을 자주 상정하고 있다. 이런 상황은 뒤이어 설명할 '부패가 상당히 진행된 국가'의 상태와는 여러모로 다르다. 그렇기 때문에 이 글에서는 '준이상적 국가'라는 범주를 설정했다. 또한 앞으로 살펴볼 것처럼, 『사회계약론』 제2권 3장에 나오는 일반의지의 형성 과정 및 부분적 사회와 관련된 루소의 논의는 상당 부분 이 글에서 분류된 '준이상적 국가'에 해당한다. 이 같은 해석이 지니는 타당성은 이하의 서술에서 추가적으로 확인될 것이다.

하고 있다.

적절히 정보를 제공받은 인민이 심의할 때 시민들이 자신들끼리 아무런 의사
소통을 하지 않는다면, 다수의 작은 차이들로부터 항상 일반의지가 나올 것
이고, 그 심의는 항상 좋을 것이다(II, iii, 61 ; 이하 '구절 1').[7]

여기서 사적인 이익 추구의 결과 나타나는 "다수의 작은 차이들"이라는
표현의 의미에 대해서 루소는 이렇게 서술한다.

모두의 의지[또는 '전체의지']와 일반의지에는 종종 커다란 차이가 있다. 후
자는 단지 공통의 이익만을 고려하는 데 반해, 전자는 사적인 이익을 고려하
며 따라서 오직 사적인 의지의 합계에 불과하다. 그렇지만 이 같은 사적인
의지들로부터 서로를 상쇄하는 초과분과 부족분을 제거해버리면, 차이들의
누적적 합계는 일반의지다(II, iii, 61).

이 구절 역시 준이상적 국가가, 앞에서 서술한 바 있는 "공동선은 어느
곳에서나 명백히 드러나며, 이를 인지하기 위해서는 단지 건전한 양식

---

7) 이 구절은 나중에도 자주 인용될 것이기 때문에 '구절 1'로 칭하겠다. 이 구절에 대한
프랑스어 원문은 다음과 같다.

Si, quant le peuple suffisamment informé délibére, les Citoyens n'avoient aucune
communication entre eux, du grand nombre de petites différences résulteroit toujours
la volonté générale, et la délibération seroit toujours bonne"(Rousseau 1964a, *Du
Contrat Social*, II, iii, 371).

참고로 매스터스(Roger D. Masters)의 영문 번역문은 이렇다.

If, when an adequately informed people deliberates, the citizens were to have no
communication among themselves, the general will would always result from the large
number of small differences, and the deliberation would always be good(II, iii, 61).

⟨good sense⟩만이 필요"한 이상적 국가와는 달리, 만장일치적 결정에 쉽게 도달하지 못하는 독립된 유형이라는 점을 시사한다.

3) 부패가 상당히 진행된 국가(국가유형 3)

루소의 정치사상에서 모든 정치 공동체는, 출발 시점에는 건강하더라도 필연적으로 부패하기 시작하며, 쇠락하기 마련이다. 따라서 루소는 '부패가 상당히 진행된 국가'에서 나타나는 시민들의 정치 참여 양상에 대해서 다음과 같이 서술한다.

> 그러나 사회적 결속이 느슨해지고 국가가 쇠약해지기 시작할 때, 그리고 사적인 이익이 고개를 들고 작은 사회들이 큰 사회에 영향력을 행사하기 시작할 때, 공동의 이익이 훼손되고 적을 만나게 된다. 투표에서는 더 이상 만장일치가 이루어지지 않고, 일반의지는 모두의 의지에서 더 이상 발견되지 않으며, 의견의 대립과 논쟁이 분분하게 되고 최선의 조언[또는 제안]도 이의 제기를 거치지 않고서는 수용되지 않는다(IV, i, 108).

여기서 '준이상적 국가'와 '부패가 상당히 진행된 국가' 사이의 결정적 차이는 정치체에서 작은 파당, 결사, 사회 등의 형성 여부이다. 후자의 국가에서 이제 시민들은 작은 집단들을 구성하고 일반의지보다 개인이나 집단의 이익, 즉 사적인 이익(또는 특수의지)에 따라 정치에 참여한다. 그런 국가를 이상적 또는 준이상적 국가와 비교하면서 루소는 이렇게 기술한다. "……투표자가 더 이상 사람들의 숫자만큼 있지 않고 단지 결사들의 숫자만큼 있다. 그러므로 차이들은 그 숫자가 줄어들고 [투표는] 덜 일반적인 결과를 산출한다"(II, iii, 61).

루소는 비슷한 대조를 다른 곳에서 이렇게 표현한다.

회의에서 더 많은 조화가 이루어질수록, 곧 의견들이 만장일치의 지지를 받는 데 더 근접할수록, 일반의지 역시 더욱 두드러진다. 그러나 장시간에 걸친 논쟁, 의견의 분열 및 소란은 사적인 이익의 득세와 국가의 쇠퇴를 시사한다(IV, ii, 109).

이처럼 부패가 상당히 진행된 국가의 정치적 의사 결정 과정에서는 시민 모두의 의지(또는 전체의지)와 일반의지가 일치하지 않기 십상이며, 따라서 일반의지의 발현은 매우 드물게 된다. 그렇다 하더라도 "……최선의 조언도 이의 제기를 거치지 않고서는 수용되지 않는다"는 구절이 시사하는 것처럼, 일반의지의 발현이 전적으로 봉쇄되는 것은 아니다. 이런 사회에서 일반의지가 두드러지도록 하기 위한 루소의 처방은 가급적 원래의 상태와 유사하게 되도록 인위적으로 환원시키는 것으로, 소집단의 형성이 불가피하다는 전제하에 그런 집단의 숫자가 가급적 많도록 그리고 그들 사이의 힘이 균등하도록 조치를 취하는 것이다(II, iii, 61). 이런 조치가 성공적으로 실현되면, 준이상적인 국가에서처럼 모두의 의지는 자체적인 상쇄 효과를 통해서 다수결 또는 압도적 다수결로 집약되어 종국적으로 일반의지에 수렴하게 될 것이다.

4) 부패가 심각한 상태에 이른 국가(국가유형 4)

마지막으로 루소는 '부패가 심각한 상태에 이른 국가'에서 나타나는 정치 참여의 양상과 그 결말에 대해서 다음과 같이 서술한다.

마지막으로 국가가 파멸에 즈음했지만 단지 가공적이고 공허한 형태로 존재하는 데 불과할 때, 사회적 유대가 모든 이의 심정에서 붕괴될 때, 가장 저급한 이익이 공공선이라는 성스러운 이름을 띠고 나타날 때, 일반의지는 침묵을 지키게 된다. 은밀한 동기에 의해서 지배되는 모든 이들은 마치 국가가 존재하지 않은 상태에 처한 것처럼 자신들의 의견을 개진하기 때문에 더 이상 시민이 아니며, 사적인 이익만을 목표로 하는 부정한 법령이 기만적으로 법률의 탈을 쓰고 통과된다(IV, i, 108-109).

이런 정치 공동체에서 소집단은, 루소의 처방이 실패한 결과 그 숫자가 줄어들고 그들 사이의 힘의 균등도 철저히 파괴된 상태이다. "마지막으로 이런 결사들 가운데 하나가 너무 커서 다른 모든 결사들을 압도하게 될 때, 결과는 더 이상 작은 차이들의 합계가 아니라 단일의 차이다. 그렇게 되면 더 이상 일반의지가 드러나지 않게 되며, 우세를 차지한 의견은 단지 사적인 의견에 불과하다"(II, iii, 61).

제4권 2장에서 루소는 로마 제정에서 황제의 눈치를 보면서 결의를 하던 원로원 의원들의 "비참한 방식"을 예로 들면서 부패가 극에 달한 정치 공동체에서의 참여 양상과 그 결과를 이렇게 서술한다.

반대 극단에 이르면 만장일치가 되살아난다. 그것은 시민들이 예속 상태에 빠져 더 이상 자유를 누리거나 의지를 행사할 수 없을 때이다. 그렇게 되면 두려움과 아첨은 투표를 만장의 갈채로 바꾸어놓는다. 사람들은 더 이상 심의하지(deliberate) 않고, 오직 찬양하고(adore) 욕설할(curse) 뿐이다(IV, ii, 110).

특정한 집단(또는 개인)이 그 크기나 힘에 있어서 압도적 우위를 점하기 때문에 이제 시민회의에서 나머지 시민들은 그 집단(또는 개인)의 위세에 눌려 더 이상 반대 의견을 표출하지 못하고 두려움 속에서 아첨이나 욕설로 일관할 뿐인 것이다.

이 네 가지 국가유형 가운데 '이상적 국가'와 '준이상적 국가'는 적어도 시민들 대다수 사이에 소박함과 정직함이 존재하는 건강한 상태의 국가인

데, 시민들 사이에 작은 파벌이나 당파가 형성되지 않은 초기 로마공화정이나 스파르타가 준이상적 국가에 해당하는 것으로 보인다. 다만 이상적 국가에서는 정치적 결정이 주로 만장일치로, 준이상적 국가에서는 주로 다수결로 이루어지는바, 이는 이상적 국가에 비해 준이상적 국가에서는 일부 시민들이 어느 정도 부패해 있기 때문이다. 이에 반해 부패가 상당한 수준에서 진행되어 있거나 아주 심각한 국가는 대다수의 시민들이 소박함과 정직함을 잃어버린 상태라 할 수 있으며, 루소가 비난하는 아테네 민회나 후기 로마공화정 및 로마 제정이 이에 해당할 것이다. 이 두 유형의 국가에서는 사적 이익의 결집에 따른 파벌이나 파당이 형성되어 있는바, '국가유형 3'에서는 파벌들의 숫자가 많고 그 영향력도 어느 정도 분산되어 있지만, '국가유형 4'에서는 파벌들의 숫자가 (독점이나 과점에 해당할 만큼) 소수로 줄어들고 영향력 역시 불균등하게 결집되어 있다고 할 수 있다.[8]

3. 시민의 정치 참여에 공적인 토론이나 논쟁이 허용되는가 : 주요 해석론의 개관

이제 이 글의 핵심 주제에 접근해보자. 루소의 정치사상에서 시민들의 정치 참여에 공적인 토론이나 논쟁이 허용되는지의 여부는 흔히 상정되는 것과 달리 상당히 복잡하다. 그렇지만 이 문제를 명시적으로 검토하고 이에 대한 자신의 해석을 제시하는 논자들은 의외로 별로 많지 않다. 한편 이 문제를 명시적으로 논하는 소수의 해석자들은 대부분 루소의 시민에게 공적인 토론이나 논쟁이 허용되지 않는다는 부정적 입장을 취한다. 하지만

---

8) 그렇기 때문에 루소는 건강한 사회에서 부패한 사회로 이행함에 따라 투표의 방식 역시 공개투표에서 비밀투표로 바뀌어야 한다고 주장한다(IV, iv, 119).

이 문제에 대한 이 글의 결론적인 해석은 루소의 시민들에게 공적인 토론이나 논쟁이 '국가의 유형에 따라 그리고 일정한 규제를 받으면서' 허용된다는 긍정론이며, 또 그것이 마땅히 허용되어야 루소의 직접민주주의가 진가를 발휘할 수 있다는 것이다. 따라서 이런 해석의 적실성을 주장하기 위해서는 부정론자들의 입장을 설득력 있게 반박해야 하는데, 이 절에서는 먼저 해석의 쟁점이 되는 핵심적인 전거들을 제시한 후 부정적 해석론과 긍정적 해석론을 개관하고, 다음 절에서 이에 대한 비판과 함께 대안적인 긍정적 해석론을 개진하도록 하겠다.

부정론의 대표적인 전거들은 『사회계약론』 제2권 3장에 나오는 '구절 1'과 이미 제4권 1-2장을 중심으로 자세히 인용한 바 있는 이상적 국가에서 시민들 사이의 심의가 거의 불필요한 것으로 묘사한 구절 및 부패한 국가에서 목격되는 "장시간에 걸친 논쟁, 의견의 분열 및 소란"을 부정적으로 서술한 제4권 2장의 구절 등이다. 그리고 이외에도 부정론의 근거로 원용되는 다음의 구절을 인용할 필요가 있다. 이 중요한 구절은 '일견' 부정론을 뒷받침하는 것처럼 보이지만, 시민들에게 토론이나 논쟁의 개연성을 열어놓은 것으로도 해석될 수 있기 때문이다.

> 나는 주권자의 모든 활동에서 단순한 투표권—그 어떤 것도 시민들로부터 박탈할 수 없는 권리—에 관해서 많은 논평을 할 수 있다. 그리고 정부가 오직 정부의 구성원들에게만 허용하기 위해서 항상 각별한 신경을 쓰고 있는 권리, 곧 의견을 진술하고, 법률안을 제안하며, 분석하고 토론하는 권리에 관해서도 [많은 논평을 할 수 있다]. 하지만 이 중요한 주제는 별도의 논저를 필요로 할 것인데, 이 책에서 모든 것을 다룰 수는 없다(IV, i, 109 ; 이하 '구절 2').[9]

---

9) 이 인용문에 대한 구체적인 해석은 나중에 본격적으로 이 글의 3, 4절에서 제시될 것이다.

이제 이 주제에 대한 다양한 기존의 해석론을 소개하고자 한다. 이 글에서 검토한 학자들은, "일반의지에 투표하기 : 결정 규칙에 대한 루소의 입장(Voting the General Will : Rousseau on Decision Rules)"이라는 논문을 최근 발표한 슈워츠버그(Melissa Schwartzberg 2008)와 길딘(Hilail Gildin, 1983)을 제외하고는, 대부분 부정론을 견지하고 있다. 먼저 오래 전에 루소의 일반의지를 논하는 논문에서 제임스 매캐덤은, '구절 1'의 뒤에 나오는 파당이나 결사에 대한 루소의 반대 입장을 염두에 두고, 루소가 "일반의지에 대한 결정에 이를 때 어떤 개인도 그 사안에 대한 자신의 생각을 다른 개인과 의사소통해서는(communicate) 안 된다"고 생각했다고 해석한다. 그리고 이런 해석의 타당한 근거로 "개인들 사이의 그런 의견 교환이" 파당 형성의 계기가 됨으로써 "부분적인 일반의지의 형성을 조장하고, 그렇게 되면 그런 부분적인 일반의지가 일반의지와 정면으로 경쟁해" 일반의지의 발견을 어렵게 한다는 논점을 제시한다(McAdam 1967, 503).

영미권에서 루소 정치사상에 대한 권위자 가운데 한 사람인 로저 매스터스는 『루소의 정치철학(The Political Philosophy of Rousseau)』 가운데 '구절 1'을 직접 인용한 대목에서나 자신이 편집한 『사회계약론』의 '구절 1'이 나오는 부분에서는 별도의 주석을 달지 않고 있다(Masterzs 1968, 386 이하 ; Rousseau 1978 참조). 그러나 『사회계약론』의 다른 곳에서 '구절 1'을 루소의 시민에게 공적인 토론이나 논쟁이 허용되지 않는다는 것을 입증하는 유력한 증거로 원용한다. 매스터스는 『사회계약론』의 '구절 2'에 붙인 편자 주석에서 다음과 같이 말하고 있다.

자유로운 발언(free speech)에 대한 루소의 아이러니한 방어로 인해서 [루소 저작의] 편집자들은 종종 혼란에 빠졌는데, 그 이유는 그들이 마지막 절['구절 2']을 원칙에 대한 진지한 서술로 독해했기 때문이다. 그러나 [『사회계약론』의] 제2권 3장['구절 1']은 물론 다음 장을 고려할 때 그런 해석은 성립하기 어렵다(Rousseau 1978, 150 주 112).

독일의 사회철학자 하버마스 역시 『공론장의 구조변동(*The Structural Transformation of the Public Sphere*)』에서 부정론에 입각해 공공 영역에 대한 자신의 논변을 전개하고 있다.

로크의 의견 법칙은 루소의 『사회계약론』을 통해서 주권적이 되었다. 비공공적 의견(unpublic opinion)이 공공적 의견(opinion publique)이라는 다른 표제어를 통해서 유일한 입법자의 지위로 고양되었는데, 이는 **공공 영역에서 공공의 합리적이고 비판적인 논쟁의 배제를 수반하는** 것이었다. 루소에 의해서 구상된 입법 과정은 이에 대해서 어떤 의심도 남겨놓지 않았다. 공동의 복지를 인지하기 위해서는 건전한 양식(bon sens ; common sense ; gesunder Menschenverstand)만으로도 족했다. 소박한 사람들, 즉 숙맥들은 공공 토론의 정치적 술책으로 인해서 단지 짜증을 느낄 뿐이었다. 곧 장시간에 걸친 논쟁은 특수 이익을 부각시킬 것이었다. 루소는 언변이 좋은 연설가들의 위험한 호소력을 조화가 지배하는 집회와 대비시켰다. 일반의지는 논변(arguments)의 합치보다는 심정(hearts)의 합치의 소산이었다. 법(lois)이 뿌리 깊은 관습(opinions)과 부합하는 사회가 가장 잘 통치될 것이었다. 관습의 소박함은 "가시 돋친 토론(discussions épineuses)"에 대한 방호벽인 데 반해, 사치는 건강한 소박함을 타락시키며, 한 집단을 다른 집단에, 모든 집단을 모두의 의견(et tous a l'opinion)에 예속시킨다(하버마스 2001, 188-189 ; Habermas 1989, 97-98 ; 인용문의 강조는 필자).[10]

---

10) 이 인용문에서는 영문 번역본을 참조하면서 한글 번역본의 구절을 다소 수정했다. 이어지는 구절에서 하버마스는 루소의 민주주의를 "비공공적 의견의 민주주의(democracy of unpublic opinion)", "공공적 논쟁 없는 민주주의(democracy without public debate)"로

위의 인용문 자체가 하버마스가 왜 루소의 민주주의를 "공공적 논쟁 없는 민주주의"로 파악하는지에 대한 해석과 논거를 포함하고 있기 때문에 별도의 설명을 하지 않겠다. 하버마스는 자신의 해석의 근거로 『사회계약론』의 제4권 1-2장, 제3권 1, 4장을 각주에서 제시하고 있지만, 이에 대한 구체적인 분석을 붙이고 있지는 않다.

마지막으로 프랑스 정치학자인 버나드 마넹은 영어로 번역되어 출간된 "정당성과 정치적 심의에 관하여(On Legitimacy and Political Deliberation)" 라는 논문에서 비교적 상세한 전거와 분석을 제시하면서 루소의 시민들에게는 정치적 심의 과정에서 의사소통이나 토론이 허용되지 않는다고 해석하고 있다. 그의 논거를 요약해 제시하면 다음과 같다. 첫째, 그는 루소의 『사회계약론』에 나오는 심의(délibération 또는 délibérer)를 (통상의 이해에 따라) 시민들이 상호 의사소통하면서 의지를 형성하는 "과정"이 아니라 "결정(decision)" 그 자체를 지칭하기 위해서 사용된 단어로 해석한다. 그리고 그는 심의가 결정을 의미하는 용례로 『사회계약론』 제2권 3장의 두 구절과 『정치경제론(The Discourses on Political Economy)』의 한 구절을 제시한다.[11] 그가 인용한 『사회계약론』 제2권 3장의 두 구절 중 하나는 앞에서 이미 인용한 바 있는 '구절 1'이며 다른 하나는 이것이다.

앞에서의 논의로부터 일반의지는 항상 올바르며 항상 공공선을 지향한다는 결론이 나온다. 그러나 인민의 심의가 항상 동일한 올바름(righteousness ; rectitude)에 도달한다는 결론이 나오는 것은 아니다(II, iii, 61).

특징짓는다(하버마스 2001, 190-191 ; Habermas 1989, 98-99).
11) 이 글에서 그가 인용한 『정치경제론』의 구절을 다시 인용하지는 않겠다. 이에 대해서는 Manin(1987, 345)을 참조하라.

그는 이 구절과 '구절 1'에 나오는 '심의'가 분명히 "인민이 내린 선택들을 지칭하는 것"이지, "그런 선택에 이른 과정"을 지칭하지 않는다고 주장하면서, "과정을 놓고 도덕적으로 올바르거나 올바르지 않다고 말하는 것은 무의미하다"는 점을 논거로 제시한다(Manin 1987, 345). 둘째, 그는 루소의 시민이 시민 회의에서나 또는 개인적으로나 심의나 숙고를 하지 않으며, 결정해야(decide) 할 사안에 관해서 "이미 결정된(determined) 의지"를 가지고 시민 회의에 참석해 투표 등을 통한 결정 과정에 참여한다고 주장한다(Manin 1987, 344). 이런 해석의 근거로 그는 제4권 1장에서 루소가 이상적인 국가에서 시민들이 정치적 결정을 내리는 과정을 서술하면서 언급한 "공동선은 어느 곳에서나 명백히 드러나며, 이를 인지하기 위해서는 단지 건전한 양식(good sense)만이 필요할 뿐이다"라는 구절을 인용한다. 곧 의사소통이나 토론을 전제로 하는 심의라는 것은 공공선이나 일반의지의 소재가 불확실한 상황에서 여러 가지 대안이 고려될 때 필요한 절차인데, 그것의 소재가 명백할 때에는 심의 과정 자체가 불필요하다는 것이다(Manin 1987, 344-346). 셋째, 마넹은 앞서 언급한 '국가유형 3'과 '국가유형 4'에서 시민들 사이의 토론, 논쟁 등이 초래하는 해악에 대해서 비판적으로 언급한 구절들을 인용한다. 그는 루소가 심의 과정에서 시민들의 특수한 이익의 발현, 영향력의 행사, 능란한 화술을 통한 설득의 시도 등이 파당 형성의 계기가 되고 개별 시민들의 의지를 오염시키고 억압한다고 생각했기 때문에, 시민들 사이의 의사소통, 곧 토론과 논쟁을 배척했다고 해석한다(Manin 1987, 346).

　한편 이 글에서 검토된 루소 사상의 해석자 가운데 길딘과 슈워츠버그가 예외적으로 루소적 시민의 정치 참여에 공적인 토론이나 논쟁이 허용될 수 있는 개연성을 열어놓고 있는데, 필자 역시 이들의 해석에 대체로 동의한다. 먼저 길딘은 '구절 1'을 부분적인 결사나 파당의 해악을 염두에 두고 그런 결사나 파당을 결성하려는 시민들 사이의 '비밀스런 합의(secret agreements)'를 금지하는 것으로 해석한다(Gildin 1983, 57-58). 나아가 그는 『산에서 쓴 편지(*Letters Written from the Mountain*)』에서 루소가 제기한 불만을 인용하면서, '구절 2'에 대해서 매스터스와 달리 루소가 시민들의 공적 토론이나 논쟁을 허용했다는 해석을 내놓는다.

> 그[루소]의 언급은 때로 상당한 당혹스러움을 야기해왔다. 그는 법률에 대한 투표권이 주권의 본질적 부분이라는 점을 명백히 선언한다. 그는 주권적 의회에 새로운 법률을 제안하고, 제안된 법률의 장점과 단점을 개진할 권리가 정부의 권한으로 유보(reserve)되어야 한다고 생각하는 것으로 믿어져왔다. 그러나 그는 『산에서 쓴 편지』에서 제네바의 통치 위원회들에게 새로운 법률 제안권을 유보하는 것은 선호했지만, 그 법안에 관해서 논쟁할 권한이 주권자에게 있음을 부정하는 것에 대해서는 불평을 하고 있다.……루소의 언급은 법률 제안권과 법률 심의권에 관한 다양한 배치들이 그의 원칙과 양립 가능하다는 점을 시사한다(Gildin 1983, 159).

이와 달리, 슈워츠버그는 앞서 인용한 논문에서 제2권 3장의 '구절 1'의 중요성과 이에 대한 주류적 해석을 받아들이지만, 그렇다 하더라도 시민들이 투표를 할 때 부분적으로 정치적 토론이나 논쟁이 허용되어야 한다는 주장을 조심스럽게 개진한다. 그의 이런 입장을 이해하기 위해서는 이 논문의 주제와 직접적인 연관은 없지만, 루소의 투표 규칙에 대한 그의 설명을 파악할 필요가 있다. 그는 루소가 시민들이 정치 참여를 통해서 법률을 제정하거나 다른 정치적 결정을 내릴 때, 결과적으로 만장일치적 결정에 도달하는 것을 선호했지만, 여러 가지 이유로 단순 다수결 또는 가중된 다수결(supermajority rule)에 따른 결정을 채택했다고 해석하면서 그 이유로 "실용적 이유(pragmatic reason)", "인식론적 이유(epistemic reason)", "도덕적 이유(moral reason)"를 제시한다. 여기서 실용적 이유는 만장일치를 요구할 경우 소수의 시민들이 특수한 이익에 근거해 일반의지에 합치된 시민들의 결정을 부당하게 봉쇄할 수 있기 때문에 단순 또는 가중된 다수결에 따른 의사 결정 방식을 채택한다는 것이고, 인식론적 이유는 평균적 시민이 일반 의지에 대한 판단을 내림에 있어 수반되는 오류 가능성을 감안할 때, 소수 보다는 다수의 결정에 따르는 것이 올바른 결정에 도달할 확률이 높기 때문에 단순 또는 가중된 다수결에 따른 결정 방식을 취한다는 것이다. 그리고 도덕적 이유는 다수결에 따라 결정을 할 때 자신들의 입장이 부결된 소수가 자신들의 오류 가능성을 좀더 쉽게 받아들일 수 있다는 것이다. 이 중 도덕적 이유에 대해서 부연 설명하면, 만장일치적 결정의 경우에는 모든 시민들의 불가오류적(infallible) 판단 능력을 상정함으로써 소수파에 속한 일부 시민들이 자신들이 일반의지에 대해서 잘못 판단했다고 시인하는 것을 어렵게 할 가능성이 있으며 특히 자긍심이 강한 소수는 거부권을 행사할 우려가 있는 데 반해, 다수결에 따른 결정의 경우에는 평균적인 시민들의 오류 가능성을 상정하기 때문에 소수가 자신들의 판단상의 오류 가능성과 특수의지에 따른 왜곡을 쉽게 수용하게 만드는 효과가 있다는 것이다 (Schwartzberg 2008, 413).[12)]

도덕적 이유를 논하면서 슈워츠버그는 시민들이 투표할 때 자신의 겸허함(humility)과 오류 가능성의 관점에서 다른 시민들의 의견을 고려하고, 자신의 결정이 올바른 것인지를 숙고하며, 필요에 따라서는 자신의 입장을

---

12) 따라서 슈워츠버그는 도덕적 이유에 대해서 다음과 같이 요약한다. "루소의 입장에서 볼 때, 우리는 전체적으로 우리의 동료 시민들이 거의 확실하게 올바른 결정에 도달했다는 점을 인정하고 우리 자신의 과오를 품위 있게 받아들일 때 비로소 올바르고 자유롭게 행동한 것이다." 나아가 그는 특별 다수결(great majority rule)을 요구하는 결정이 시민들의 이런 도덕적 부담을 가중시킨다고 주장한다(Schwartzberg 2008, 418).

변경해야 하는바, 이를 위해서는 다른 시민들의 의견과 입장에 대한 사전적인 지식이 요구되며, 따라서 토론이 필요하다는 점을 강조한다. 다시 말해 그는 개별 시민이 만장일치적 결정이나 가중된 다수결에서 자신의 입장이 다수의 입장에 대해서 사실상 비토를 행사하거나 또는 가중된 다수결에 이르지 못하도록 방해하는 결과를 초래하는지 고려하고, 그런 경우 도덕적 이유에 따라 자신의 입장을 고수할 것인지 또는 수정·변경할 것인지를 신중하게 재고해야 하기 때문에, 투표를 하기 전에 토론을 통해서 무엇이 다수의 입장이고 그 논거가 무엇인지 알 수 있어야 한다는 것이다 (Schwartzberg 2008, 417).

슈워츠버그는 문제가 되는 '구절 1'에 대해서 마넹의 해석을 좇아 결정의 순간에 루소가 의사소통, 곧 토론을 배척했다는 점을 인정한다. 그러나 그는 제4권 2장에서 루소가 단순 다수결과 가중된 다수결 중 어느 하나를 선택하는 과정에서 '시간적 변수'를 정당화(temporal justification)의 논거로 내세웠다는 점에 주목해 다음의 구절을 인용하고 있다. "현안이 보다 신속한 처리를 요할수록, 의견들의 집계에서 [다수결이 성립하기 위해서] 정해진 차이는 보다 적어야 한다. 따라서 즉석에서 결정되어야 하는 심의[결정]에서는 한 표 차의 다수결로도 충분하다"(IV, ii, 111 ; Schwartzberg 2008, 417). 이 인용문에 대해서 슈워츠버그는, 어떤 사안에 대한 결정을 내림에 있어 단순 다수결을 따르든 가중된 다수결을 따르든 투표 결과를 집계하는 데 소요되는 시간상의 차이는 매우 사소해 무시할 수 있기 때문에 사안의 긴급성이 단순 다수결 또는 가중된 다수결을 결정하는 중대한 변수가 되어야 한다는 해석에 의문을 제기하면서, 사실상 루소가 투표를 하기 전에 어떤 사안이 즉각적으로 처리되어야 하는 성격의 것인지 아니면 좀더 시간을 두고 처리할 성격의 것인지에 대한 토론의 가능성을 열어놓고 있다는 논점을 제기한다. 따라서 그는 "단순 다수결을 요구하는 사안과 가중된 다수결 또는 만장일치적 결정을 요구하는 사안"을 구분하기 위해서 일정한 절차가 요청된다는 점, 그리고 "특별히 중요한 사안에 대해서는 무엇이 공동선인지 시간을 두고 인지하기 위한 수단"이 있어야 한다는 점을 논거로 "비록 적극적인 설득이 공식적으로 배척된다고 할지라도" 모종의 "수단", 곧 "토론"이 필요하다고 주장한다(Schwartzberg 2008, 417). 나아가 그는 '구절 1'에 나오는 "적절히 정보를 제공받은 인민"이라는 부분에 대해서, 시민들이 다른 사람들의 관점을 알게 되는 방식이 "웅변적인 호소, 활발한 논쟁, 심지어 협상의 형태"를 취할 수는 없지만, "적어도 부분적으로 논의에 기초한 과정(discursive process)"을 필요로 한다고 해석한다. 그는 자신의 논점을 보강하기 위해서 이상적인 농민 공동체에서 시민들이 법률안을 제안하는 과정에도 주목한다. 그는 "공동선이 모두에게 명백해 보이지만, 어떤 개인도 다른 시민들 역시 사태를 비슷하게 보고 있다는 것을 확인하지 않고는 공동선에 대한 자신의 판단에 있어서의 진정한 확신을 사전에 품을 수 없다"고 말하면서 이런 확인을 위해서 토론이 필요함을 강조한다. 따라서 슈워츠버그는 '구절 1'에 대해서 다음과 같은 해석론을 최종적으로 제시한다. "의사소통이 최대의 위협을 제기하는 때, 그렇기 때문에 전적으로 금지되어야 하는 때는 투표의 순간이다. 그렇지만 이 점이 그 순간에 이르기 전까지 토론을 전적으로 배제한다는 논리를 당연히 수반하는 것은 아니다"(Schwartzberg 2008, 417-418).

다음 절에서 부정론을 본격적으로 반박하고, 긍정론의 미비한 점을 보강하기 위해서는 지금까지 소개된 두 입장을 어느 정도 정리할 필요가 있다. 매캐덤, 매스터스, 하버마스, 마넹 등 부정론자들은 루소가 구상한 민주적 정치 공동체에서 시민들 사이의 공적인 토론이나 논쟁이 전적으로, 곧 정치적 맥락 및 국가의 유형과 상관없이 항상 부정되는 것으로 해석한다. 즉 그들은, 루소가 시민들 간의 의사소통을 금지한 이유로 '파당 형성'을 제시하면서도 의사소통이 금지되는 맥락은 분명히 밝히고 있지 않기 때문에, 제한적 부정론보다는 전면적 부정론을 취하는 것으로 보인다. 중요한 부정론자들 가운데 먼저 매스터스는 '구절 1'을 부정론을 뒷받침하는 것으로 받아들여 처음에는 이에 대해서 아무런 주석을 붙이지 않다가, 길딘의 해석이 보여주는 것처럼 '구절 2'가 시민의 정치 참여에 있어 시민의 법률 제안권은 물론 공적인 토론이나 논쟁을 포함시킬 가능성을 열어놓고 있다는 점에 당혹해 한다. 그러나 여전히 '구절 1' 등에 주로 의존하면서 별다른 해석론을 제기함 없이 그런 가능성을 부정하고 있다.

다음으로 하버마스는 루소를 해석하는 과정에서 제2권 3장의 '구절 1'은 언급하지 않고 제3권 4장 그리고 앞에서 검토된 바 있는 제4권 1-2장을 근거로 부정론을 제기한다. 제3권 4장은 루소가 민주주의를 논하고 있는 장으로, 하버마스는 루소가 민주주의의 필요조건으로 제시한 "작은 국가", "업무의 번잡함과 가시 돋친 토론을 방지하는 관습의 소박함", "시민들 간의 평등", "사치의 부재" 등에 의존하면서 자신의 논지를 전개한다. 따라서 하버마스는 '국가유형 1'과 '국가유형 4'에 대한 루소의 서술을 주로 염두에 두고 루소의 민주주의관을 '공공적 논쟁 없는 민주주의'로 파악하고 있다.

마지막으로 마넹은 『사회계약론』에서 '심의'라는 단어가 사용된 맥락에 주목해 루소 사상에서 심의가 지칭하는 것은 "인민이 내린 선택들"이지 "선택에 이른 과정"이 아니라고 주장하면서, 심의가 시민들 간의 상호작용적인 토론과 논쟁을 포함하지 않는다고 못 박는다(Manin 1987, 345). 아울러 그는 이런 해석의 근거로 '국가유형 1'과 '국가유형 4'에서 시민들 사이의 심의가 불필요하거나 또는 오히려 심각한 해악을 초래한다는 점을 들고 있다. 나아가 그는 루소가 토론과 논쟁을 수반하는 심의 과정이 시민들의 특수한 이익의 발현, 영향력의 행사, 능란한 화술을 통한 설득의 시도 등으로 인해서 파당 형성의 계기가 되며 개별 시민들의 의지를 억압하고 오염시킨다고 보았다는 논점을 제시한다.

반면 긍정론을 취하는 길딘은 매스터스와 달리 '구절 2'를 루소의 원칙적 입장으로 보고 '구절 1'을 단지 제한적인 것으로 해석함으로써, 루소의 시민에게 정치 참여 과정에서 공적인 토론이나 논쟁이 보장될 가능성을 열어놓고 있다. 그러나 그는 루소의 시민들이 과연 정치 참여 과정에서 활발한 토론이나 논쟁을 어떻게 전개할 수 있는지에 대해서는 침묵하고 있으며, 또 그의 해석을 뒷받침할 수 있는 구체적인 원전상의 증거를 제시하지 못하고 있다. 소극적 긍정론을 취하는 슈워츠버그는 대다수의 학자들이 취하는 부정론을 일단 존중하지만, 그렇다 하더라도 루소적 시민들의 정치 참여에 토론이 필요하며 『사회계약론』에 나오는 몇몇 구절들이 시민들 사이의 토론 가능성을 열어놓고 있다는 해석을 전개한다. 그렇지만 그의 해석 역시 여전히 개연성의 차원에 머무르고 있으며, 길딘과 마찬가지로 원전상의 구체적인 전거를 제시하지 못하고 있다.

4. 부정론에 대한 비판과 대안적인 긍정론의 개진

지금까지 살펴본 바에 따르면, 루소의 시민들의 정치 참여에서 공적인 토론 또는 논쟁이 허용되는가라는 질문에 대한 답변으로 부정론과 긍정론 가운데 어느 것이 더 합당한가를 판정하기 위해서는 적어도 세 가지 문제를 검토해야 하는 것으로 보인다. 첫째는 앞에서 인용한 것처럼, 부정론자들은 시민들의 공적인 토론이나 논쟁에 대한 루소의 빈번한 부정적인 언급 그리고 '국가유형 1'과 '국가유형 4'에 대한 루소의 서술을 중심으로 시민들의 정치적 심의에 토론과 논쟁이 배제된다고 해석하고 있는바, 긍정론자들 역시 대체로 그런 국가유형에 초점을 맞추면서 소극적인 반론을 제기하는 데 그치고 있다는 점이다. 이 글 역시 두 유형의 국가에서 토론과 논쟁이 불필요하거나 오히려 유해하다는 해석은 수용한다. 그러나 앞으로 논할 것처럼 긍정론자와 부정론자 양자 공히 '국가유형 2'와 '국가유형 3'에서 과연 토론과 논쟁이 허용될 것인가에 대해서는 구체적인 논의를 회피하고 있는바, 이 글은 오히려 후자의 두 국가유형에서 토론과 논쟁이 유용하고, 또 필요하다고 해석한다. 둘째는 루소가 명시적으로 "시민들이 자신들끼리 아무런 의사소통을 하지 않는다면"이라는 조건절을 포함시키고 있는 '구절 1'과 시민의 공적인 토론·논쟁에 대해서 다소 모호한 태도를 취하고 있는 '구절 2'를 어떻게 일관되게 해석할 것인가. 그리고 셋째는 다른 정치적 저작에서 루소가 시민들의 정치 참여에 공적인 토론이나 논쟁을 긍정적으로 포함시키고 있는 구절을 발견할 수 있는가.

긍정론의 입장을 취하는 이 글이 제시하는 첫 번째 문제에 대한 해석은 부정론자는 물론 기존의 긍정론자 모두에 대한 비판의 성격을, 두 번째 문제에 대한 해석은 특히 매스터스에 대한 반론의 성격을, 그리고 세 번째 문제에 대한 논의는 모든 부정론자들의 해석을 배척하면서 긍정론자의 입장을 강화하는 반대 증거 제시의 성격을 띠게 될 것이다. 따라서 각각의 문제에 대해서 앞으로 제시할 해석이나 반론이 그 자체로는 미흡한 점이 있더라도, 상호 보완적으로 작용해 전체적으로는 부정론을 약화시키고 긍정론을 강화시키기에 충분한 것으로 판명될 것이다.

1) 루소의 정치사상은 일반 시민의 정치 참여에서 시민의 공적 토론이나 논쟁을 '일반적으로' 배척하는가?

먼저 첫 번째 문제를 검토해보자. 이 글은 루소가 『사회계약론』의 여러 구절들을 통해서 시민들의 공적인 토론이나 논쟁에 대해서 비판적인 많은 언급들을 쏟아놓고 있지만, 그렇다 하더라도 공적인 토론이나 논쟁 그 자체를 전면적으로 배척하지는 않는다고 해석한다. 그리고 이런 해석을 앞에서 제시한 네 가지 국가유형과 관련해 전개하고자 한다.

첫 번째 국가유형인 이상적 농민 공동체의 경우 개별 시민이 제출한 법안은 별도의 공적인 토론이나 논쟁을 거치지 않고, 정확히는 '거칠 필요가 없이' 모두가 만장일치로 통과시킨다. 이런 상황은 시민의 공적인 토론이나 논쟁이 배척된다기보다는 오히려 불필요한 상태라고 판단하는 것이 합당하다. 이심전심으로 모든 시민의 심정이 합치되어 있기 때문이다.[13] 반대편 극단에 있는, 곧 패망이 임박할 정도로 부패가 심각한 상태에 이른 국가유형에서는 시민들이 모두 은밀하고 이기적인 동기에 좌우되어 자신들의 의견을 진술하기 때문에 공적인 토론이나 논쟁은 무용지물에 불과하거나 오히려 해악을 초래할 뿐이다. 이처럼 부패한 국가에서 이루어진 의사 결정에는 일반의지가 존재하지 않으며, 시민들은 더 이상 자유롭지 않다(IV, ii, 111). 이 점에서 루소가 제시한 '국가유형 1'과 '국가유형 4'를 염두에 두고 시민들의 정치 참여에서 공적인 토론이나 논쟁이 허용되지 않는다고 해석하는 부정론은 상당한 설득력을 갖고 있다.

그렇다면 문제가 되는 것은 부정론은 물론 긍정론 역시 간과하고 있는 '준이상적 국가'와 '부패가 상당히 진행된 국가'에서 시민들의 정치 참여에 공적인 토론이나 논쟁이 허용되는가다. 먼저 '부패가 상당히 진행된 국가'를 살펴보면, 루소는 그런 사회에서 발견되는 시민의 공적 심의를 "장시간에 걸친 논쟁", "의견의 분열", "소란", "의견의 대립과 논쟁" 등의 표현을 통해서 부정적으로 묘사하면서도, 시민의회에서 최선의 제안이 반론에 부딪히기는 하겠지만 이를 극복하고 일반의지로 입법화될 수 있는 가능성을 명시적으로 인정하고 있다(IV, i–ii, 108–109). 이 점에 관해서 길딘은 "이

---

13) 앞에서 언급한 것처럼 슈워츠버그는 이런 상황에서도 어느 정도 토론의 필요성을 인정하고 있는데, 그의 해석이 이 글의 해석을 위협하지는 않는다고 생각한다.

와 같은 상황에서 루소가 일반의지의 효과에 대해서 절망하지 않고 있다는 점에 주목하는 것이 중요하다"고 언급한다(Gildin 1983, 151). 따라서 이런 상황에서 토론이나 논쟁은 시민들의 의견에서 옥석을 가리기 위해서 필요한 것으로 생각된다. 그렇다면 이제 남은 문제는 '준이상적 국가'에서 공적인 토론이나 논쟁이 허용되는가의 여부이다. 필자는 이를 두 번째 문제, 곧 제2권 3장 '구절 1'의 "시민들이 자신들끼리 아무런 의사소통을 하지 않는다"라는 부분과 '구절 2'의 일관성에 대한 해석을 개진하면서 본격적으로 다루고자 한다. 앞에서도 살펴본 것처럼, '구절 1'에 대한 해석은 '준이상적 국가'에서의 공적 토론이나 논쟁과 긴밀하게 결부되어 있기 때문이다.

그러나 다음 항에서 보여줄 것처럼, '준이상적 국가'에서 시민의 정치 참여에 공적인 토론이나 논쟁이 허용된다는 전제하에 하버마스나 마넹과 같은 논자들의 전면적 부정론을 검토하면, 그들은 이상적 국가에서처럼 공적인 토론이나 논쟁이 거의 불필요한 상태, 또는 부패가 심각한 국가에서처럼 그것들이 무용지물이거나 오히려 해악을 초래하는 상태를 염두에 두고, 루소가 '국가유형 2'와 '국가유형 3'을 포함한 모든 유형의 국가에서 시민들의 토론이나 논쟁을 허용하지 않았다고 과장되게 해석하는 것처럼 보인다. 하지만 루소가 시민들의 공적 토론이나 논쟁에 대해서 부정적으로 언급할 때 거의 항상 "장시간에 걸친" 논쟁, "소란", "가시 돋친" 토론, "심의"에 대비되는 "찬양"과 "욕설" 등 부정적인 수식어나 구절을 사용한다는 점, 그리고 그가 그런 부정적인 구절을 사용한 맥락을 고려한다면, 그가 오직 부패가 심각한 '국가유형 4'에서만 시민들의 토론과 논쟁을 그 해악 때문에 부정할 뿐이며, 부패가 심각한 상태에 이르지 않은 '국가유형 2'와 '국가유형 3'에서는 토론과 논쟁의 필요성과 가능성을 열어두고 있다고 해석하는 것이 온당하다.[14]

---

14) 기존의 부정론이 논리의 비약이라는 필자의 비판은, 이후 루소가 시민의 정치 참여에

마지막으로, 첫 번째 문제와 관련해 루소 사상에서 '심의'가 의사 결정 '과정'을 포함하는 개념이 아니라 시민이 최종적으로 도달한 "선택들" 또는 "결정"을 '항상' 의미한다고 주장하는 마넹의 해석을 검토할 필요가 있다. 물론 마넹이 『사회계약론』의 일부 구절들을 근거로 "심의"가 "결정"을 의미한다고 분석한 것은 충분한 설득력을 갖는다. 그렇지만 『사회계약론』에는 심의가 상호작용적인 토론이나 논쟁을 포함하고 있는 것처럼 보이는 구절들도 있는데, 그는 이런 부분들을 무시하고 있다. 대표적인 예로, 루소는 아주 부패한 국가에서 만장일치적 결정이 출현하는 것에 대해서 "사람들은 더 이상 심의하지 않고, 오직 찬양하고 욕설할 뿐"(IV, ii, 110)이라고 서술하고 있는데, 이 구절에서 '심의'는 시민들의 활발한 의견 교환을 수반하는 '토론'과 '논쟁'을 포함하는 것으로 해석될 수 있다. 이 문맥에서 긍정적인 의미를 띠고 있는 '심의'와 대조를 이루는 단어가 '찬양'과 '욕설'이라는 상호작용적인 단어들이라는 점을 고려할 때, '심의'를 단순히 시민들이 최종적으로 도달한 "선택들"이나 "결정"을 의미하는 것으로 받아들이기는 어렵기 때문이다. 또한 루소는 제2권 4장에서도 "심의"라는 단어를 사용하는데, 여기서도 그는 심의를 집단적인 상호작용으로 보면서 긍정적으로 서술하고 있는 것처럼 보인다. "이익과 정의의 이와 같이 훌륭한 조화는 공동의 심의(common deliberation)에 형평성을 부여하는바, 이는 사적인 사안의 토론에서는 사라져버리는 것이다"(II, iv, 63). 이 구절에서 '심의'가 시민들의 결정만을 의미하는 것인지 또는 토론과 논쟁을 수반하는 결정 과정을 포함하는지는 일견 명백하지 않은 듯하다. 그러나 필자가 보기에, '공동의'라는 수식어에 의해서는 물론 뒤에 대조적으로 제시되는 '토론'이라는 단어

명시적으로 시민의 공적인 토론과 논쟁을 포함시키고 있는 구절을 제시할 때, 더욱 확고해질 것이다.

에 의해서도 상호작용적인 심의를 지시하는 것으로 판단된다.[15] 이렇게 볼 때 루소의 참여 이론에서 '심의'에 대한 마넹의 해석은 기껏해야 부분적으로 합당하고, 최악의 경우에는 독자를 호도하는 것이다.

2) '구절 1'과 '구절 2'에 대한 일관된 해석

앞에서도 언급한 것처럼, 매캐덤, 매스터스, 마넹 등은 '구절 1'을 유력한 근거로 삼아 루소의 정치사상에서 시민들 사이의 공적인 의사소통인 토론이나 논쟁이 전면적으로 부정된다고 주장한다. 그러나 이 글은 '구절 1'에 나오는 "시민들이 자신들끼리 아무런 의사소통을 하지 않는다"라는 구절을 그들과 달리 제한적으로 해석하고자 한다. 그리고 이를 전개하는 과정에서 두 가지 논점을 제기할 것이다. 첫째, 이 글은 '구절 1'의 '의사소통 금지'를 길딘의 해석에 따라 개별 시민들 사이에서 파벌이나 담합 형성의 계기가 되는 '사적인 의사소통'이 금지된다는 의미로 받아들인다. 이런 해석에 따르면 '구절 1'은 회의장 안이나 밖에서 다양한 정치적 사안에 대한 사적인 또는 은밀한 의사소통을 금하는 것이다. 즉 배심재판에서 배심원들이 심의하는 것과 동일한 방식으로, 시민들 사이의 사적인 의사소통은 금하지만 회의장 안에서 공개적으로 전개되는 토론이나 논쟁은 허용하거나 아니면 적어도 관용했다고 볼 수 있다.[16] 둘째, 그렇다 하더라도 루소는 시민들의

---

15) 그외에도 제4권 2장의 후반부에 나오는 다음의 구절을 제시할 수 있다. "공적인 심의에서 어떻게 일반의지가 특수의지로 대체되는지를 앞에서 설명하면서 나는 이런 남용을 방지할 수 있는 실제적인 수단을 충분히 지적한 바 있다"(IV, ii, 111). 여기서도 "심의"를 의사 결정의 '결과'라기보다는 의사 결정의 '과정'으로 해석하는 것이 적절한 듯하다.

16) 필자는 미국의 배심재판에서도 비슷한 이유로, 정식으로 심의에 들어가기 전까지 배심원들은 자신들이 심리하는 사건에 대해서 외부로부터 정보를 접하거나 수집하는 것이 금지되고, 심지어 배심원들 사이에서도 해당 사건에 대해서 사전에 토의하는 것이 금지된다고 믿는다. 물론 배심원들의 심의는 사법적인 반면에 루소적 시민의 심의는 입법적이라는 차이가 있지만, 입법적 심의의 경우에는 사법적 심의의 경우보다 더 활발한 공적

공적인 토론이나 논쟁을 대체로 부정적으로 보았기 때문에, '구절 2'가 시사하는 것처럼 법률을 통과시키는 과정에서 정부의 개입 권한을 강화해 시민들의 공적 심의 방식을 일정하게 규제하는 한편, 나중에 세 번째 문제를 논의할 때 좀더 명확히 드러날 것처럼, 정부가 이를 빌미로 개입 권한을 남용해 공적 토론의 자유를 억압하는 것을 방지하기 위해서 고심했다고 해석할 것이다.

먼저 첫 번째 논점에 대해서 서술하자면, 루소가 억제하고자 한 것은 파벌이나 담합 형성의 계기가 되는 의사소통이다. 여기서 우리는 '구절 1'에 바로 뒤이어서 루소가 부분적 결사나 파당에 대해서 논한다는 점을 상기할 필요가 있다. 루소는 우리가 오늘날 '이익집단'의 정치 혹은 '자유주의적–다원주의적' 민주주의라 부르는 것에 반대한다. 이런 결사나 파당은 특수의지나 사적 이익이 담합을 통해서 표출되는 것을 조장하며, 개별 시민의 공적 판단을 왜곡시킨다고 생각하기 때문이다. 그리고 시민들 사이의 은밀한 또는 사적인 의사소통은 작은 결사나 파당 그리고 사전적인 담합이나 음모가 형성되는 계기로 작용하기 십상이기 때문에, 루소가 그런 의사소통에 대해서 우려한 것은 분명하다.

루소에 따르면, 파당과 능란한 화술이 공공 집회에 지배적일 경우 시민들은 "심의"보다 그들 자신의 파당을 "찬양"하고 다른 경쟁 파당을 "욕설"하는 데 더 많은 시간을 들이며, 그 결과 "장시간에 걸친 논쟁", "의견의 분열" 그리고 "소란" 등이 시민들의 집회를 장악한다. 따라서 루소는 공적인 토론이나 논쟁을 그 자체로 부정하기보다는 그런 것들이 사적 이익으로 윤색되고 수사적인 화술로 치장되는 한에서 비판한다. 루소에게는, 건강한 정치체

_____

상호작용이 필요하다고 생각된다. 전자는 정치 공동체 전체를 규율하는 일반적 사안에 대해서, 그것도 불확실한 미래를 염두에 두고 심의를 하기 때문이다.

인가 아니면 부패한 정치체인가라는 '공적 심의의 맥락', 심의가 공동선을 발견하고자 하는가 아니면 단지 사적인 이익을 성취하고자 하는가라는 '공적 심의의 지도 원리', 심의가 수사적 화술에 의해서 이루어지는가 아니면 소박하고 명료한 단어들로 진행되는가라는 '공적 심의의 발언 형식'이, 해당 심의에 수반되는 토론이나 논쟁을 긍정할 것인가 아니면 부정할 것인가를 판단하는 데 있어서 결정적인 기준이다.

이에 따라 우리는 루소가 공동체의 부패가 심각한 상태에 이르지 않고, 시민들의 심의가 전체적으로 공동선에 의해서 조형되고 일반의지에 의해서 지도되며, 나아가 시민들의 의견 표출이 소박하고 명료한 발언에 따라 진행되는 한 시민들 사이의 토론이나 논쟁 그 자체에 반대하지 않았다는 해석을 받아들일 수 있다. 그렇다면 우리는 일견 당혹스러운 "시민들이 자신들끼리 아무런 의사소통을 하지 않는다"라는 구절을 루소가 파당이나 담합 형성으로 비화될 가능성이 높은 시민들 간의 은밀한 또는 사사로운 의사소통에 적대적이었다는 의미로 해석할 수 있다. 그런 의사소통은, 일반의지의 발견과 공동선의 추구에 해로운 부분적인 결사와 파당의 형성으로 귀결될 가능성이 농후하기 때문이다. 사적 이익과 정념은 시민들 사이의 은밀한 의사소통을 지배하고, 나아가 공적 심의에서야 비로소 가능한 다양한 의견, 관점 및 대안에 대한 전체적인 개관이 없는 상태에서 사람들의 마음과 판단을 뒤흔든다. 이로 인해서 시민들은 자신의 독립적인 판단과 견해를 형성하기 전에 이미 특정한 방향으로 기울게 된다. 더불어 정치적 판단에 필요한 불편부당성(不偏不黨性)은 상실되거나 위축되기 마련이다.

그렇기 때문에 루소는 '구절 1'에 뒤이어 파당의 해악을 논한 후에, 앞에서도 인용한 것처럼 다음과 같이 자신의 주장을 보강한다. "따라서 일반의지가 잘 표출되기 위해서는 국가에 아무런 부분적인 사회가 없고, 시민 각자가 오직 자신의 의견만을 피력해야 한다는 점이 중요하다"(II, iii, 61).

다시 말해 시민들은 자신들의 의견을 피력함에 있어서 '부분적인 사회'의 집단적 특수의지에 좌우되지 않고, 오직 스스로 자신의 의견을 형성해야 하며, 이를 위해서는 파당 형성이나 편파적인 의견 형성의 계기가 되는 은밀한 의사소통이 시민들 사이에 최소화되어야 한다. 그래야만 루소가 강조하는 것처럼 파당이나 편파적 의견의 결집이 없는 상태에서 "다수의 작은 차이들"이 효과적으로 상쇄되어 일반의지가 발현되고 "심의는 항상 좋을 것"이기 때문이다(II, iii, 61). 이와 관련해 한 가지 더 추가하고 싶은 논점은 루소가 원하는 것처럼 시민들 사이의 의견의 차이가 효과적으로 상쇄되기 위해서는, 부정론자들이 주장하는 것과는 달리, 시민들 사이의 토론과 논쟁이 활성화되어야 한다는 것이다. 단순히 시민들이 주어진 의안에 대해서 찬성과 반대의 의사표시만 하는 것으로는 시민들이 지닌 의견의 다양한 차이가 드러날 수 없고, 그 결과 일반의지의 발현을 위한 상쇄가 효과적으로 일어날 수 없기 때문이다.[17)]

더욱이 정치 참여를 통한 시민들의 정치 교육의 효과를 극대화하기 위해서는 사적인 의사소통이나 은밀한 의견 교환이 가급적 배제된 상태에서 시민들이 자기 스스로 공적인 쟁점에 대해서 독립적인 판단과 의견을 형성하고, 공동선과 일반의지에 비추어 공적인 쟁점에 관해서 성찰하는 것이 필수적인 것으로 보인다. 그들이 파당이나 유력한 시민들의 의견과 판단에 영향을 받지 않은 상태에서, 오직 진지하고 명료한 성찰에 기초해 그들 자신의 판단과 의견에 도달할 때에만, 비로소 그들은 피상적이고 능란한 화술이나

---

17) 시민들 사이의 다양한 의견 차이가 상쇄되는 과정에 대한 길딘의 탁월한 설명 역시 주어진 의제에 대한 단순한 찬반을 넘어 시민들 사이의 다양한 의견 표출을 가정하고 있다(Gildin 1983, 55-57). 또한 여기서 상세히 논할 수는 없지만, 루소가 은유적으로 언급한 "초과분"과 "부족분"이 구체적으로 무엇인지 결정하고 또 그것들을 상쇄하는 작업 역시 정부가 대신할 수 없으며, 시민들의 상호작용적인 심의에 맡겨야 할 사안이라 생각된다.

논변에 쉽게 동요하지 않을 것이다.[18] 그리고 그런 경우에 비로소 정치 참여의 교육적 효과 또는 슈워츠버그가 말하는 단순 또는 가중된 다수결의 도덕적 효과, 곧 시민이 타인의 합당한 의견은 물론 자신의 잘못된 판단으로부터도 배울 수 있는 가능성이 극대화될 것이다.

이제 두 번째 논점으로 나아가면, 루소가 정부의 폭넓은 개입을 통해서 시민들의 공적 심의 방식을 일정하게 규제하고자 했다는 이 글의 해석은 '구절 2'를 이해하는 데도 도움이 된다. '구절 2'에서 루소는 시민들에게는 단순히 투표권만을 부여하는 한편 법률안에 대한 의견 진술, 제안, 분석, 토론의 권리를 정부의 구성원들에게만 허용하는 것에 대해서 언급하는데, 이를 자세히 설명하기 위해서는 "별도의 논저"가 필요할 것이라고 말하면서 구체적인 논의는 생략하고 있다(IV, i, 109).[19] 이 구절은 입법 과정에서 행정부의 압도적 우위를 시사하고 시민들의 참여를 단지 수동적이고 소극적인 역할로 제한하는 것처럼 여겨지기 때문에 일부 학자들을 곤혹스럽게 만들어왔다(Fralin 1978, 525-526). 이 점에서 루소적 시민 회의의 권한이 법률안 제안권을 포함해 폭넓은 권한을 부여했던 아테네나 로마의 민회보다 작은 것은 사실이다. 그렇다 하더라도 『사회계약론』의 여러 구절들을 통해서 제시된 루소의 논변이 시민들의 적극적인 토론이나 논쟁을 배제하

---

18) 앞에서 언급한 것처럼 이런 해석은 배심재판 제도에서 배심원들 사이의 심의가 공식적으로 시작되기 전까지, 그들이 심리하는 사건에 대해서 법정 '안'에서나 '밖'에서 토론하는 것을 금지하는 취지와 부합한다.

19) 루소가 입법 과정에서 행정부에 이처럼 적극적인 역할을 부여하는 것은 인민에 대한 그의 양면적 태도와 연관되어 있다. 루소는 인민을 참된 주권자로 설정하고 이런 목표를 달성하기 위해서 많은 배려를 하고 있지만, 동시에 『사회계약론』에 산재해 있는 적지 않은 구절들이 잘 보여주듯이, 다수 인민의 현명함에 관해서 강한 불신을 품고 있었다. 정당한 국가를 수립하는 과정에서 입법가(a lawgiver)의 필요성을 강조한 대목이 대표적인 사례인데, 일단 국가가 수립된 이후에는 입법가 대신 행정부에 인민을 지도하는 역할을 맡기고 있다(Fralin 1978, 526).

지 않는 것임은 분명하다. 또한 필자는 루소가 "별도의 논저"가 필요하다는 여운을 남기면서 글을 맺은 것은, 그가 한편으로 "장시간에 걸친 논쟁", "의견의 분열" 및 "소란"을 규제할 정부의 필요와 다른 한편으로 시민들의 공적인 심의권을 억압하기 위한 정부의 규제권의 남용 사이에서 어떻게 균형을 잡을 것인가에 대해서 심각하게 고민했다는 점을 시사한다고 해석한다.[20]

3) 공적 심의에서 시민들의 적극적인 토론이나 논쟁을 인정하는 구절

이제 세 번째 문제에 대한 합당한 증거, 곧 루소가 다른 정치적 저작에서 시민의 정치 참여에 공적인 토론이나 논쟁을 명시적으로 허용하고 있는 구절을 찾아서 제시하고자 한다. 이와 관련해, 루소가 『산에서 쓴 편지』에서 제네바 시민들이 시민 의회(Conseil Général)에서 자유롭게 발언권을 행사했던 과거의 제도를 긍정적으로 서술하면서, 당시 제네바 통치 위원회가 치안을 앞세워 규제한 결과 시민들이 "아무것도 제의할 수 없으며, 토론할 수도 없으며, 심의할 수도 없"게 된 상황을 신랄하게 비판한 사실을 지적할 수 있다(루소 2007, 406-408 참조 ; 인용문은 406). 그러나 이는 루소가 당시 제네바의 정치 현실을 과거의 관행에 비추어 비판한 것으로, 이 구절만으로 루소가 시민들의 공적인 토론이나 논쟁을 적극적으로 추천 또는 제안했다고 해석하기에는 어려움이 따른다. 이는 인용된 구절에서 루소가 시민들에게 법률 제안권이 없는 것도 비판하고 있다고 해서, 이를 근거로 그가 시민들의 법률 제안권을 주장했다고 해석하는 것이 커다란 무리인 것과 마찬가지의 논리에서 그렇다.[21]

---

20) 루소의 이런 구상 그리고 이하에 제시되는 이 글의 추론은, 나중에 논할 것처럼 『고찰』에서 어느 정도 현실화되고 있다.

21) 루소 사상 전반을 검토할 때, 루소는 일반적으로 시민들의 법률 제안권에 대해서 부정적이었다. 루소는 시민들이 법률을 제안했던 아테네의 관행을 "인간불평등기원론

따라서 루소가 시민들의 공적인 토론이나 논쟁을 적극적으로 제안 또는 주장하고 있는 다른 구절을 찾아낼 필요가 있는데, 이를 루소의 최후의 정치적 저작인『폴란드 정부에 관한 고찰』에서 발견할 수 있다. 이 저작에서 연방의회(diet)와 지역 의회(dietine, 시민들이 직접적으로 참여하는 의회)에서의 의사 진행을 서술할 때, 루소는 의사 진행에 기율을 부과하는 것보다 자유를 보장하는 것이 더 중요하다고 강조하면서 시민들의 집단적인 심의에 수반되는 발언권, 토론 및 논쟁을 허용할 것을 적극적으로 주장하고 있다.[22]

장시간에 걸친 무용한 장광설은 너무나 귀중한 시간을 낭비하기 때문에 커다란 해악이다. 그러나 선량한 시민들이 무언가 유용한 것을 말하고자 할 때 발언하지 못하도록 막는 것은 훨씬 더 커다란 해악이다. 의회에서 일정한 사람들에게만 발언이 허용되고, 심지어 그들조차도 자유롭게 발언하는 것이 금지될 때, 머지않아 그들은 권세 있는 자를 기쁘게 하기에 적합한 것을 제외하고는 아무것도 말하지 않을 것이다(Rousseau 1986, 198 ; 196도 참조).

이 인용문이 보여주듯이 루소는 다른 저작에서와 마찬가지로 "장시간에 걸친 무용한 장광설"의 해악을 강조하고 있지만 그렇다고 시민들의 발언을 억압해서는 안 된다는 점을 한층 더 강조하고 있다.

또한 이 인용문에 이어지는 다른 구절에서 루소는 "헛된 장광설"이나 "아첨"을 줄이기 위해서 관리의 임명, 이익의 분배 등과 관련해 별도의 조치를

(Discourse on the Origin of Inequality)"의 "서문"에서 신랄하게 비판하고 있다(Rousseau 1964b, 82).

22) 여기서 루소는 앞에서 인용한 바 있는 제네바 공화국에 대한 자신의 비판을 염두에 두고 있는 것처럼 보이기도 한다.

취할 필요가 있음을 지적하면서, 이에 덧붙여 시민들의 발언 방식을 일정하게 규제할 것을 주장한다.

터무니없는 수사학적 언사들의 뒤범벅을 일부라도 쳐내기 위해서 여러분은 모든 발언자들에게, 소송 행위자들이 법정에서 그렇게 하듯이, 발언의 시초에 자신이 주장하고자 하는 제안의 개요를 진술하고, 또 논변을 제시한 후에는 결론을 요약해 진술할 것을 요구해야 한다. 그런 조치가 발언 시간을 줄이지는 못하더라도, 적어도 단지 말하기 위해서만 말하면서 쓸데없이 시간을 낭비하는 자들을 규제할 수는 있을 것이다(Rousseau 1986, 198).

『고찰』에서 끌어온 위의 두 인용문은, 이 글에서 지금까지 비판한 부정론이 루소의 사상 전체를 일관되게 해명하는 데 미흡하다는 점을 결정적으로 보여준다. 나아가 두 인용문은 '구절 2'에 대한 이 글의 해석처럼, 루소가 시민들의 공적인 토론이나 논쟁이 남용되는 해악을 익히 알고 있기 때문에 이를 규제하기 위한 정부의 개입 권한을 인정하는 한편 동시에 그것이 과도하게 행사되는 것에 반대했다는 점을 분명히 보여준다.

마지막으로 우리는 루소가 『고찰』에서 자신의 이론을 적용할 대상으로 설정한 폴란드가 그가 이상화한 소규모의 농민 공동체가 아니며 인구와 영토가 광대하기 때문에 부분적으로 연방 차원에서 대의제를 수용했지만, 그렇다 하더라도 지역 의회에서는 소규모 정치 공동체를 모델로 하여 시민들의 직접적인 참여에 의한 공적인 토론이나 논쟁을 허용했다는 점에 주목할 필요가 있다. 이 지역공동체를 『사회계약론』에서 제시한 국가유형과 연관시켜본다면 이는 이상적 공동체나 부패가 심각한 상태에 이른 국가가 아니라 '국가유형 2'와 '국가유형 3'의 중간 상태에 있는 국가로, 루소는 바로 이런 유형의 국가에서 시민들의 공적인 토론이나 논쟁을 명시적으로 옹호하고 있다. 이런 사실은 '국가유형 2'와 '국가유형 3'에 해당하는 정치 공동체에서 루소가 시민들의 공적인 토론이나 논쟁을 승인하고 또 그 유용성을 인정했을 것이라는 이 글의 해석을 지지하는 추가적인 논거라 생각된다.

5. 맺는글

지금까지의 논의에서 드러난 것처럼, 부정론자들은 해석론상의 명확한 출처나 엄밀한 논거를 제시하지 않은 채 단순히 자신들이 채택한 해석론에 맞추어 『사회계약론』에 나타난 여러 구절들을 선택적으로 확대해석했다는 혐의를 벗기 어렵다. 아울러 부정론자는 물론 긍정론자 역시 시민들의 정치 참여에 공적인 토론이나 논쟁이 허용되는가를 판단할 때 루소가 제시한 국가유형의 다양성을 구체적으로 고찰하지 않고 '국가유형 1'과 '국가유형 4'에 해석을 집중해 그로부터 일반론을 끌어오기 때문에, 양극단의 중간에 있는 '국가유형 2'와 '국가유형 3'에서야말로 공적인 토론이나 논쟁이 허용되고 또 유용하다는 사실을 간과하고 있는 것으로 보인다.

덧붙이자면 앞장에서 제시된 이 글의 반론에 대해서 부정론자들은 여전히 루소 사상의 일반적 원칙은 시민들의 정치 참여에서 공적인 토론이나 논쟁을 배제하는 것이며, 『고찰』로부터 인용한 두 구절이나 『산에서 쓴 편지』에 나온 구절을 그런 원칙에서 벗어난 고립된 '일탈'이라고 주장함으로써, 이 글에서 제기한 비판을 비켜가려고 할 법하다. 그러나 루소는 『고찰』에서 부정론자들이 상정할 법한 원칙과 일탈 사이의 모순을 전혀 의식하지 않고 있으며, 오히려 여러 군데에서 자신의 주장이나 진술이 『사회계약론』에서 제시된 원칙과 일관된다는 점, 달리 말해 『사회계약론』에서 제시된 원칙을 구체적으로 적용한 것이라는 점을 밝히고 있다(Rousseau 1986, 190 ; 195).

그렇다 하더라도 루소가 시민의 정치 참여에 공적인 토론이나 논쟁을 전폭적으로, 무조건적으로 용인한 것은 아니다. 지금까지의 논의에서 거듭 확인한 것처럼, 루소는 시민들의 공적인 토론이나 논쟁에 수반되기 십상인 다양한 사적 이익과 특수의지에서 비롯되는 파당의 형성, 의견의 분열과 대립 등이 소모적인 정치적 갈등을 빚어내기 때문에 이를 초래하는 토론이나 논쟁에 적대적이며, 갈등이 없는 만장일치나 압도적 다수결 등 조화로운 의사 결정을 선호한다. 그렇다고 해서 루소가 공적인 심의에 불가피하게 수반되는 토론이나 논쟁을 그 자체로 거부했다고 단정하는 것은 루소 사상 전체에 대한 왜곡된 해석이다. 이는 루소가 『사회계약론』에서와 마찬가지로 『고찰』에서도 시민들의 "헛된 장광설"이나 "아첨"에 대해서 여전히 비판적이면서도 시민들의 공적인 발언 자체를 억압하기보다는 규제하는 선에서 해결책을 찾으려 했다는 점에서, 그리고 이로써 정치적 갈등을 어느 정도 용인하려 했다는 점에서 확인된다.

지금까지 제시된 모든 논의를 고려할 때, 시민들의 정치 참여에 공적인 토론이나 논쟁이 허용되는가에 관해서 이 글이 도달한 해석론은 일종의 '절제된 긍정론'이라 할 수 있다. 즉 루소가 『사회계약론』의 '구절 1' 등을 통해서 시민들 사이의 의사소통을 억제하고자 했다면, 『사회계약론』의 '구절 2', 『산에서 쓴 편지』에서 인용된 구절 및 『고찰』에서 끌어온 두 인용문에서는 시민들의 공적인 토론이나 논쟁을 긍정적으로 인정하고 있다는 것이다. 그리고 시민들이 그 권리를 남발하는 것을 억제하기 위해서 시민의 발언 방식을 규제하는 것을 포함해 정부가 개입할 수 있는 권한을 폭넓게 허용함과 동시에, 정부가 개입권을 남용할 위험에 대해서도 강력하게 경고하고 있다는 것이다. 마지막으로 이 글의 이런 해석은 루소 정치사상에서 시민의 정치 참여가 "법률 제안권과 법률 심의권에 관한 다양한 배치들"과 양립 가능하다는 길딘의 다소 막연하고 모호한 해석 그리고 루소가 시민의 정치 참여에서 토론이나 논쟁을 허용했을 것이라고 조심스럽게 추론하면서도 부정적인 다수설의 위세에 밀려 소극적인 입장을 취하는 슈워츠버그의 해석을, 보다 체계적인 분석과 이를 뒷받침하는 명시적인 전거 제시를 통해서 강화한 것이라 할 수 있다.

참고 문헌

루소, 장 자크 저. 이환 역. 1999.『사회계약론』. 서울 : 서울대학교 출판부.

_____. 김중현 역. 2007.『학문과 예술에 대하여 외』. 파주 : 한길사(『산에서 쓴 편지』 수록).

하버마스, 위르겐 저. 한승완 역. 2001.『공론장의 구조변동』. 서울 : 나남.

Fralin, Richard. 1978. "The Evolution of Rousseau's View of Representative Government." *Political Theory* 6 : 4 (November), 517-536.

Gildin, Hilail. 1983. *Rousseau's Social Contract : the Design of Argument*. Chicago : The University of Chicago Press.

Habermas, Jürgen. 1989. *The Structural Transformation of the Public Sphere*. tr. Thomas Burger. Cambridge, Mass., U.S.A. : The MIT Press.

Manin, Bernard. 1987. "On Legitimacy and Political Deliberation." *Political Theory* 15 : 3 (August), 338-368.

Masters, Roger D. 1968. *The Political Philosophy of Rousseau*. Princeton, N.J., U.S.A. : Princeton University Press.

McAdam, James. 1967. "What Rousseau Meant by the General Will." *Dialogue* 5 : 4(March), 498-515.

Rousseau, Jean-Jacques. 1964a. *Oeuvres completès* . vol. III. ed. Bernard Gagnebin and Marcel Raymond. Paris, France : Éditions Gallimard(『사회계약론』 프랑스어본 수록).

_____. 1964b. *The First and Second Discourses*. ed. Roger D. Masters and tr. Judith R. Masters. New York, U.S.A. : St. Martin's Press.

_____. 1978. *On the Social Contract with Geneva Manuscript and Political Economy*. ed. Roger D. Masters and tr. Judith R. Masters. New York, U.S.A. : St Martin's Press.

_____. 1986. *Political Writings*. tr. and ed. Frederick Watkins. Madison, Wisconsin, U.S.A. : The University of Wisconsin Press(『폴란드 정부에 관한 고찰』 수록).

Schwartzberg, Melissa. 2008. "Voting the General Will : Rousseau on Decision Rules." *Political Theory* 36 : 3(June), 403-423.

04

볼테르의 종교적 관용 사상

그는 보편적 관용을 주장했는가?

강정인 · 김우영

1. 글머리에

18세기 대표적인 계몽사상가인 볼테르는 프랑스의 판테온에 가장 오랫동안 안치되어 있는 인물로서 프랑스의 정치사상사에서 중요한 위상을 차지하고 있다.[1] 그러나 정치 전반에 관한 그의 생각은 하나의 이론이나 주장으로 수렴되기에는 비체계적이고 광대한 것으로 알려져 있고,[2] 이에 따라 그의 사상을 체계적으로 분석한 연구는 국내는 물론이고 국외에서도 쉽게 찾아보기 힘든 것이 실정이다. 다만 이성이라는 잣대에 부합하지 않는 현실의 부조리함을 고발하는 계몽사상가로서 볼테르는 당대 종교의 미신적 요

---

1) 원래는 미라보(Mirabeau)가 볼테르보다 먼저 판테온에 안치되어 있었으나, 후일 반혁명음모에 연루되었다고 밝혀지면서 판테온에서 퇴거되었다.

2) 윌리엄스(1994)는 볼테르가 하나의 '체계 구축자(system-builder)'가 아니었다고 말한다. 그에 따르면, 정치사상가로서 볼테르는 형이상학적인 관념보다 구체적인 사건에 대응하는 일종의 '행동하기 위하여 쓰는' 사람이었다. 더군다나 볼테르는 매우 박식했기 때문에 광범위한 주제를 다루었고, 풍자적 일화, 대중적인 용어, 생생한 대화체 등을 풍부하게 구사하는 그의 글쓰기는 그의 의중에 대한 체계적인 이해를 가로막아왔다 (Williams 1994, 13).

소와 광신(狂信)이 박해를 불러오는 현실을 고발하면서 그의 저술을 통해서 일관되게 종교적 관용을 주장했고, 이 주제는 국내에서도 일련의 연구를 통해서 비교적 상세하게 검토된 바 있다.

볼테르의 종교적 관용 사상을 다룬 대부분의 국외 연구는 지배 종교인 가톨릭이 남용하는 억압과 광신적 행태에 분개하여 지성인으로서 적극적 역할을 수행했던 볼테르의 생애를 조명함으로써 그의 종교적 관용 사상을 그의 문제의식을 중심으로 부각시키는 한편(Pomeau 1963 ; Lepape 1994 ; Vissière 1999 ; Knapp 2000 ; Trousson 2009), 일부 연구는 당대 프랑스의 정치·경제적 배경에 초점을 맞춰서 볼테르의 종교적 관용 사상을 해석하고 있다(Renwick 2009). 예를 들어, 볼테르 전문가로 널리 알려진 포모는 『관용론(Traité sur la tolérance)』 속에 드러난 볼테르의 종교적 관용 사상의 공헌을 인정하며, 그로 인해서 '관용'이 "당연하고, 인간적이고, 필연적이다"라는 명제가 더 이상 의심의 여지가 될 수 없게 되었다고 말한다(Pomeau 1963 ; 202). 그러나 포모를 포함한 대부분의 연구는 볼테르의 관용이 무신론을 수용하는 데에까지는 이르지 못한 한계를 지적한다(Pomeau 1963 ; Vissière 1999 ; Lepape 1994 ; Trousson 2009).

반면 볼테르의 종교적 관용 사상을 다룬 기존의 몇몇 국내 연구는 그것을 보편적 관용 사상(universal tolerance)으로 해석해왔다(이경래 2007 ; 장세룡 2013 ; 황태연 2013). 특히 황태연은 홉스나 로크와 같이 관용론을 펼쳤던 기존의 사상가들이 무신론자에 대한 불관용을 견지했던 반면에, 볼테르는 "무신론자들을 동등하게 허용하는 무차별적·보편적 종교자유와 관용을 주창"했다고 해석함으로써 볼테르가 주장한 관용의 '광의적' 보편성을 명시적으로 강조한다(황태연 2013a, 14).

또한 근대 서구의 관용 사상과 동아시아의 종교적 관용 사상과의 접점을 보여주려는 시도의 일환으로서 황태연의 연구는 볼테르의 보편적 관용 사상이 "동아시아의 '무제한적' 종교자유"의 영향에 힘입어 나타났다고 주장한다(황태연 2013a, 15, 124-125). 황태연은 서구에서 종교적 관용의 발전이 단순히 서구 역사만의 원동력에 의한 '내재적 발전'이 아니라 동아시아에 존재했던 유교 철학과 '무제한적' 종교자유에 영향을 받은 것이었다는 점을 체계적으로 밝힘으로써, 우리가 근대 서구사상의 미덕으로 학습하고 수용해온 관용 사상이 동아시아의 사상사적 전통에 본래 내재한 것이었다는 통찰을 제시하고 있다. 즉 근대 서구민주주의에서 중요한 가치인 '정치적 관용'의 기원을 구성한 서구의 '종교적 관용'이 동아시아에 이미 존재했고, 더 나아가 동아시아에 존재했던 '종교적 관용'이 서구의 '종교적 관용'의 발전에 결정적 기여를 했다는 것이 황태연의 주장이다. 실제로 볼테르는 『관용론』이나 『철학사전(Dictonnaire Philosophique)』과 같은 저작들을 통해서 동아시아에 존재하는 종교적 관용을 긍정했으며, 특히 전통시대 중국 정치와 유교에서 허용되었던 종교적 관용을 바람직한 것으로 제시했다.[3] 볼테르는 자신이 주장한 종교적 관용이 동아시아에서 아무런 사회적·정치적 혼란 없이 통용되고 있던 종교적 관용과 기본적으로 유사하다는 확신을 갖고, 당대 유럽의 이념적 지형에서 종교적 관용 사상을 적극적으로 전개한 것으로 보인다.

앞에서 언급한 것처럼 볼테르의 종교적 관용이 보편적 관용 사상이라는 기존의 해석은 단순한 해석적 의미뿐만 아니라, 그것이 동아시아의 관용 사상과의 접점을 공유한다는 점에서 충분히 고찰해볼 필요가 있다. 그러나 이 글은 동아시아의 유교적 관용 전통을 볼테르가 긍정적으로 수용했다는 황태연의 주장을 받아들이고 또 이를 체계적으로 밝힌 황태연의 학문적 기

---

3) 볼테르가 중국의 유교를 옹호했다는 사실은 황태연(2013a ; 2013b)의 연구 외에도 다른 국내 연구들 역시 주목하고 있다(안종수 2009 ; 송태현 2012).

여를 인정하지만, 그의 주장대로 볼테르가 전개한 관용 사상이 실제로 보편적 관용 사상이었는가에 대해서는 의문을 제기한다. 다시 말해서 이 연구는 볼테르의 주장이 무신론자를 관용하지 않는 제한적 관용이었다고 본다. 그리고 이런 볼테르의 입장이 종교적 관용에 있어서 국가와 사회의 이익이라는 세속적 가치를 우선시하는 관점에서 기인한다고 해석한다.

이러한 주장을 전개하고 입증하기 위해서 이 글은 다음과 같이 구성된다. 우선 이 글은 종교적 관용이 요구되던 근대 유럽의 시대적 배경을 간략히 살펴보고, 17세기 사상가인 피에르 벨과 존 로크의 관용론을 비교함으로써, 무신론자가 당대의 관용론에서 어떻게 옹호 혹은 배제되었는지를 살펴볼 것이다. 두 사상가는 볼테르에 앞서서 종교적 관용을 주장한 대표적인 사상가이자, 이후 볼테르의『관용론』등 여러 저작에 인용됨으로써 볼테르에게도 커다란 영향을 끼친 사상가였다. 다음으로 볼테르의 종교적 관용 사상을 본격적으로 살펴볼 것이다. 그는 기독교적 가치뿐만 아니라 세속 질서 준수와 국가 이익이라는 가치를 종교적 관용의 근거로 주장함으로써, 종교적 관용을 당대의 정치적 현실과 결부시키는 모습을 보여준다. 결론적으로 이 글은 이교도를 비롯한 모든 종교를 관용해야 한다는 입장에 있어서는 세 사상가들 사이에 큰 차이가 없지만, 무신론자에 대한 태도에 대해서는 볼테르 역시 로크와 마찬가지로 배제하는 입장을 취했다는 점을 지적할 것이다.

2. 볼테르 이전의 종교적 관용 사상과 무신론자에 대한 태도

프랑스에서 종교적 관용의 문제가 정치영역에 본격적으로 논의되기 시작한 것은 종교전쟁이 온 나라를 뒤덮고 있던 16세기였다.4) 그리고 종교적

---

4) 당시의 종교적 관용에 관한 논의는 국가라는 공영 사회(commonwealth)의 안정을 위한

관용의 제도화가 시작된 것은 16세기 끔찍했던 종교전쟁을 종결짓는 앙리 4세의 낭트 칙령5)으로 흔히 알려져 있다.6) 그러나 그의 손자인 루이 14세가 퐁텐블로 칙령(Edit de Fontainebleau)7)을 공포함으로써 종교적 박해를 재개하자 이에 따른 사회적 부작용을 지적하는 종교적 관용의 목소리가 다시금 일부 정치가들에 의해서 제기되었다.8) 이들의 주장은 종교적 측면보다는 국익이라는 정치·경제적 측면에 주로 초점을 맞추어 제안되었다는 특징을 가지고 있었다.

당시의 여러 사상가들 또한 종교적 관용의 필요성을 인지했고, 종교적 박해의 정당성을 주장했던 신학자들의 논의9)를 정면으로 반박했다. 그 가

다는 것에 머물렀다. 예를 들어 당대의 정치가였던 미셸 드 로피탈은 "공영 사회의 기성 종교를 보호할 의무가 정부에게 있다고 말할 수 있겠지만, '인민을 평화롭고 평온한 상태로 유지하는' 의무는 그보다 훨씬 절실"하기 때문에 종교적 관용을 제도화할 것을 주장했다. 자세한 내용은 스키너(Quentin Skinner)의 연구를 참고(스키너 2012, 475-478).

5) 1598년 4월 13일 프랑스의 왕 앙리 4세가 낭트에서 공포한 칙령이다. 앙리 4세는 낭트 칙령을 통해서 프랑스의 칼뱅파 신도들인 위그노에게 조건부 신앙의 자유를 허용하면서 약 30년간 지속된 프랑스의 종교전쟁(일명 위그노전쟁 1562-1598년)을 종식시켰다.

6) 그러나 스키너는 종교적 관용의 제도화에 대한 논의가 이미 그 전인 카트린 드 메디치의 섭정 시기부터 지속적으로 제기되었다고 지적한다(스키너 2012, 460-466).

7) 1685년에 반포된 것으로 기존의 낭트 칙령을 폐지하는 것이었다. 즉, 낭트 칙령이 보호해주던 위그노들의 모든 종교적 자유를 박탈함으로써 위그노는 불법으로 간주되었다.

8) 대표적으로 생시몽 공작(Louis de Rouvroy, duc de Saint-Simon)과 보방(Vauban)을 들 수 있다. 루이 14세와 이어진 루이 15세 시기의 대귀족이었던 생시몽은 그의 저서인 『회고록(Mémoires)』을 통해서 이와 같은 상황을 초래한 퐁텐블로 칙령을 "흉측한 음모의 결과"라고 말하며 신랄하게 비판했다. 또 당대 프랑스의 공성술과 방어요새 건축술을 혁신한 유명한 장군이었던 보방도 낭트 칙령이 폐지된 지 4년이 지난 1689년에 추방된 위그노교도들을 프랑스로 귀환시키는 것이 국가에 도움이 된다는 주장을 담은 책을 써냈다.

9) 예를 들어, 당대 유명한 신학자이자 루이 14세의 조언자이기도 했던 보쉬에(Jacques Bénigne Bossuet)는 크게 두 가지 점에서 종교적 불관용을 옹호했다. 첫째로 참된 종교인 가톨릭의 본질적 불변성을 위협하는 프로테스탄트들을 관용하는 것은 교회의 가장 큰 위험이 된다는 것이고, 둘째로 특정한 종교적 진리에 대한 믿음이 구원의 필수적인 조건이라는 점에서 "가톨릭이 아닌 다른 교의를 믿는 사람들을 내버려두는 것은 비겁하고 무관심한 행위"가 되고, "강압은 자비의 한 수단"이 된다는 것이다(Negroni 1997,

운데 가장 대표적인 종교적 관용 사상가가 바로 피에르 벨과 존 로크이다. 두 사상가는 『누가복음 14장 23절의 "사람들을 강제로 데려와 내 집을 채우라"라는 말씀에 대한 철학적 주석(이하 철학적 주석)』[10]과 『관용에 관한 편지(*A Letter Concerning Toleration*)』라는 저작을 통해서 종교적 박해를 옹호하는 기존의 주장, 즉 불관용이 구원을 가져다준다는 논의를 반박하고 종교적 자유를 옹호했다. 그러나 두 사상가가 생각하는 관용의 범위에는 중요한 차이가 있었다. 그것은 무신론자를 관용할 것인가에 대한 것이었다.

18세기까지만 하더라도, 유럽에서 다른 종파나 종교에 대해서 관용을 주장하던 대부분의 사상가들도 무신론자들을 사회에서 관용해서는 안 된다고 보았다. 당시에는 기독교의 '유일신' 사상이 지배하던 시기였기 때문에 신의 존재를 부정하는 '이단자'들을 처벌해야 한다는 신학적 입장뿐만 아니라, 사회의 기본질서를 무너뜨린다는 점에서 무신론자들을 용납해서는 안 된다는 정치적 입장도 존재했다. 르네상스 이후 종교적 관용을 주장하던 여러 사상들이 무신론자를 사회에서 불관용해야 한다고 주장한 주된 이유는 신이라는 '초월적 존재'를 믿지 않는 무신론자들에 의해서 사회의 기초를 이루는 언약, 서약 등 약속의 신뢰성이 떨어질 수 있고 심지어 사회의 미덕 또한 손상될 수 있다는 것이었다.

예를 들어, 『유토피아(*Utopia*)』에서 토머스 모어가 그리는 이상 사회는 기본적으로 다양한 종교가 존재하고 서로 관용하지만, "영원하고 무한하며

1047-1048).

10) 피에르 벨의 저작 제목에 나오는 누가복음의 말은 기독교인들이 자신과 다른 교리를 가진 이교도 혹은 다른 종파의 사람을 박해하기 위하여 자주 인용하던 구절이다. 많은 기독교인들은 신이 종교적 오류의 유포를 막기 위해서 억압적인 수단의 사용을 명했다고 믿었으며, 이러한 생각에 기반하여 폭력이 가장 효율적인 방법이라면 위험한 사상을 폭력으로 억압하는 것은 자연스러운 일이이라고 여겼다. 당대의 자유주의 사상은 이에 반하여 폭력적인 방법이 대개 비효율적이며 그릇된 것일 수 있다는 주장을 폈다. 이러한 자유주의의 기본 교의에 부합하는 논의를 편 것이 벨의 저작인 『철학적 주석』이다.

말로는 설명할 수도 없고 인간의 이성으로는 이해할 수도 없는……하나의 살아 있는 힘으로서 이 우주에 편재(偏在)해 있는 유일하고 신성한 존재"의 실존에 대한 믿음을 공유하는 사회이다. 모어는 이상적인 사회인 유토피아에서조차 유물론자와 무신론자들은 "법률과 관습을 아무런 가치도 없는 것으로 치부할 것"이기 때문에 사회적으로 그러한 생각을 표출하는 것을 법률로써 금지시켜야 한다고 주장했다(모어 2011, 185, 190).

그러나 17세기 후반의 프로테스탄트 사상가인 피에르 벨은 무신론자들을 옹호하는 보편적인 관용을 주장했다. 우선 그는 『철학적 주석』에서 "그릇된 신앙의 신봉자라고 해도 그들 각 개인의 양심을 신중하게 존중해야 한다고 주장"함으로서 가톨릭에 의해서 이단으로 취급받았던 프로테스탄트를 비롯한 모든 종교들을 관용할 것을 주장했다(라브로우쓰 1986, 54).

> 신은 규율이나 의무를 우리에게 부과한 것이 아니라 우리의 힘에 비례하는 만큼의 [짐을] 부과했다. 더 정확히 말하자면, 그것은 진리를 추구하는 것, 진실하고 충실한 성찰 속에서 진리로 나타나는 것을 붙잡는 것, 그 진리를 사랑하는 것, 그리고 그 진리의 계율이 설혹 아무리 [지키기] 어려워 보일지라도 그 원칙에 따라 우리 스스로를 통제해야 한다는 것을 의미한다. 양심이라는 것은 진리와 지식과 사랑의 시금석으로서 준수하도록 우리에게 주어진 것이다. 만약 당신이 무엇이든 그 이상을 요구한다면, 그것은 불가능한 일을 요구한 것이 분명하다. 그것은 쉽게 증명될 수 있다(Bayle 2005, 261).

이처럼 양심의 자유를 옹호하는 벨의 논리에는 교의에 관하여 "이단자들이 과오를 범하고 있음을 부정하지 않으면서도, 그들의 과오가 어쩔 수 없는, 따라서 무고한 것일 수도" 있다는 주장이 담겨 있었다. 또한 그는 신은 "각 개인이 양심의 명령에 대하여 진실했던 정도에만 관심을" 갖기 때문에

본인의 양심에 따라 무고한 과오를 저지른 이단자는 용서한다고 보았다(라브로우쓰 1986, 120-121). 벨은 이처럼 양심의 자유를 적극적으로 옹호함으로써, 당대 프랑스에서 이단자로 몰려 박해를 받던 프로테스탄트들을 옹호했다.

그는 여기에서 더 나아가 신을 믿지 않는 무신론자마저도 옹호할 것을 주장함으로써 훨씬 더 보편적인 관용의 법칙을 내세웠다.

무신론에 빠진 한 국가의 도덕과 관습을 우리에게 알려준 연대기는 전혀 없다. 따라서 이 주제에 대하여 앞서 알려진 추측, 즉 무신론자들은 어떠한 도덕적 덕성도 알지 못하고, 그들은 호랑이와 사자들 사이에 있을 때보다 더욱 우리의 생명을 위협하는 맹수들이라는 것을 경험을 통해서 반박할 수 없다. 그러나 이러한 추측이 매우 불명확하다는 것을 보는 것은 어렵지 않다. 왜냐하면, 천국과 지옥을 믿는 사람들이 모든 종류의 범죄를 저지를 수 있다는 것을 경험이 우리에게 보여주기 때문에, 악을 행하는 성향은 신의 존재에 대한 무지에서 오지 않고 그 성향은 징벌하고 보상하는 신에게서 얻은 지식을 통해서 전혀 교화되지 않는 것은 분명하다.……결국, 여기에서 나오는 결론은 연민, 절제, 너그러움 등의 성향은 신이 존재하고 있다는 것을 아는 것에서 오는 것이 아니라……교육, 개인적 이익, 칭찬받고 싶은 욕구, 이성의 본능(l'instinct de la raison), 혹은 다른 사람들과 동일하게 무신론자에게도 발견되는 유사한 동기들을 통해서 견고해진 기질의 일정한 배치에서 온다는 것이다(Bayle 2007, 311-312 ; 황태연 2013b, 33 참고).

이처럼 벨은 무신론에 대한 비판이 그릇된 편견에 불과한 것이라고 주장했다. 설사 논리적으로 무신론이 부적절한 것일지라도, 그러한 논리는 실제 현실에서 경험한 사례와 부합하지 않는다고 보았던 것이다. 무신론자라고 더욱 범죄를 많이 저지르고, 유신론자라고 반드시 청렴한 것은 아니었다. 이어서 그는 개인의 도덕에 관한 성향은 "욕구"나 "교육" 혹은 "개인적 이익" 등에 의존한다는 점에서 무신론자들이 "어떤 도덕적 덕성도 가질 수 없을 것"이라는 비판을 철회할 것을 주장했다. 벨이 볼 때 '초월적 존재'를 믿느냐 안 믿느냐의 여부는 개인의 도덕에 있어서 전혀 중요치 않으며, 따라서 그의 논지에서 무신론자는 그 자체로 사회에 해를 끼치는 존재가 아니었던 것이다.

반면에 로크는 『관용에 관한 편지』에서 무신론자에 대하여 벨과 다른 입장을 취했다. 『편지』에 나타나는 로크의 종교적 관용 사상은 개인의 내적 신앙뿐만 아니라 외적 신앙까지의 관용을 주장하는, 사실상 오늘날의 종교적 자유의 범위와 거의 일치하는 것으로 보인다. 특히 그의 종교적 관용 사상의 포용성은 우상숭배자 혹은 당대의 이교도인 이슬람교도나 유대교도까지도 관용해야 한다는 주장에서 드러나는데, 이러한 모습은 일견 모든 종교를 '보편적'으로 관용하는 것처럼 보인다.

만약 어떤 교회가 우상을 숭배하는 교회라면, 그 교회도 통치자에 의해서 관용되어야 하는가? 저는 대답합니다 : 어떤 권리가 적시적소에서도 [남용되기 매우 용이한 상황에서도] 정통교회는 몰락시키지 않으면서 단지 우상을 숭배하는 교회만을 억압하도록 통치자에게 부여될 수 있겠습니까?……반란자들, 살인자들, 암살단들, 도둑들, 강도들, 간통하는 자들, 불법을 행하는 자들, 중상비방자들 따위는 그들이 어느 교회에 속해 있든지 간에, 군주의 교회에 속해 있는지 그렇지 않든지 간에, 징계받아야 하며 억압되어야 합니다. 그러나 어떤 사람들의 교리가 평화를 지향하고 그들의 행실이 주의 깊고 책망할 데 없다면, 그들은 다른 시민들과 동일한 대우를 받아야 합니다.……그리스도교 세계에서 생겨난 종교에 관한 대부분의 소송과 전쟁을 [실제로] 만들어낸 것은, 피할 수 없는 것인 의견의 다양함이 아니라, [얼마든지] 허용될 수 있는 것인 다양한 의견을 가진 사람들에 대한 관용의 부정입니다(로크 2008, 86-88).

로크는 국가가 처벌하고 억압해야 하는 존재는 교리와 상관없이 사회의 질서를 해치는 범죄자들이라고 주장했다. 따라서 그는 국교도가 아닌 다른 종파의 신도들, 우상숭배자 혹은 이교도 모두를 "종교적인 이유"로 배제하거나 억압하지 말고 관용할 것을 주장한다. 그러나 이러한 그의 주장에는 "종교적인 이유"가 아닌 사회의 질서를 해치는 "국가·사회적인 이유"로는 타종교가 불관용될 수 있다는 가능성이 내재되어 있었다.

신의 존재를 부정하는 사람은 어떠한 방식으로도 관용될 수 없습니다. 무신론자에게는 인간사회를 묶는 끈인 신뢰도, 약속도, 맹세도, 그 어떤 것도 안정적이고 신성할 수 없습니다. 생각만으로라도 하나님을 없앰으로써, 이 모든 것(신뢰, 약속, 맹세 등)이 무너집니다. 그밖에도 무신론으로써 모든 종교를 송두리째 없애는 사람은 종교의 이름으로 자기 자신을 위해서 어떠한 관용의 특권도 주장할 수 없습니다(로크 2008, 78-79).

사시에는 "하느님에 대한 믿음에 관한 로크의 태도는 18세기까지 꾸준히 지속된 하나의 견해, 즉 종교가 없으면 공공질서도 없다는 견해와 일치했다"고 본다. 즉 로크는 "모든 복종과 민간 계약의 기초인 선의를 없애기 때문에 무종교를 받아들일 수 없다고 주장"했던 것이다. 이런 로크의 주장에는 "모든 것들이 사후 징벌에 대한 전망이 있어야만 보장된다"는 논리가 자리잡고 있다(사시에 2010, 144-145). 로크는 어떠한 '초월적 존재'도 믿지 않는 '좁은 의미의' 무신론자들에게는 아무런 두려움이 존재하지 않기 때문에, 사회에 존재하는 맹세와 서약을 준수할 동기도 마찬가지로 그들에게 없다고 보았던 것이다.

이처럼 무신론자에 대한 불관용이 정당하다고 본 로크는 "사변적인 견해"로서 '종교적·무종교적 신념을 무제한으로 존중'하는 것보다 국가와 사회의 질서를 더 중요시했다. 즉 "보편적 관용"보다는 국가나 사회의 안정이 우선시된 것이다. 이러한 관점은 "반사회적인 교리, 사회해체적인 교리"와 "국가권력을 전복하려는 의도를 숨기고 있는 비교(秘敎)" 그리고 특정 종교 혹은 교회의 종파로의 가입이 "다른 군주의 보호 아래, 즉 다른 정치사회에 들어가는 것을 의미"하게 되는 당대의 가톨릭과 같은 종교는 관용될 수 없다고 한 로크의 주장에서 다시 한번 드러난다. 결국 로크는 당대의 무신론을 "오늘날 그것을 우리가 일종의 종교적 선택이나 지적 취향의 문제인 것처럼 여기는 것과 달리, 국가와 교회, 정치와 종교 간의 경계를 허무는 정도가 아니라 종교 자체와 국가 자체를 아예 불가능하게 하는 반사회적 생각"이라고 여겼기 때문에 관용할 수가 없었던 것이다(공진성 2008, 136-137).

3. 볼테르의 종교적 관용 사상

렌윅(Renwick 2009)은 볼테르의 종교적 관용 사상을 이해하기 위해서는 당대의 정치경제적 상황과 관련된 논의들에 대한 이해가 필요하다고 지적한다. 볼테르의 종교적 관용은 "자족적인 진공상태"에서 발전되지 않았을 것이기 때문에, 관용에 관한 일련의 계몽적 운동이 진행된 1751년에서 1762년에 이르는 정치경제적 맥락을 고려해야 한다는 것이다. 예를 들어, 오스트리아 계승 전쟁(1741-1748년)의 무의미한 참전이 낳은 재정문제는 위그노교도의 경제적 가치를 더욱 부각시켰다. 이런 점에서 낭트 칙령 폐기 이후의 인구성장, 상업, 경제 분야의 침체에 대한 환기와 위그노교도의 시민적 지위나 권리의 복원이 가져올 경제적 이익 강조는 가장 강력한 종교적 관용 담론이었다. 또한 종교적 관용을 실천하고 있던 주변 국가인 영국과 네덜란드의 부흥은 프랑스의 지식인들로 하여금 종교적 관용을 타당한 것으로 주장하게 만들었다. 이런 맥락에서, 볼테르는 『관용론』을 통해서 관용을 주장함으로써 7년 전쟁(1756-1763년) 이후 프랑스가 겪은 급격한 정치경제적 쇠퇴를 전환시킬 것을 조심스럽게 루이 15세와 그의 '계몽된 장관들'에게 제안했던 것이다. 이러한 볼테르의 행보는 진보적인 사상가들과 권좌에 있는 자들 사이의 협력이 국가의 집단적 복리를 위해서 긍정적인 결과를 낳을 수 있다는 평소 그의 지론과도 적절히 부합하는 것이었다 (Renwick 2009, 179-188). 그리고 실제로 그의 저서인 『관용론』에도 불관용적인 박해가 가져온 정치경제적 피해에 대한 서술이 풍부하게 존재한다.

물론 볼테르의 종교적 관용 사상의 우선적인 문제의식은 이성적 사유를 불가능하게 하는 광신[11]과 그것을 고취시키는 미신[12]에 맞서는 것이었다.

---

11) 볼테르는 『철학사전』에서 광신(fanatisme)을 이렇게 정의하고 있다.

> 미신에게 광신은, 열정의 발현이 흥분이 되고, 집착이 분노가 되는 것과 같다. 황홀감과 망상 속에 있으면서, 공상을 현실로 착각하고 그의 상상들을 예언들로 간주하는 사람은 신들린 사람(enthousiaste)이다. [반면에] 살인을 통해서 그의 광기를 지속하는 사람은 광신도(fanatique)이다.……한번 광신이 뇌에 자리잡게 되면, 이 병은 거의 치유 불가능하다. 법률은 이 열정의 발작을 막는 데 매우 무력하다. 마치 그것은 당신이 광인 앞에서 심의회의 결정을 읽어주는 것과 같다. 이런 종류의 사람들은 그들에게 침투한 '성스러운 정신(l'esprit saint)'이 법률 위에 존재하고, 그들의 열정만이 그들이 따라야 하는 단 하나의 법이라는 것을 확신한다(Voltaire 1994, 263-265).

12) 볼테르는 『철학사전』에서 미신(superstition)을 이렇게 정의하고 있다.

> 초월적 존재에 대한 숭배와 그 영원한 질서에 대한 진심어린 복종을 넘어서는 거의 모든 것은 미신이라고 볼 수 있다. 일부 종교 의식에 범죄들이 결합하는 것을 용인하는 이 미신은 매우 위험하다.……사기꾼에게 미신을 믿는 사람의 존재는 전제군주에게 노예인 사람의 존재와 같다. 여기에 한 가지를 더 지적할 수 있다. 미신을 믿는 사람은 광신도에 의해서 지배되고, 결국 광신도가 된다. 한 종파의 종교의 핵심이

그는 광신과 미신의 극적인 예로 장 칼라스 사건을 제시했다.

> 툴루즈의 판사들이 군중의 광신에 휩쓸려 죄 없는 한 가장을 수레바퀴에 매
> 달아 처형했다는 것은 전례 없이 끔찍한 일이다.……어느 경우이든 분명한
> 점은 가장 거룩한 신앙심도 그것이 지나쳤기 때문에 무서운 범죄를 낳게 되
> 었다는 사실이다. 그러므로 신앙심이란 자비로운 것이어야 할지 아니면 가혹
> 한 것이어야 할지를 검토하는 일은 우리 인간을 위해서 도움이 될 것이다(볼
> 테르 2001, 39-40).

볼테르가 보기에 한 가장을 억울한 죽음으로 내몰았던 장 칼라스 사건은
교회의 권력을 등에 업은 미신, 가톨릭주의적 광신이 "행정관의 결정에도
강력하게 작용"하여 발생한 것이었다. 비시에는 이 사건이 볼테르에게 중
요한 상징성을 갖는 문제였고, 볼테르의 관용론은 "툴루즈에서 공공연하게
범해진 한 인간의 희생"을 고발함으로써 "광신에 저항하는 유럽 전역의 계
몽된 정신을 결집"시키겠다는 문제의식에 기반을 두고 있었다고 본다
(Vissière 1999, 7).

이와 같이 미신적 요소와 광신에 근거한 종교적 불관용을 비판하고 종교
적 관용의 가치를 역설한 볼테르는 그의 주장을 뒷받침하기 위해서 여러
논거를 제시했다. 네그로니는 그의 논거를 세 가지로 구분했다.[13] 첫 번째

다른 종파에서는 미신으로 여겨질 것은 명백하다.……모든 미신적 편견으로부터 자
유로운 인간이 존재할 수 있는가? 이에 대한 답변은 다음과 같은 질문을 요구한다 :
철학적 인간이 존재할 수 있는가?……한마디로 말해, 미신이 줄어들수록 광신이 줄
어들고, 광신이 줄어들수록 불행이 줄어든다(Voltaire 1994, 485-489).

13) 네그로니는 또한 그의 글에서 종교적 관용을 '신학적 관용론(tolérance théologique)'과
'세속적 관용론(tolérance civile)'의 범주로 설명하고 있다. 신학적 관용은 '특정한' 종교
적 진리에 대한 믿음만이 구원의 조건이 아니라는 전제하에서 다른 종교를 관용하자는
주장이고, 세속적 관용은 국가 안에서 특정 종교의 관습이나 특정 교의에 대한 신앙을

는 기독교는 우리에게 관용을 가르친다는 점, 두 번째는 세속적 불관용은 세속 질서를 위협한다는 점, 세 번째는 세속적 관용은 세속 군주와 국가에게 이익을 가져다준다는 점이다. 첫 번째 논거는 일종의 신학적 관용론으로, 관용이 '신'의 가르침을 따르는 것과 배치되지 않는다는 주장이다. 볼테르는 "모든 종교 가운데 기독교는 가장 큰 관용을 고양시키는 종교이고, 자비와 이웃에 대한 사랑은 박해와 모순되는 것이라고 주장"했다(Negroni 1997, 1049).

> 그리스도 자신도 제자들이 금식하지 않음을 옹호해주었고, 죄인을 용서했다. 간음한 여인을 정죄하지 않고 다만 다시는 죄를 짓지 말라 이르기만 했으며,……예수는 자신을 배신할 유다마저도 적대시하지 않았고, 예수를 잡으러 온 자들에게 칼을 빼든 베드로에게는 칼을 도로 칼집에 넣으라 일렀다. 세베대의 자식들(요한과 야고보)은 어떤 마을에서 잠자리를 내어주지 않자 엘리야를 본따 하늘의 불을 내려오게 해서 그 마을을 불태우려 했는데, 예수는 이들을 꾸짖었다(볼테르 2001, 162-163).

볼테르는 그리스도교의 창시자인 예수가 남긴 거의 모든 말과 행동을 검토하면서, 예수가 죄인이나 말을 따르지 않은 자들을 잔인하게 징벌하기보다 단지 "온유함과 인내와 용서를 가르치고 있다"고 주장했다. 그렇기에 그는 "당신이 예수 그리스도를 닮고자 한다면 처형자가 아닌 순교자가 돼라"고 말함으로써, 올바른 기독교인의 모습으로서 다른 종교에 대한 관용을 주장했다(볼테르 2001, 166).

금지해서는 안 된다는 주장이다. 이와 반대되는 논리에 따라 종교적 불관용을 구성하는 '신학적 불관용론(intolérance théologique)'과 '세속적 불관용론(intolérance civile)'이 구분된다(Negroni 1997, 1048-1049).

이어서 볼테르의 두 번째 논거는 세속적 불관용이 세속 질서를 위협한다는 논점이다.

그리스도교가 하나님에게 속한 것일수록 인간이 이 종교를 좌우할 수 있는 몫은 줄어든다. 신께서 그리스도교를 만드셨으니 당신이 개입하지 않아도 신이 이 종교를 지켜주실 것이다. 당신도 알다시피 신앙의 불관용이 낳은 것이라고는 위선이거나 반역밖에는 없다.……즉 사람들이 앙리 4세에게 복종해야만 했던 이유는 그가 샤르트르 대성당에서 국왕 축성을 받았기 때문이 아니라, 이 군주가 출생에 의해서 부여받은 확고한 권리에 따라 왕좌에 올랐기 때문이었다. 이 군주는 용기와 올바른 심성을 통해서 자신이 그 자리에 합당하다는 사실을 보여주었다. 따라서 동일한 권리에 의거해서 시민 누구라도 파스카시우스 라드베르투스에 반대하고 라트람누스에 동조했다고 해서, 스코투스에 반대하고 베렌가리우스의 주장에 찬성했다고 해서 재산을 빼앗기거나 교수대로 끌려가는 일이 있어서는 안 될 것이다(볼테르 2001, 128, 131-132).

볼테르는 "세속적 불관용에는 어떠한 종교적 정당성도 없을 뿐만 아니라, 정치적으로도 부당하고 정도에서 벗어난 것들만을 야기"한다고 보았다(Negroni 1997, 1049). 우선 신이라는 절대자에 속하는 그리스도교는 교회가 굳이 자신들의 절대적인 교리를 강요하기 위해서 사회에 개입하지 않더라도 그 존립이 보장된다. 또한 왕의 권리 혹은 시민의 재산권과 같은 권리는 세속에 속하는 것이지 결코 종교가 관여할 수 있는 것이 아니다. 즉, 종교의 교리에 반대된다고 그 사람의 세속적 지위를 위협해서는 안 된다는 것이다. 이런 점에서 볼테르는 세속 질서를 위협하는 종교적 불관용은 옹호될 필요도 없고, 옹호되어서도 안 된다고 주장했다.

마지막으로 볼테르는 관용의 세 번째 논거로 세속적 관용은 세속 군주와 국가에게 이익을 가져다준다는 것을 강조했다.

성직록 취득 헌납금, 로마 교황청에서 진행되고 있는 소송, 그리고 지금까지도 존속하고 있는 '관면(寬免)'의 비용으로 우리가 치러야 할 금액이 1년에 단지 50만 프랑이라고 쳐도, 분명한 것은 프랑수아 1세 이후 250년 동안 [교황청에 무려] 1억 2천 5백만 프랑에 달하는 돈을 우리가 지불해왔다는 사실이다.……후대 사람들도 놀라워할 이러한 어처구니없는 세금을 폐지하자고 주장했던 사람들이 프로테스탄트교도들이었다. 그러므로 이 점에서 그들이 프랑스 왕국에 큰 해악을 끼친 것은 아니라는 사실, 또한 그들이 어리석은 신하들보다 뛰어난 회계사였다는 사실을 인정한다고 해서 신성모독이라고 할 수는 없다. 덧붙여 지적할 점은 종교개혁자들이야말로 유일하게 그리스어를 읽고 고대 그리스·로마의 문화에 접할 수 있는 사람들이었다는 사실이다. 그들이 어떤 잘못을 저질렀다 할지라도 오랫동안 캄캄한 무지 상태에 머물러 있던 인간정신이 깨어나 발전할 수 있었던 것은 그들 덕분임을 감추지 말자(볼테르 2001, 47).

볼테르는 종교적 관용이 국가의 번영과 안정에 기여한다고 주장했다. 그가 볼 때 박해받는 프로테스탄트교도들은 절대로 국가의 손실을 가져오는 존재가 아니었고, 오히려 가톨릭의 교황청보다 국가에 도움이 되는 존재였다. 즉, 신교도들은 프랑스 국가 경제에서 큰 부분을 차지하고 있었고 박해는 이익보다는 손해를 가져온 것이 분명했다. 이런 점은 볼테르로 하여금 종교적 관용이 국가적 안녕을 위해서 필수적인 것으로 인식하도록 한 것으로 보인다.

볼테르의 두 번째와 세 번째의 주장은 불관용의 제도화에 반대하는 세속적 관용론의 일환이라고 볼 수 있다. 특히 이 두 주장은, 국가와 사회라는 정치적 고려가 강하게 들어가 있다는 점에서 그에 앞서 종교적 관용을 역설했던 생시몽 공작이나 보방과 같은 17 · 8세기의 정치가들의 주장과 유사한 점이 많다. 그의 종교적 관용 사상은 당시 '종교적 관용'을 요구하는 정치 · 경제적 맥락 속에서 나타났으며, 실제로 그의 주장을 지지하는 근거로 '세속 질서 준수'와 '국가 이익'이라는 세속적 가치가 우세하게 드러난다. 여기에서 볼테르의 종교적 관용론은 당대의 정치적 현실을 고려한 담론이라는 사실을 알 수 있다.

다음에 살펴볼 볼테르의 무신론자에 대한 태도는 국가와 사회를 중시하는 그의 사상적 면모를 가장 잘 보여주는 부분이다. 그는 불관용의 불합리성을 일관되게 강조했지만, 초월적 존재를 부정한 무신론자들의 경우에는 그들이 사회를 유지하는 데 필수적인 미덕의 기초를 파괴하기 때문에 배제해야 한다고 주장했다. 볼테르에게 관용이란 그것을 지지하는 사회질서 유지의 가치와 관용의 대상이 충돌할 경우 유보되거나 부정될 수 있는 가치였고, 볼테르의 이러한 태도는 그의 무신론자 배제론에서 명백히 드러났던 것이다.

4. 볼테르는 무신론자를 관용했는가?

앞서 살펴본 바와 같이, 피에르 벨과 로크는 볼테르에 앞서 종교적 관용을 주장한 사상가로서 무신론자를 관용하는 데에 있어서 분명한 입장 차이를 보인다. 피에르 벨은 무신론자를 옹호할 것을 주장한 '광의'의 보편적 관용 사상을 편 반면, 로크는 국가와 사회의 질서라는 단서를 두어 무신론자를 배제하는 '협의'의 보편적 관용 사상을 주장한 것이다. 그렇다면 볼테르는 이 중 어떠한 입장을 취한 것일까? 이 절에서는 기존의 국내 해석 가운데 주로 황태연의 연구를 비판적으로 검토함으로써, 볼테르가 후자인 로크의 '협의'의 보편적 관용 사상을 주장했다는 점을 논증하려고 한다.

우선 황태연(2013a ; 2013b)은 볼테르의 종교적 관용 사상이 무신론자를 옹호했던 벨의 '무차별적 관용'에 상응하는 '보편적 관용' 이념이라고 주장하며, 『관용론』의 "보편적 관용에 대해서(De la tolérance universelle)"라는 장의 일부― 볼테르의 주장과 그에 대한 반론이 교차하고 있는― 를 인용한다.

그리스도교인들이 서로에게 관용을 베풀어야 한다는 사실을 증명하는 데는 빼어난 논쟁의 기교나 화려한 웅변이 필요하지 않다. 나는 여기서 한 걸음 더 나아가 이렇게 말하고자 한다. 즉 우리는 모든 사람을 우리의 형제로 여겨야 한다고. 그렇다면 이렇게 되묻는 사람이 있을 것이다. "뭐라고! 투르크인을 형제로 대하자고? 중국인, 유대인, 시암인을 우리의 형제로 대하자는 말인가?" 물론이다. 우리는 모두 한 아버지의 자식들이며, 같은 신의 창조물이 아닌가?……이 작은 지구는 단지 한 점에 불과한 것으로, 다른 수많은 천체와 더불어 우주 공간을 돌고 있습니다. 이 광대한 우주 공간 속에서 우리는 떠돌고 있는 것입니다. 인간은 겨우 다섯 자 남짓한 몸집이니 창조물 가운데서도 아주 미미한 존재임이 분명합니다.…… "……이 지구상에는 작은 개미와도 같은 우리 인간 9억 명이 살고 있소. 그러나 오직 내가 있는 개미집만이 하나님으로부터 사랑받고, 다른 모든 개미집들은 영원히 미움을 받게 될 것이오. 오직 내가 있는 개미집만이 행복을 누리고 다음 모든 개미집들은 영원토록 고달플 것이오"(볼테르 2001, 205-206 ; 이경래 2007, 199 참조 ; 황태연 2013b, 96 참조).

위 인용문에서 볼테르는 일종의 다원주의적 주장을 편다.14) 즉, 특정 종

---

14) 그러나 인용문에서 보듯이, 볼테르의 서술에는 "한 아버지의 자신들", "같은 신의 창조

교라는 하나의 "개미집"만이 하나님으로부터 "사랑"을 받는 것은, 우주라는 전체 공간에서 볼 때 철저히 비합리적인 것이며, 결국 그것은 신의 이성이 아닌 인간의 맹신에 불과한 것이라고 이야기하는 것이다. 이러한 주장은 모든 이가 창조자에게 사랑받고 구원을 받을 수 있다는 주장으로 나아가서, 일견 무신론자들까지도 옹호하는 것처럼 보일 수도 있다. 실제로 이경래 (2007)와 황태연(2013b)은 이 구절을 볼테르가 '보편적 관용 사상'을 주장한 결정적 근거로 인용한다.

황태연의 연구는 볼테르의 무신론자에 대한 태도를 보다 직접적으로 해석하고 있다는 점에서 기존의 연구와 차별성을 갖는다. 우선 황태연은 볼테르가 "우리는 모든 사람을 우리의 형제로 여겨야 한다"고 말한 부분을 인용하며 이것은 "공자의 제자 자하의 사해동포주의를 재탕한 것"이라고 언급하는 한편, 이전의 볼테르의 글에서도 종교적 자유를 말할 때 '무차별성'이 핵심 개념이었다고 말한다. 황태연은 볼테르가 "'교리에 대한 무차별성의 증가'와 '관용의 진전' 간의 정비례관계를 명시적으로 강조"했다고 봄으로써 볼테르를 '무차별적 관용론'을 주장한 벨과 동일한 범주에 놓는다(황태연 2013a, 96-97).

그러나 아래의 인용문에서 보듯이 볼테르는 오히려 무신론자 옹호를 부정하고 있다. 볼테르는 위의 인용문에서 나타난 다원론적인 관점을 무신론자에게까지 적용하여 그들을 관용하자는 주장을 펴기보다는, 그들이 사회적으로 초래할 수 있는 해악에 주목하며 무신론자들을 비판한다.

물", 인격신으로서 "하나님(Dieu)" 등 기독교 중심적인 표현이 엿보인다. 이것은 볼테르가 가진 이신론적 사고의 한계라 할 수 있다. 즉, 과학주의와 계몽주의의 사유에 기반하여 세계를 합리적인 '법칙'으로 설명함으로써 기독교와 같은 계시 신앙을 비판했지만, 동시에 '유일신'이라는 초월적 존재를 기반으로 한 기독교적 세계관에서 완전히 벗어나지 못했던 것이다.

인간은 참으로 연약하고 뒤틀린 존재인지라, 차라리 온갖 종류의 미신[15]에 붙잡혀 있는 편이 그 때문에 사람을 죽이는 일만 없다면 신앙 없이 사는 것보다 인간을 위해서 더 나은 일임은 분명하다. 인간은 언제나 어떤 구속력을 필요로 해왔다. 또한 반인반수신이나 숲의 수호신, 물의 요정들에게 제사를 지내는 것이 아무리 우스꽝스럽게 보일지라도 이런 신성한 가공의 존재를 숭배하는 편이 무신론에 빠지는 편보다는 더욱 온당하고 유용하다. 만약 어떤 무신론자가 무엇이든 따지기 좋아하고 난폭하고 강력하다면, 그는 믿음을 위해서 주저 없이 사람을 살육하는 맹신자보다 훨씬 불길한 재앙이 될 것이기 때문이다. 인간이 신이라는 신성한 관념을 상실하면 그런 관념을 대신해서 허상들이 들어선다. 그것은 마치 사회가 불황에 쪼들려 화폐가 부족해지면 위조지폐가 돌아다니는 것과 마찬가지이다. 이교도일지라도 죄를 저지르는 것을 두려워했는데, 그것은 자신들의 거짓 신들에게 벌을 받을까 겁이 났기 때문이었다. 말라바르인들도 사원의 탑이 자신의 죄를 징벌한다고 믿고 두려워했다. 인간이 사회를 이루고 사는 곳이면 어디든 종교는 꼭 필요하다. 법이 공개적으로 범죄를 저지르지 못하도록 억제하는 역할을 하는 반면 종교는 개인이 숨어서 행할지도 모르는 범죄를 막는다(볼테르 2001, 195-196 ; 번역문 일부 수정).

볼테르는 인간의 연약함을 언급하며, 신앙 없이 사는 것보다는 "사람을 죽이는" 극단적인 결과를 낳지 않는 한 차라리 미신을 믿는 것이 낫다고 이야기한다. 심지어 "물의 요정"과 같은 동화 속에서나 나올 법한 존재를 믿는 것이 무신론자보다도 낫다고 본 것이다. 이러한 존재를 믿는 것은 결코 이성적이지도, 또한 기독교의 입장에서 신앙적이지도 않다. 단지 무신론

---

15) 참고한 번역본에는 "맹신"으로 나와 있지만, 프랑스어 원문에는 superstitions로 표기되어 있다. 문맥상 미신이 더 적절한 번역인 것으로 보인다.

보다 이런 존재를 믿는 것이 낫다고 말하는 근거는 '참된 신'이 아닌 미신을 믿더라도 일종의 "신성한 관념"이 머리 속에 들어옴으로써 범죄를 막는 등의 효과가 나타나기 때문이다. 이처럼 미신의 상대적인 긍정성 혹은 효용에 대한 그의 언급에는 종교 및 신의 가치를 세속적인 관점에서 긍정적으로 평가하는 측면이 존재한다.

하지만 황태연은 볼테르가 "공자와 중국의 '일상적 무신론과 간헐적 유신론의 융화'[16] 상태나 성리학적 · 불교적 무신론까지도 '유신론'으로 간주하는 광의의 유신론, 즉 '약한 유신론' 개념"을 가지고 있었다고 말하며, 위에서 비판받는 무신론자들은 '공산주의자'와 같은 예외적인 경우만 해당한다고 주장한다(황태연 2013b, 97-98). 이어서 황태연은 무신론자를 옹호하는 듯한 볼테르의 다음 구절을 인용한다.

어떠한 종교도 가지지 않는 에피쿠로스주의[17]자들은 공적업무로부터의 격리, 그리고 연구와 화합을 충고한다.[18] 이 학파는 친교의 사회였는데, 그 이

---

16) 황태연은 볼테르가 중국의 유교를 전지전능한 신을 가정하지 않는 무신론과 "특별한 경배와 제천(祭天)의식"에서 간헐적으로 "참된 신"이 드러나는 유신론의 융합이라고 보았고, 이를 결론적으로 '유신론'으로 해석한 볼테르의 논거를 토대로 그가 주장한 유신론 개념을 '약한 유신론'이라고 보았다(황태연 2013b, 80).

17) 에피쿠로스(Epicouros, 기원전 341-270년)가 가르친 철학 또는 이 철학의 원리에서 유래한 인생관과 삶의 양식을 포괄하는 윤리체계이다. 에피쿠로스주의(epicureanism)의 윤리학은 선을 쾌락으로 보고, 최고선과 궁극목적을 고통이 없는 몸과 마음의 상태와 동일시하며, 모든 인간관계를 효용의 원리로 환원하고, 모든 욕망의 제한과 덕의 실천, 은둔생활을 역설한다. 그들이 볼 때, 인간의 불행은 헛된 욕망과 세속적 위험에서 유래한다. 그러나 불행의 원천으로는 그밖에 두 가지 큰 두려움, 즉 죽음에 대한 두려움과 신에 대한 두려움이 있다. 그러나 과학이 욕망의 한도를 파헤치고 신에 대한 두려움을 가라앉히는 데 유효하다면 죽음에 대한 두려움도 달랠 수 있다고 에피쿠로스는 생각했다(브리태니커 세계 대백과사전. 1992. "에피쿠로스주의."『브리태니커 세계 대백과사전 vol.15』. 서울 : 한국브리태니커. 394-395).

18) 황태연은 이 문장을 다음과 같이 번역했다 : "아무 종교도 없었던 에피쿠리언들은 공적 업무, 연구, 협정에서 인퇴할 것을 권했다"(황태연 2013b, 98). 에피쿠로스주의자들이

유는 그들의 주요 교의가 우의(amitié)였기 때문이다. 아티쿠스, 루크레티우스, 멤미우스, 그리고 이런 기질의 몇몇 사람들은 매우 정직하게 함께 살았고, 모든 나라들에서 이러한 광경은 목격된다. 그것이(에피쿠로스주의가) 너희들을 즐겁게 하는 만큼 너희들끼리 철학적 사유를 하라(philosopher). 난 [에피쿠로스주의를] 아마추어들이 지적이고 세련된 음악연주회를 공연하는 것을 듣는 것이라고 생각한다. 그러나 이 공연을 무지하고 잔인한 대중 앞에서 공연하지 않도록 조심하라. 그들은 당신들의 머리 위에 당신들의 악기들을 내려칠지 모른다. 만약 당신이 다스릴 한 촌락이 있다면, 거기에는 반드시 하나의 종교가 있다. 난 여기서 우리의 종교를 말하는 것이 전혀 아니다 (Voltaire 1878, 340-341 ; Pomeau 1963, 200 참조 ; 황태연 2013b, 98 참고).

황태연은 위의 인용문에 주목하면서 볼테르가 "무식한 평민들을 포함한 마을이나 사회가 아니고, 그리스의 에피쿠리언들(에피쿠로스주의자들), 중국의 유학자들과 같은 철학자들이라면, 철학적 무신론과 무종교 상태는 충분히 가능"하다고 생각했으며 그것을 용인했다고 주장한다. 황태연에 따르면, 볼테르는 비(非)철학자적 무식한 대중 때문에 종교가 국가의 존립과 유지에 '본질적인' 것이라고 생각했다는 것이다(황태연 2013b, 97-98).

그러나 좀더 주의깊게 살펴보면, 황태연의 해석과 달리 위의 인용문에서 볼테르가 에피쿠로스주의자들을 명시적으로 옹호하고 있지는 않다. 오히려 볼테르는 그들의 사상이 공적인 사회에서 떨어져서 그들만의 "연주"가 되

"공적업무"뿐만 아니라, "연구"와 "협정"에서도 멀리 떨어질 것을 권했다는 해석은 불어 원문("Les épicuriens, qui n'avaient nulle religion, recommandaient l'éloignement des affaires publiques, l'étude et la concorde")에 비추어볼 때 오역이다. 이것은 황태연이 참고한 철학사전 영문판(볼테르 1843, 396)의 모호한 문장에서 비롯된 것으로 보인다. 철학사전 영문판의 문장은 다음과 같다 : "The Epicureans, who had no religion, recommended retirement from public affairs, study, and concord."

기를 바라며, 그것을 "대중" 앞에서 연주하지 말 것을 경고했다. 그리고 인용문에서 바로 이어진 글에서 볼테르는 그의 신학적 종교, 즉 그리스도교를 "자비롭고, 수수께끼와 미신이 벗겨진" 등 긍정적인 형용사를 통해서 묘사하면서 그 장점을 옹호했다. 또한 위의 인용문을 제시한 포모 역시 볼테르가 무신론을 반박하면서 "신에 대한 믿음은 '사회의 성스러운 고리'이기에, 그것을 파괴하는 것은 사회 구조를 위험에 빠뜨리게 하는 것"이라고 주장했으며, 무신론자의 선전(宣傳)을 걱정했다고 지적한다(Pomeau 1963, 200).

결국 황태연이 볼테르의 종교적 관용 사상을 무신론자도 옹호한 '보편적 관용론'으로 본 근거는 크게 두 가지로 볼 수 있다. 첫째, 볼테르가 무신론자를 비판할 때에 그것은 유물론자 등 '예외적 무신론자들에만 해당된다'는 것이다. 그러나 이러한 황태연의 주장은 당대 서양 사상가들이 '무신론자'로 취급했던 중국 유학자들을 '유신론자'로 덮어준 볼테르의 태도에 근거할 뿐이다. 볼테르가 보기에 중국의 유학은 제천의식을 통해서 '하늘'이라는 초월적 존재를 숭배했기 때문에, 인격적 신이 아닐 뿐 그가 중요시한 종교의 초월적 존재를 인정하고 있었다. 그렇기 때문에 볼테르는 중국의 유학을 '인격적 신'이 가정되는 기독교에 비해 관용적이고 더욱 세속적이면서 동시에 '하늘'이라는 초월적 존재를 가정하기 때문에 사회를 유지시키는 중요한 종교의 기능도 충분히 수행할 수 있는 '약한 유신론'의 종교라고 보았다. 따라서 볼테르가 보기에 당대 서양 사회에서 '무신론' 취급을 받았던 중국의 유학이 이상적인 종교였기 때문에 그가 유학을 관용하고 옹호했던 것은 맞지만, 황태연의 주장과 달리, 당시 서양 사회에 존재했던 여러 유물론적 무신론자들을 볼테르가 옹호했다고 보기는 힘들다. 황태연은 볼테르가 배제할 것을 주장한 무신론자들이 오늘날의 공산주의자들과 같은 예외적인 경우에 불과하다고 축소함으로써 사회를 위협하는 무신론자들을 제외하고는 대부분의 무신론자들을 포용했다고 주장한다(황태연 2013b, 97-98).

그러나 당대의 디드로, 돌바크와 같은 대부분의 지적 무신론자들 역시 볼테르에게는 그 '공산주의자'와 같은 존재였다. 그것은 무엇보다도 그들이 '초월적 존재'의 관념을 가정하지 않았기 때문이다.[19]

둘째, 황태연은 볼테르가 국가의 존립과 유지에 종교가 '본질적'이라고 본 이유는 "단지 비(非)철학자적 무식대중 때문"이었다고 주장한다. 즉, 볼테르는 종교가 무식한 대중을 교화하기 위해서 필요할 뿐이지 모두에게 본질적인 요소는 아니라고 생각했고, 따라서 '철학적' 혹은 '지적' 무신론자의 존재를 긍정할 수 있었다는 것이다. 그러나 다르게 말하면, 무식한 다수의 대중을 교화하기 위해서 '본질적'이지 않은 종교를 강제한다는 논리는, '철학적' 무신론자들을 관용한다는 논리이기보다 무신론의 위험이 일반 대중에게 확산되는 것을 막기 위해서 '철학적' 무신론자들의 생각을 억압하거나 혹은 그들에게도 국가 종교 등을 강요해야 한다는 논리로도 충분히 해석할 수 있다. 그렇다면 이는 사회의 안전과 질서를 위해서 무신론자에 대한 일종의 세속적 불관용을 주장한 것이다. 이런 해석은 실제로 볼테르가 당대의 유물론적 무신론자인 돌바크 등의 저작이 나올 때마다, 앞서 포모가 지적한 것처럼, 오히려 종교를 옹호하는 입장에서 "사회 구조를 위험에 빠뜨리게" 한다는 논리로 그들을 강력하게 비판했다는 사실로 보강된다.

나아가 결정적으로, 무신론자에 대한 볼테르의 입장은 그의 저작인 『철학사전』의 "무신론자(athée), 무신론(athéisme)"장에서 명백하게 드러난다.

---

19) 그렇지만 유교를 유신론의 범주로 끌어들이는 등 볼테르가 무신론의 범주를 축소시킴으로써 보다 보편적인 관용의 범주를 제시했다는 황태연의 주장은 분명 일정한 설득력을 갖는다. 즉, 볼테르에게 그리스도교의 인격신이 아니더라도 초월적 존재가 가정된 모든 종교는 유신론인 것이다. 그러나 볼테르가 그의 많은 저작에서 '신(Dieu)'을 그리스도교의 신과 같은 인격신의 형태로 묘사한다는 점을 볼 때 그에게는 여전히 그리스도교가 '가장 일반적인' 종교였던 것으로 보인다. 그가 인격신이 존재하지 않는 종교들을 그리스도교와 동등한 수준의 종교로 인정했는지는 추가적인 고민이 필요한 주제다.

그는 무신론자를 포함한 '광의'의 보편적 관용을 주장한 벨의 논점을 제시하며, 이에 반박하는 형태로 자신의 주장을 분명히 한다.

> 벨은 우상숭배가 무신론보다 더 위험한지 아닌지 그리고 악독한 사상을 내포한 신을 갖는 것이 '신'을 전혀 믿지 않는 것보다 더 큰 범죄인지를 검토했다. 그는 플루타르크와 의견을 같이 했는데, 플루타르크는 안 좋은 의견을 갖는 것보다 아예 의견을 가지지 않는 편이 좋다고 믿었다. 그러나 그리스인들에게 케레스와 넵튠과 쥬피터를 두려워하는 것이 아무것도 두려워하지 않는 것보다 대단히 낫다는 것은 명백하다. 맹세의 성스러움은 필수적이고, 우리가 잘못된 맹세는 처벌받는다고 생각하는 사람을 잘못된 맹세를 하더라도 처벌 받지 않을 수 있다고 생각하는 사람들보다 더욱 신뢰해야 하는 것은 명백하다. 개화된 도시에서 심지어 나쁜 종교라하더라도 하나의 종교를 갖는 것이 아무 종교도 갖지 않는 것보다 훨씬 유용할 것이라는 것은 의심할 여지가 없다(Voltaire 1994, 85).

벨은 무신론을 옹호하기 위해서 '우상숭배'와 '광신론'이라는 사회적으로 관용받지 못하는 두 신념을 비교하고, 무신론이 두 신념에 비해 사회적으로 훨씬 긍정적인 신념이라고 주장했다. 이에 대해서 볼테르는 우선 우상숭배자가 무신론자보다 낫다고 논박했다. 그는 우상숭배자와 무신론자를 단지 '어떠한 '초월적 존재'를 믿느냐 안 믿느냐'로 구분했다. 그가 볼 때 전자와 후자 간에 다른 차이가 없다면, '초월적 존재'를 믿는 우상숭배자가 당연하게도 더욱 신뢰할 만한 맹세를 한다는 점에서 사회적으로 보다 유용하고 바람직한 존재였다.

이어서 볼테르는 광신과 무신론을 비교한 벨의 논의를 언급했다.

벨은 무엇보다 광신과 무신론 중 어떤 것이 더 위험한지 검토해야 했던 것으로 보인다. 광신은 확실히 천 배는 더 재난(죽음)을 초래한다. 왜냐하면 무신론은 유혈을 불러일으키는 열정을 조금도 고양시키지 않지만, 광신은 그것을 고양시키기 때문이다. 무신론은 범죄들에 반대하지 않는데 그치지만, 광신은 범죄들을 저지르게 한다(Voltaire 1994, 85).

볼테르도 광신이 무신론에 비해 실질적으로 갈등과 박해를 불러온다는 것을 인정했다. 그리고 벨의 논의대로 무신론자가 광신도들처럼 사회에 피를 불러오지 않는다는 점은 인정했지만, 그렇다 하더라도 무신론자가 더 위험하다는 점을 아래와 같이 주장했다.

무신론자들 대부분은 사물의 불멸성 그리고 필연성에 대한 가정에 의존하는 창조, 악의 근원 그리고 다른 난관들을 그릇되게 추론하고 이해하지 못하는 무모하고 정신 나간 학자들이다. 야심가들, 향락주의자들에게는 그릇된 학설을 합리적으로 따져보거나 이해할 시간이 거의 없다. 그들은 소크라테스와 루크레티우스[20]를 비교해보기보다는 다른 것을 한다.……[이와 같은 무지한 자들과] 신의 섭리도 미래의 삶도 믿지 않는 이론적 실천적 무신론자들로 거의 대부분 구성된 로마의 원로원은 달랐다. 이 원로원은 모두 향락적이고 야심에 찬 매우 위험한 철학자들의 집회였고, 이들은 공화국을 파멸시켰다. 이러한 에피쿠로스주의는 황제들 치하에서 살아남았다. 원로원의 무신론자

---

20) 기원전 1세기의 유물론 철학자로서 에피쿠로스주의자였다. 그의 저작인 『만물의 본성에 대하여』는 에피쿠로스의 원자론 및 쾌락설을 상세히 논했다. 이처럼 실제로 유물론적 무신론자였던 루크레티우스에 비해 소크라테스는 무신론이라는 죄목으로 사형에 처해졌지만 실제로 무신론자는 아니었다. 이는 그의 제자인 플라톤의 사상을 통해서도 드러난다. 볼테르가 무신론자들이 두 철학자에 대한 비교를 하지 않는다고 언급한 까닭은 무지한 무신론자들을 비판하기 위한 것으로 보인다.

들은 술라와 카이사르의 시절동안 반란분자들이었고, 아우구스투스와 티베리우스 밑에서는 노예 상태의 무신론자들이 될 것이었다.……만약 내가 군주였다면, 무신론자인 궁정인과 관계를 맺지 않았을 것이다. 그들은 날 독살하려는 데에 흥미를 가질 것이다.……따라서 군주들과 신민들에게는 지고의 존재, 창조자, 지배자, 보답하는 사람, 징벌자라는 개념이 그들의 정신에 깊이 새겨져야 한다(Voltaire 1994, 86).

볼테르는 무신론자들의 사상이 기본적으로 '신' 개념이 수반하는 "불멸성" 혹은 "필연성" 등을 이해하지 못하는 이들의 생각이라고 판단했다. 또한 그가 보기에 대부분의 역사 속의 무신론자들은 국가 혹은 군주에게 충성을 바치기보다는 자신들의 현세의 사리사욕을 채우려는 존재들이었다. 그런 의미에서 볼테르에게 무신론자들은 체계가 잡히지 않은 '위험한' 주장을 하는 "학자들" 혹은 현세적 가치만을 추구하는 "야심가"나 "향락주의자"에 불과했다. 이처럼 볼테르는 정치적 공동체 안에 존재하는 무신론자들을 단순히 '신의 부재'라는 관념을 지닌 개인으로 보기보다는, 공동체의 이익을 위협하는 위험한 존재로 인식했다.

이어서 볼테르는 벨이 말한 바람직한 무신론자로 구성된 사회의 존재를 비판한다. 볼테르가 볼 때 벨이 언급한 역사상의 무신론자들은 매우 작은 소국들, 즉 신을 '전혀' 갖지 못한 국가의 사람들이었다. 곧 무신론자인 그들은 '신을 믿지 않은 것'이 아니라 신이라는 존재를 알지도 못하기에 '신을 부정도 확신도 하지 못한 것'이었다. 볼테르의 표현에 따르면, 그들은 "무신론자도 유신론자도 아무것도 아닌" 일종의 "아이들"이었다(Voltaire 1994, 86-87). 따라서 그들을 바람직한 무신론자의 사회를 보여주는 사례로 제시한 벨의 논의는 설득력이 없을 수밖에 없었다.

이 모든 것들에서 우리는 어떤 결론을 끌어낼 것인가? 무신론은 통치자들에게도 통치를 받는 이들에게도 가장 유해한 괴물이다.……그것은 광신만큼 죽음을 초래하지 않지만, 거의 항상 미덕에 치명적이다. 덧붙여서 오늘날에는 과거 어느 때보다 무신론자가 적다. 그것은, 생식세포 없이 생육하는 어떠한 존재도 있을 수 없고, [일종의] 구상(dessein)이 없이는 어떠한 생식세포도 존재할 수 없다는 사실……또한 밀은 먼지에서 결코 생겨나지 않는다는 것을 철학자들이 알아내고 난 뒤부터이다(Voltaire 1994, 85-86).

이처럼 볼테르는 무신론이 국가의 통치에 '해악'을 끼치는 사상이라는 사실을 다시금 강조한다. 그에게 광신은 죽음이라는 직접적인 사회적 손실을 가져올 수 있지만, "초월적 존재"를 부정하는 무신론은 사회의 "미덕"을 근본적으로 전복할 수 있는 더욱 위험한 사상이었다. 그는 "초월적 존재" 혹은 "근원적 존재"에 기반하지 않는 "미덕" 혹은 "맹세"란 상호 간의 불신만 가중시킬 뿐이라고 보았던 것이다.

볼테르의 이러한 '신' 혹은 '초월적 존재'에 대한 강조는 그의 이신론(理神論)적 사유에서 비롯한다.[21] 그의 이신론적 사고는 무엇보다 그의 종교적 관용 사상과 잘 부합한다. 그는 가톨릭과 같은 계시 종교가 갖는 비관용적인 맹신적 혹은 미신적 요소를 합리주의적인 '신' 혹은 이성적인 '종교관'에 기초하여 비판함과 동시에, 무신론자와 같이 사회를 붕괴시킬 위험이

---

21) 이신론(理神論)은 인간의 공과에 대해서 상벌을 가해서 널리 만물의 섭리를 지배한다는 인격신에 대한 신앙과 달리, 천지창조의 주체이기는 하지만 창조 이후에는 인간세계에 대한 '자의적' 개입을 중지하고, 자연에 내재하는 합리적 법에 따라서 우주를 통치하는 존재로서의 신에 대한 신앙을 의미한다. 이신론은 17세기 후반의 영국 명예혁명으로 시작되는 시민사회의 발전과 자연과학의 흥기에 따른 합리적인 사변에 영향을 받았으며, 종래의 전통적 국교의 교의를 부인하고, 삼위일체나 계시 · 기적을 부정하며, 성서의 상징적 · 비유적 해석을 채용한다는 이유로 '이단'이라는 비난을 받았다(종교학사전 편찬위원회. 1998. "이신론." 『종교학대사전』. 서울 : 한국사전연구사. 1057-1058).

있는 자들에게는 창조자로서의 '신' 혹은 만물을 다스리는 '자연법'을 선포하는 '신'을 제시함으로써 반박했던 것이다.

별개로 인식되고 어떤 종교적 의식도 갖고 있지 않은 유신론(théisme)[22]이 실제로 하나의 종교인지에 대해서 많은 사람들이 의문을 제기한다. 대답은 간단하다 : 창조주로서 신만을 인정하고, 무한한 힘을 가진 존재로서 신을 여기고, 그의 창조물들을 경탄할 만한 기계들로 보는 종교는 그 창조주에 대해서 종교적이지 못하다. 이것은 중국의 황제를 존경하는 한 유럽 사람이 그 황제의 신하가 아닌 것과 마찬가지이다. 그러나 신이 그와 인간들 사이의 관계를 맺게 해주고, 그들을 자유롭게 하고, 선과 악을 행할 수 있게 하고, 자연법에 근거한 인간의 본성인 모든 좋은 양식들을 그들에게 주었다고 생각하는 종교는 의심의 여지가 없이 종교적인 것을 가지고 있고 우리의 교회 밖의 다른 모든 종파들보다 훨씬 나은 종교이다. 왜냐하면 모든 종파들은 거짓이며 자연법은 진실하기 때문이다.……모든 종파들이 서로 다른 것은 그것들이 인간들로부터 왔기 때문이고, 도덕이 어디서나 같은 것은 그것이 신으로부터 오기 때문이다(Voltaire 1878, 506 ; 세 2000, 74 참조).

18세기 대다수의 계몽사상가들은 이성적인 '신'을 주장함으로써, 기독교적 세계관의 붕괴를 막음과 동시에 그 세계관이 가진 계시적 속성을 지우려

---

22) 볼테르의 철학사전의 "이신론" 장은 목차에만 존재하고, 실제로 그 장의 페이지를 보면 유신론 장을 참고하라는 내용만 적시되어 있다. 이러한 이신론에 대한 직접적 설명의 부재는 볼테르가 그의 저작인 멜랑쥬(1751) 이후부터 이신론 대신 유신론으로 그의 신앙을 명명한다는 점을 통해서 이해할 수 있다. 즉 그는 자신의 종교관을 제시할 때 인공적이거나 거짓 종교라는 비판을 받는 당대의 이신론의 명명을 피하고 다소 모호한 유신론을 사용한 것이다. 이러한 점은 볼테르의 유신론에 대한 묘사가 당대의 이신론과 크게 다르지 않다는 점에서 더욱 분명히 드러난다.

고 노력했다. 가령 개인의 구원에 있어서 인간은 더 이상 신의 은총에만 의지하는 것이 아니라 인간에게 준 자유의지를 통해서 선을 행할 수 있게 된다. 그러나 이러한 이신론자들은 이성에 어긋나지 않는 "긍정적인 종교들은 부적절하다고 주장하지 않았기 때문에, 보편적인 종교의 형태처럼 해석된다면 그러한 긍정적인 종교들은 그들의 시각에서 모두 적절한 것"이었다. 따라서 "그들은 그들 국가의 종교를 받아들였고, 그것의 법들에 복종할 것을 천명"하는 보수적인 모습을 보여주기도 했다.[23] 물론 그들이 국가의 종교로 받아들였던 "기독교는 미신적인 종교"가 아니라, "이성을 지닌 것"이었다. 즉, "'영원한 이성'에 부합하는" 기독교는 그들의 이신론적 종교관과 일치하는 것이기 때문에 동조할 수 있었던 것이다(Adam 1972, 16).

5. 맺는글

지금까지 필자는 볼테르의 관용 사상을 '보편적 관용 사상'이라고 해석한 기존의 연구에 반론을 제기하고, 그의 사상이 무신론자를 관용하지 않는 '협의'의 보편적 관용 사상임을 밝혔다. 당대의 정치·경제적 맥락을 고려한 담론으로서 그의 관용 사상에는 '세속 질서 준수'와 '국가 이익'이라는 세속적 가치가 우세하게 드러났는데, 이러한 태도는 양심의 자유를 옹호하며 '광의'의 보편적 관용을 주장한 피에르 벨보다 국가와 사회의 질서를 중시

---

23) 가령 루소의 이신론적 주장과 성찰이 제시된 『에밀』의 "사부아 사제의 신앙고백" 장을 보면 기존의 종교를 결국 받아들이는 보수적 면모가 엿보인다 : "여러분의 조국으로 돌아가십시오. 당신들의 아버지의 종교를 다시 찾고, 당신의 가슴의 진실됨 속에서 그것을 따르고 다시는 떨어지지 마십시오." 이러한 결론은 진리에 도달할 수 없는 상황에서 가장 친숙하고 가까운 종교를 선택하는 것이 자신의 양심과 가장 부합하는 것이라는 논리에 의한 것이었다 : "그[신]는 우리가 감히 스스로 선택한 오류보다는 우리가 자라난 환경에서 배양된 오류를 용서하지 않을까?"(Rousseau 2009, 451)

한 '협의'의 보편적 관용을 주장한 로크의 태도에 가까운 것이었다. 이처럼 그가 종교적 관용을 주장함과 동시에 무신론자에 대한 배제를 강조한 이유는 '광신'이 초래하는 위험보다 초월적 존재를 부정하는 논리로 사회적 미덕의 근저를 부식시키는 무신론의 위험을 더 크게 보았기 때문이다.

이와 같이 볼테르는 그의 종교적 관용 사상을 통해서 국가와 사회라는 세속적 이익을 중요하게 다루었다. 나아가 볼테르는 일종의 세속적 국가 종교를 주장하는 등 로크의 관용론보다 더욱 '세속적'인 면모를 보였다.24) 로크는 볼테르와 마찬가지로 무신론자들을 배제함에 있어서는 국가와 사회의 안정이라는 가치를 강조하지만 동시에 영혼의 구원이 통치자의 '참된' 종교로의 강제적인 개종을 통해서는 이루어질 수 없다는 논변을 통해서 신학적 종교의 본질을 보존하고자 했다. 반면 볼테르는 로크와 달리 '영혼의 구원'을 건드릴 수 없는 종교의 영역이라 보는 관점을 거부하고, 신학적 종교가 아닌 세속적 국가 종교로의 지향을 주장했다. 이런 면에서 볼테르는 '영혼의 구원'이라는 종교의 본질적 문제의식을 배제한 채로, 종교를 단지 국가와 사회를 위해서 '이용'했다고 해석할 수 있다.

이러한 볼테르의 주장은 이후 프랑스 대혁명의 과정에서 일시적으로 실현되었다. 혁명 초기 국민의회(Assemblée nationale)에서 채택된 '인권선언

---

24) '세속적 국가 종교'라는 개념은 볼테르의 『철학사전』 "종교"장의 설명을 바탕으로 한다. 볼테르의 세속적 국가 종교론은 크게 두 가지로 설명 가능한데, 첫째는 그가 종교의 기원을 설명하는 방식이다. 그는 신학적 관점을 배제하고 인류학적 관점으로 종교의 기원을 설명했다. 특히 그리스도교의 기원, 체계 등 모든 '성스러운 것'들을 인간 사회의 진보에서 나타난 하나의 과정 혹은 현상으로 치부함으로써 종교의 계시적 속성을 부정했다. 둘째로 그가 성직자를 설명하는 방식이다. 그는 기존 종교의 성직자의 행태들을 비판하며, 궁극적으로 성직자를 국가의 '가정교사'와 같은 역할을 하는 존재로 규정했다 (Voltaire 1994, 445-457). 볼테르의 종교적 관용 사상의 전모를 이해하기 위해서는 세속적 국가 종교에 대한 그의 사상을 좀더 깊이 검토할 필요가 있지만, 이 글에서는 지면의 제약 등을 이유로 상세히 다룰 수 없음을 아쉽게 생각한다.

(Déclaration des droits de l'homme et du citoyen de 1789)'에 의해서 종교적 자유는 세속 질서에 부합하는 조건에서만 보장된다고 명시되었고,[25] 이어서 '성직자에 관한 민사기본법(Constitution civile du clergé)'에 의해서 교회를 개편함으로써 "프랑스 교회는 하나의 국민적 교회가 되었으며 동일한 정신적 분위기가 교회와 국가를 지배"하게 되었다. 예를 들어, "주임사제들은 일요 설교 때마다 의회의 법령을 읽고 그것에 대한 주석을 달아"주어야했던 것이다(소부울 1984a, 192). 또한 시민의 덕성을 고취시키기 위해서 '최고 존재(Être suprême)'를 숭배하는 시민 종교를 제도화한 로베스피에르 그리고 황제로 집권한 이후 교회를 통치의 도구로 사용함으로써 교회를 긴밀하게 국가에 종속시킨 나폴레옹도 볼테르의 주장을 일정부분 현실화했다고 볼 수 있을 것이다.

---

25) 제10조 누구도 자신의 발언이 법에 의해서 확립된 공공질서를 어지럽히지 않는 한, 종교적 입장을 포함하여 자신의 견해를 밝히는 행위가 방해받아서는 안 된다.

참고 문헌

공진성. 2008. "해제 : 존 로크, 종교의 자유와 공화국의 자유를 함께 추구한 사상가." 존 로크.
『관용에 관한 편지』. 서울 : 책세상, 97-144.

김우영. 2014. "볼테르의 종교적 관용 사상 : 무신론자 배제론과 세속적 국가 종교론을 중심으
로." 서강대학교 석사학위 논문.

라브로우쓰, 엘리자베드 저. 최수철 역. 1986. 『베일』. 서울 : 문경.

로크, 존 저. 공진성 역. 2008. 『관용에 관한 편지』. 서울 : 책세상.

모어, 토마스 저. 박병진 역. 2011. 『유토피아』. 서울 : 육문사.

브리태니커 세계 대백과사전. 1992. 『브리태니커 세계 대백과사전』. 서울 : 한국브리태니커.

사시에, 필리프 저. 홍세화 역. 2010. 『민주주의의 무기, 똘레랑스 : 반성과 성찰을 넘어 공존과
자유를 위해 행동하라』. 서울 : 이상북스.

생시몽 저. 이영림 역. 2009. 『루이 14세와 베르사유 궁정』. 파주 : 나남.

세, 앙리 저. 나정원 역. 1997. 『17세기 프랑스 정치사상』. 서울 : 민음사.

_____. 2000. 『18세기 프랑스 정치사상』. 서울 : 아카넷.

소부울, 알베르 저. 최갑수 역. 1984a. 『프랑스 대혁명사 상』. 서울 : 두레.

_____. 1984b. 『프랑스 대혁명사 하』. 서울 : 두레.

송태현. 2012. "볼테르와 중국 : 전례논쟁에 대한 볼테르의 견해." 『외국문학연구』 제48권,
163-182.

스키너, 퀜틴 저. 박동천 역. 2012. 『근대 정치사상의 토대2 : 종교개혁의 시대』. 서울 : 한국문화사.

안종수. 2009. "볼테르와 유교." 『철학논총』 제56권, 199-222.

이경래. 2007. "계몽주의 시대와 현대 프랑스 문화." 프랑스문화예술학회. 『프랑스문화예술연
구』. 제22권, 183-214.

장세룡. 2013. 『프랑스 계몽주의 지성사 : 지적 실천 운동으로서의 계몽주의 재해석』. 서울 : 길.

종교학사전 편찬위원회. 1998. 『종교학대사전』. 서울 : 한국사전연구사.

황태연. 2013a. "공자의 공감적 무위·현세주의와 서구 관용사상의 동아시아적 기원 上." 한국학
중앙연구원. 『정신문화연구』 제36권 제2호, 7-188.

_____. 2013b. "공자의 공감적 무위·현세주의와 서구 관용사상의 동아시아적 기원 下." 한국학
중앙연구원. 『정신문화연구』 제36권 제3호, 7-132.

Adam, Antoine. 1972. "introduction–Antoine Adam." Denis Diderot. Pensées philosophiques, Lettre sur les aveugles, Supplément au voyage de bougainville. Paris : Garnier- Flammarion, 15−26.

Bayle, Pierre. 2005. A philosophical commentary on these words of the Gospel, Luke 14.23 : "compel them to come in, that my house may be full." Indianapolis : Liberty Fund.

_____. 2007. Pensées diverses sur la comète. Paris : GF Flammarion.

Negroni, Barbara de. 1997. "l'article 'Tolérance'." Michel Delon. ed. Dictionnaire européen des Lumières. Paris : PUF, 1047−1050.

Knapp, Bettina Liebowitz. 2000. "Introduction : Voltaire the promethean." Voltaire revisited. New York : Twayne.

Lepape, Pierre. 1994. Voltaire, le conquérant : naissance des intellectuels au siècle des Lumières : essai. Paris : Editions du Seuil.

Pomeau, René. 1963. Politique de Voltaire. Paris : Armand Colin.

Renwick, John. 2009. "Voltaire and the politics of toleration." Nicholas Cronk. ed. The Cambridge companion to Voltaire. Cambridge : Cambridge University Press, 179−191.

Rousseau, Jean-Jacques. 2009. Émile ou de l'éducation. Paris : GF Flammarion.

Trousson, Raymond. 2009. "Tolérance et fanatisme selon Voltaire et Rousseau." Ourida Mostefai and John T. Scott. eds. Rousseau and "L'Infâme" : religion, toleration, and fanaticism in the age of Enlightenment. Amsterdam : Rodopi, 23−64.

Vissière, Jean-Louis. 1999. "Le Traité sur la tolérance : un catéchisme voltairien." Jean-Louis Tritter. ed. Traité sur la tolérance. Paris : Ellipses, 7−22.

Voltaire, François Marie Arouet de. 1878. "Religion." Questions sur l'Encyclopédie (Les Œuvres complètes de Voltaire 20). Paris : Garnier Frères.

_____. 1843. "Religion." Philosophical Dictionary. Tome II. London : W. Dugdale.

_____. 1989. Traité sur la tolérance : Voltaire ; Introduction, notes, bibliographie, chronologie par René Pomeau. Paris : Flammarion. (볼테르 저. 송기형 · 임미경 역. 2001. 『관용론』. 서울: 한길사)

_____. 1994. Dictionnaire philosophique. Paris : Gallimard.

Williams, David. 1994. "introduction." Voltaire : Political writings. Cambridge: Cambridge University Press.

05

덕치(德治)와 법치(法治)

양자의 겸전(兼全) 필요성을 중심으로

강정인

1. 글머리에

해방과 분단 이후 한국은 헌법에 민주공화국임을 명시하면서 서구적 정치제도와 법치주의 원칙을 적극 도입했다. 하지만 여러 가지 이유로 현대 민주주의의 주요 원칙인 법치주의가 제대로 정착되지 않아, 법질서가 난맥상을 보여왔다. 다른 한편 조선 시대에 정치 지도자의 덕을 강조하던 덕치주의 역시 이념과 현실에서 철저히 실종되고 말았다. 이런 현상은 전통의 무기력한 실종과 뒤이은 근대의 파행적 수용을 보여주는 적절한 예라 할수 있다.

먼저 법치의 문제를 살펴볼 때, 한국사회는 법치의 과잉과 법치의 결핍이라는 역설적인 현상에 시달리고 있다. 정치인이나 일반 시민을 규제하는 법은 산더미같이 쌓여 있어도, 그 법이 제대로 효력을 발휘하지 못하고 있기 때문이다. 과거 정권을 장악한 지배 집단부터 정권의 유지를 위해서 헌법 규정을 무시하는 일이 다반사였다. 게다가 공직자들이 막대한 사재를 축적하기 위해서 법 규정을 위반하는 부정부패가 만연했다. 헌법에 국민의 기본적 권리를 보장하기 위한 조문이 명기되어 있어도, 과거의 타성에 젖어 이를 유린하는 가해자 공무원은 말할 것도 없고, 이런 침해에 맞서 자신의 권리를 당당하게 옹호해야 하는 피해자 시민의 인권 의식 역시 민주화가 상당히 진척된 현재에도 상당히 미약한 실정이다. 아울러 현실을 외면하고 지나치게 단속 위주로 제정된 법률들은 그 자체가 부정과 부패의 온상이 되고 있다. 법대로 단속하면 걸리지 않을 사람이 없으면서도, 수많은 사람들이 일상적으로 법을 의식적·무의식적으로 위반하거나 우회하는 탈법과 편법을 일삼고 있다. 그 결과 한국사회에서는 '법을 제대로 지키면 손해'라는 사고가 상식으로 통한다. 따라서 우리는 규제와 단속 위주의 법 제정 및 집행 과정에서 정부의 '법 만능주의'와 일반 시민의 '일상적 무법 상태'가 나란히 공존하는 역설적인 현상을 목격하고 있다.

사정은 법치가 비교적 완비된 서구 사회에서도 크게 다르지 않다. 개인의 권리 보호를 위주로 하는 법치주의는 개인을 갈수록 이기적인 존재로 만들고 있으며, 정교한 법체계와 엄격한 법집행에도 불구하고 범죄와 일탈행위는 갈수록 증대하고 있다. 특히 소송 문화가 왕성한 미국에서는 죄를 짓더라도 비싼 값을 지불하고 유능한 변호사를 고용함으로써 유죄판결을 면하는 사례가 적지 않은바, '유전무죄, 무전유죄'의 논리는 한국 현실에만 국한된 것이 아니라 서구 현실에도 적용된다. 상대적으로 법치가 잘 정비된 사회에서도 팽배한 '법적 책임만 면하면 된다'는 사고는 법원의 업무 증대와 소송비용의 천문학적 증대에만 기여할 뿐이며 불법행위에 대한 도덕적 반성은 철저히 뒷전으로 밀어내고 있다.

정치학 교과서에서 게임 이론의 백미로 알려진 '죄수의 딜레마' 이론 역시 범죄를 함께 저지른 공범들이 각자 범죄에 대한 도덕적 반성을 하기는커녕, 정교한 법률 게임 내에서 자신이 저지른 범죄 사실에 대한 '자백'과 '부인'의 손익을 신중히 저울질하면서, 어떻게 하면 자신에 대한 처벌을 최소화할 수 있는가라는 '합리적' 전략의 수립에 부심하고 있는 모습을 극적으로 보여준다. 이런 이론에의 몰두는, 그 주체가 그 이론을 가르치는 학자이든 배우는 학생들이든, 범죄를 저지른 이상 자신의 행위에 대한 도덕적 반성과 함께 자신의 범죄 사실을 고백하며, 나아가 자신의 죄에 합당한 벌을 감수해야 한다는 선량한 시민 의식이 실종되고 있고, 나아가 그 상실을 당연한 현실로 내면화하고 있다는 사실을 단적으로 입증하고 있다. '죄수의 딜레마'라는 이론이야말로 현대 서구 사회에서 법치주의의 현실적 결함을 학문적으로 재생산하고 있는 극명한 실례인 것이다.

　미국과 같이 법치주의가 잘 정비된 서구 사회에서 만연된 소송 만능주의 및 '법망 피하기'라는 정교한 기술의 발달로 특징지어지는 문제점 역시 근본적으로는 한국사회가 안고 있는 문제점, 곧 법치 의식 또는 준법정신의 결여와 크게 다르지 않다. 현대 법치국가가 직면한 이런 문제에 대한 해결책은 일견 법치의 강화냐 아니면 다른 대안의 모색이냐라는 방향에서 기본 가닥을 잡아야 할 것으로 보인다. 여기서 우리는 대안 모색의 일환으로 전통 시대 유가의 통치 이념이던 덕치의 효용을 새삼 떠올리게 된다. 왜냐하면 법체계를 완벽하게 정비한다 할지라도, 법을 집행하고 준수하는 공직자와 시민의 도덕성이 개선되지 않는 한 법체계는 무용지물에 불과한데, 유가가 강조하는 덕치는 바로 이런 문제의식에서 출발해 도덕성의 개선을 직접적인 목표로 삼고 있기 때문이다. 따라서 성문법의 외형적 준수를 강조하는 법치와 도덕규범의 내면적 준수를 역설하는 덕치는 이론과 현실 양면에서 상호 대립되는 원칙이면서도 상호 보완적으로 사용되어야 하는 원칙이다. 이 점에서 법치와 덕치의 장점과 한계를 학문적으로 비교 검토하는 작업은 양자의 상호 보완적 겸전을 위해서 실천적으로도 중요한 의미를 지닌다.[1]

---

1) 이 글에 대해서 한 평자는 법과 덕을 겸전할 경우 그 구체적 조건이 어떻게 될 것인가에

덕치와 법치의 보완적 겸전을 위해서 이 글은 무엇보다도 (유가 중심의) 동양은 덕치, 서양은 법치를 통치 원리로 삼아왔다는 동서양 정치사상사[2]에 대한 종래의 경직된 이분법적 대립 구도를 해체하고자 한다. 그래야만 비로소 우리는 법치와 덕치의 겸전을 위한 개방된 지평을 수월하게 확보할 수 있기 때문이다. 이런 문제의식을 염두에 두고 이 글은 동서양 정치사상에서 법치사상의 전개 과정을 덕치사상과 대비하면서 개괄적으로 제시한 후, 현대 민주국가에서도 덕치가 법치를 보완하기 위해서 필수적으로 요청된다는 점을 강조하고자 한다. 이를 위해서 다음 2절 "예비적 고찰"에서는 비유럽 세계에 '법치'가 결여되어 있다는 근대 서구 학자들의 견해를 요약하고, 이런 학문적 배경을 바탕에 두고 전개되는 국내 학계의 법치와 덕치에 대한 논의를 간략히 제시하면서, 논의의 전개를 위해서 이 논문의 기본 개념인 덕치, 예치, 법치 및 입헌주의에 대해서 간략히 정의할 것이다. 이어서 3절과 4절에서는 일단 현대정치 공동체를 운영하는 원리로 법치가 지배

대한 제시가 결여되어 있다는 지극히 타당한 비판을 제기했다. 필자는 이 글에서 그런 비판에 대한 구체적 답변을 제시하지 못한 데 대해서 능력 부족을 절감하고 있다. 그러나 그런 비판에 대한 답변을 차후의 과제로 기약하면서 다음과 같은 점을 덧붙이고자 한다. 먼저 구체적인 사상가를 살펴볼 경우 공자나 맹자 및 플라톤이나 아리스토텔레스의 사상에도 겸전의 구체적 조건에 대한 답변은 결여되어 있다는 점을 지적하지 않을 수 없다. 나아가 특정한 사상가는 물론 특정한 시대 역시 겸전의 보편적 조건을 제시할 수 없다고 생각한다. 그렇다 하더라도 겸전의 일반적 지침을 탐구하고 제시하는 것은 여전히 필요하다고 생각되는바, 그 구체적인 양상은 주어진 정치 공동체가 추구하는 정치적 이상, 그 공동체가 처한 역사적 상황, 물려받은 전통, 규범 문화의 특성 등에 따라 다양한 편차를 보일 것이라 생각한다. 물론 이처럼 모호한 설명이 큰 도움이 되지 않는다는 점을 인정한다.

2) 여기서 동양(東洋, Orient)은 대개의 경우 중국을 중심으로 한 동아시아 문명권을 지칭하는 것임을 밝혀둔다. 동양은 서양인들에게는 아시아 지역 전체를 지칭하는 말이지만, (일본의 영향을 받은) 학계의 관행상 한국에서는 동아시아 문명권을 지칭하기도 하기 때문이다. 그리고 동아시아 문명은 전근대 시대에 중국의 압도적인 영향하에 놓여 있었으므로, 이 글에서는 덕치와 법치 사상의 전개를 살펴보는 데 있어서 중국 사상을 중심으로 검토할 것이다.

적으로 수용되고 있다는 점을 감안해 법치사상의 전개 과정을 동서양의 주요 사상가들을 중심으로 살펴보되, 문명사회는 어디서나 덕치와 법치의 겸전을 추구해왔음을 구명하고자 한다. 따라서 3절인 "서양 정치사상사에서 법치사상의 전개와 덕치사상의 겸전"에서는 서양에서 법치사상의 전개 과정을 주요 사상가들을 중심으로 살펴본 후, 그들의 법치사상에 덕치사상이 결합되어 있음을 밝힐 것이다. 그리고 4절 "동양 정치사상사에서 법치사상의 전개와 덕치·법치의 겸전"에서는 중국의 선진 사상에서 법치의 전통적 위상을 서술하고 공자와 맹자를 중심으로 덕치와 법치 사상의 겸전을 살펴본 후, 유가의 예치 사상을 서양의 입헌주의와 관련지어 논할 것이다. 마지막으로 5절 "맺는글"에서는 법치국가가 필요로 하는 준법정신 역시 근본적으로는 법치의 산물이 아니라 덕치와 관련되어 있음을 주장함으로써 현대 법치주의가 덕치를 필요로 할 수밖에 없다는 점을 강조할 것이다.

2. 예비적 고찰

1) 법치가 결여된 오리엔트?

근대 이후 서구의 제국주의 세력은 우월한 군사력과 경제력을 이용해 여타 지역을 정복하는 과정에서, 자신들의 군사적·경제적 우월성을 문화적 우월성으로 전환시키는 작업을 동시에 추진했다. 그리고 이를 전개하는 바탕이 된 것이 바로 서구중심주의적 세계관이다. 서구중심주의는 대개의 경우 단순한 이분법적 도식을 통해서 정식화되었는데 그 전형적인 방법은 '서구에는 무엇이 있는데, 여타 비서구 세계에는 그 무엇이 없다'는 논리였다. 자본주의를 예로 들어본다면 '서구에서는 자본주의가 발전했는데, 여타 세계에는 왜 자본주의가 발전하지 못했는가?'라는 문제의식을 갖는 것이고, 그에 대한 답변은 비서구 사회에는 자본주의의 발전을 뒷받침할 수 있는 일정한 생산양식(봉건제)이나 일정한 심성(프로테스탄트 윤리)이 결여되어 있기 때문이라는 것이다. 이 점에서 서구의 대표적인 사회과학자인 막스 베버가 『프로테스탄티즘의 윤리와 자본주의 정신』을 다음과 같은 질문을 던지며 시작하는 것은 자못 의미심장하다. "보편적인 의의와 가치를 지닌 발전 선상에 놓여 있는 듯한 문화적 현상이 서구 문명에서 그리고 오직 서구 문명에서만 나타난 사실은 어떤 일련의 환경들에 귀속될 수 있을 것인가?"(베버 1998, 5).[3]

이처럼 서구와 여타 문명 사이에 존재하는 문화적 차이를 우열 관계로 전환시키는 과정에서 서구 사회과학은 서구 문명이 세계에서 유일하고 예외적인 문명이며 가장 우월한 문명이라는 '사실'을 부각시키는 작업을 성실히 수행해왔다. 즉, 19세기 유럽의 제국주의적 팽창과 함께 본격적으로 발전된 서구 사회과학의 기저에는 한편으로 서구의 우월성을 유럽예외주의(European exceptionalism)로, 다른 한편으로 여타 세계의 열등성을 오리엔탈리즘이라는 이론 틀을 따라 표상하는 세계관이 깔려 있었다. 이 점에서 유럽 예외주의와 오리엔탈리즘이 서구중심주의라는 동전의 양면이라고 갈파한 프랑크의 언명은 지극히 타당하다(Frank 1995, 184).

서구중심주의에 근거한 이분법적 도식은 서구와 여타 세계의 규범 문화를 비교하는 과정에서도 예외 없이 관철되었다. 즉 서양은 법에 의해서 다스려지는 질서 정연한 사회인 데 반해, 여타 사회는 법이 아니라 통치자 개인의 변덕스러운 자의(恣意)가 군림하는 사회라는 것이다. 근대 계몽주의 시대에 『법의 정신』을 써서 유명해진 프랑스의 사상가 몽테스키외는

---

3) 베버는 서구 자본주의 기원의 독특성을 해명하기 위해서 다음과 같이 본격적인 질문을 던진다. "그런데 왜 자본주의적 이해관계가 중국이나 인도에서는 같은 결과를 낳지 못했을까? 왜 그곳에서는 과학적, 예술적, 정치적 혹은 경제적 발전은 서양에 독특한 합리화의 길에 들어서지 못했을까?"(베버 1998, 16).

'동양적 전제정치(Oriental despotism)'라는 개념을 정립해 보급시킴으로써 아시아를 비롯한 여타 지역을 법치가 결여한 지역으로 폄하하는 데 결정적인 공헌을 했다. 몽테스키외는 페르시아를 포함한 아시아와 아프리카의 인민들은 자유의 정신이 결핍된 노예 상태에 있기 때문에 역사의 모든 시기에 걸쳐 전제정치, 곧 법률이나 다른 규칙에 의해서 규제받지 않는 단일의 인간이 자신의 변덕스러운 의사에 따라 통치하는 정부 형태가 전일적으로 군림해왔다고 주장했다(Richter 1977, 196, 214). 베버 역시 중국의 문화적 토대를 형성한 종교인 유교와 도교의 영향력을 분석하면서 중국에는 형식적으로 보장된 법과 합리적인 행정 및 사법 제도가 결여되어 있기 때문에 자본주의가 발전할 수 없었다고 주장했다(베버 1996, 155-159).[4] 이처럼 근대 서양의 주요 지식인들은 페르시아, 인도, 중국 등 아시아 문명권 전반의 정치를 법치가 결여된 '동양적 전제정치'로 규정해왔던 것이다.

2) 국내 논의의 검토

이런 서구중심주의적 문제 제기의 영향하에서 국내 학계에서도 덕치와 법치를 둘러싼 논의가 진행되어왔고 상당한 연구 성과가 축적되었다. 최근 논의된 주제를 중심으로 검토해보면 다음과 같다.

첫째는 중국 사상 내에서 덕치와 법치의 관계를 논하는 것이다. 가장 대표적인 것이 유가의 덕치·예치와 법가의 법치를 비교하는 것이라 할 수 있

---

4) 베버는 세계 여러 문명의 종교에 대해서 집필하기 전 이미 완성한 『프로테스탄티즘의 윤리와 자본주의 정신』에서, 여타 세계에서의 법치의 부재에 주목한 바 있다. "그러나 서구적인 의미에서 '법에 따라 통치한다'는 봉건국가마저도 서양 문화에만 알려져 있는 것이다.……사실상 합리적인 성문헌법과 합리적으로 정비된 법률, 합리적 규칙이나 법에 따른 행정 등을 갖춘 정치적 결사체란 의미에서의, 훈련된 관리들에 의해서 움직여지는 국가 자체가 이런 특징의 결합의 형태로는 그 모든 유사물에도 불구하고 단지 서양에만 알려져 있는 것이다"(베버 1998, 8).

는데, 이승환은 "유가는 법치에 반대했는가"라는 논문에서 유가의 예치 개념—예의 보편성 및 강제 규범성—에 주목하면서, 유가 역시 법치를 지지했으나 단지 그 법원(法源, 자연법 대 실정법), 형벌 이론(죄형상부주의 대 중형주의) 등에서 법가와 차이가 있다고 주장한다. 유가가 자연법주의적인 법치를 역설했다면, 법가는 법실증주의적 법치를 강조했다는 것이다(이승환 1998).

둘째는 중국 사상에서의 덕치·법치 개념과 고대 그리스(플라톤이나 아리스토텔레스) 사상에서의 덕치·법치 개념을 비교하는 것이다. 우리는 플라톤의 『국가』와 『법률』, 아리스토텔레스의 『정치학』에서 덕치와 법치 사상이 교차하고 있음을 볼 수 있다. 고대 중국과 그리스의 법사상을 비교하는 연구는 동북아 문명과 서구 문명의 기원과 주조를 형성하는 고전 시대의 법사상을 비교한다는 점에서 현대 두 문명 간의 차이를 인식하는 데도 중요한 의의를 가진다. 덕치·법치의 축을 통해서 그리스의 법사상을 살펴보는 작업은 플라톤과 아리스토텔레스 역시 법치와 덕치의 문제를 놓고 고민했다는 사실을 해명하는 것이다. 그러나 최선자 지배 체제로서 철인 통치론과 군자 통치론이 다 같은 덕치라 할지라도 심층적인 차원에서 그리스에서의 덕의 개념과 중국에서의 덕의 개념이 상당히 다르기 때문에, 이에 대한 연구는 공통점 못지않게 존재하는 의미심장한 차이를 밝힐 수 있다. 필자가 보기에 플라톤이나 아리스토텔레스의 법사상 역시 법치를 자연법 중심으로 파악해 덕치와 법치에 상호 보완적으로 접근한다는 점에서 유가의 법사상과 유사하다. 그러나 이에 대한 국내의 논의는 저조한 형편이다.[5]

셋째는 유가의 덕치사상과 근대 서양의 법치사상을 비교하는 다수의 논

---

5) 정병석·이진우(1996)의 논문이 부분적으로 이 주제를 다루고 있지만 본격적인 논의로서는 미흡하다.

문들이다. 국내의 논의는 대체로 현대 서구의 법치를 기본적인 원칙으로 제시하되, 법치가 지닌 폐해나 한계를 덕치의 이념을 통해서 보완할 것을 주장하는 입장을 취한다(전병재 2000 ; 이재룡 2000 ; 정병석 · 이진우 1996). 동서 정치사상의 적절한 융합이라는 관점에서 덕치와 법치의 이상과 현실을 대비하면서 양자의 지양과 종합을 모색하는 작업은 학문적으로 대단히 의미가 있다고 할 수 있다. 그러나 양자를 비교하는 국내의 논의는 대체로 역사성을 결여한 채 정교하지 못하다는 인상을 준다. 그럼에도 이런 논의가 지향하는 발상, 곧 한국사회가 서구의 법치를 지향하기는 하지만, 법치의 한계와 결함을 인정하고 덕치를 통해서 이를 보완할 필요가 있다는 주장은 지속적으로 다듬고 추구할 가치가 있다고 생각된다. 이 논문은 국내의 논의 가운데 두 번째와 세 번째에 속하는 문제의식을 좀더 심화시키고자 한다.

3) 기본 개념의 정리 : 덕치(德治), 예치(禮治), 법치(法治) 그리고 입헌주의(立憲主義)

이 논문에서는 덕치, 예치, 법치를 다음과 같이 정의하려고 한다. 먼저 덕치는 "지도자의 도덕적 감화력"을 통해서 "백성을 교화"시킴으로써 "범죄나 분쟁이 없는 평화로운 사회를 만들려는" 통치원리다. 이런 덕치사상은 "지도자가 솔선수범하여 도덕적 모범을 보일 때 백성들도 사심 없이 양보하고 협동하게 될 것이라는" 가정에 기초하고 있다(이승환 1998, 184).[6] 유가

---

6) 이 글에서는 이승환의 정의에 따라 덕치 개념을 유가 중심적으로 정의했다. 이런 덕치 개념을 플라톤, 아리스토텔레스 등 서양 정치사상가에서 발견되는 덕치 개념과 동일시하는 데는 어느 정도 무리가 따른다. 그러나 이 글에서는, 덕치는 법치와 달리 '어떤 제도를 통해서 다스릴 것인가'라는 문제보다 '어떤 사람이 통치할 것인가'라는 문제에 우선적인 관심을 갖는다고 본다. 그리고 정치 지도자의 지적 · 도덕적 자질에 우선적인 관심을 갖는다는 점에서는 중국 사상과 서구 사상에서 덕치의 형태적 요소가 일치한다고 보기 때문에, 덕치를 구성하는 덕의 실질적 내용상의 차이는 일단 무시하기로 한다. 다시 말해 우리가 덕이라는 동일한 용어를 통해서 이해하는 중국의 '덕치(德治)'와 서양

사상에서 '예'는 행위규범과 강제규범의 양면적 성격을 가지고 있는데, 예는 대체로 "통치 계급 내부 관계를 조정하는 역할뿐만 아니라, 각 계층 간의 신분과 특권 및 재산상속 제도 등을 규정하고, 나아가 서민 계층의 일상생활까지 규율하는 행위규범"이자 "예를 어길 때에는 곧 공권력에 의한 강제집행과 형사처벌이 뒤따른다"는 점에서 강제규범, 곧 법으로서의 성격을 가지고 있다. 물론 유가가 관행화하거나 의례화한 예 조목들 중에는 위반 시 처벌이 수반되지 않은 조목들이 상당수 있었고, 그런 예 조목들은 법적 성격을 갖지 않았다고 할 수 있다(이승환 1998, 176). 이런 예외적인 경우를 제외하면 유가의 예치는 법치[7])에 접근한다고 할 수 있다. 이와 관련해 이승환은 유가의 예와 법가의 법이 지닌 법률적 성격을 "유가의 '예'는 자연법주의에 근거한 법이라고 할 수 있는 반면, 법가의 법은 법실증주의에 입각한 법"이라고 구분한다(이승환 1998, 178). 그러나 종래 대다수의 서구 학자들은 물론 일부 동아시아 학자들 역시 유가의 예를 '도덕규범' 또는 '의례'로 파악함으로써 예치의 법치적 성격을 간과해왔다(이승환 1998, 171-172). 한편 "법가의 법치는 군주 1인의 권리와 권력을 무제한 인정하면서, 군주 이하의 모든 계층은 군주가 제정한 법에 충실히 따를 것을 요구하는 전제적 법치주의"로서 국민의 대표 기관인 "의회가 제정한 법률에 준거한 정치"를 추구하는 근대 서구의 법치와 구분된다. 따라서 민주적 "법치가 국민의 권리 보장과 국가권력의 분립을 핵심 원칙으로 채택하는 데 반해", 법가의 법치는 군주권의 강화와 신민의 통제를 주된 목적으로 한다(이승환 1998, 185).

근대 서구에서 발전된 법치사상이 오늘날 서구 사회는 물론 여타 사회에서도 법치가 제대로 시행되는지 여부를 평가하는 보편적(?) 잣대로 군림하

의 '덕치(rule of virtue)'를 비교연구하는 것은 학문적으로 중요한 작업임이 분명하지만, 이 글의 목적과 직접적으로 상관이 없으므로, 여기서는 별도로 고찰하지 않겠다.

7) 그러나 이 경우 그 법원(法源)은 성문법과 불문법을 포괄한다.

고 있기 때문에, 이 글의 주제와 관련해 좀더 자세히 고찰할 필요가 있다. 오늘날 서구에서 법의 지배는 자유민주주의의 핵심적 원칙의 하나로서 통상 세 가지 관념으로 구성된 것으로 인식된다. 첫째, 법치는 자의적인 권력에 의한 지배에 반대되는 관념으로 일반적인 법의 최고성을 지칭한다. 이 점에서 법치는 인치(人治, rule of men)에 대비되는 개념으로서 정치권력을 규제하며 그것을 비인격적인 것으로 전화시킨다. 둘째, 법치는 법 앞의 평등, 계급과 계층에 상관없이 공직자를 포함한 모든 사람들이 일반적인 법의 평등한 적용을 받는다는 관념을 지칭한다. 셋째, 법치는 최고의 입헌적 법, 곧 헌법이 상위법으로서 통상적인 법을 구속한다는 관념을 지칭한다(Solum 1994, 122 ; Macedo 1994, 148-149 ; Gaus 1994, 328-330 ; 다이시 1993, 106-123 참고).

역사적으로 가장 전통적인 의미에서의 법치는 첫째 요소를 지칭하는 것으로 인식되어왔다. 그러나 법치의 첫째와 둘째의 조건이 충족되더라도 압제는 가능하다. 예를 들어 모든 국민에게 해외여행의 자유나 언론의 자유를 금지하는 법—마치 마약 복용을 금지하는 법을 제정하는 것처럼—이 제정되어 평등하게 적용된다면 첫 번째와 두 번째 의미에서의 법치는 존재하는 것이기 때문이다. 따라서 세 번째 요소가 필요하며, 이를 위해서 독립된 사법부가 입법부나 행정부의 정치적 행위에 대해서 헌법과 같은 상위법에 의거해 사법심사(위헌심사)를 할 수 있는 권한을 보유하는 제도, 곧 입헌주의가 오늘날 법치의 필수적 요소로 인식된다(Macedo 1994, 149). 특히 세 번째 요소는 서구 근대사상의 전개 과정에서 전통적으로 존재하던 입헌주의가 법치와 결합한 결과 추가된 것이다. 따라서 오늘날 법치주의는 기본권의 보장, 권력의 분립, 성문헌법의 존재[8]와 함께 입헌주의(constitutionalism)의

---

8) 물론 영국과 같이 불문헌법에 의해서 다스려지는 국가도 예외적으로 존재한다.

필수적 구성요소로 인정된다.[9] 논리적으로 입헌주의가 법치와 불가분적으로 결합할 필요는 없지만, 서구 정치사상사에서는 역사적으로 특히 근대에 들어와 서로 강하게 결부된 것이다.

3. 서양 정치사상사에서 법치사상의 전개와 덕치사상의 겸전 (兼全)

1) 서양 정치사상사에서 법치사상의 전개

서양 사상사에서 아리스토텔레스와 같은 그리스 철학자, 로마의 법률가, 중세와 근대의 자연법 사상가, 로크, 몽테스키외, 루소, 헤겔 등 근대사상가들 및 미국의 건국자들은 대체로 법치의 바람직함을 적극 옹호해왔다. 그러나 법치사상이 입헌주의와 긴밀히 결부되어 발전해왔기 때문에, 오늘날 법치주의는 대체로 입헌주의의 전개와 연관되어 논의된다.

서양의 입헌주의는 그리스의 혼합정체(politeia) — 온건하고 균형 잡힌 정부 형태 또는 제한된 정부 — 라는 개념에 근거를 두고 있다. 또한 입헌주의는 힘의 지배에 반대되는 법의 지배, 올바름의 지배라는 의미를 지니고 있었다(Maddox 1989, 52). 아리스토텔레스에게 법의 지배는 신 및 이성에 의한 지배와 동일시되었다. "법이 통치해야 한다고 주장하는 사람은 신과 이성만이 통치해야 한다고 주장하는 것으로 간주될 수 있으며, 사람이 통치해야 한다고 주장하는 사람은 정치에 야수적인 요소를 첨가시키는 것과 같다.……법은 신과 이성의 순수한 목소리처럼 '어떤 감정의 요소도 없는 이

---

9) 그러나 서구 정치사상사에서 입헌주의와 법치의 명시적 결합은 근대에 들어와 영미법의 전통에 따라 확립된 것이다. 서구 정치사상사에서 입헌주의는 본래 "어떻게 통치자를 규제할 것인가?(How to Rule the Rulers?)"라는 문제 제기에서 비롯되었다. 따라서 입헌주의는 가장 기본적으로 "정부의 행위에 대한 규제의 체계"로 정의된다(Friedrich 1968, 320).

성'이라고 정의할 수 있겠다"(아리스토텔레스 1994, 154). 그러나 뒤에 본격적으로 논의할 것처럼 아리스토텔레스는 성문법 역시 중요하지만 불문의 관습에 기초를 둔 법이 성문법보다 더 높은 권위를 가지며, 또한 더욱 중요한 문제를 다룬다고 생각했다(아리스토텔레스 1994, 155). 따라서 민회가 제정한 법보다는 관습에 근거한 노모스(nomos)를 더욱 근본적인 규범으로 중시했다.

로마공화정 말기에 키케로는 그리스 정치사상을 로마에 수용하면서 컨스티튜오(constitutio)라는 개념을 창안했는데, 그것은 그리스의 혼합정체 개념에 근접한 것으로서, "온건하고 균형 잡힌 정부 형태"를 의미했다(Maddox 1989, 51). 또한 키케로는 예전의 상위법 개념을 원숙한 자연법 개념으로 발전시킨 스토아학파의 자연법사상을 로마에 수용해, 혁명적 관념을 제기했다. 나라의 법이 참된 법—불변의 영구적인 이성—과 일치하지 않으면 그 특정한 법은 무효라는 것이었다. 그의 컨스티튜오는 '참된 법에 의한 지배'를 의미했다(Maddox 1989, 54-55). 이처럼 로마인들에게도 법치는 보편적인 자연법으로부터 도출되는 이성에 의한 지배로 관념화되었다. 따라서 그레이엄 매독스는 이렇게 말한다. "서구 입헌주의의 토대는 그리스의 노모스에 토대를 둔 인민주권론이었으며, 그것은 보편적인 자연법으로부터 유래한 올바른 이성에 의한 지배로서 로마 시대의 사법 제도와 법학에 의해서 신성화되었다"(Maddox 1989, 55).

이처럼 그리스와 로마의 정치적 전통과 실천에 의해서 '법의 지배'는 인민주권론 및 자연법사상과 결부되어, 올바른 통치 형태라는 긍정적 의미를 가지게 되었다. 그리고 로마제정 이후 중세에 이르는 장구한 기간 동안 입헌주의가 권위주의적 색채를 띠는 경우에도, 법의 지배는 자연법사상과 연결되어 긍정적 의미를 유지할 수 있었다. 그리하여 "왕은 어떤 인간에게도 복종하지는 않지만, 신과 법률의 아래에 있다"는 말은 중세에도 널리 받아들여졌다(Maddox 1989, 58).

이런 법치사상은 근대에 이르러 자연법사상에 근거한 사회계약론이 출현하면서 다시 부각되었다. 대표적으로 로크는 입법권과 행정권의 분리를 주장하고 인민의 대표인 입법부에 의해서 제정된 일반 규칙인 법에 의한 정부를 주장했다. 이런 법치주의는 입법부·행정부·사법부의 분립과 이 권력들 상호 간의 견제와 균형을 통해서 시민의 자유를 보장하고자 한 몽테스키외의 권력분립론을 통해서 근대적인 입헌주의 원칙으로 정식화되었고, 미국의 독립에 뒤이은 헌법 제정과 함께 근대 서구 민주국가의 확고부동한 원리로 자리잡게 되었다. 그 결과 법치의 원리는 1948년 12월 유엔 인권선언에도 채택되었다. "인간이 폭정과 억압에 대한 최후의 수단으로서 반란에 호소하지 않으려면, 인권이 법치에 의해서 보호되어야 한다는 것은 필수적이다"(Solum 1994, 121에서 재인용).

법치사상이 이처럼 서구 정치사상사의 주류를 형성해왔지만, 서양의 정치가 민주화되기 이전인 19세기에 이르기까지 서구 사회의 법 현실에 법치사상이 효율적으로 관철되지는 않았다는 점에 주목할 필요가 있다. 영국과 미국에서는 19세기에 이르면 법치주의가 정치 질서의 기본적인 원칙으로 자리잡게 되고, 20세기에 들어서면 대부분의 유럽 국가에서 법의 지배의 원칙이 상당히 높은 수준으로 실현되지만, 그 전까지 유럽 대부분의 국가들의 정치 현실은 법치와는 거리가 멀었다(다이시 1993, 100).

역사적으로 프랑스혁명 이전의 절대군주제가 전형적인 폭군 정치로 치부되는 경향이 있는데, 그나마 프랑스에서는 법과 여론이 유럽의 다른 국가들— 예를 들어 스페인, 이탈리아의 도시국가들 또는 독일의 공국들— 에서보다 훨씬 더 존중되었다(다이시 1993, 113).[10] 그럼에도 프랑스의 대표

---

10) 프랑스혁명 당시 처형당한 "루이 16세는 특별히 자의적으로 권력을 행사한 군주는

적인 계몽사상가로 명성을 떨치던 볼테르가 겪은 일화는 당시 프랑스에서 법치의 결여를 극명하게 보여준다. 볼테르는 실제로 가보지도 않았던 감방에 관한 시를 (실제로 쓰지 않았음에도) 썼다는 혐의를 받았다. 관리들은 볼테르를 조롱하기 위해 그를 '저재[볼테르]가 염원한 대로' 감옥에 보낸 적이 있다. 그후에도 볼테르는 귀족이 초대한 어느 만찬에서 심한 조롱과 모욕을 받은 후 그 일에 대한 불평을 사석에서 늘어놓았다는 이유로 재차 바스티유 감옥에 투옥되었다(다이시 1993, 111). 따라서 근대 프랑스 왕들이 모두 유별난 폭군은 아니었지만 혁명 전 프랑스 왕정에서 법의 최고성 같은 것이 존재했다고 상정하는 것은 잘못이다. 혁명 이전 프랑스 왕정에서 법치의 결여에 대해서 다이시는 다음과 같이 서술하는바, 이는 비슷한 시기에 '동양적 전제정치'라는 개념을 근대적으로 재정립한 몽테스키외의 모국에 대한 평가라는 점에서 주목할 만한 가치가 있다. "용감한 공직자나 저명한 외교관이라도 죄명도 모르는 채 재판이나 유죄 선고의 절차도 없이 **동양의 전제 체제**에서나 자행됨직한 야만적인 고문보다 더 심한 고행과 굴욕을 감수해야만 했다"(다이시 1993, 113 ; 강조는 필자). 따라서 비교적 일찍부터 법치가 시작된 영미를 제외한다면, 서구에서도 적어도 200~300년에 걸친 치열한 민주화 투쟁을 통해서 법치가 현실적인 실효성을 확보하기 시작했으며, 민주주의의 정착이 최근— 주로 제2차 세계대전 이후— 에 이뤄진 것처럼 법치의 실현 역시 최근의 성과라 아니할 수 없다.

2) 서양 정치사상사에서 법치와 덕치의 겸전

서양 정치사상사에서 법치사상의 형성 과정을 논하면서 필자가 분석했

아니었으며, 더더구나 가혹한 폭군은 결코 아니었다는 것이 일반적인 평가"다(다이시 1993, 112).

던 대표적인 사상가들 역시 일관되게 법치만을 강조했던 것은 아니다. 그들의 법치사상 역시 덕치적 요소에 의해서 보완되고 있다. 이를 간략히 살펴보도록 하자.

플라톤의 경우에는 초기 저작인 『국가』에서 법치보다 덕치를 우월시했다고 해석하는 것이 적절하다. 그는 『국가』에서 절대적 지식인 '좋음의 이데아'를 본으로 삼아 정치 공동체의 공동선을 추구하는 철인에 의한 지배를 주장했다. 그러나 그의 철인 통치론은 좋음의 이데아를 법률화하고자 한 것이 아니며, 그 이데아를 터득한 철학자의 지혜에 대한 확신에 근거하고 있기 때문에 법의 지배라기보다는 일종의 '지혜에 의한 지배(sophocracy)', 곧 철학자의 덕치(rule of virtue)로 파악해야 할 것이다. 그러나 우리는 철인 통치자와 여타 계급의 관계 그리고 철인 통치자의 교육과 충원 과정 및 생활 조건에는 엄격한 입헌적 규제(통치자에 대한 제도화된 규제)— 법치—가 의연히 관철되고 있다는 점 역시 간과할 수 없다. 다른 한편 플라톤은 만년의 저작인 『법률(The Laws)』에서는 지배자의 통치행위를 규제하는 법은 물론 민·형사법에 대해서도 엄밀한 규정을 둠으로써 법치의 원칙을 훨씬 강력하게 주장하고 있다(물론 이런 법치에서 법의 개념은 자연법, 이성법의 개념에 접근한다). 그러나 그의 『법률』 역시 입법에 관한 주요 사항을 유덕한 원로들로 구성된 '야간 평의회(Nocturnal Council)'에 위임함으로써 덕치적 요소를 제도화하고 있다. 이렇게 볼 때, 『국가』나 『법률』 모두에 덕치적 요소와 법치적 요소가 공존하고 있으며, 다만 『국가』가 철학자의 지혜에 대한 낙관적인 믿음에 근거해 상대적으로 『법률』보다 덕치적 요소를 좀더 강조하고 있다고 할 수 있다.

흔히 플라톤의 『국가』보다는 『법률』의 영향을 많이 받은 것으로 해석되는 아리스토텔레스는 법치를 플라톤보다 더욱 강조한다. 그러나 그는 법치를 인치(人治)와 대비시켜 논하면서도, 최선자에 의한 인치의 가능성을 여전히 배제하지 않고 있다. 아리스토텔레스는『정치학』에서 다양한 형태의 왕정을 설명하면서 "최선의 지배자 1인에게 지배받는 것이 더 좋은가, 아니면 최선의 법에 의해서 통치를 받는 것이 더 좋은가?"라는 문제를 제기한다 (아리스토텔레스 1994, 150). 이에 대한 아리스토텔레스의 궁극적 입장은, 상황에 따라 최선의 지배자 1인에 의한 통치를 수용할 수도 있지만, 불문법의 지배가 최선이며, 인간(뛰어난 지도자)에 의한 지배가 그다음이고, 성문법에 의한 지배가 마지막이라는 것이다(아리스토텔레스 1994, 155).[11] 아리스토텔레스는 인치에 담긴 '감정적인 요소'가 이성을 교란하는 요소로 작용할 수 있다는 점을 우려한다. 다른 한편, 법이 예상하지 못한 특별한 문제에 대해서는 뛰어난 지도자가 '법의 수호자' 혹은 '법의 대리인'으로서 구체적 타당성에 입각해 더 잘 판단할 수 있다고 주장한다(아리스토텔레스 1994, 150-151, 154).

　『니코마코스 윤리학』에서는 이런 정신을 이어받아 형평의 개념을 제시하면서 재판관에게 광범한 재량을 허용하고 있다.

　　형평이 정의로운 것이기는 하지만, 그것이 법적으로 정의로운 것이 아니라 법적 정의가 편향적일 때 이를 시정하는 것이라는 점에서 정의롭다는 사실은 어려운 문제를 제기한다. 이를 설명해보면, 모든 법은 보편적으로 규정되기 때문에 어떤 경우에는 일반적인 용어로 무엇이 올바른지를 선언할 수 없는 사태들이 발생한다. 따라서 일반적으로 선언하는 것이 필요하지만 올바르게 선언하는 것이 불가능한 경우에 법률은 대다수의 사례를 고려할 수밖에 없다. 이런 식으로 오류가 발생할 수 있다는 점을 모르는 것은 아니지만 말이

---

11) 아리스토텔레스는 최선자 1인의 지배를 수용하는 경우에도, 일반 법칙이 지배자의 마음속에 있어야 한다고 주장한다(아리스토텔레스 1994, 150).

다. 그렇다고 해서 법률이 올바르지 않은 것은 아니다. 왜냐하면 오류는 법률이나 입법자에게 있는 것이 아니라 사물의 본성에 내재하고 있기 때문이다. 인간 행위의 요소들은 본래 이런 종류의 것이다(아리스토텔레스 1986, 1137b, 169 ; 필요에 따라 번역문 일부 수정).

서구 현대 법학에 있어서도 이런 형평의 적용을 중시하는 입장이 재판관에게 요구되는 사법적 덕의 요소나 재판관의 도덕교육을 강조하는 경향에서 확인된다(Solum 1994, 129-135). 이는 형평을 적용함에 있어서 그 남용이나 오용을 방지하기 위한 것이다. 여기서 형평과 재량을 강조하는 입장이 유가가 강조하는 덕치의 요소와 중첩된 부분이 있음을 알 수 있다. 하지만 이 경우 형평을 강조하는 입장은 법치에 대한 덕치의 우월을 강조하기보다는 덕치를 법치의 미비점을 보완하는 요소로서 활용하는 것이라 할 수 있다. 그러나 앞에서도 살펴본 것처럼, 아리스토텔레스가 성문법보다는 불문법을 중요시한 점, 그리고 법의 지배를 신 및 이성의 지배와 동일시 한 점은 아리스토텔레스의 법치 개념에 강한 '덕치(도덕)'적 요소가 내면화되어 있음을 보여준다.

4. 동양 정치사상사에서 법치사상의 전개와 덕치 · 법치의 겸전

1) 동아시아 정치사상사에서 법치의 전통적 위상

서양과 대조적으로 중국을 중심으로 한 동아시아 문명권에서는 법치가 정치 공동체를 운영하는 적절하고 바람직한 원리로 인정받지 못했다. 이런 사실은 춘추전국시대에 그 틀이 형성된 중국 사상사의 전통에서 법과 법치가 부정적으로 인식되어온 데서 비롯된다. 이런 인식의 원인은 대체로 세 가지로 정리될 수 있는데, 먼저 법가가 부국강병을 목적으로 엄형 · 중형 위주의 법치를 적극적으로 도입하고 추진했으며, 다음으로 법가의 도움을 받아 대륙을 통일한 진(秦) 제국이 역사상 유례없는 가혹한 통치로 인민들의 원성을 샀고, 마지막으로 그후 등장한 한(漢) 제국이 법치에 비판적인 유학을 국교화했기 때문이다.[12]

그러나 주대(周代) 이래 전국시대에 이르기까지 법은 다양한 의미를 가진 개념이었으며, 후대에서처럼 부정적 의미를 강하게 띠지는 않았다는 점을 상기할 필요가 있다. 법(法)의 자의(字意) 분석에 따르면, 법이란 글자는 본래 "죄를 판가름하여 형벌을 가한다는 의미에서 출발"했지만 동시에 '모범', '표준', '법칙', '제도' 등의 의미를 가지고 있었다(장현근 1994, 77-79). 그리고 법가의 출현과 함께 법의 의미는 더욱 풍성해졌다. 그리하여 법은 광의의 정치제도(군신과 상하를 다스리는 제도), "신민의 말과 실천의 적합성 여부를 판단하는 기준", 백성을 다스리는 "상벌 규정", 도량형의 통일 등 "경제 관련 법률" 등을 포함하게 되었다(장현근 1994, 89-90).

그런데 전국시대 법가가 득세하면서 '법'과 '법치'가 부정적인 어감과 의미로 각인된 것은 넓은 의미의 '법' 개념이 '형상(刑賞)'으로 축소되는 과정과 긴밀한 연관을 맺고 있다. 장현근의 분석에 따르면, 법의 개념은 대체로 세 가지 이유로 군주가 신하나 백성을 다스리는 도구인 형상을 의미하는 것으로 점차 축소되었다.[13] 첫째, 법가가 실제로 정치에 참여하는 과정에서 군주의 권한 강화 및 부국강병을 위해서 신상필벌을 강조하고, 유가가 주장하던 인치(仁治)나 덕치의 이상을 쓸모없는 공리공담으로 비난하는 등 정치에서 윤리적 요소를 탈색시키면서, 법가가 강조하는 법은 상대적으로 형

---

12) 중국의 선진 정치사상에서 법의 의미에 관한 상세한 논의로는 장현근(1994)을 참조할 것.

13) 따라서 앞의 다양한 의미에서의 법(法)은 영어의 로(law)의 의미에 부합하지만, 형상(刑賞)을 중심으로 파악된 법은 그렇지 않다.

상을 의미하는 것으로 축소되었다. 둘째, 법가에 대항하던 유가와 묵가 역시 법가의 엄형주의, 중형주의, 부국강병 정책을 비판하면서 법가가 강조하는 법의 의미를 지속적으로 형상의 의미로 축소시켰다. 아울러 순자를 비롯한 유가, 묵가 및 도가들은 법이 지칭하던 '우주 만물의 도' 또는 '광의의 정치제도' 그리고 법이 내포하고 있던 규범적·교화적 의미를 예, 덕, 도 등 다른 개념으로 흡수·확대함에 따라 법의 외연과 내포가 점진적으로 축소되었다. 셋째, 한대(漢代) 이후 안정된 군주 전제정 시대에 들어서면서 정치 공동체에 대한 이상적인 비전을 제시할 수 있는 고도의 정치 이데올로기가 필요하게 되었을 때, 유가 사상이 지배적인 사상으로 부상하고 법가 사상은 퇴조하게 되었다는 것이다. 법가 사상은 부국강병 외의 비전을 제시할 수 없었는데 반해 유가의 덕치사상은 그런 비전을 담고 있었기 때문이다. 그리하여 법은 유가가 추구하는 왕도 정치, 교화 정치의 보조 수단으로 격하될 수밖에 없었다.[14] 이는 한대 이후 유가가 법가에 거둔 사상적 승리라고 할 수 있지만, 대신 법의 의미는 형상의 의미로 축소되었고, 나아가 법치 역시 하나의 도구적 지위로 전락했다. 그리하여 중국 사상사에서 덕치와 예치는 숭상되는 반면에 법치는 일종의 그릇된 통치 방법으로 각인되는 결과가 초래되었던 것이다. 이런 해석을 『논어(論語)』, 『맹자(孟子)』, 『순자(荀子)』, 『한비자(韓非子)』의 분석을 통해서 구체적으로 제시해보면 다음과 같다.

우리는 『논어』의 유명한 구절에서 공자가 당시 초기 법가에 의해서 주장되었던 좁은 의미의 법치— 형정(刑政)—를 비판하고 덕치를 강조하는 것을 발견할 수 있다. "인도하기를 법으로 하고 가지런히 하기를 형벌로써 한다면, 백성들이 형벌을 면하기는 하겠지만 수치심을 느끼지는 않을 것이다. 인도하기를 덕으로 하고 가지런히 하기를 예로써 한다면, 수치심도 느

---

14) 이상의 논의는 장현근(1994, 88 ; 91-99)에 의존한 것이다.

끼게 되고 [처신을] 바로잡게 될 것이다"(『논어』 위정 3, 33).[15] 종래에는 이런 구절이 공자가 법치에 반대한 것으로 인식되기도 했지만, 최근의 해석들은 이 구절이 법치에 대한 덕치의 우월성을, 특히 그 교화적 효과의 측면에서 강조한 것이지 법치 그 자체에 반대한 것은 아니라고 주장한다(이승환 1998, 169-202 참조). 아울러 우리는 유가가 규범적 통제의 수단으로서 예악형정(禮樂刑政)을 망라해 강조해왔다는 원칙에 주목할 필요가 있다. 「악기(樂器)」에서는 예악형정의 의의와 기능을 다음과 같이 말한다. "예로써 그 뜻을 인도하고 악으로써 그 소리를 조화시키며, 정으로써 그 행동을 일정하게 하고, 형으로써 그 간악함을 막는다. 예악형정은 그 극처(極處)에 있어서는 하나이니, 민심을 같게 하고 치도(治道)를 발휘하는 것이다"(이상익 2001, 259에서 재인용). 이 구절을 이상익은 "예악이 인간의 의지를 내면적으로 순치(馴致)시키는 것이라면, 정형(政刑)은 외면적 행위를 규제하는 것이다"라고 해석한다(이상익 2001, 259-260).

이와 관련해 우리는 『논어』에서 법(法)이라는 글자가 형(刑)이나 정(政)과 같은 강제규범보다는 넓은 의미의 정치제도를 지칭하기 위해서 사용되고 있다는 점에 주목할 필요가 있다. 공자가 탕왕의 치적을 논하는 가운데 "권(權)과 양(量)을 삼가고, 법도를 살피며, 폐지된 관직을 다시 설치하시니 사방의 정치가 제대로 거행되었다"(『논어』 요왈 1, 387)라고 말하거나, "법도에 맞는 말(法語)은 따르지 않을 수 있겠는가?"(『논어』 자한 23, 178-179)라고 말하는 데서 알 수 있듯이, 법은 '광의의 정치제도' 또는 '모범'을 뜻하는 긍정적인 의미로 사용되고 있다.

---

15) 『논어』의 이 구절을 이 글의 시작 부분에서 언급한 '죄수의 딜레마'와 대조해보면 공자의 빛나는 통찰을 재확인하게 된다. 죄수의 딜레마에서 죄수들이 자신들의 범죄행위에 대해서 수치심을 느끼기는커녕 형벌을 면하거나 경감시키기 위해서 부심하는 모습이야말로 현대사회에서 우리가 목격하고 있는 법치의 폐해를 공자가 지적한 것보다 훨씬 더 타락한 형태로 보여주고 있기 때문이다.

맹자 역시 인치(仁治)의 이상을 강조하고, 통치자가 백성들에게 넉넉한 재산을 보장하지도 않고 교화하지도 않은 상태에서 형벌을 일삼는 것을 비판하고 있다. "급기야 죄에 빠진 연후에 따라서 그들을 형벌한다면 이는 백성을 그물질하는 것입니다. 인인(仁人)이 지위에 있고서 백성을 그물질하는 일을 하는 것이 어디에 있겠습니까"(『맹자』 등문공 상 3, 145). 따라서 맹자 역시 형벌 위주의 법치에 반대하고 인정(仁政)을 강조하는 것이 분명하다. 실상 맹자는 인정을 규구(規矩)나 육률(六律)과 같이 정치의 객관적인 기준으로 보고 있다(『맹자』 이루 상, 194 참고). 그러나 『맹자』 전편에 걸쳐 법이라는 글자는 결코 부정적인 의미로 쓰이지 않는다. 맹자는 정전법과 하(夏)·은(殷)·주(周) 시대의 학교 제도를 서술하면서 "왕자가 나오면 반드시 와서 [이] 법을 취할 것이니 이는 왕자의 스승이 되는 것입니다"(『맹자』 등문공 상, 148)라고 말하거나 "한갓 선심(善心)만 가지고는 정사를 할 수 없으며, 한갓 법(제도)만 가지고는 스스로 행해질 수 없습니다"(『맹자』 이루 상, 195)라고 말하는 구절 등에서 법은 넓은 의미의 정치제도를 지칭하는 긍정적인 의미로 사용하고 있으며, 다른 곳에서는 모범 등의 의미로 사용하고 있다(『맹자』 이루 상, 194, 197). 이처럼 적어도 『논어』와 『맹자』의 본문에서 공자와 맹자는 형벌 등 강제성을 띤 통치 수단을 적극 활용하는 '협의의 법치'에 대해서는 비판적이었지만, 법이라는 단어 자체는 광의의 정치제도, 규범, 모범을 지칭하는 긍정적 의미로 사용했다.

그러나 전국시대 말에 이르면 법가의 영향력이 증대함에 따라 법의 개념에서 상벌의 의미가 강조된다. 그리하여 같은 유가이지만 순자는 정치의 근본으로 예와 형벌을 강조(治之經 禮與刑)함으로써(『순자』 성상, 497) 좁은 의미의 법치를 공자나 맹자보다 긍정적으로 평가하기 시작한다. 특히 예치를 강조한 순자에게 예는 정치의 객관적 표준—저울, 먹줄, 규구—으로 빈번히 비유된다(『순자』 왕패 2, 237). 순자는 예가 법의 근본(『순자』

권학 3, 53)이며, 예는 성왕의 법도보다 더 큰 것이 없다(『순자』 비상 2, 115)라고 서술하는 등 여러 곳에서 예를 넓은 의미의 법과 거의 동일시한다(『순자』 수신 10, 73 ; 영욕 7, 103 참조). 동시에 순자는 "왕자의 정치에는 신상필벌에 요행이 없었다"(『순자』 왕제 9, 186-187), "국가의 형정이 공평해야 민중이 모이고 예의가 완비되어야 군자가 모인다"(『순자』 치사 2, 295-296), 또는 "형벌이 엄중해야 나라가 잘 다스려진다"(『순자』 정론 3, 365)라는 식의 주장을 전개하거나, 법가가 추구하던 부국강병의 중요성을 십분 인정(『순자』 「왕제」편 참고)함으로써 협의의 법치의 중요성도 수용한다. 그러나 엄연한 유자로서의 위상을 잃지 않고 있는 순자는 인·의·예에 따른 교화를 통한 정치가 신상필벌을 강조하는 협의의 법치보다 우월한 정치라는 점(『순자』 「의병」편 참고)과 덕치·예치의 중심인 군자야말로 도와 법의 중심이라는 점(『순자』 군도 1, 257-259 ; 치사 2, 295-296)을 거듭해서 강조하고 있다. 아울러 순자는 왕자(王者)의 나라는 예, 패자(霸者)의 나라는 법률, 망자(亡者)의 나라는 이익을 중시한다고 주장함으로써 자신의 선호를 명백히 하고 있다(『순자』 천론 7, 353-354).

초기 법가의 경우에 법은 넓은 의미의 사회적 관습과 제도의 총체를 지칭하는 것으로 도덕 규범적 성격을 띠고 있었다(장현근 1994, 85-88). 그러나 한비자에 이르면 법은 좁은 의미의 법—곧 형상(刑賞)—으로 축소되기 시작하며, 술(術)과 마찬가지로 왕이 백성과 신하를 효율적으로 다스리기 위해서 필수적으로 사용해야 하는 통치 도구로서의 법의 성격이 강력히 부각된다. 이런 사실은 "신하를 국법에 의해서 통제해야 한다"(『한비자』 애신, 32)든지, 또는 "대신과 백성은 법이 행해지거나 치세가 오는 것을 괴로워한다"(『한비자』 화씨, 104)든지 하는 『한비자』의 구절에서 쉽게 확인된다. 나아가 순자의 경우에는 교화적 기능을 지닌 예와 형벌 위주의 법을 겸용하고자 했지만, 한비자에 이르면 인의와 법도가 상호 대립적인 개념으로 사용된다. "치술에 통달한 군주는 인의를 멀리하고 능지를 소홀히 대하며 오직 법도에 따를 뿐이다"(『한비자』 설의, 466). 그리고 공자나 맹자에게서는 인정(仁政)이, 순자에게는 예가 규구(規矩)로 비유된 것처럼 한비자에게는 이제 좁은 의미의 법(형상)이 규구로 비유된다. "평범한 군주라도 법도를 지키고, 졸렬한 장인(匠人)이라도 자를 사용한다면 나랏일이나 목수 일에 한 치의 오차도 없을 것입니다. 그러므로 군주된 사람은……보통 수준의 장인이라도 실수하지 않는 방법을 적용하여 힘을 다한다면 공명을 이룰 수 있을 것입니다"(『한비자』 용인, 244 ; 유도, 46 ; 식사, 151 참고).

이런 한비자가 유가의 인치나 예치의 효용에 비판적인 것은 당연하다. 그는 통치자가 백성을 인자하게 대하면, 백성들이 방자해지고 질서가 어지러워진다고 주장한다(『한비자』 난이, 496 ; 난삼, 434 ; 팔설, 496). 왜냐하면 성인의 감화를 받아 선행을 하는 사람은 드물고, 법률이 두려워 악행을 자제하는 사람은 많기 때문이다(『한비자』 현학, 533). 그는 맹자가 덕치의 효율성을 강조하기 위해서 공자의 말을 인용한 구절, 즉 "덕의 유행이 파발마로 명을 전달하는 것보다 빠르다"(『맹자』 공손추 상 1, 81)라는 구절에 빗대어 법치의 효율성을 다음과 같이 강조한다. "낭중(郎中)이 군주의 명을 낭문(郎門) 밖으로 전하면 신속히 온 나라에 전파되어 하루 만에 법률이 시행되었고, 또 그것이 그렇게 어려운 일도 아니었다"(『한비자』 설의, 467).[16] 나아가 그는 유가가 주장하는 인치가 요순(堯舜) 시대에는 가능했는지 몰라도 인구가 증가하고 재물이 부족하게 된 그의 시대에는 더 이상

---

16) 마찬가지로 맹자가 왕자의 출현을 희구하면서 백성들이 학정에 시달리는 상황에서 왕자는 굶주린 자에게 밥처럼, 목마른 자에게 음료처럼 백성들을 쉽게 만족시킬 수 있다(『맹자』 공손추 상 1, 81)고 말한 것에 빗대어 다음과 같이 왕자대망론을 기롱한다. "사람이 백일 동안 먹지 않고 좋은 음식만 기다리다가는 굶어 죽게 된다. 만약 요순 같은 현인이 나타나 이 시대의 백성을 다스리길 기대한다면 이것은 좋은 음식을 기다리다가 굶어 죽는 것과 같은 일이다"(『한비자』 난세, 454).

실현 불가능하다고 주장한다(『한비자』오두, 512-513). 그는 또한 요순의 인정에 의한 교화보다 권세의 효율성을 강조하면서 "포상으로 장려하지 않고 형벌로써 위엄을 보이지 않고 권세를 버리고 법도를 어기고서는 요순이 가가호호 찾아다니며 설명하고 만나는 사람마다 열변을 토해도 세 집조차 다스리지 못한다"라고 말하고 있다(『한비자』난세, 454 ; 난일, 408 참조).

신상필벌과 부국강병을 강조한 법가 사상이 진의 중국 통일에 크게 기여한 점은 부정할 수 없다. 나아가 한비자는 법을 관부에 비치하고 백성들에게 공포할 것(『한비자』난삼, 441 ; 정법, 462), 백성들이 지키기 어려운 법률을 제정하지 말 것(『한비자』용인, 246), 지위와 신분을 가리지 않고 법을 평등하게 적용할 것(『한비자』유도, 46-47 ; 간겁시신, 111) 등을 주장함으로써 법치사상의 긍정적 측면을 크게 신장시켰다. 그럼에도 한비자의 사상이 법치사상으로서 갖는 결정적인 약점은 그가 범용한 군주를 상정했음에도 불구하고 그런 군주의 자의적인 횡포를 규제할 수 있는 제도나 장치에 대한 고려가 전적으로 결여되어 있었다는 점이다. 한비자의 법치사상에서 궁극적인 입법권자는 군주로 상정되며, 군주의 입법이 잘못된 경우 이를 시정할 수 있는 제도적 장치가 결여되어 있다. 보통의 군주가 특히 엄형·중형주의를 포함한 신상필벌의 정신으로 무장한 법(法)·세(勢)·술(術)을 자유자재로 활용하면서 신하와 백성을 괴롭히는 폭정을 자행하는 경우, 이를 억제할 수 있는 제도적 장치가 없다는 점에서 한비자의 법치사상은 사실상 폭군정을 용인하는 방향으로 흐를 수밖에 없었다. 마지막으로 한비자는 법을 인의와 대립된 형상으로 파악함으로써 궁극적으로 중국 정치사상사에서 법의 외연을 축소시키고 법의 의미를 부정적으로 각인시키는 데 결정적인 영향력을 미쳤다. 그리하여 이제 법의 부정적인 의미와 더불어 법치는 그 자체로, 한대 이후 지식인을 비롯한 대다수의 백성들에게 악정의 표본을 상징하게 되었던 것이다.

2) 중국 사상사에서 법치와 덕치의 겸전 : 공맹을 중심으로[17]

지금까지 필자는 공자와 맹자가 덕치·예치를 강조했을 뿐이지 광의의 법치는 물론 형벌을 위주로 한 협의의 법치를 전적으로 배척하지 않았으며, 그들 역시 협의의 법치를 보조적인 통치 수단으로 수용했다고 주장했다. 그러나 『논어』나 『맹자』에는 공자나 맹자가 협의의 법치에 반대한 것으로 해석될 법한 구절들이 있다. 여기서는 그런 구절들을 재해석해 그것이 협의의 법치에 배치되는 것이 아니며, 나아가 현대의 법치사상에 수용될 수 있다는 점을 밝힘으로써, 덕치에 바탕을 둔 그들의 언행이 현대의 법치와 양립 가능하다는 점을 보여주고자 한다.

먼저 우리는 공자가 (협의의) 법이나 형의 기능을 『논어』의 다음과 같은 구절에서 긍정적 또는 중립적으로 서술한 경우를 발견할 수 있다. "군자는 덕을 생각하고 소인은 땅 욕심만 내며, 군자는 형(刑)을 생각하고 소인은 은혜[이익]를 생각한다"(『논어』, 이인 11, 76).[18] 이 구절은 군자 역시 인(仁)과 덕(德)뿐만 아니라, 형(刑)을 행위의 준거점으로 참작하고 있음을 시사한다. 또 공자는 송사가 없게 되는 것을 이상으로 삼기는 했지만, 현실에서 송사를 잘 처리해야 할 필요성 자체를 부정하지는 않았다(『논어』, 안연 13). 덕치를 이상으로 삼기는 했지만, 차선으로 법치의 긍정적 기능을 부정하지는 않았던 것이다.

마찬가지로 절도죄를 저지른 아버지를 자식이 관가에 고발하는 것이 타당한가를 둘러싼 공자와 섭공의 대화를 법치에 대한 공자의 반대를 표명하는 것으로 해석하는 것 역시 적절하지 않은 듯하다. 이 대화는 효와 충 가운

---

17) 순자의 경우에는 예치와 법치가 혼재해 있는 상태이기 때문에, 법가인 한비자는 사실상 덕치를 전면적으로 배척하기 때문에 덕치와 법치의 겸전과 관련해 논하지 않겠다.

18) 이 구절은 견리사의(見利思義)의 정신과 부합하는 듯하다. 그렇다면 법은 의를 판단하는 기준이 되고 있지 않은가?

데 어느 것이 더 우월한 덕목인가라는 문제를 놓고 위정자인 섭공은 충을 우월한 덕으로 보았던 데 반해, 공자는 인륜과 친친(親親)의 입장에서 효를 더 우월하게 여겼다는 점을 보여줄 뿐이다. 공자가 이 일화에서 절도죄를 저지른 아버지를 법에 따라 처벌해서는 안 된다고 주장하는 것은 아닐 것이며, 아버지를 체포하러온 관리에게 자식이 저항하는 행위를 용납하지도 않을 것이다. 그리고 이 일화에 나오는 아들이 아버지의 범죄를 당국에 고지·고발할 법적 의무를 부담하는지도 명확하지 않다.[19] 여기서 현대의 형법은 친족이 범죄자인 경우에는 이른바 불고지죄나 범인 은닉죄를 적용하지 않는다는 점에 주목할 필요가 있다.[20] 국법 질서를 인륜 질서보다 더 중시할 법한 현대 법치국가도 가까운 친족 관계에는 일정한 예외를 인정하고 있는 셈이다. 그리고 공자가 이런 현대의 법을 적극 지지할 것임은 물론이다. 공을 우선시하는 국법 질서 역시 일정한 사적 관계의 경우 공법의 적용을 배제함으로써 그 사적 관계의 온존을 용인할 수밖에 없는 것이다.

한비자가 공자를 비판하기 위해서 언급하고 있는 사례, 즉 늙은 부친을 봉양하기 위해서 세 번이나 탈영한 병사를 공자가 처벌하기는커녕 오히려 효자라고 칭찬하고 좋은 자리에 등용했다는 사례 역시 공자가 협의의 법치 일반에 반대하는 것으로 해석해서는 안 될 것이다. 물론 이 특수한 사례에서 공자가 인륜 질서를 보호하기 위해서 법질서 위반을 묵인하고 있는 것은 사실이다. 이 점에서 공자가 실정법에 대한 절대적 복종을 우선시하는 법실증주의자가 아님은 분명하다. 하지만 이 경우 현대의 법치 정신—법실증

---

19) 만약 그런 의무를 부담하지 않는다면 공자의 발언은 당연히 실정법에 반하는 것이 아니다. 그리고 당대에 그런 실정법 규정이 있다면 섭공이 대화에서 법에 따라 아버지를 고발한 아들을 굳이 칭찬할 필요가 있었을까? 그 소행이 법을 지키기 위한 것이지 자발적인 것이 아니라면 칭찬의 가치가 크게 삭감되고 말기 때문이다.

20) 이에 대해서는 현행 형법 제151조(범인은닉과 친족 간의 특례)를 참고.

주의를 포함해— 에 따른다 해도 공자가 병사를 보호할 수 있는 방법이 없는 것은 아니다. 비록 재판관은 실정법에 구속되지만, 재판관으로서 공자는 정상을 참작해 집행유예나 선고유예를 내림으로써 병사를 석방할 수 있다. 또한 현대의 입헌 국가에서라면 공자는 부모를 봉양해야 할 책임이 있는 자식을 징집하는 병역법(과 위반 시 이를 처벌하는 법규)에 대해서 위헌심사를 제청할 수 있을 것이다. 그러나 공자 당시에는 법치주의의 완벽을 기하는 그런 구제 절차가 없었음이 분명하다. 다만 당시의 법 규정에서 공자가 취한 것과 같은 조치를 취할 정도의 재량이 재판관에게 인정되어 있었다면, 재판관으로서의 공자는 법질서를 위반하지 않는 셈이 될 것이다. 즉, 그런 제도적 조건하에서 공자가 병사를 보호하는 조치를 취했다면 공자는 법치에 반대하지 않은 셈이 된다. 이 점과 관련해서 우리는 한국의 현행 병역법에, 현역병 입영 대상자가 노부모의 생계를 돌보아야 하는 경우처럼 "본인이 아니면 가족의 생계를 유지할 수 없는 자"일 때 현역병 입영을 면제하는 규정을 두고 있다는 점에 주목할 필요가 있다.[21] 다시 말해, 현대의 법치주의 역시 인륜 질서를 존중하고 있는 것이다. 따라서 법치라고 해서 인륜 질서를 보호해야 하는 특수한 사정을 불문하고 무조건 법을 집행할 것을 주장하는 것은 아니다. 이처럼 두 가지 일화에 대한 재해석을 통해서 우리는 인륜 질서를 옹호하는 공자의 유가적 이상이 법치에 수용될 수 있다는 사실을 확인할 수 있다. 이런 특수한 사정을 고려하지 않는 법질서에 대해서 공자가 설령 규정과 다른 행동을 취함으로써 비판적인 태도를 보였다고 해서, 이를 법치에 대한 전면적인 반대로 확대해석할 필요는 없는 것이다.

맹자 역시 앞에서 논의한 것처럼, 그리고 다음의 인용구에서 드러나는

---

[21] 이에 대해서는 병역법 제62조(가사사정으로 인한 전시근로역 편입 등)를 참고.

것처럼, 덕치와 법치의 겸전을 공자와 비슷한 차원에서 고려하고 있다. "왕께서 인정을 백성에게 베푸시어, 형벌을 살펴(신중히)하시며, 세금 거둠을 적게 하신다면……"(『맹자』 양혜왕 상 5, 27). 또한 맹자는 다른 곳에서 "한갓 선심만 가지고는 정사를 할 수 없으며 한갓 법만 가지고는 스스로 행해질 수 없다"고 말함으로써 덕치와 광의의 법치의 겸전을 직접적으로 강조하고 있다(『맹자』 이루 상 1, 195).

맹자의 법치사상과 관련해 자주 인용되는 사례는, 순이 천자이고 고요가 법을 집행하는 관리로 있는데 순의 아버지인 고수가 사람을 죽인다면 순이 어떻게 처신할 것인가라는 가상적인 질문에 대한 맹자의 답변이다(『맹자』 진심 상 35, 401-403). 이 질문 역시 궁극적으로 공자가 직면했던 사례인 효와 충―충을 국법 질서에 대한 복종이라고 풀이한다면―이 충돌하는 경우라 할 수 있다. 이에 대한 맹자의 답변은 고요는 법대로 집행하면 되고, 순은 흔쾌히 임금 지위를 포기한 채 아버지 고수를 업고 도망쳐 바닷가에 숨으리라는 것이다. 이 사례에서도 맹자는 고요의 처신을 통해서 신분 차별이 없는 법 앞의 평등을 강조하고 있다. 순이 아버지를 업고 도망친 행위는 엄격한 의미에서 법질서에 복종하는 행위는 아니지만, 순 역시 공직―그것도 천하를 다스리는 왕자(王者)의 지위―을 포기하고 사인(私人)으로 돌아감으로써 일단 공직자의 엄격한 법집행 의무로부터 벗어나고자 했다는 점에서 법치는 엄연히 관철되고 있다. 이제 나머지는 범죄를 저지른 아버지를 아들이 은닉한 경우에 해당하는데, 이는 이미 공자의 사례를 언급한 데서 논의된 것처럼, 현대의 법치국가에서도 법의 적용을 유보하는 경우에 해당한다.

우리는 위의 세 사례에서 공자와 맹자가 인간이 중시하는 소중한 인륜적 가치를 보호하기 위해서 실정법의 적용을 반대하거나 유예하고자 했다는 점에 주목할 필요가 있다. 그 가치란 부자지간의 인륜적 가치였고, 그 적용이 거부·유예된 것은 형벌 적용을 둘러싼 형법의 영역이었던 것이다. 이처럼 법치가 국민의 긴요한 가치나 권익을 침해할 위험이 있는 경우에 국법의 적용을 유예하면서까지 그것을 보호하고자 하는 정신은 현대 서구의 법치가 추구하는 정신—시민 권익의 옹호—에 적극 부합한다고 할 수 있다. 따라서 표면적인 형식상의 모순과 달리 유가의 정신은 현대 서구의 법치 정신과 이 점에서 맞닿아 있다. 그리고 공자와 맹자의 행위는 앞에서 인용한 바 있는 '먼저 덕과 예로써 백성을 다스려야 한다'는 문구와도 맥을 같이한다. 만약 위의 사례에서 행위자들이 법치 원칙에 따라 불고지죄, 탈영죄 또는 범인은닉죄로 기소된다면, 그들은 유죄를 선고받은 경우는 물론 다행히 처벌을 면한 경우에도 모두 부끄러움을 느끼지 않을 것이다. 심지어 유죄로 처벌받은 경우에는 국법 질서를 원망할 것임이 분명하다. 그리고 어느 경우에나 이를 처벌하는 실정법이 유가가 중시하는 인륜 질서는 물론 나아가 위민 정신에 직접적으로 위반되는 것임은 분명하다. 그리고 그런 행위를 처벌하는 경우야말로 "형벌이 적정하게 시행되지 못함으로써 백성이 손발조차 제대로 둘 데가 없는" 사례에 해당하고, 또 국법 질서가 인(仁)을 해치는 경우에 해당할 것이다.[22] 요컨대 공자나 맹자의 이런 처신은 법실증주의적 법치를 주장하는 한비자에 의해서 격렬한 비판을 받기는 하겠지만, 유가의 인치(仁治) 이념에 적극 부합할 뿐만 아니라 현대의 법치의 이상에도 반하지 않는다. 따라서 우리는 공자와 맹자의 제한적 일화에서 드러나는 덕치와 인정(仁政)에 대한 강조가 현대의 법치사상에서도 수용될 수 있는 것임을 확인할 수 있다.

---

22) 위정자가 부모를 봉양해야 하는데 그 부모를 놔두고 전쟁에 나갈 것이며, 자신의 아버지를, 그것도 비교적 사소한 범죄를 저지른 아버지를 고발해야 한다고 생각할 것인가?

3) 동아시아 법사상과 현대 입헌주의

　중국의 법사상을 유가의 사상과 법가의 사상으로 대별해 서양의 근대 법치사상과 연관시켜볼 경우, 지금까지 논의에서 밝혀진 것처럼, 법가는 서양의 법치사상에서 두 요소, 곧 (실정)법의 일반적 최고성과 법 앞의 평등이라는 요소를 강조했다고 할 수 있다. 그러나 유가는 신분에 따른 차등적 대우를 인정하고 있었기 때문에 법 앞의 평등을 강력히 주장하지 않았고 또 (특히 형정의 의미로 축소된) 법의 최고성을 받아들이지 않았다고 할 수 있다. 그러나 유가의 법사상은 근대 서양 법치사상의 세 번째 요소인 통치자를 규율하고자 하는 입헌주의적 문제에 관해서 일관된 관심을 유지해왔다. 무엇보다도 유가는 통치자들의 덕치를 통한 백성의 교화를 중시했기 때문에 통치자들의 도덕적 수양을 강조해왔다. 유가의 민본사상 및 위민사상 역시 맹자의 여민동락(與民同樂) 등의 개념을 통해서 백성에 대한 인정(仁政)을 요구해왔다. 따라서 오직 인정을 베푸는 유덕한 통치자만이 정통성을 구비할 수 있었던 것이다. 이런 위민사상, 덕치사상 및 천명사상을 통해서 드러나는 것처럼 유가의 법사상에는 통치자의 전횡, 폭정을 견제하고자 하는 입헌주의적 정신이 내재해 있었다.[23] 그러나 법가는 군주에 의한 신하 및 백성의 통제에만 초점을 맞춤으로써, 군주권의 강화에는 기여했는지 모르지만, 군주를 어떻게 제어할 것인가라는 문제에는 주목하지 않았다.[24]

　서양 사상사에서 입헌주의적 문제의식—통치자를 어떻게 규제할 것인

---

23) 폭군에 대한 저항을 인정하는 역성혁명론이나 반정이론은 바로 이런 사상에 연원하고 있다(『맹자』양혜왕 6, 60-61 ; 양혜왕 8, 63-64 ; 만장 9, 311-312).

24) 법가가 출현했던 전국시대에는 군주와 신하 그리고 국가들 간에 약육강식의 논리가 팽배했기 때문에 입헌주의적 문제의식의 결여를 이해할 수 없는 바도 아니다. 특히 법가의 주장을 군주의 안전을 국가의 안전과 동일시한, 근대 서구에서 발전한 '국가 이성'이라는 개념으로 파악한다면 말이다.

가?— 은 그리스 민주정과 로마공화정의 역사적 경험에 근거한 '인민주권론'과 '혼합정체론', 그리고 공동체의 집단적 의지를 표상한 법이나 자연법사상에 근거한 '법의 지배'라는 개념을 적극 활용함으로써 전개되어왔다. 아울러 근대 자유주의·민주주의의 영향하에서 입헌주의는 권력의 상호 견제와 균형을 추구하는 삼권분립론 및 인권 사상과 결합해 더욱 강력한 위상을 확보했다. 그러나 중국 문명권에서는, 특히 법가가 법을 주로 지배자의 통치 도구인 형상(刑賞)으로 개념화함으로써 법의 의미와 외연이 축소된 이래, 지배자의 권력을 규제하거나 인민의 권익을 보호하고자 하는 문제의식이 법치와 결부되어 발전하기 어려운 상황이 조성되었다.

물론 한대 이후 외유내법(外儒內法)의 원리에 따라 유학의 법가화, 법의 유가화가 진행되면서, 역대 중국 왕조는 정교한 법전을 정비해왔다. 당률(唐律), 대명률(大明律), 대명회전(大明會典), 대청회전(大淸會典) 등이 그 대표적인 예다. 그 법전들은 행정법(典) — 정부 조직의 분화와 권한의 정교한 배치라는 점에서 입헌적 요소가 있다 — 은 물론 형법전(律)이나 민사나 상거래를 규제하는 법조문들을 포함하고 있다. 따라서 이런 법전을 살펴보면 근대 법치사상의 첫 두 요소 — 법의 일반적 최고성과 법 앞의 평등 — 가 비록 완벽하지는 않지만, 기본적인 골격을 갖추고 있음이 확인된다. 그렇기 때문에 서양의 좀더 세련된 학자들은 법치의 세 번째 요소, 즉 통치자를 규제하는 입헌적 제도나 규범이 명시적 형태로 발견되지 않는다는 점에서 동양에서의 법치의 부재를 문제 삼기도 한다.[25]

그러나 유가의 예치사상을 좀더 심층적으로 살펴보면 유가 사상에 입헌주의에 상응하는 요소가 내재해 있었다는 점을 분명히 확인할 수 있다. 법

---

25) 물론 근대 서구에서와 같은 성문헌법이 존재하지 않았다는 점도 문제 삼을 수 있을 것이다. 그러나 서양에서도 성문헌법은 미국의 독립 이후 헌법 제정에 의해서 비로소 존재하기 시작한 것임을 명심할 필요가 있다.

가의 등장 이래 법의 개념이 축소되는 것과 동시에 국가 통치의 규범과 제도의 총체를 지칭하는 전장법도(典章法度)—광의의 법—에서 입헌적 요소가 예의 개념으로 옮겨갔기 때문이다. 전통적인 동아 문명에서 규범 질서는 예, 전(행정법), 율(형법)로 구성되어 있는데, 함재학은 자신의 박사 학위 논문에서 예를 통치자에 대한 규칙적인/체계화된 규제를 구현한 규범으로 볼 수 있기 때문에 입헌적 규범으로 간주할 수 있다는 주장을 내놓았다(Hahm 2000, 112). 물론 예치사상에 입각해 편찬된 대법전들에는 군주의 행위를 규율하는 다양한 의례적 절차 및 군신 간의 예에 관해서 다양한 종류의 조항들이 정밀하게 규정되어 있다. 그러나 예에 대한 자세한 규정은 일종의 사회문화적인 관행이나 의례 또는 일종의 도덕규범으로 인식됨으로써 정치적 규범으로 파악되지 않는 경향이 있다(Hahm 2000, 64-65). 그러나 우리는 예의 기능 중 가장 중요한 것이 인간 행위를 외부에서 규제하고 내면적으로 절제시키는 것이라는 점에 주목하지 않을 수 없다. 예의 이런 제어적 기능은 『논어』의 「안연」편에 강렬하게 표현되고 있다. "예가 아니면 보지 말며, 예가 아니면 듣지 말며, 예가 아니면 말하지 말며, 예가 아니면 동하지 마는 것이다"(『논어』안연 1, 229 : 非禮勿視 非禮勿聽 非禮勿言 非禮勿動).[26] 특히 한대 이후 예가 법률화되는 과정에서 통치자가 준수해야 하는 의례적 형식이 성문화됨으로써 통치자를 규율하는 예의 측면이 크게 부각되었다(Hahm 2000, 127). 게다가 행정절차를 정교하게 규율하는 전(典) 역시 입헌적 기능을 수행했다. 따라서 이런 예치사상에 입각해 중국과 조선왕조에서는 통치자가 적절한 의례를 준수하지 않으면 통

---

26) 『논어』의 「학이」편에서도 예의 제어적 기능에 대해서 다음과 같이 말하고 있다. "유자가 말했다. '예의 용은 화가 귀함이 되니, 선왕의 도는 이것을 아름답게 여겼다. 그리하여 작은 일과 큰 일에 모두 이것을 따른 것이다(有子曰 禮之用 和爲貴 先王之道 斯爲美 小大由之)." 이에 대해서 주희(朱熹)는 "예가 천리의 절문(節文)이요 인사의 의칙(儀則)이다(禮者 天理之節文 人事之儀則也)"라고 주석하고 있다(『논어』학이 12, 27).

치자로서 정통성을 상실하는 것으로 인식되었던 것이다(Hahm 2000, 130).

따라서 우리는 함재학의 주장에 따라 예를 치자와 피치자를 모두 규율하고자 한 법과 도덕의 중간 형태의 정치 규범으로 파악하고, 특히 치자를 규율함에 있어서 예가 입헌주의적 기능을 행사해왔다는 점을 강조하면서, 유가의 입헌적 질서를— 법의 지배로 보기는 곤란하지만—, 예의 지배로 개념화할 수 있다(Hahm 2000, 111-112, 188). 영미에서는 정치권력의 행사를 법원의 관할에 복종시킴으로써 입헌주의를 달성하고자 했고, 그 과정에서 법치의 원리가 동원되었다. 그러나 중국과 조선의 예적 입헌주의 체제 하에서는 통치자를 예를 통해서 최대한 규제하고, 권력을 의례적인 것으로 개념화함으로써, 통치자에 의한 권력행사가 예적 규율의 엄격한 준수를 요구받게 되었다. 그리고 이 과정에서 고대 성왕의 권위, 조종지법, 선왕지도, 사서육경을 포함한 유교의 경전 역시 통치자의 행위를 규제하는 데 효과적으로 동원되었다.[27)

이런 입헌주의는 동아시아 국가들 중에서도 유가의 이상을 철저히 구현하고자 한 조선에서 가장 강력하고 체계적으로 제도화되었다. 대표적인 제도적 장치로는 재상제, 경연, 간쟁, 사관 제도 등을 들 수 있다. 먼저 재상은 사대부의 우두머리로서 유가적 이상인 인정(仁政)에 관해서 통치자에게 조언하는 자리다. 재상은 이런 조언을 통해서 인민의 복지보다 자신의 이익을 추구하고자 하는 국왕의 성향을 끊임없이 견제한다. 경연은 학문과 덕성

---

27) 예의 입헌주의적 기능을 『논어』에 나오는 공자의 예에 대한 논의에서도 어렵지 않게 발견할 수 있다. 예를 들어 공자는 「팔일」편에서 노나라의 대부로서 권력을 전단하던 계씨(季氏)가 오직 천자만이 거행할 수 있는 팔일무(八佾舞)를 추게 하거나 노나라의 삼가(三家)에서 제사를 마치면서 천자만이 거행할 수 있는 시경의 옹장(雍章)을 노래하게 하자 이를 맹렬히 비판한다(『논어』 팔일 1-2, 50-51). 또한 계씨가 대부로서 제후의 예를 참람해 태산에서 여제를 지낸 것에 대해서도 마찬가지로 비판했다(『논어』 팔일 6, 54).

이 뛰어난 신하들이 경전에 대한 교육을 통해서 왕을 교화하는 제도다. 경연은 왕의 정치적 행위의 당·부당에 대해서 신하들이 의견을 개진하는 효과적인 통로로 기능했다. 조선에서 경연은 굳게 확립되어 그것을 게을리하면 왕의 입헌적 의무를 소홀히 하는 것으로 간주되었다. 경연의 주된 내용은 성학(聖學)이라고 불리었으며, 이 제도의 궁극적 목적은 통치자를 성왕으로 만드는 것이었다(Hahm 2000, 181). 그리고 경연에서 강의하는 경전은 오경과 사서였으며 주희의 『근사록(近思錄)』, 『대학연의(大學衍義)』, 『성리대전(性理大全)』 등도 포함되었다. 나아가 제도화된 비판 기구인 사간원의 역할은 특히 통치자인 군주의 잘못을 비판하고 그의 행동을 바로잡는 것이었다. 일반 선비들도 개인적으로 상소 제도를 활용해 군주의 잘못을 논할 수 있었다. 마지막으로 사관 제도 역시 예에 대한 담론을 통해서 통치자를 규제하는 제도였다. 입헌주의가 정치권력의 행사에 대한 문책 가능성을 확보하고자 하는 것이라면, 사관 제도는 역사적인 문책 가능성을 확보하는 유효한 제도였다.[28]

5. 맺는글

지금까지 법치와 덕치를 둘러싼 동서양 정치사상사의 전개 과정을 살펴본 데서 드러난 것처럼, 두 문명권에서의 일반적 입장은 어느 한편을 전적으로 수용하고 다른 한편을 전적으로 배척하는 것이 아니라, 양자 중 어느 하나를 중심으로 다른 하나를 통합적으로 겸전하는 것이었다. 그러나 앞에서도 지적한 것처럼, 한국사회에서는 서구 문명의 압도적 영향하에 법치주의가 통치 원리로 채택된 이래, 한편으로는 나날이 법을 양산하는 정부의

---

28) 이에 대한 자세한 논의는 함재학(Hahm 2000, 170-240)을 참조.

법 만능주의 경향과 다른 한편으로는 이에 대한 반사작용 및 유가의 법치 폄하 전통의 영향하에서, 일반 시민의 법에 대한 냉소주의 또는 무법 상태가 기묘하게 공존하고 있다. 그리고 이런 사실은 법치주의가 비교적 완비된 서구 사회에서도 예외가 아니다.

오늘날 현대 국가에서 정교한 법제도의 완비에도 불구하고 법치의 목적이 제대로 구현되지 못하고 있는 것은 법을 제정하는 자, 법을 집행하는 자, 법을 준수할 의무가 있는 일반 시민들에게 법을 지키려는 의식—곧 준법정신—이 결여되어 있기 때문이다. 이와 관련해 우리는 법치의 필수적 전제인 준법정신이 장기적으로는 법치가 아니라 덕치—시민적 덕성과 습성—의 산물이라는 점에 주목하지 않을 수 없다. 단기적으로는 정교한 법체계의 완비 그리고 한비자가 주장한 엄형·중형주의가 외형상 시민의 법규 준수를 확보할 수 있겠지만, 그 주된 성격은 타율적 복종이지 자율적 복종이 아니다. 왜냐하면 그런 법문화에 익숙한 시민들은 처벌의 가능성이 없을 때 또는 부도덕한 행위를 처벌하는 규정이 없을 때는 쉽게 불법적 또는 비합법적 행위에 탐닉하기 때문이다. 따라서 공동체의 구성원들이 법을 잘 지키는가라는 문제는 법 이전에 존재하는 공동체의 규범 문화에서 형성되는 준법정신에 의존하며, 준법정신은 바로 시민적 덕성에서 연원한다.

앞에서 분석한 바 있는 동서양의 사상가들 역시 이런 문제의식을 공유하고 있었다. 그 문제의식은 플라톤이 정치 지도자에 관해서, 아리스토텔레스가 일반 시민에 관해서 고민하던 주제였다. 아리스토텔레스에게는 법의 규정보다 법을 지키려는 준법정신이 더 중요했고, 준법정신은 시민적 덕성과 습속에서 유래하는 것이었다. 따라서 그리스 법사상에서 법이란 입법가가 인간의 도덕적 행위를 위해서 신의 의지를 발견해 입법화하고, 구성원들로 하여금 그 법을 추구하도록 훈련시킴으로써 그 법이 공동체의 집단적 의지로 승화되는 것이었다(Barker 1959, 323). 따라서 어네스트 바커는 아리스토텔레스의 법사상에 대해서 다음과 같이 말한다. "종이 위에 쓰인 탁월한 법보다 중대한 것은 그 법을 인민의 정신적 결(fibre)에 써넣는 것이었다.……준법정신은 법보다 더 중요하다.……법의 핵심은 시민이 법을 지키려는 의지다"(Barker 1959, 323).

덕치에 대한 공자를 비롯한 유가의 강조 역시 바로 이런 문제의식에서 비롯된 것이었다. 공자는 자신이 '오종주(吾從周)'라고 말하면서 주의 문물을 따를 것을 선언했지만, 이전 왕조인 은에 비해 주의 제도가 너무나 정교하고 법치적인 것을 완화하고자 덕치를 강조했다(소공권 1988, 85-86 ; 102-103).[29] 더욱이 주 왕실이 해체되는 춘추시대 말 극도의 혼란 상황 속에서 공자 역시 덕치를 강조하는 것이 실현 불가능한 주장이라는 점을 숙지하고 있었을 것이다. 그럼에도 그처럼 대담한 주장을 내세우고 고수한 것은, 형정을 위주로 한 제도의 정교한 완비를 통해서는 백성의 도덕적 완성은 말할 것도 없고 사회규범을 준수하는 것마저도 달성될 수 없다고 믿었기 때문일 것이다. 나아가 덕치가 단순히 이상적인 목표로서 그치는 것이 아니라 우리의 현실을 해석하고 비판하는 척도로 작용함으로써, 덕치 역시 우리 현실의 일부를 구성할 수 있다는 신념에서 비롯된 것이었을 터다.

이처럼 덕치의 이상은 제도의 정비 못지않게 정치 지도자와 일반 시민의 덕성을 함양하는 것이 중요하다는 점을 우리에게 끊임없이 환기시킨다. 본래 덕치의 이상은 지도자의 도덕적 우월성을 전제하기 때문에 권위적인 색채가 강함을 부정할 수 없다. 유덕자가 정치 지도자가 되어야 하지만 다른 한편 정치 지도자는 유덕하다고 간주되기 때문이다. 그러나 과거 전통 사회에서는 최고 통치자가 세습되고 통치 계층 일반 역시 특정 계급이나 신분으로부터 충원되었기 때문에 유덕한 지도자를 확보하는 데 어려움이 따랐다.

---

29) 따라서 법치에 대한 공자의 비판적 문제의식은 지극히 '현대적'인 것이다.

또한 이런 어려움은 현대 민주국가에서도 극복된 것이 아니다. 오늘날 민주국가는 일반 시민이 참가하는 선거제도 및 다양한 제도적 장치를 통해서 일견 유덕한 인물을 정치 지도자로 선출할 수 있는 기회를 구비하고 있는 것처럼 보이지만, 실제로 좋은 정치 지도자가 배출되고 있는지는 의문이다. 오늘날 한국인 역시 민주화 이후 이 점을 뼈저리게 느끼고 있다. 그리고 이런 곤경은 미국과 같은 민주주의 경험이 가장 오래된 국가에서도 적절히 해결되지 못하고 있다.

이런 곤경에 대한 해결책은 선거나 기타 공직자 충원 제도의 완비에 앞서, 훌륭한 정치 지도자는 물론 주권자로서 품격을 유지하는 시민을 양성하기 위한 덕의 함양에서 찾아야 할 것이다. 따라서 덕치의 정신에 따라 정치의 최고 목적이 교육이라는 고전적 이상을 되살리고 다양한 시민교육과 사회화 과정을 마련해 민주적 시민의 덕을 양성하는 것이 급선무로 제기된다. 그렇기 때문에 시민적 덕(civic virtue)과 관련된 주제는 현대 민주주의 정치 이론에서도 중요한 의제로 남아 있다.[30] 그리고 시민적 덕성의 양성에 있어서 일반적인 교육과 사회제도 역시 중요하지만, 그에 못지않게 대의민주제하에서라도 시민적 덕성을 함양하는 정치적 제도, 예를 들어 모든 시민들이 국가의 법률 또는 (일터, 학교, 병원, 보호시설, 감옥 등 자기가 속한 공동체의) 규칙의 제정 과정에 직접 참여할 수 있는 경험을 제공함으로써 시민들에게 입법자로서의 마음을 심어주는 직접/참여 민주주의 그리고 재판관으로서의 덕성과 정의에 대한 존중을 심어주는 배심원 제도를 활성화하고 채택하는 것이 필요할 것이다.

---

30) 이 점에서 궁극적으로 덕치와 법치의 상호 보완적 겸전의 문제는 '군자 대 시민'의 문제와 맞닿아 있다. 그리고 이는 별도의 논문을 구성하는 주제이기도 하다.

참고 문헌

『論語集註』. 성백효 역주. 1991. 서울 : 전통문화연구회.

『孟子集註』. 성백효 역주. 1992. 서울 : 전통문화연구회.

『荀子』. 윤오영 역주. 1976. 서울 : 현암사.

『韓非子』. 박건영 · 이원규 역해. 1999. 서울 : 청아출판사.

다이시, 알버트 저. 안경환 · 김종철 역. 1993. 『헌법학입문』. 서울 : 경세원.

베버, 막스 저. 이상률 역. 1996. 『유교와 도교』. 서울 : 문예출판사.

_____. 박성수 역. 1998. 『프로테스탄티즘의 윤리와 자본주의 정신』. 서울 : 문예출판사.

소공권 저. 최명 역. 1988. 『중국정치사상사』. 서울 : 법문사.

아리스토텔레스 저. 최명관 역주. 1986. 『니코마코스 윤리학』. 서울 : 서광사.

_____. 나종일 · 천병희 역. 1994. 『정치학/시학』. 서울 : 삼성출판사.

이상익. 2001. 『유가 사회철학 연구』. 서울 : 심산.

이승환. 1998. 『유가사상의 사회철학적 재조명』. 서울 : 고려대학교 출판부.

이재룡. 2000. "한국의 법제도와 예규범." 『전통과 현대』 제11호, 54−69.

장현근. 1994. "선진정치사상에서 법의 의미." 『한국정치학회보』 제27집 2호, 75−96.

전병재. 2000. "한국의 법과 전통문화." 『전통과 현대』 제11호, 16−32.

정병석 · 이진우. 1996. "덕치와 법치." 철학연구회 편저. 『윤리질서의 융합』. 서울 : 철학과 현실사, 185−226.

플라톤 저. 박종현 역주. 1997. 『국가 · 정체』. 서울 : 서광사.

Barker, Ernest. 1959. *The Political Thought of Plato and Aristotle*. new ed. New York : Dover Publication.

Frank, Andre Gunder. 1995. "The Modern World System Revisited : Rereading Braudel and Wallerstein." Stephen K. Sanderson. ed. *Civilizations and World Systems : Studying World-Historical Change*. C.A. : AltaMira Press.

Friedrich, Carl J. 1968. "Constitutions and Constitutionalism." *International Encyclopedia of Social Sciences*. New York : Macmillan.

Gaus, Gerald F. 1994. "Public Reason and the Rule of Law." Ian Shapiro. ed. *The Rule of Law :*

Nomos XXVI. New York : New York University Press.

Hahm, Chaihark. 2000. "Confucian Constitutionalism." J. S. D. Dissertation. The Harvard Law School Graduate Program.

Macedo, Stephen. "The Rule of Law, Justice, and the Politics of Moderation." Ian Shapiro. ed. *The Rule of Law : Nomos* XXVI. New York : New York University Press.

Maddox, Graham. 1989. "Constitution." Terrence Ball. ed. *Political Innovation and Conceptual Change*. Cambridge : Cambridge University Press.

Plato. 1937. *Laws*. tr. Benjamin Jowett.New York : Random House.

Richter, Melvin. 1977. *The Political Theory of Montesquieu*. Cambridge : Cambridge University Press.

Shapiro, Ian ed. 1994. *The Rule of Law : Nomos* XXVI. New York : New York University Press.

Solum, Lawrence B. "Equity and the Rule of Law." Ian Shapiro. ed. *The Rule of Law : Nomos* XXVI. New York : New York University Press.

06

조선 유교 헌정주의의 성립

도통론과 문묘배향 논쟁을 중심으로

이석희 · 강정인

1. 글머리에

헌정주의(constitutionalism)[1]라는 용어는 서구에서 기원한 것으로, 오늘날 우리는 이 용어를 통해서 대체로 성문헌법과 법의 지배, 기본권의 보장, 권력의 분립(또는 권력의 견제와 균형), 사법심사 등을 떠올린다. 이 제도들은 모두 근대 서구의 역사 속에서 발전해온 것들인데, 만일 헌정주의를 위 제도들의 총화 혹은 선별적 조합으로 이해한다면, 기실 이러한 제도를 발전시키지 못했던 비서구의 역사는 헌정주의적이지 않았다는 평가가 가

---

1) 영어의 '컨스티튜셔널리즘(constitutionalism)'에 대한 우리말 번역으로는 주로 '입헌주의(立憲主義)'와 '헌정주의(憲政主義)'라는 용어가 병용되고 있다. 그런데 이하의 설명에서 드러날 것처럼, 영어의 '컨스티튜션(constitution)'은 물론 '컨스티튜셔널리즘'의 역사적 용례에서 우리가 통상 이해하는 법 또는 헌법의 요소가 두드러지지는 않는다. 물론 한자의 '헌(憲)' 역시 본래 '법' 또는 '성문법'만을 의미하는 것은 아니었지만, 오늘날 우리나라의 용례에서는 '법'의 의미가 매우 강하다. 따라서 컨스티튜셔널리즘을 입헌주의로 옮기게 되면, 법적 요소가 두드러지고 역사적으로 중요했던 정치적 요소가 상대적으로 약화된다. 이 점을 고려하여 필자는 이 글에서 입헌주의보다는 헌정주의라는 용어를 사용하여 거기에 담긴 강한 정치적 의미를 보존·유지하고자 한다.

능하다. 그러나 헌정주의를 이렇게 이해하는 것은 서구 근대 사상의 전개 과정을 통해서 원초적 헌정주의가 자유주의 및 법치와 결합했기 때문이다 (강정인 2002, 75).

그렇다면 원초적 헌정주의란 무엇인가? 그것은 본래 "어떻게 통치자를 규제할 것인가?(How to Rule the Rulers?)"라는 '헌정주의적 문제의식'에 대한 답변이다. 이 관점에서 미국의 저명한 정치이론가 프리드리히는 헌정주의를 기본적으로 "정부의 행위에 대한 규제의 체계"로 정의했다(Friedrich 1968, 320). 따라서 원래 고대 그리스와 로마에서 "온건하고 균형 잡힌 정부형태"를 의미하던 헌정제도 또는 "내재적 제약과 시민들의 상호 의무에 의해서 완충된 제한된 정부라는 헌정주의적 전통"(Maddox 1989, 51)이 근대에 들어와 영미법의 전통에 따라 명시적으로 자유주의 및 법치와 결합된 결과 우리가 이해하는 서구의 근대적인 헌정주의가 확립되었다. 이렇게 본다면, 법의 지배, 권력의 분립, 사법심사, 기본권의 보장 등은 통치자의 자의적인 권력행사를 방지하고자 하는 헌정주의의 핵심적인 도구나 수단이지 헌정주의 그 자체는 아니라고 할 수 있다(함재학 2008, 104). 다시 말해 그것들은 서구의 '자유주의적' 헌정주의의 필수불가결한 요소라고 할 수 있지만, 그렇다고 헌정주의의 초역사적이고 보편적인 발현은 아니라는 것이다. 절대 권력은 절대적으로 타락하며 그 결과 통치자는 물론 정치공동체 전체에 위태로운 해악을 초래하기 때문에 이에 대한 제도적·실천적 대비책을 마련해야 한다는 헌정주의적 문제의식은 시공을 초월하여 모든 정치공동체에 보편적으로 존재해왔다. 그것은 서구 문명에서는 물론 동아시아를 포함한 비서구 문명권에서도 중요한 정치적·철학적 주제로 논의되어왔고 발전해왔던 것이다. 이러한 사실은 근대 서구의 대안인 자유주의적 헌정주의가 비록 하나의 탁월하고 본받을 만한 해결책이라 평가받고 추천될 수 있지만, 그렇다고 해서 그것이 유일하고 보편적인 헌정주의의 모델은 아니라는 점을 시사한다.

　실제로 서구정치사상사에서 헌정주의의 기원을 아리스토텔레스까지 소급하려는 시도들이 존재하며, 근대 이전에 헌정주의는 군주정·귀족정·민주정의 혼합정부를 지칭하기도 했다(Friedrich 1968, 319-321). 물론 헌정주의는 헌법의 존재와 불가분의 관계다. 그런데 헌법의 핵심이 "통치자의 권력의 한계를 명확히 하고 그 자의적인 행사를 억제하는 것"이라면, 바꾸어 말해 "통치자의 지위와 권력의 정당성 내지 정통성의 근거"가 헌법이라면(함재학 2004, 279-280), 헌법이 반드시 문서의 형태로 존재할 필요는 없다. 그렇기 때문에 미국과 프랑스 법학자의 시각에서 영국에는 헌법이 없는 것처럼 보이기도 하지만, 영국의 헌법은 단일한 문서의 형태가 아닐 뿐이며 여러 정치적 문서와 관행의 형태로 분명히 존재한다. 헌법의 궁극적인 목적(telos)은 자의적인 권력을 제약하고 제한적 정부를 확보하는 것이며, 영국 헌법 역시 "어떻게 압제 없이 통치받을 수 있을까?"라는 질문에 대한 길고 고통스러운 시행착오의 산물이기 때문이다(Sartori 1962, 853, 855, 858). 이 점에서 헌법의 주된 적용대상은 바로 정치권력 그 자체이다.

　그런데 정치권력의 자의적인 행사를 어떻게 방지할 것인가에 대한 제도적 구상을 문서로 제시한다고 하더라도 그것이 바로 헌정주의라고 말하긴 어렵다. 그러한 규범적인 이론과 제도적 구상이 없이 헌정주의가 달성될 것을 기대하기는 어렵지만, 동시에 많은 역사적 사례는 단지 그러한 이론이나 구상을 담은 문서가 존재한 것만으로는 자의적인 권력행사를 막지 못해 왔음을 증언한다. 그러나 이 경우에도 헌법은 그것을 수호하고자 하는 사람들에 의하여 부당한 권력을 비판하는 잣대로서 작용하며, 그러한 공감대가 역사적으로 축적·확산되어 헌정주의가 발전한다. 예컨대 마그나 카르타(Magna Carta)는 영국 헌정주의의 기원으로 인식되지만, 이 문서가 작성된 이후에도 수많은 자의적 통치자가 있었다. 그러나 영국의 인민들은 군주에게 지속적으로 마그나 카르타 등을 준수하라는 규범적 요구를 해왔고, 군주가 결국에 굴복하여 현재와 같은 헌정주의 체제가 되었다. 이 측면에서 헌정주의는 정치권력의 자의적 행사를 방지하려는 "실천(practice)이자 그것을 설명하고 정당화하는 이론(theory)"으로 이해해야 할 것이다(Friedrich 1968, 319-320).

이처럼 헌정주의는 보편적 문제의식의 역사적 산물이기 때문에, 동서양 역사 속에서 다양한 헌정주의적 시도를 발견할 수 있다. 따라서 이에 대한 비교정치사상적 연구는 동양과 서양, 전통과 근대 사이의 보다 풍성하고 성찰적인 대화를 가능하게 할 것이며, 나아가 그러한 시도들에 대한 분석과 이해는 현대 헌정주의를 발전시키는 데에도 기여할 것이다. 이 글은 이런 문제의식으로 조선 정치사상사에 접근한다. 유교를 국교로 선언한 조선은 유교 이론과 제도를 통해서 건국 초기부터 정치권력을 어떻게 정당화하고, 어떻게 제약할 것인지를 고민했는바, 이는 유교 헌정주의의 제도화로 그 모습을 드러냈다. 다만 이 글은 조선의 유교 헌정주의의 내용이 무엇이냐는 것보다, 조선의 유교 헌정주의가 어떻게 가능했냐는 질문을 해명하고자 한다. 이 글의 초점은 유교 헌정주의에서 정치권력을 누가, 곧 어떤 인적 주체가 제약할 것인지, 그들은 자신들의 자격을 어떻게 정당화했는지에 맞춰져 있다.

이 글의 주장은 조선시대 유교 헌정주의가 인정(仁政) · 왕도(王道) 등으로 표현되는 유교적 가치를 지향하고 선진(先秦) · 한당(漢唐)을 걸쳐 발전해온 유교적 정부 구조로 출발했지만, 그것이 헌정주의적으로 작동하기 위해서는 이를 운용하여 유교적 헌정 원리를 구현할 인적 주체가 필요했다는 것이다. 조선의 사대부들은 주자와 그의 제자 황간이 발전시킨 도통론(道統論)을 활용하여 정치적 주체의 역할을 정당화했다. 도통론의 내적 논리에 따르면, 도통을 담지한다는 것은 유교 경전에 대한 올바른 해석의 권위를 차지한다는 것, 즉 정치권력을 규율하기 위한 규범적인 정당성을 확보한다는 것을 의미했다. 이들이 자신에게 도통이 있다는 것을 인정받으려는 정치적 노력의 과정에서, 문묘(文廟)는 도통의 정치적 상징 공간으로 부상했다. 따라서 실천의 측면에서 유교 헌정주의의 핵심은 '도통'이며, '문묘'라는 상징적인 공간에 누가 배향되어야 할 것인지를 둘러싼 담론의 전개를 통해서 헌정주의가 정립되어가는 과정을 관찰할 수 있을 것이다. 헌정주의가 단순히 정부 구조와 그에 관한 이론이 아니라면 누가 권력을 제약할 것인가에 대한 정당화 논변과 그것의 실천적 측면을 분석할 필요가 있다.

2. 유교 헌정주의와 조선 전기의 정치 현실

이 절에서는 유교 헌정주의의 선행연구를 비판적으로 검토하고, 그 미비점을 두 가지 측면을 중심으로 논할 것이다. 두 가지란 ① 선행연구가 헌정주의의 실천적 측면을 소홀히 다루었다는 점, ② 선행연구가 역사적 시각을 결여한 채 조선 초부터 유교 헌정주의가 완성된 것처럼 다루고 있다는 점이다. 이러한 비판은 유교 헌정주의가 '조선의 유교화'라는 역사적 변화를 통해서 점진적으로 이론과 실천에서 완성된 모습을 갖추었다는 전제에 기초하고 있다. 아래에서는 유교 헌정주의를 둘러싼 논쟁을 추적하면서 두 가지 논점을 전개하겠다.

1) 유교 헌정주의 이론

유교와 현대의 '법치' 개념이 양립할 수 있는가에 대한 국내의 연구는 이전부터 진행되어왔지만(장현근 1994 ; 이승환 1998), 이를 헌정주의라는 개념으로 체계화하여 '유교 헌정주의'라는 연구 분야를 선구적으로 개척한 학자는 함재학(Hahm 2000)이다. 그에 따르면 헌법이란 정치권력을 정당화하고(legitimate), 유지하며, 불신임하는 규범과 제도의 묶음이며, 헌정주의란 그것이 실제로 작동하는 것이다(Hahm 2000, 45, 47). 이러한 개념에 근거해서 함재학은 전근대 동아시아의 유교 문화에서 예(禮)가 헌정적 규범으로서 이론과 실제 양면에서 기능했다고 평가하며, 따라서 이를 유교 헌정주의라고 부를 수 있다고 주장한다(Hahm 2000, 62-63). 동아시아 전통의 헌정적 구조는 의례(禮), 행정법(典), 형법(律)으로 구성되는데, 그중 예는 통치자가 준수해야 할 적절한 규범이자 동시에 국가 통치체계 전반을 의미했다(Hahm 2000, 112, 140). 함재학은 유교 헌정주의에서는 통치자의 정당성이 적절한 예의 준수로부터 나온다는 사실을 근거로, 예를 유교 헌정주의의 핵심적 규범으로 이해해야 한다고 주장한다(Hahm 2000, 122, 145).

함재학에 따르면, 유교 헌정주의는 '예에 대한 담론'의 결과물인 재상(宰相)·경연(經筵)·간관(諫官)·사관(史官)의 네 가지 제도적 장치를 통하여 작동했다(Hahm 2000, 4장). 재상은 인정(仁政)에 대한 유교적 가르침에 따라 군주를 훈계하는 역할을 수행했으며, 경연은 모범이 될 만한 유교적 지식관료가 유교 경전과 역사 교육을 통하여 군주를 성인(聖人)으로 만들려는 목적을 가진 제도였다(Hahm 2000, 173, 178-182). 또 군주에 대한 간언을 전담하는 기구도 있었는데, 이들의 임무는 문자 그대로 군주의 국정 운영과 처신을 비판하는 것이었다(Hahm 2000, 185-186). 이들에겐 국왕이 승인한 법안을 반대할 권한도 있었는데 이는 유교적 헌정구조에서 새로운 법안이 유교에 부합하는지를 확인하는 수단이었다(Hahm 2000, 191). 마지막으로 사관은 유교 헌정주의에서 정치권력의 역사적 책임성을 확보하려는 시도로 이해할 수 있다. 군주의 행위는 당대는 물론 후대의 시각에서도 납득 가능해야 했으며, 따라서 군주의 행적은 기록으로 남아 후대에도 끊임없이 평가받았다. 군주는 사관의 배석 없이 신료를 접견할 수 없었고, 심지어 자신에 대한 기록도 볼 수 없었다. 이는 사관의 자율성과 독립성을 보장하기 위한 장치였다(Hahm 2000, 192-198).

함재학의 선구적인 연구 이후 다양한 연구가 축적되었다. 이 연구들은 대체로 유교 헌정주의의 헌정적 구조와 그것의 철학적 배경을 분석한다. 송재윤은 헌정주의를 "국가의 강압적 권력이 반드시 제약되어야 한다는 이념"으로 이해하면서, 『주례(周禮)』의 「천관(天官)」편과 그에 대한 13세기 남송(南宋) 사상가들의 주석에서 권력분립에 대한 관점으로서의 헌정주의를 발견한다(Song 2009, 425). 최연식은 한대(漢代) 유교가 국교화되면서 황제의 자의적 권력행사를 제한하려는 유학자들의 문제의식은 『예기』에 집약되는데, 이 문서에서 유교의 헌정주의적 구상을 확인할 수 있다고 주장한다(최연식 2009, 59-60). 한편 유교전통의 헌정적 구조가 아니라 그 바탕이 되는 정치사상이나 지적 전통 자체에 주목하여 유교 헌정주의에 접근하는 연구도 존재한다. 김성문은 선양(禪讓)에 대한 맹자와 순자의 논변을 분석하면서, 양자를 덕치 헌정주의와 예치 헌정주의로 구분한다(Kim 2011). 마찬가지로 선진유교사상에서 헌정주의를 탐색하는 진희권은 선진유교는 왕도정치라는 이념을 바탕으로 군주의 권력을 제한하고 통치의 수단과 방법을 제도화했다고 주장한다(진희권 2017).

이상의 연구들은 '동양 사회에는 법치가 없다거나 전제정치만 있었다는 오랜 오리엔탈리즘적 편견'을 불식하기 위해서 고심한다(최연식 2009, 45-46 ; Song 2009, 437 ; Kim 2011, 371-372 ; 진희권 2017, 33).[2] 그러나 이런 편견에 대한 비판으로서 유교의 '지적 전통'과 유교 경전이 제시하는 '이상적인 제도의 형태'에만 초점을 맞추어 헌정주의를 발견하려는 시도는 단지 소극적인 항변에 불과한 것으로 보인다. 유교의 정치제도적 구상이나 유교사상 자체가 어떠하건, 그것이 역사 속에서 실질적으로 정치권력을

---

2) 곧 설명할 것처럼, 함재학의 연구는 이러한 지적에 대한 예외를 구성한다.

어떻게 정당화하고 제약했는지를 밝히지 않는다면, 이는 서구의 오랜 편견에 대한 완전한 반론이 되기에는 충분하지 않기 때문이다.

기실 유교라는 지적 전통에는 왕도정치 등 구체적인 정치적 지향이 있었지만 그 자체가 헌정주의에 기초한 것은 아니다. 다시 말해, 요·순 같은 성왕의 통치 자체가 헌정주의에 해당하지 않는다. 또한 특정한 문서가 존재한다고 해서 권력이 효과적으로 통제된다는 점을 보증하는 것도 아니다(김비환 2008, 19). 역사적으로 보더라도 동아시아의 국가들은 『주례』나 『예기』가 제시하는 정부 구조를 수용했지만, 이 국가들이 유교적 헌정주의를 체계적으로 실천에 옮겼는지는 별도의 검토를 요한다. 따라서 유교국가의 예치 이념을 '유교 헌정주의'로 규정할 수 있다고 하더라도, 헌정주의로 평가하기 위해서는 헌정적 요소들의 존재와 체계적 작동 및 정치적 역학관계에 대한 분석이 동시에 이루어져야 한다(김비환 2008, 19).

앞에서 언급된 연구들과 달리 함재학은 자신의 연구가 실증적이라는 점을 강조한다. 그는 유교 헌정주의에 대한 자신의 입장이 유교라는 전통이 모든 시대를 통해서 헌정주의를 실천에 옮겼다거나 유교의 가르침이 헌정주의로 귀결되는 논리적 필연성을 담고 있다고 주장하는 것이 아니며, 심지어 유교전통의 정치적 경향이 헌정주의와 개념적 친화성을 가질 수 있다는 가능성을 사후적으로 발견하려는 것도 아니라고 단언한다. 그의 주장에 따르면, 조선에서는 초기[3]부터 헌정주의적 문제의식이 유교적 언어와 개념으로 표현되고 논의되었으며, 규범으로서 제도화된 경험이 실제로 존재한다는 것이다(함재학 2008, 103-105). 유교국가의 법체계는 예(禮), 전(典), 율(律)이라는 세 종류 법으로 구성되는데, 조선에서는 『국조오례의

---

3) 이 글에서 조선 초기는 15세기, 조선 전기는 15-16세기를, 조선 중기는 16-17세기를 아우르는 표현이다. 조선사의 시대구분에 대한 논쟁의 간략한 정리는 계승범(2014, 16-27)을 참고.

『國朝五禮儀)』, 『경국대전(經國大典)』, 『대명률(大明律)』이 각각 여기에 해당한다는 것이다. 그에 따르면, 이 세 법전에 헌법, 행정법, 형법적 규범이 다소 혼재하지만, 그중에서도 『국조오례의』가 헌법적 기능, 곧 최고통치자의 권력을 체계적으로 규율하는 기능을 주로 담당했다(함재학 2004, 283-286). 김비환 역시 실증적 관점에서 『경국대전』으로 완성되는 조선 초기의 정치체제를 유교적 입헌군주제로 규정하면서, 당시 통치권력을 제약하던 헌정주의적 기제로 군주를 '화육신(化)肉身, incarnated)' 시키는 제도적 장치와 권력 관계를 제시한다. 유교의 정치이념은 다양한 경전을 통해서 천명되지만, 경전의 원리들은 법전에 분명하게 명시된 규칙들이 아니었기 때문에 헌정주의적 기능을 수행했다고 보기 어렵다. 유교 헌정주의의 실천적 특징은 군주를 통제하던 재상·간관 등 제도뿐만 아니라 군주에게 유교이념을 반복적·지속적으로 강습함으로써 군주 스스로가 유교 원리들을 내면화(화육신)하도록 압박한 경연 제도에서 발견된다는 것이다(김비환 2008, 11, 16). 여기에 더하여 '선왕지도(先王之道)'·'조종성헌(祖宗成憲)'이 전통의 권위를 바탕으로 현재의 권력을 제어하는 헌정주의적 기능을 수행했다(함재학 2006, 190-192). '선왕지도'란 소위 '삼대(三代)'로 불리던 고대의 이상적인 시대의 규범 전반을 가리키는 개념으로서, 유교 정치의 궁극적인 이상은 이 시대를 당대에 재현하는 것이었다. '조종성헌'이란 천명을 받아 왕조를 창업한 시조가 남긴 제도와 법으로서, 군주 개인은 '효'의 측면에서 이를 준수해야 했으며, 보다 현실적인 측면에선 '선례'를 중시하는 유교의 전통주의적 담론 구조에서 준수가 요구되었다(함재학 2006, 192-193).

종합하자면 조선에서 유교 헌정주의의 구조는 다음과 같다. 우선 정치가 지향해야 하는 이상, 즉 '선왕지도'가 여러 경전에 산재해 있다. 이는 『국조오례의』에 규정된 적절한 예법을 준수하는 동시에 옛 제도와 '조종성헌'을 종합한『경국대전』에 규정된 제도를 통하여 달성할 수 있다. '경연'은 바로 군주에게 그러한 유교적 이상을 학습시키고 이를 구체적인 정책으로 실현하기 위한 논의가 진행되는 장이었으며, '삼사(三司)'라 불리는 사헌부·사간원·홍문관이라는 간쟁·언론기구는 유교적 규범을 바탕으로 군주의 구체적인 처신과 정책을 비판하는 한편 조언을 제공했다. 사관제도는 군주의 일생과 치적을 유교적 규범을 기준으로 기록하고 사후적 평가를 하는 동시에 후세에게 이러한 평가를 전달하는 역할을 했다.

　이러한 실증적인 시도들에 대해서 박홍규·송재혁은 날카로운 비판을 제기하는데 그것은 두 가지 요지로 압축된다. 첫째, 헌정주의로 해석되는 조선의 여러 요소들은 군주가 자신의 주장을 관철하기 위해서도 폭넓게 활용되었다는 것이다. 예컨대 경연 역시 왕권에 대한 견제로 기능하기보다는 오히려 군주들이 정책을 구상하고 집행하는 데 있어 필수적인 지식을 갖추게 함으로써 군주의 권위를 확립하는 데 기여했다. 만일 선행연구의 주장대로『경국대전』·『국조오례의』및 각종 제도가 왕권을 제약하려는 목적이었다면, 이들의 제정·편찬 과정에서 '어떻게 왕권을 제약할 것인가?'라는 문제의식 및 그로 인한 군주와 신하의 첨예한 정치적 대립이 보여야 함에도 불구하고 그러한 문제의식과 갈등은 나타나지 않는다는 것이다(박홍규·송재혁 2012, 122, 123, 128).

　둘째, 박홍규·송재혁에 따르면, 조선 초기 정치적 과제는 견제와 균형보다는 왕권의 강화에 있었다. 조선의 건국자들은 고려 말 정치의 실패 원인을 왕권의 유명무실화로 이해했기 때문에, 고려의 재상들이 맡았던 행정실무들을 여러 기관에 분산하고 군주 중심의 국정체제를 만들었다는 것이다(박홍규·송재혁 2012, 131, 136-137). 이 맥락에서 볼 때,『경국대전』은 군주 중심의 체제를 제도화한 것으로서 군주의 권력행사를 돕기 위해서 제정되었다고 이해하는 것이 타당하다는 주장이다(박홍규·송재혁 2012,

124). 나아가 군주권과 신권(臣權)의 균형과 견제라는 해석은 세력균형론에 근거하는데, 세력균형이란 동등한 행위자들 사이에 성립하는 개념으로서, 조선에서 신권이 왕권에 직접 도전하는 것은 불가능했다는 점을 놓치고 있다고 비판한다(박홍규·송재혁 2012, 126).

2) 유교 헌정주의의 여러 요소와 조선 전기의 정치 현실

박홍규와 송재혁의 지적대로, 여러 연구가 제시하는 유교 헌정주의 요소들이 조선 전기에 실제로 헌정주의적 기능을 수행했는지는 다소 의심스럽다. 나아가 유교 혹은 성리학[4]이 조선의 정치를 규율하는 최고 규범, 즉 헌법적 규범으로서의 위상이 확고했는지도 의문이다. 고려 말 한반도에 수입된 성리학은 이후 조선이라는 새로운 국가를 건설하는 이념적 동력으로 작용했고,[5] 그후 유교가 조선인의 삶 전반에 결정적 영향을 끼쳤다는 것은 부인하기 어렵지만(강상규 2013, 63), 불교사회에서 유교사회로의 변화는 왕조교체에도 불구하고 매우 점진적으로 일어났으며(정두희 2010, 46-48), 조선 초 사대부들은 성리학적 입장에서 이단시되는 여러 사상적 경향들에 탄력적·절충적 태도를 보였다(김홍경 1996, 271-272). 당시에는 불교, 도교, 민간신앙 등이 여전히 사회의 저변을 장악하고 있어서 성리학의 위상이

---

4) 이 글에서 유교와 성리학의 쓰임은 다음과 같은 기준으로 구분된다. ① 성리학은 유교의 한 학파이다. ② 성리학은 유교의 다른 학파들과 텍스트를 공유한다. ③ 성리학과 다른 유교 학파들은 각각의 입장에 따라 텍스트를 상이하게 해석하는 지점이 있다. 따라서 유교라는 용어가 사용될 때는 유교 전반의 공통된 입장을 말하며, 성리학이라고 할 때에는 다른 유교 학파와 구분되는 성리학적 입장을 가리킨다.

5) 예컨대 조선이라는 국가를 기획한 정도전은 『조선건국전』에서 공자를 인용하면서 조선을 "동쪽의 주나라"로 만들겠다는 포부를 밝힌다. 이는 고려 태조 왕건이 「훈요십조」에서 "우리 국가의 왕업은 반드시 모든 부처님의 호위하는 힘에 뒷받침 받아야 한다"고 밝힌 것과는 분명히 구별된다. 다만 정도전이 '유교적'이 '성리학적'인지는 다소 논란이 있다. 정도전에게는 한당유학적 특성과 주자성리학적 특성이 모두 나타나기 때문이다. 이에 대해서는 최상용·박홍규(2007) 4장과 6장을 참고.

확고하지 못했던 것이다(이상익 2013, 186).[6] 특히 태조, 세종, 세조 등의 군주와 이색, 강희맹 등 유명한 학자들은 자타가 공인한 불교 신자였고 유명 사대부 가문 출신의 승려도 드물지 않았다.[7] 규범으로서 성리학의 불안정한 지위는 건국 직후 두 차례의 왕자의 난은 물론, 조카를 퇴위시키고 형제를 죽이면서 군주가 된 세조의 행위를 수많은 지식관료들이 지지했다는 사실에서도 단적으로 드러난다. 특히 세조의 찬탈은 인륜이 현실의 이익에 의하여 노골적으로 짓밟힌, 유교적으로 정당화되기 어려운 사건이었다. 그러나 사육신 등 소수만이 목숨을 걸고 규범을 준수하려고 투쟁했을 뿐, 당대 대부분의 유교지식인들은 세조의 찬탈에 동조했거나 적어도 묵인했다.

유교 헌정주의의 규범적 요소뿐 아니라 제도적 요소들도 헌정주의의 기능을 수행하지 못하기는 마찬가지였다. 앞서 언급한 유교 헌정주의 이론가들이 주장하는 것처럼 경연과 『경국대전』의 지위가 당시에는 확고하지 못했다. 세조는 "경연은 옛 성현들이 했던 바가 아니다. 요순도 경연을 하지 않았으며, 주공에게도 진실로 스승이 없었다. 송나라의 군주들이 구차하게 처음 만들어낸 일이니 어찌 본받을 만하겠는가?"라고 반문했는데 신하들은 제대로 대구하지 못했다(세조 10년 4월 22일).[8] 또 『경국대전』에는 성리학적 종법질서가 반영되어 있었지만, 이러한 예법이 사대부의 일상영역에 철저히 적용되지도 않았으며 최고권력자인 군주도 그러한 현실을 용인했다. 예컨대 성종 재위 시에 부령부사(富寧府使)를 지낸 김익수의 부인 송

---

6) 심지어 김석근은 정도전이나 권근 등 유명한 사상가들이 주자학을 체계적으로 이해하지 못했다고 평가한다(김석근 2008).

7) 자세한 사례는 이석희(2018, 22-24) 참고.

8) 이후 세조는 실제로 경연을 하지 않은 것으로 보인다. 세조 10년 5월 29일 기사에서 세조는 "내가 비록 경연에 나아가지는 않으나, 뒤에 경연에 나가는 일이 있으면……"이라고 말한다. 이하에서 『조선왕조실록』을 인용하는 경우에는 (묘호 모년 모월 모일)의 형식으로 출처를 밝히겠다. 모든 기사는 http://sillok.history.go.kr/에서 인용한 것이며, 경우에 따라 원문을 대조하여 번역을 일부 수정했다.

씨가 자신의 시동생 김견수와 집안의 적장자가 누구냐를 두고 벌인 송사에서, 대신들은 성리학적 종법질서와 『경국대전』의 규정을 준수하자는 입장과 위반해도 된다는 입장으로 나뉘는데 성종은 위반을 용인하는 판결을 내린다(성종 20년 10월 25일). 이 사건의 핵심은 가문의 장자가 어린 아들을 남기고 일찍 죽었을 경우, 장자의 동생과 아들 중 누가 가문의 후사가 되느냐는 것이었다. 종법과 『경국대전』 모두 장자의 아들이 가문의 후사를 잇는다고 규정하지만, 성종이 이 규정을 어기는 판결을 내릴 때 별다른 정당화의 노력도, 이에 반대하는 신료도 보이지 않는다.[9] 당시에 성리학적 종법질서와 『경국대전』의 규정은 형편에 따라 지킬 수도, 별다른 정당화 없이 지키지 않을 수도 있었던 것이다.

재상·사관·언론 제도도 불안정하기는 마찬가지였다. 세조는 재상의 권한을 축소하기 위하여 육조직계제(六曹直啓制)를 도입하려고 했다. 이때 예조판서 하위지는 주나라의 제도를 근거로 반대하는데, 세조는 노하여 하위지의 머리채를 잡고 끌고 가 매질하도록 명령했다(세조 1년 8월 9일). 조선 전기의 4대 사화 중 첫 번째를 장식하는 무오사화는 세조의 정통성을 부정하는 함의를 지닌 김종직의 「조의제문(弔義帝文)」이라는 글을 김일손이 사초에 실은 것으로 인하여 발생했다. 유교 헌정주의의 측면에서 보면 이

---

9) 이는 소현세자가 돌연사하자 인조가 둘째아들인 봉림대군(훗날의 효종)을 세자로 책봉한 것과 본질적으로 같은 사건이다. 당시 신료들은 봉림대군의 세자책봉이라는 종법질서의 위반에 강력히 항의했고, 인조는 억지로 봉림대군을 세자로 책봉한다. 이 기사에서 사관은 "곧은 도리를 따르면 군자라 하고, [임금의 뜻에] 무조건 순종하면 비루한 사내(鄙夫)라 한다"며, "훗날 누군가는 이 기사를 읽고서 누가 소인배였는지 분별해줄 것"이기에 세세히 기록한다고 밝힌다(인조 23년 윤6월 2일). 이때의 종법 위반으로 인하여 훗날 조선 정계를 뒤흔든 두 차례 예송이 벌어지는데, 함재학은 이를 헌법 규범에 대한 해석 차이에서 발생한 헌정 위기로 분석한다(Hahm 2009). 따라서 김익수 송사와 봉림 대군 책봉은 성리학적 종법을 위반했다는 점에서는 동일하지만, 위반을 정당화하려는 노력, 위반에 저항하는 세력, 위반의 파급력 등에서 큰 차이가 있다.

사건은 사관의 자율성·독립성과 사초의 기밀유지 원칙을 군주가 침해하여 발생한 헌정파괴 사건일 것이다. 그러나 처음부터 그렇게 인식되진 않았다. 연산군을 폐출하고 즉위한 중종과 반정공신들의 초기 인식에서도 이 사건은 세조의 정통성에 대한 부정을 응징한 것이었고, 그 과정에서 다소 억울하게 처벌받은 사람이 있었던 것뿐이었다(진상원 2003, 79 ; 강정인·장원윤 2014, 10). 언론기구 역시 성종이 언론권을 제고하면서 성장했지만, 치세 말기에 이르면 삼사와 국왕·대신의 마찰이 점차 커지고 급기야 연산군대에 이르러 이는 사화라는 파국적 결과로 치달았다(김범 2015, 22-23). 유교 헌정주의 연구들이 제시한 헌정적 요소들은 조선 초기 정치 현실에서 헌정 주의적 기능을 그다지 수행하지 못했던 것이다.

이처럼 조선 초기 지배층 전반은 굳이 유교를 통해서 자신들의 일상적·정치적 행위를 정당화하려고 고심하지 않았다. 그런데 유교가 제시하지 않는 방식으로도 바람직한 정치가 가능하다면, 이때의 정치는 유교 헌정주의적일 수 없을 것이다. 조선 초기는 정치 관행에서 그다지 유교적이지 않았을 뿐만 아니라, 정치적으로 합의되고 준수된 최고의 규범이 희미했다는 점에서 정치 이론상으로도 헌정주의적일 수 없었다. 계승범은 조선 전기를 조선 사회가 전반에 걸쳐 점진적으로 '유교화'하는 과정으로 이해하는데 (계승범 2014), 헌정주의가 이론이자 동시에 '실천'이라는 점을 고려할 때 조선의 유교 헌정주의 연구 역시 이러한 동태적 관점에서 접근할 필요가 있다. 기존의 연구가 조선 초기의 정치적 맥락에 부실했다는 박홍규·송재혁의 문제 제기는 이 점에서 의미가 있다(박홍규·송재혁 2012, 119). 기존의 유교 헌정주의 연구는 유교 헌정주의의 완성된 형태를 사후적 관점에서 소급적이고 정태적으로 분석했기 때문이다.

그러나 다음과 같은 이유에서 조선에서 헌정주의를 발견하려는 연구 자체가 부적절한 것은 아니다. 첫째, 『경국대전』 등이 군주의 권력을 강화하기 위해서 활용될 수 있고 또 실제로도 그러한 사례가 다수 발견된다는 것은 조선에서 헌정주의를 찾는 주장을 반박하기보다는 오히려 강화한다. 이 사례들은 조선의 각 정치세력이 자신의 입장을 관철하기 위하여 '합의된 원칙과 규범'을 활용했고, 군주도 예외가 아니었다는 점을 의미하기 때문이다. 이뿐만 아니라 이 원칙과 규범은 신하가 군주에 맞서기 위해서도 활용되었다(세종 8년 4월 12일).[10] 현행 헌법으로 바꾸어 생각해볼 때 헌법이 대통령의 권한을 폭넓게 보장한다고 해서, 혹은 대통령이 자신의 입장을 정당화하기 위하여 헌법을 활용한다고 해서, 그것이 헌정주의가 아니라고 주장하지는 않을 것이다.

둘째, 조선 초기의 정치적 과제가 고려 말 유명무실해진 왕권을 강화하는 데 있었고 『경국대전』과 『국조오례의』의 편찬도 이와 같은 맥락에서 이뤄진 것이라는 역사 해석을 받아들이더라도, 그것이 곧바로 조선 전체에 걸쳐 헌정주의적 요소를 찾아내려는 시도가 부적절하다는 결론으로 이어질 수는 없다. 이 요소들은 도입된 이후 왕권을 견제하기 위한 용도로서도 활용되었기 때문이다. 예컨대 연산군은 『경국대전』에 규정된 기관을 혁파하는 등 "조종의 옛 전범을 다 바꾸어 이내 엉클어지고 어지럽게" 하여 폐위되었다(연산군 12년 9월 2일). 설사 『경국대전』이 군주의 권한을 강화하기 위해서 도입되었다는 해석이 가능하다고 해도, 도입 이후에는 군주 역시 준수해야 하는 규범으로 정착했으며, 중대한 위반 시 심지어 퇴위시키는 것을 정당화하기 위해서 이용되기도 했던 셈이었다. 따라서 『경국대전』 등

---

10) 이 기사에서 우사간(右司諫) 박안신(朴安臣)은 '개국 후 태조가 이미 모든 제도를 제정했는데 근래 번잡한 법이 늘어나 민생이 소란해졌다'며, '태조가 제정한 법과 제도를 따르라'고 주장한다. 이에 세종은 조종성헌을 따르는 것이 옳지만 새로운 법의 효과가 아직 나타나지 않았기에 지켜보자고 대꾸한다. 박인신은 다시 구법과 신법의 효과를 비교하는 논변을 펼치면서, 논변의 말미에 '조종성헌은 고칠 수 없다'고 덧붙여 자신의 주장을 강화한다.

이 조선 중기 이후에 헌정주의적 요소로 기능했던 점을 부정하지 못한다.

그렇다면 유교 헌정주의의 요소들이 실제 헌정주의적 기능을 수행하도록 하는 요인과 그 변화 시기에 대한 분석이 필요할 것이며, 나아가 이 시기에 최고권력자와 이를 규율하려는 정치 집단 사이의 대립 역시 포착할 수 있을 것이다. 다음 절에서는 조선 유교 헌정주의의 성립을 도통론을 수용한 사대부의 등장과 이들이 자신들의 도통 계승을 공인받으려는 정치적 노력(문묘배향 논쟁)을 기울인 시기가 유교 헌정주의의 요소들이 헌정주의적 기능을 수행하기 시작한 시기와 맞물린다는 점에 주목하여 유교 헌정주의의 성립을 동태적으로 분석할 것이다.

3. 조선의 유교 헌정주의와 문묘배향 논쟁

이 절에서는 도통과 문묘를 소개하고(1항), 이를 바탕으로 조선 전기 문묘배향 논쟁을 분석하며(2항), 이것이 유교 헌정주의와 어떻게 관련되는지의 논의(3항)가 전개될 것이다.

1) 도통과 문묘

도통이란 '도(道)'의 '계보(統)'라는 의미의 일반명사로 사용되기도 하며, 도통 관념의 연원은 한유나 양웅, 맹자에게까지 거슬러 올라갈 수도 있다(민병희 2011 ; 임명희 2012).[11] 하지만, 이 개념을 창안한 주자와 이후 성리학자들에게는 엄격한 의미로 사용되었다. 도통은 한 인물이 유학의 참정신을 이론과 실천을 통해서 제대로 구현했는지를 평가하는 도덕적 순수

---

11) 특히 주자 이전의 도통 개념에 대해서는 임명희(2012, 321-327)를 보라. 주자 이전의 도통 관념은 송대 도학자들의 도통론과는 거리가 있으며, 도통 관념은 빈번하게 사용되지도, 중요한 의미로 사용되지도 않았다(임명희 2012, 324-325, 328).

성에 대한 절대주의적 태도가 깃든 개념으로서, 주자에게서 처음으로 나타나며 그의 제자인 황간이 완성했다(이승환 2002, 461‒465 ; 余英時 2015, 45, 55). 문묘란 '문화·문명(文)'을 기리는 '사당(廟)'이라는 의미로서, 공자와 여러 현인을 모신 공간으로 유교문화권 각 나라에서 찾아볼 수 있다.

주자가 처음 도통(道統)에 대한 인식을 전개할 때, 그는 도통을 도학(道學)과 구분했다. 『중용장구』의 서문 첫 문장에서 주자는 "『중용』은 무엇 때문에 지어졌는가? 자사가 도학이 그 전승을 잃을까 근심하여 지었다"고 밝힌다. 그런데 바로 이어지는 내용은 도학이 아닌 도통의 전승이다. 주자는 하늘을 이어 극을 세운 상고(上古)의 성신(聖神)으로부터 요·순 이하 주공·소공 등 성인이 성인에게 전한 것을 도통이라고 지칭한다.[12] 주자는 자사가 '도학'이 전승을 잃을까 두려워 『중용』을 지었다고 하면서도, 도통의 전승만을 언급한 것이다.

위잉스의 해석에 따르면, 주자는 도통과 도학을 구분하면서 각각을 역사상 두 단계에 대응시키고자 했다. ① 도통의 시대는 성인이 군주의 지위에 오르던, 다시 말해 도와 통치가 합치되어 있던 시기며, ② 도학의 시대는 성인이 군주의 지위에 오르지 못한, 즉 도와 통치가 분리된 공자 이후의 시기라는 것이다. 성왕의 시대에는 성인이 통치를 직접 담당하여, 도(道)를 '학문(學)'으로 전할 필요가 없었다. 그런데 공자는 통치자로서의 지위를 얻지 못했기 때문에 도를 행하지 못하여 부득이 '학문'의 형태로 후세에 전하게 된 것이다. 이렇게 전해지던 '도'는 맹자 사후 끊어졌다가 1400여 년 뒤 정자가 경전 속에서 발견하게 된다.[13] 따라서 성리학의 입장에서 불교·

---

12) 『中庸章句』「序」 "中庸 何爲而作也 子思子憂道學之失其傳而作也 蓋自上古 聖神 繼天立極 而道統之傳 有自來矣." '계천입극'이란 자연의 이법(理法)을 본받아 인간의 규범적 표준을 정립한다는 의미다. 이상익(2007, 56-57)을 참고.

13) 정이(程頤)가 지은 자신의 형 정호(程顥)의 묘표(墓表)를 보라. 이 묘표는 『맹자집주』

도교뿐만 아니라 훈고(訓詁)·사장(詞章) 및 육왕학(陸王學)과 사공학(事功學) 등 유교의 다른 학파들마저도 '도'와는 무관하다(송갑준 2002, 438).

도(道)와 치(治)가 분리되었다는 인식으로 인해서 도통론은 강한 정치적 함의를 갖는다. 도통론에 따르면 도와 치는 성인이 군주이던 이상적인 시대에는 본래 하나였다. 그러나 공자가 군주가 되지 못해 부득이 학문으로 전하게 된 것이다. 따라서 공자가 전한 도학이란 본래 통치술이다. 공자 이래 '도학'의 주된 관심사는 여전히 천하를 다스리는 것이었고, 규범적으로 "'도'와 '통치'는 반드시 일치해야" 했다(余英時 2015, 74, 187). 원말명초(元末明初)의 양유정은 "도통은 치통[통치의 정통][14]의 소재지"라며 주자의 도통이 원나라의 허형에게 직접 전해졌기 때문에 송 이후 정통성이 있는 왕조는 요·금이 아닌 원이라고 주장했다. 위잉스는 이 언설을 "현대 용어로 해석하자면 '치통'의 '합법성[정당성 legitimacy]'은 '도통'에 종속되어 있다"는 것이라고 해석한다(余英時 2015, 57).

중요한 점은, 도의 전승에 대한 송대 도학자들의 주체의식이다. 이들은 공자가 도를 행할 지위를 얻지 못하여 부득이 도학을 창설해 후세에 전했고, 이는 맹자 이후 단절되었다가 곧바로 자신들에 의해서 계승되었다고 여겼다(임명희 2012, 333-334). 도통론에 따르면 고대 성왕으로부터 시작된 도의 계보는 현실 군주들의 계보가 아니라 공자의 도학을 이은 자들의 계보이며, '도를 행한다'는 이들의 주체의식은 신권을 장려한다는 측면에서 도학정치의 중요한 특징이다(임명희 2012, 338). '모랄폴리틱'이라는 개념을 통해서 유교를 분석한 김상준은 정치행위 자체를 종교적 사명으로 삼았

「진심하」 38장의 주석에 인용되어 있다. 주자가 지은 『중용장구』와 『대학장구』의 서문에도 이러한 인식이 뚜렷하게 드러난다.

14) 余英時(2015, 56)에 따르면 도통의 전승이 유학자 고유의 임무로 공인되면서, '통치의 정통'을 의미하는 '치통'이라는 명칭이 도통과 호응하여 성립되었다고 한다.

던 종교는 유교가 유일하며, 이는 사제 역할을 담당한 유학자들이 자신들의 정통성(道統)이 정치권력의 정통성(王統)보다 이념적으로 우위에 있는 것으로 여겼다는 사실에 부분적으로 기인한다고 지적한다(김상준 2001, 213-214). 도통을 왕통(혹은 치통)으로부터 분리해내서 자신들이 도통의 담지자라고 주장함으로써, 성리학자들은 군주라는 최고권력자와 구분되는 정당성의 근원을 갖게 되었다는 것이다. 주자의 도통론은 사대부의 권력과 군주의 권력 사이의 관계를 중요한 문제로 다루며, 도통론 자체가 바로 사대부 권력의 정당성의 이념적 기반을 제공하는 것이었다(민병희 2011, 158-160).

도통론에서 말하는 '도학'의 구체적인 내용이 무엇이냐는 것에 대해서 철학적 접근이 가능하지만, 한편으로 이렇게 도학에 독립된 정당성을 부여한 것에 정치학적으로 접근한다면 헌정주의적 해석이 가능하다. 도학에 독립된 정당성을 부여하는 것이 '최고권력자를 어떻게 제약할 것인가'라는 헌정주의의 원초적 문제의식과 결합할 때, '누가, 무슨 근거로 최고권력자를 제약할 것인가'라는 문제의식이 해결된다. 성리학자들은 자신들이 도통을 근거로 군주를 제약해야 한다고 여겼다. 도통론은 성리학자들에게 자신들의 정치적 정통성을 확보해줄 뿐 아니라 왕권의 독단을 견제할 수 있는 이상적인 이론 체계였던 것이다(김영두 2006, 169).

황간은 주자가 도학과 도통을 구분한 것을 '도통'으로 통합했고, 후대에는 이렇게 통합된 인식이 공유된다(余英時 2015, 56). 위잉스의 해석에 따르면, '도통'과 '도학'을 하나로 합쳐서 표현한 것은 '도'가 '세(勢)'보다 중요하다는 주자의 관념을 더욱 현창(顯彰)하려는 의도였다. 주자가 도학과 도통을 구분했을 때, 성인이자 군주였던 사람들은 도통을 전했고, 이후 공자부터 정자까지는 도학을 전했다고 서술했다. 이는 도학이 '도통에서' 분리되어 나왔음을 암시한다. 그러나 황간이 성왕(聖王)들로부터 주자까지를 '도통'으로 표현했을 때, 이는 성왕들의 정통성을 성리학자들이 가지고 있음을 함의한다. 도통으로부터 떨어져나간 것은 도학이 아니라 현실권력(勢)이라는 것이다. 이러한 인식은 16세기 무렵 조선의 유학자들에게도 공유되었다. 대표적인 사례로서, 이이는 자신이 저술한 군주교육서인『성학집요』에서 가장 많은 부분을 할애하여 도통론을 전개한다. 이이에 따르면, 맹자 이후 순자나 동중서 등은 "세상의 교화에 도움이 된 적은 있었지만," 이들의 학술은 "치우치거나 잡스러워……맹자의 도통을 잇지 못했다"(이이 [1575]2007, 592-593). 이이는 끊어졌던 도통이 주돈이에게 이어지고 주자에게서 크게 드러났다고 기술한다(이이 [1575]2007, 612).

공자의 사당인 문묘는 바로 '공자 이후로 도가 누구에게 전해져왔는가'를 드러내는 공간으로서 성리학을 국가이념으로 내세운 조선에서 문묘의 중요성은 높을 수밖에 없었다.[15) 문묘는 송나라 사대부들부터 강조하던 것으로서, 문묘에 배향된다는 것은 공자의 사당에 공자와 함께 모셔짐으로써 도통을 계승했다는 인정을 받는 것을 의미했다(김영두 2006, 3). 송원(宋元) 교체기의 성리학자인 웅화는 「사전의(祀典議)」라는 글에서 다음과 같이 말한다. "공자는 천하 만세에서 공통으로 제사를 받아야 하므로 위로는 천자로부터 아래로는 향학(鄕學)에 이르기까지 모두 공자에게 제사를 지내야 합니다. 봄, 가을의 석전(釋奠) 때에는 천자가 반드시 직접 제사를 준비해야 합니다"(余英時 2006, 76에서 재인용). 1241년에 남송에서 주돈이, 장재, 정호, 정이, 주자 다섯 학자가 문묘에 배향된 것은 도통에 대한 국가적인 공인을 의미했다(이승환 2002, 465).

---

15) 고려와 그 이전의 문묘에 대한 일반적인 설명은 박찬수(1984), 김용곤(1986), 김복순(2008), 도요시마(2012)를 참고. 고려는 불교 사회였기에 문묘가 갖는 정치적 의미가 크지 않았다. 한반도에 유교와 불교가 전래된 삼국시대 이래, 유교는 지도적인 이념체계라기보다는 교육과 행정 영역에서 보조적 역할을 수행했을 뿐이다(김석근 2008, 10).

조선은 건국 초부터 문묘에 큰 관심을 기울인다. 조선은 건국 직후 한양으로 천도하면서 문묘를 조성하고, 문묘와 관련된 의례를 정비하기 시작한다. 그 과정에서 공자와 군주의 관계도 논의된다. 공자는 군주가 아닌데 왜 공자에게 절을 하냐는 태종의 질문에 신하들은 "공자는 만세 백왕(百王)의 스승이기 때문"이라고 답한다. 이어서 "문(文)과 무(武)는 한쪽으로 치우쳐서는 안 되는데, 국가에서 문선왕[공자]에게만 제사하고 무성왕[강태공]에게는 제사하지 않는 까닭은 무엇이냐"는 질문에 "공자는 백세의 스승이기에 무성왕에게도 똑같이 제사한다면, 무성왕의 귀신이 부끄러워 할 것"이라고 신하들은 답한다(태종 14년 7월 11일).16) 세종은 "신하를 접견할 때 입는 강사포를 입고서 공자에게 참배할 수 없다"며 최고의 의전예우로서 면류관 · 곤룡포를 착용하고 참배하겠다고 말한다(세종 즉위년 11월 21일). 성종은 문묘 앞을 지나가는 사람은 모두 말에서 내리도록 지시한다(성종 9년 5월 26일). 성종연간을 거치며 문묘 관련 논의는 점차 도통론과 결부되면서 그 중요성을 더해갔고, 조선 중기에 이르면 문묘에 배향되어 있던 중국의 인물 중 순자 등을 엄격한 도통론에 따라 출향(黜享)하고 정자와 주자 사이의 가교로 평가되는 양시를 대신 배향하자는 주장이 제기된다(선조 13년 10월 3일). 더 나아가 조선이 국초에 중국의 문묘를 모방하려는 태도를 보였던 것과 달리, 중기 이후로는 중국 사신이 중국 문묘에 배향된 특정 인물을 조선의 문묘에도 배향하라고 요구하는 것조차 묵살한다. 중국 사신이 배향하길 요구한 인물들은 조선에서 더욱 엄격해진 도통론의 입장에서 '이단'이었기 때문이다.17)

---

16) 이외에도 실록에 '문묘'를 검색하면 조선 초기에 문묘 의례의 격에 대한 다양한 논의가 진행되었음을 알 수 있다.

17) 예컨대 선조 37년 10월 17일, 인조 4년 윤6월 24일, 7월 4일, 숙종 7년 11월 9일 등의 기사를 참고. 위 기사에서 중국의 문묘를 본받는 것이 원론적으로는 옳지만 왕수인(王守

최종적으로 조선의 문묘에는 동방18현이라고 하여 신라의 인물 2명, 고려의 인물 2명, 조선의 인물 14명 등 총 18명의 우리나라 사람이 배향되었다. 그러나 문묘배향이 처음부터 도통에 편입된다는 의미를 갖지도 않았을 뿐만 아니라, 위의 인물들 중 일부는 단 한번도 도통과 관련하여 논의되지도 않았다. 도통과 무관한 인물들이 그럼에도 남아 있게 된 까닭은, 이미 오랫동안 제사를 지내왔으니 일단은 계속 지내기로 했기 때문일 뿐이다(성종 16년 7월 10일). 조선 초기까지 문묘는 다양한 현창(顯彰) 방식 중 하나였으며, 누구를 배향할 것인지의 논의는 도통과 관련하여 전개되지 않았다. 동시에 이 시기에는 유교의 헌정적 장치로서 제시되는 재상 · 경연 · 간관 · 사관 제도가 헌정주의적으로 운용되지도 못했다.

이 글이 주목하는 것은, 문묘가 도통을 상징하는 공간으로 변모하는 시기와 여러 유교적 제도와 관행이 헌정주의적으로 작동하여 유교 헌정주의가 실질적으로 성립하는 시기가 정확히 일치한다는 사실이다. 그리고 이런 변화는 사대부들이 도를 전승하는 주체로서 스스로를 인식하게 된 것, 즉 왕권을 강력하게 제한할 수 있는 정치철학인 도통론을 수용한 것으로부터 가능했다(김영두 2006, 3-4). 도통론의 수용 이후 유교의 다양한 제도들이 실제로 헌정주의적으로 작동한다면, 유교 헌정주의의 헌정주체로서 '도통론을 수용한 사대부'의 존재여부가 중요하다는 것이 확인될 것이다.[18]

2) 조선 전기의 문묘배향 논쟁과 도통

조선은 문묘와 관련된 제도와 의례를 정비한 뒤, 이제는 문묘에 배향할 인물을 선정하는 문제에 관심을 갖게 되었다. 그런데 조선 초기의 배향신

仁) · 육구연(陸九淵) 등 이단을 배향하여 사습(士習)을 그르칠 수 없다고 주장된다.

18) 함재학(2006, 197-198)은 "누가 진리를 올바르게 계승했느냐"가 [유교]헌정주의 담론에서 중요한 요소였다고 지적하지만, 이를 체계적 검토하지는 않는다.

(配享臣) 선정 논의는 도통의식이라는 성리학적 특징이 약하게 나타났다는 점에서 후일 정몽주와 오현(五賢)이 논의되고 실제로 배향까지 이뤄진 중종-광해군 연간(1506-1623년)과 큰 차이를 보인다. 문묘배향 논의가 성리학적이라고 말하기 위해서는 도통에 입각한 논의가 진행되어야 하며, 그 계보의 핵심은 주자여야 한다. 조선의 문묘배향 논의는 고려시대에 이미 문묘에 배향된 최치원·설총·안향을 초기값으로 하여 시작된다.

조선 초기에 문묘에 배향할 인물을 추천하는 근거를 살펴보면 다음과 같다. 우선 시기적으로 가장 먼저 추천받은 권근은 성리학과 문장이 뛰어나며 명나라와의 외교에 공이 크다는 것이었다(세종 1년 8월 6일). 이에 세종은 권근과 함께 하윤과 고려의 유학자인 최충 두 명신(名臣)의 배향도 논의하라고 지시하는데, 부정부패에 종종 연루되고 학문적 업적이 뛰어나지도 않은 하윤을 함께 논하라는 세종의 이러한 지시로부터 세종도 문묘배향에 도통을 고려하지 않고 있었음을 알 수 있다(세종 1년 9월 21일 ; 10월 24일). 공이 있거나, 학문이 뛰어난 사람을 표창하는 여러 방식 중 하나로서 문묘배향이 고려된 것이다. 권근의 제자인 김반이 세종 15년에 재차 권근을 문묘에 배향하자고 상소할 때 그 근거는 이제현이 창명(唱鳴)한 도학의 정통을 이색이 받았고, 권근이 그 종지(宗旨)를 얻어 학문이 다른 선비들과 비교할 수 없이 뛰어나다는 것이었다. 이때의 '도학을 창명하고 정통을 이었다'는 것이 주자학적 도통론에 근거했다고 평가하기 위해서는 이제현과 주자의 관계가 설정되어야 한다. 그러나 김반이 '최치원·설총·안향의 뒤에 이제현이 도학을 창명했다'고 언급한 점을 고려하면 여기서의 '도학'과 '정통'은 주자의 도통론과는 아무런 관련이 없는 것으로 보인다. 오히려 김반은 성도(聖道)에 공로가 있어서 제사하는 사람으로 역대 명유(名儒)와 송나라의 정자와 주자를 지목하면서, 우리나라의 같은 사례로서 최치원·설총·안향이 있다고 주장하는바(세종 15년 2월 9일), 김반에게 정자·주자는 단순히 역대 명유 중 하나일 뿐임을 알 수 있다.

그로부터 3년 뒤 김일자 등이 이제현·이색·권근을 배향할 것을 재차 건의한다. 이 상소에서는 앞서 김반의 상소에서 나타나던 이제현-이색-권근의 전승 관계도 희미하다. 이색과 권근은 사제 관계지만, 이제현은 이색과 무관하게 논의되기 때문이다. 또 김일자는 이색이 정자·주자의 학문과 합치하여 동방에서 성리학이 일어났다고 언급하나, 동시에 최치원·설총·안향이후 성인의 도학과 유학(斯文)이 거의 끊어질 뻔했다는 언급을 고려할 때, 그가 성리학을 기존 여러 유학 학파와 구분하지 않고 있음을 분명히 알 수 있다. 결정적으로 김일자는 주자가 연평선생(李侗)을 자기 집에서 제사지낸 것, 조주(潮州)지방에서 한유를 따로 제사지낸 것, 최치원 등을 고려에서 제사지낸 것을 병렬적으로 서술하면서 이제현 등이 우리나라에 공이 있으므로 문묘에 배향하자고 주장한다(세종 18년 5월 12일). 세조 2년 집현전 직제학 양성지는 상소에서 쌍기·최충·이제현·정몽주·권근의 도덕과 문장이 후세의 모범이 될 만하므로 문묘에 배향하자고 건의하는 한편, 무묘(武廟)를 문묘에 준하게 세워 김유신·을지문덕 등을 배향할 것, 금나라와 요나라의 몇몇 제도를 모방할 것을 제안하는 등 성리학적 규범과는 거리가 먼 주장을 편다(세조 2년 3월 28일). 이러한 주장들에서 문묘가 도통을 드러내는 공간이라는 성리학적인 관념은 들어설 자리가 없다.

진상원, 김영두, 김용헌은 조선 전기에 이제현-이색-권근으로 이어지는 "도학의 전승 계보"가 있었다고 주장한다(진상원 2005 ; 김영두 2006, 40-48 ; 김용헌 2010 78-80).[19] 관학파는 조선 도통을 이제현-이색-권근으로 보았으나 지식권력에서 패배하여 도통의 연원이 정몽주로 변경되

---

19) 김영두는 이제현·이색·권근이 원·명의 학자들로부터 칭송을 받았다는 것을 지적하는 기사(세종 15년 2월 9일)를 추가적인 근거로 제시한다(김영두 2006, 44-45).

었다는 것이다. 다만 김영두는 조선 전기의 계보 논의에 주자가 확립한 도학적 도통론의 특징은 없다는 점을 시인한다. 세종연간에 전개되던 문묘배향논의가 이제현-이색-권근을 "성리학의 정통"으로 간주하는 도통론을 바탕으로 하고 있으며, 이것이 "주자학의 정통적인 도통론 이념과는 일정한 거리가 있"다는 것이다(김영두 2006, 50-52). 분명한 사실은 이들과 이 글이 공통으로 인용하고 있는 위의 기사들에서 공-맹-정-주-이제현-이색-권근으로의 도통은 결코 드러나지 않으며, 성리학은 '정주학' 또는 '주자학'이라고 불리기도 하므로 정자·주자가 배제된 '성리학의 정통'이라는 표현은 성립할 수 없다는 점이다. 당시 조선의 관료와 유생들은 '도학'·'도통' 등의 표현을 자유분방하게 사용하는데, 이 용어들은 주자가 세밀한 논변을 전개한 성리학의 핵심 용어들로서 성리학자들은 이 용어들을 결코 아무렇게나 사용하지 않았다. 따라서 이런 자유분방한 사용은 '이후 지식권력에서 패배하게 되는 또다른 도통론'이 존재했다는 의미가 아니라, 조선 초기 지식사회 전반에서 성리학에 대한 이해가 깊지 않았음을 드러낼 뿐이다. 그렇다면 조선 초기에 성리학의 용어들이 빈번히 사용되는 점은, 그 용어에 대한 깊은 이해가 바탕에 있었다기보다는 '유행어'를 활용하는 수준으로 보아야 할 것이다. 최근 정치인들이 '(촛불)혁명', '4차 산업혁명' 같은 용어를 별다른 성찰 없이 사용하듯 말이다.

성종대의 문묘배향 논의도 엄밀한 도통 개념에 입각하여 전개되지는 않지만, 이 시기를 거치며 문묘에 배향하는 것이 다른 여러 방식의 현창(顯彰)과 그 의미가 다르다는 인식이 싹튼다. 문묘에 이미 배향되어 있는 최치원·설총·안향이 정·주의 도통과는 무관하다는 지적이 제기되기 때문이다. 이에 성종은 그들이 도통과 무관한 것은 사실이지만, 이미 오랫동안 제사를 지내왔으니 일단은 계속 지내자고 답한다(성종 16년 7월 10일). 동시에 성종은 각 지역 향교의 문묘에 사사롭게 배향된 명유(名儒)를 출향시키며 이러한 사적인 배향을 금지한다. 각 지역에서 명유들을 존경하여 추모하는 일은 허용될 뿐 아니라 장려할 일이지만, 그렇다고 이들이 지역의 문묘에 배향될 수는 없다는 것이다. 성종 20년에 진행된 지방 문묘에 대한 논의에는 9개월에 걸쳐 지방관과 고위관료 등 수십 명이 참여했고, 논의 끝에 문묘에 배향하는 것은 공론에 따라야 하므로 이들을 사사롭게 문묘에 배향할 수 없다고 결론난다(성종 20년 1월 4일 ; 7월 11일 ; 10월 25일).[20] 이 결론은 문묘가 다른 현창 방식과 그 의미에서 같지 않다는 인식의 변화를 반영한 것이며, 주자로 이어지는 도통이 언급되기 시작했다는 것은 그만큼 조선 사회에 성리학이 내면화되고 있음을 의미한다. 다만 이 시기를 비롯해 중종 9년까지의 문묘배향논의는 신하의 일회성 건의와 이를 논의해서보라는 군주의 지시, 그뒤 별 다른 이유 없이 흐지부지되는 단계를 거친다(중종 5년 10월 18일 ; 19일 ; 12월 21일 ; 9년 11월 12일).

그러나 중종 12년 8월 7일부터 전개된 논의는, 추천된 인물들에 대한 구체적인 논거를 바탕으로 한 '찬성'과 '반대'가 나타난다는 점에서 기존의 논의와 성격이 다르다. 논의의 물꼬를 튼 성균관 생원 권전은 8월 7일에 상소를 올려 정몽주와 김굉필을 문묘에 배향해야 한다고 주장하면서 그 근거로 주자가 확립한 도통의 계보를 활용한다. 그는 우선 정몽주 이전 우리나라의 현인은 도통과 무관함을 지적한다. 단군은 오래된 일이라 사적을 찾기 어렵고 기자는 팔조법을 시행했을 뿐인 반면, 정몽주는 성리학을 탐구하고 깨달았기에 송나라의 학자들과 합치했다는 것이다. 또 정몽주 이후 우리나라에 여러 선비가 있기는 했지만, 정몽주의 도통을 잇고 송나라 학자들과 뿌리를

---

20) 이 결정이 모든 지방의 문묘들에 철저하고 일시적으로 적용되진 않은 것 같다. 이후의 기록에도 유인, 최유선, 최충 등이 황해도와 평안도 각지의 향교에 배향되어 있다는 사실이 관찰사를 통해서 조정에 보고되는데, 그때마다 조정의 결정은 문묘에서 출향한 뒤 다른 사당을 세워주라는 것이었다(중종 11년 8월 13일 ; 14년 1월 6일).

같이 하는 자는 김굉필뿐이라는 것이다. 따라서 그는 두 인물을 문묘에 배향하여 "우리나라(東方)에서 만세토록 이어갈 도학의 중함"을 밝히자고 주장한다(중종 12년 8월 7일). 이 주장은 공-맹-정-주와 정몽주-김굉필을 직접 연결하고 있다는 점에서 '성리학적'이며, 기존 논의와는 질적인 성격이 다르다 할 것이다. 이 기사에서 사관(史官)은 조광조의 무리들은 이학(理學)만 높이고 사장(詞章)을 무시하면서 붕당을 짓고 있다고 비판한다(중종 12년 8월 7일).[21]

8월 7일의 상소로 시작된 논의는 40여 일간 지속된다. 대신들은 논의 끝에 정몽주의 문묘배향은 찬성하지만, 김굉필이 도를 전했는지는 의문이라며 문묘배향을 지금 결정하기 어렵다는 유보적 반대를 표명한다. 정몽주는 우선 배향하되, 김굉필은 같은 시기에 배향하긴 어려우니 경솔히 결정하지 말고 후세에 맡기자는 것이다(중종 12년 8월 8일; 12일; 18일; 20일). 결국 정몽주는 배향되지만(중종 12년 9월 17일), 곧이어 기묘사화로 사림이 대거 숙청당하면서 문묘배향도 당분간 논의되지 않는다(중종 14년 11월). 우선 역적이 되어버린 기묘사림에 대한 신원(伸冤)과 복권 등이 선행되어야 그러한 논의가 재개될 수 있었을 것이기 때문이다. 성리학과 무관한 최치원·설총·안향에 전혀 근거하지 않고 오로지 공-맹-정-주-정몽주-김굉필(-조광조)로 이어지는 도의 전승을 명확히 함과 동시에 '도학의 중함'을 국가적으로 천명하려던 시도는, 정몽주의 문묘배향이라는 절반의 성공과 함께 또다시 정치 파행인 사화로 중단되지 않을 수 없었다.

그러나 중요한 사실은 후일 기묘사화의 과거사 청산 과정에서, 사림의 의제화 방식이 처벌과정의 절차적 문제를 지적하는 것으로부터 도통론에

---

21) 이 기사에서 두 가지를 알 수 있다. ① 소위 '조광조 무리'들은 '만세토록 이어갈 도학의 중함'을 문묘를 활용하여 드러내려 했다. ② 논쟁의 양측 모두 이학 혹은 도학을 다른 계통의 유학과 구분한다.

입각하여 가해자인 군주의 잘못을 지적하는 것으로 변화한다는 것이다(강정인·장원윤 2014, 12-14). 기묘사화의 주동자들이 각각 사망하거나 실각한 이후, 조광조의 지지 세력은 기묘사화로 죽은 조광조를 복권시켜 정국을 장악하고자 했다. 기묘사화를 사실상 배후에서 주도한 중종은 이제 성리학적 이념 자체의 권위가 왕의 권위보다 높다고 인식하는 세력에 둘러싸였고, 급기야 조광조를 숙청한 잘못을 정면으로 비판하는 이들에게 별다른 반박을 제기할 수 없는 처지로 내몰렸다(정두희 2001, 39-40, 45). 중종의 치세 말년인 39년 5월 29일, 조광조의 신원을 요구하는 성균관 생원 신백령 등은 상소에서 성리학의 도통이 조선에 어떻게 이어지는지를 서술하고, 조광조가 정몽주와 함께 도통을 이었다고 주장한다. 이어서 군주가 잘못된 방식(非道)으로 조광조를 처벌해놓고도 뉘우치지 않는다고 공격한다.[22]

중종에 이어 즉위한 인종에게도 사림은 다시금 조광조가 도통을 이었다는 것과 조광조를 신원하라는 요구를 지속한다(인종 1년 3월 13일; 17일; 4월 3일). 이러한 논의는 즉위 8개월 만에 사망한 인종의 뒤를 이어 명종이 즉위한 직후에도 계속되었다. 그러나 명종 즉위 초에 을사사화, 양재역벽서 사건(良才驛壁書事件) 등으로 사림이 화를 입음에 따라 중단된다. 하지만 선조 즉위 후에 다시 사림의 정계 진출이 본격화되고 조광조 등의 신원 요구가 지속적으로 건의됨에 따라, 마침내 선조는 "[중종이 조광조를 죽인 것은] 간신들의 공갈과 무함을 못 이겼기 때문이지 본심은 아니었다"면서, 조광조에게 벼슬과 시호를 내려 국시(國是)[23]를 정하고 사림이 나아갈 방향

---

22) 殿下旣自以非道殺光祖 而猶敢不悔. 이 상소는 중종 38년 7월부터 빗발치는 수십 통의 상소문 중 하나로, 사관은 이 상소를 실록에 수록하면서 "조정의 의논도 이와 같다"고 논평한다.

23) 성리학에서 '국시'는 '공론(公論)'과 동의어로서 '누구나 옳다고 생각하는 것'을 의미한다. 보다 자세한 설명은 이상익·강정인(2004, 88-89)을 참고.

을 알도록 한다는 전교한다(선조 1년 4월 11일). 과거사 청산은 이렇게 일단락이 났지만, 이제 사림은 조광조를 비롯해 김굉필·정여창·이언적을 문묘에 배향하자고 요청하면서, 배향을 통해서 "국시를 정해야" 사람들이 높일 바를 알아 학술이 바른 데서 나온다고 주장한다(선조 3년 4월 23). "신라와 고려에서도 문장에 능한 선비는 여럿 나왔지만, 의리지학(義理之學)은 김굉필로부터 열렸다"며 김굉필이 "우리나라에 학문이 끊어진 다음에 나왔다"는 것이다(선조 5년 9월 19일). 이황이 죽은 뒤에는 김굉필·조광조·정여창·이언적·이황을 합쳐 '오현(五賢)'이라 부르며 이들의 문묘배향을 청하는 상소와 논의가 빗발친다.

이 시기 문묘배향 논의의 특징은 두 가지로 정리할 수 있다. ① 배향의 반대자가 군주 이외에는 없었고, 군주 역시 경솔히 배향할 수 없다는 유보적인 반대 의사를 밝혔을 뿐 특별한 반대 논거를 제시하지는 않았다는 점이다.[24] ② 배향의 근거로 도통이 명확히 언급된다는 점이다(선조 3년 5월 9일 ; 5년 9월 19일 ; 9년 4월 24일).[25] 동방은 본래 문헌(文獻)의 나라로 불려왔지만, 도통은 정몽주가 처음 전해 받아서 김굉필·정여창·조광조·이언적에게 전했다고 공인된다(소경 대왕[선조] 행장-광해군 정초본 즉위년 2월 21일). 결국 광해군은 오현을 문묘에 종사하라는 교서를 내리면서 오현이 하나같이 정·주가 전한 것을 이었다고 선언한다(광해군 정초본 2년 9월 5일).

---

24) 다만 선조는 이언적에 대해서는 37년 3월 19일부터 직접적인 반대의사를 표명한다. 자신의 숙부인 봉성군(鳳城君)이 을사사화에 휘말려 죽임을 당했는데, 이언적도 여기에 책임이 있다고 인식해서다. 선조 37년 3월 19일부터 4월 4일까지의 기사를 참고.

25) 김굉필, 조광조와 이황에 대해서는 도통과 관련된 논의가 항상 선명하게 드러나나, 정여창·이언적은 이 점에서 항상 그렇지는 않다. 이이는 오현 중에도 우열이 있기 때문에 조광조와 이황의 경우 외에는 문묘배향에 이견이 있을 수 있다고 평한다. 『율곡전서』 권29, 상 6년 8월을 참고.

3) 도통론과 유교 헌정주의

조선에서 국왕과 세자는 성균관에 나아가 자신이 공자의 제자임을 확인하는 각종 의례를 행해야 했다. 따라서 누가 문묘에 배향되었다는 것의 의미는 단순히 그의 학풍에 대한 국가적인 장려를 넘어 국왕 자신이 그를 스승으로 모신다는 중대한 의미가 담겼다. 이 점에서 문묘배향 논의는 단순한 도통 문제를 넘어 정치권력과 직결되는 민감한 문제였다(계승범 2014, 238-239). 그러나 살펴보았듯 문묘배향이 처음부터 그런 의미를 가진 것은 아니었다. 초기의 논의는 고려시대와 유사하게 현창(顯彰)의 의미가 강했고, 성리학적인 도통과 관련된 논의가 등장한 것은 중종연간 이후였다.

중종의 치세를 전후하여 성리학은 결국 조선의 중추적인 헌법적 규범으로 자리잡았고, 이후에는 성리학적 규범에 어긋나는 행위가 정당화되기 어려워졌다. 성리학은 도교·불교적 의례 등 기존의 관습적 규범과 경합을 거듭하면서 점차 영역을 넓혀 정치뿐 아니라 모든 영역을 규율하는 하나의 총체적인 가치체계로 자리잡아갔다. 선왕의 유시, 조종성헌, 관습 등으로 정당화되던 것들은 이제 '국시'인 성리학이라는 단일하고 최우선적인 규범을 기준으로 판단되었으며, 국왕과 왕실마저 이 규범의 바깥에 존재할 수 없게 되었다.

한편 사화에 대한 과거사 청산도 이 시기 진행된다. 무오사화는 본래 김종직과 김일손이 세조에 대해서 불경(不敬)을 저지른 사건으로 규정되었지만, 중종연간에 이르면 사건의 정치적 성격이 사관의 비밀보장이 침해되어 발생한 것, "사특한 당파가 올바른 무리를 모함한 것"으로 재해석된다(중종 2년 2월 26일 ; 4월 23일 ; 6월 10일). 기묘사화도 도통을 계승한 조광조에 대한 중종의 탄압으로 사건의 성격이 변화한다. 국왕에게 잘못을 인정하라는 상소의 포화 속에서 결국 중종의 손자인 선조가 "조상의 일에 시비를 따지기는 어렵지만"이라는 단서를 달며 간접적으로 중종의 잘못이었음을 인정한다(선조 1년 4월 10일). 『경국대전』의 완성으로 시작된 언론 기구는 연산군·중종대에도 일거에 훼손당하여 위축되기도 했지만, 중종연간에 삼사를 중심으로 한 정치제도는 일단 완결되었다(김범 2015, 175-176).

이러한 전환의 배경엔 도통을 자임하는 인적 집단, 즉 '사림파의 등장'이 있다. 조선은 건국 초부터 『의례』, 『근사록(近思錄)』, 『성리대전』 등의 서적을 국가 주도로 출간하여 보급했고 지식엘리트들은 관직에 진출하기 위하여 이러한 서적을 탐독했다(계승범 2014, 182-183). 당시 조선의 정치는 관습과 현실에 대항하여 점차 성리학적 가치를 내면화한 세대가 등장하는 과도기적 국면으로 이해할 수 있다. 성리학을 대체로 제도적·학문적으로만 수용하던 지식인보다, 정치의 내용과 개인의 일상 영역 전반에 적용해야 한다고 믿는 지식인의 비중이 세대를 거듭하며 커졌던 것이다. 계승범은 이를 '운동으로서의 사림', '정치쇄신운동'으로 이해한다. 성리학을 학습한 명문가의 자제들이 이 운동을 주도했으며, 점진적으로 훈구파와 사림파의 세대교체가 이루어졌다.[26] 그 결과 성리학적 가치가 정치 현실에 엄격하게 적용되어야 한다는 원론적인 주장에 더 이상 아무도 공개적으로 반대하지 못하는 상황이 마침내 조선 정치에 도래할 것이었다(계승범 2014, 184-185). 이는 다름이 아니라 조선의 지배엘리트 내에서 성리학 이외의 규범을 신봉하는 사람들이 더 이상 남아 있지 않게 된 것, 즉 건국부터 국가이념으로 천명된 성리학을 모든 정치적 주체가 철저히 학습하고 신봉하게 되었다는 의미다(계승범 2014, 188).

그러나 군주는 대를 거듭하며 도통이 사대부에게 있음을 인정하기를 거부했다. 이는 군주 역시 도통을 근거로 문묘에 특정 인물을 배향한다는 것

---

26) 훈구파와 사림파의 관계를 여러 면에서 계층 간의 대립과 갈등으로 보는 종래의 주류적인 해석에 반대하는 최신의 해석과 이에 대한 정리로는 계승범(2014, 5장)을 참고.

의 정치적 함의를 명확히 인식하고 있었기 때문이다. 기묘사화 이후 중종은 "도학이 참으로 아름다우며 주희는 참된 도학자다. 그러나 조광조처럼 도학에 가탁하면 참으로 곤란하다"고 회고하는데, 사관에 따르면 조광조는 중종 앞에서 항상 자신들의 학문 연원이 정·주에게 있다고 말하면서 도학의 권위를 내세워 군주를 압박했기 때문이다(중종 18년 2월 20일). 중종과 이후의 군주들은 사대부에게 학문적 정통으로서의 권위를 인정한다면, 이 권위가 곧바로 군주를 제약하는 것에 활용되리라는 점을 익히 인식했던 것이다.[27] 따라서 군주의 입장에서, 신하를 문묘에 배향하는 일은 꺼려질 수밖에 없는 일이었다. 이는 단순한 현창(顯彰)을 넘어서 그들이 (군주의 계보와는 독립된) 공·맹·정·주의 계보에 포함된다는 것을 의미하며, 이 계보에 든다는 것은 이들이 성인으로부터 '올바른 통치술(도학)'을 전해 받았다는 것을 뜻하기 때문이다.

조광조는 조종성헌도 옳지 않은 것은 고쳐야 한다며 유교 원칙을 정치의 영역에서 적극적으로 실현하고자 했다(최연식 2003, 20). 이들은 자신들이 제시하는 도덕원칙을 군주가 수용하도록 요구하면서 군주의 권력 자체를 성리학적 원칙에 따라 비판하고자 했다(최연식 2003, 14-15). 조광조는 군주라 할지라도 개인적으로는 성리학적 규범을 준수해야 하는 일개 '선비(士)'일 뿐이라고 인식했고(중종 11년 6월 2일), 이러한 인식을 공유하는 지식인의 저변이 확대되어, 성리학적 가치를 신봉하는 사림이 정치 현실을 좌우하는 주류로 부상하던 시기가 바로 성종-중종 연간이었다(계승범 2014, 181-182). 계승범은 조선왕조가 유교화하는 전환기의 시작과 끝을 각각 중종반정(1506년)과 인조반정(1623년)으로 설정하는데(계승범 2014,

---

27) 당연한 이야기지만, 중국에서도 공자의 존호, 문묘의례의 격 등이 군주권과 사대부 권력의 갈등 속에서 다뤄졌다(민병호 2011).

26), 이 시기는 문묘배향이 성리학의 국시 선포 및 주자의 도통론과 맞물려 진행되던 시기와 정확히 일치한다. 이 시기 문묘배향 논쟁이 중요한 까닭은, 다양한 이유를 근거로 군주에 의해서 빈번히 무시되던 성리학적 규범이 이 시기를 거치며 실제 최고통치자인 군주를 제약하게 되었는데, 이러한 변화의 과정에서 '군주와 신하 사이의 규범적으로 올바른 정치적 관계가 무엇이냐'를 두고 벌어진 갈등은 바로 도통론을 바탕으로 한 문묘배향 논쟁을 통해서 표출되었기 때문이다.

4. 맺는글

도통론은 성리학자들이 자신들의 정치 참여를 체계적으로 정당화하는 이론적 논변이다. 공자와 맹자도 자신들에게 도가 있음을 자부하는 언설을 종종 남겼지만,[28] 주자는 이러한 인식을 체계화하여 '고대 성인과 공자·맹자의 도를 계승한 성리학자가 참여하지 않는 통치는 정당하지 못하다'는 주장으로 발전시켰다. 도통론은 성리학의 주된 특징 중 하나로, 주자는 도(道)와 치(治)를 구분하여 도를 통해서 군주를 규율하고자 했다. 성리학 자체를 거부할 것이 아니라면, 군주는 도통론을 기각할 수 없었다. 문제는 조선 전기를 거치며 조선의 지배계층이 철저한 성리학 신봉자로 변화했다는 것이었다. 그 결과 군주와 사대부의 정치적 대립은 사대부에게 도통이 있다는 것을 인정할지 여부를 둘러싼 형태로 표출되었다.

주자의 도통론을 철저히 내면화한 조선의 사대부는 다양한 현창(顯彰) 방법 중 하나로 여겨지던 기존의 문묘배향을, 도통만을 배타적으로 표현하는 것으로 활용했다. 도통에 근거해 오현이 문묘에 배향되었다는 점은, 바

---

28) 예컨대 『논어』 「자한」 5장, 『맹자』 「진심하」 38장을 보라.

로 이들의 학설이 정통이라는 의미다. 따라서 군주가 유교 경전에 대한 바른 이해를 바탕으로 올바른 통치를 하기 위해서는 오현의 학통을 이은 조선 사대부들의 규율을 따라야만 한다는 논리가 성립한다. 중종—광해군까지의 군주들이 오현이 모두 훌륭한 학자임은 인정하면서도, 이들을 문묘에 배향하는 것만은 집요하게 반대했던 까닭은 위의 논리를 수용할 때 왕권에 가해지는 제약이 정당화되리라는 것을 이해했기 때문이다. 이 점에서 문묘배향은 그 자체로서는 특정 인물에 대한 현창일 뿐일 수 있지만, 성리학이 지배하는 조선의 정치에서 군주와 신하의 규범적 관계에 대한 가장 높은 차원의 논쟁이라 할 수 있다. 마치 대한민국 헌법 전문(前文)에 광주민주화운동 등의 특정 사건을 넣어야 하는지의 논쟁이 단순히 광주민주화운동의 정신을 현창해야 하는지 여부만을 두고 벌어지는 논쟁이 아니듯 말이다.

한편 유교 헌정주의가 도통과 치통이라는 두 가지 정당성의 근원을 설정하여 정당화하고자 한 것은 제도가 아니라 제도의 운영주체였다. 그렇기 때문에 어느 시점에서 조선의 유교 헌정주의가 붕괴했다고 한다면, 그 원인과 과정 역시 도통과 문묘의 측면에서 조명해볼 수 있을 것이다. 널리 알려진 대로, 조선 후기의 이른바 '세도정치' 시기에는 왕실과 혼인관계인 특정 가문이 국정을 60여 년간 농단했으며 이때 도통을 자임했던 사대부의 모습은 찾기 어렵다. 이는 추가적인 연구가 필요한 지점이라고 생각된다.

참고 문헌

『經國大典』. 『論語集註』. 『大學章句』. 『孟子集註』. 『栗谷全書』. 『朝鮮經國典』. 『中庸章句』.

강상규. 2013. 『조선정치사의 발견』. 파주 : 창비.

강정인. 2002. "덕치와 법치 : 양자 겸전의 필요성을 중심으로." 『정치사상연구』 제6집, 67-95.

_____ · 장원윤. 2014. "조선의 과거사 정리담론 : 4대 사화를 중심으로." 『한국정치연구』 제23집 2호, 1-25.

계승범. 2014. 『중종의 시대』. 고양 : 역사비평사.

김범. 2015. 『사화와 반정의 시대 : 성종 · 연산군 · 중종대의 왕권과 정치』. 고양 : 역사의아침.

김복순. 2008. "고려의 최치원 만들기." 『신라문화』 제32집, 69-89.

김비환. 2008. "조선 초기 유교적 입헌주의의 제요소와 구조." 『정치사상연구』 제14집 1호, 7-32.

김상준. 2001. "조선시대의 예송과 모랄폴리틱." 『한국사회학』 제35집 2호, 205-236.

김석근. 2008. "조선의 '건국'과 '정치체제 구상'에 대한 시론적 접근." 『한국동양정치사상사연구』 제7권 2호, 5-27.

김영두. 2006. "조선 전기 도통론의 전개와 문묘종사." 서강대학교 박사학위 논문.

김용곤. 1986. "고려 현종대의 문묘종사에 대하여." 변태섭 편, 『고려사의 제문제』. 서울 : 삼영사, 512-544.

김용헌. 2010. 『조선 성리학, 지식권력의 탄생』. 파주 : 프로네시스.

김홍경. 1996. 『조선초기 관학파의 유학사상』. 서울 : 한길사.

도요시마 유카(豊島悠果). 2012. "고려시대의 문묘." 『한국사상사학』 제40집, 411-452.

민병희. 2011. "도통과 치통, 성인과 제왕 : 송-청중기의 도통론을 통해본 사대부사회에서의 군주관." 『역사문화연구』 제40집, 155-208.

박찬수. 1984. "문묘향사제의 성립과 변천." 동양학논총편찬위원회 편, 『남사정재각박사고희기념 동양학논총』. 서울 : 고려원, 121-144.

박홍규 · 송재혁. 2012. "'유교적 헌정주의' 재검토." 『아세아연구』 제55권 3호, 117-148.

송갑준. 2002. "이단-우리 도를 어지럽히는 자들." 한국사상사연구회 편, 『조선 유학의 개념들』. 서울 : 예문서원, 435-459.

위잉스(余英時) 저. 이원석 역. 2015. 『주희의 역사세계』 (상). 파주 : 글항아리.

이상익. 2007. 『주자학의 길』. 서울 : 심산.

_____. 2013. "조선시대 중화주의의 두 흐름." 강정인 편, 『정치학의 정체성』. 서울 : 책세상, 181-232.

이상익·강정인. 2004. "동서양 사상에 있어서 정치적 정당성의 비교." 『정치사상연구』 제10집 1호, 83-110.

이석희. 2018. "조선 유교입헌주의의 성립과 붕괴." 서강대학교 석사학위 논문.

이승환. 1998. 『유가사상의 사회철학적 재조명』. 서울 : 고려대학교 출판부.

_____. 2002. "도통-유학의 참 정신을 잇는 계보." 한국사상사연구회 편, 『조선 유학의 개념들』. 서울 : 예문서원, 460-484.

이이 저. 김태완 역. [1575] 2007. 『성학집요』. 서울 : 청어람미디어.

임명희. 2012. "'도통' 개념의 출현과 도학적 도통 관념의 함의." 『인문논총』 제68집, 319-342.

장현근. 1994. "선진정치사상에서 '법'의 의미." 『한국정치학회보』 제27집 2호, 75-96.

정두희. 2001. "조광조의 복권과정과 현량과 문제." 『한국사상사학』 제16집, 35-55.

_____. 2010. 『왕조의 얼굴』. 서울 : 서강대학교 출판부.

진상원. 2003. "조선전기 정치사건의 처벌과 신원-김종직의 사례를 중심으로." 『역사학보』 제180집, 63-93.

_____. 2005. "조선중기 도학의 정통계보 성립과 문묘종사." 『한국사연구』 제128호, 147-180.

진희권. 2017. "선진유교사상에서의 왕권과 입헌주의." 『사회사상과 문화』 제20권 2호, 31-61.

최상용·박홍규. 2007. 『정치가 정도전』. 서울 : 까치.

최연식. 2003. "정암 조광조의 도덕적 근본주의와 정치개혁." 『한국정치학회보』 제37집 5호, 7-26.

_____. 2009. "예기에 나타난 예의 법제화와 유교입헌주의." 『한국정치학회보』 제43집 1호, 45-66.

함재학. 2004. "경국대전이 조선의 헌법인가?" 『법철학연구』 제7권 2호, 263-288.

_____. 2006. "유교전통 안에서의 입헌주의 담론." 『법철학연구』 제9권 2호, 177-208.

_____. 2008. "유교적 입헌주의와 한국의 헌정사." 『헌법학연구』 제14권 3호, 97-129.

Friedrich, Carl Joachim. 1968. "Constitutions and Constitutionalism." David L. Sills eds. International Encyclopedia of Social Sciences. Vol. 3. New York : Macmillan, 318-326.

Hahm, Chaihark. 2000. "Confucian Constitutionalism." Doctor of Judical Science Diss., Harvard University.

_____. 2009. "Ritual and Constitutionalism : Disputing the Ruler's Legitimacy in a Confucian

Polity." The American Journal of Comparative Law Vol. 57, Issue 1, 135－204.

Kim, Sungmoon. 2011. "Confucian Constitutionalism : Mencius and Xunzi on Virtue, Ritual, and Royal Transmission." The Review of Politics Vol. 73, No. 3, 371－399.

Maddox, Graham. 1989. "Constitution." Terence Ball, James Farr, Russell L. Hansen, eds. Political Innovation and Conceptual Change. Cambridge : Cambridge University Press, 50－67.

Sartori, Giovanni. 1962. "Constitutionalism : A Preliminary Discussion." The American Political Science Review Vol. 56, No. 4, 853－864.

Song, Jaeyoon. 2009. "The Zhou Li and Constitutionalism : A Southern Song Political Theory." The Journal of Chinese Philosophy Vol. 36, Issue 3, 424－438.

『朝鮮王朝實錄』. http://sillok.history.go.kr/

07

조선의 과거사 정리담론

4대 사화를 중심으로

강정인 · 장원윤

1. 글머리에

이 글의 목적은 조선 중기에 4대 사화(무오 · 갑자 · 기묘 · 을사 사화)에 대한 피해자의 신원 · 추증 문제를 둘러싸고 치열하게 전개된 정치적 논쟁을 현대의 과거사 정리와 관련된 이론을 통해서 검토함으로써 전통 시대의 정치와 현대정치에 대한 비교사상적 분석을 시도하는 것이다.

이러한 연구 주제에 대해서, 과연 조선 정치사 연구에 민주주의로의 전환을 전제로 형성된 현대정치학의 개념인 '과거사 정리'를 적용할 수 있는 것인지에 대한 의문이 제기될 수 있다.'과거사 정리'가 학술적인 관심의 대상으로 부상한 것은 20세기 후반부터이다. 1980년대 이후 동아시아 및 남미 등에서 권위주의 정권이 연쇄적으로 붕괴하고 이어서 구소련 및 동유럽의 사회주의 정권이 몰락하면서, 이들 국가들은 민주주의로의 이행에 접어들게 되었다. 그 과정에서 과거 정권의 부정의한 통치행위의 진상을 규명하고 책임자를 처벌하며 피해자를 구제하는 문제에 공통적으로 직면하게 되었고, 이러한 현실적 필요에 부응하기 위해서 과거사 정리에 대한 이론이 적극적으로 대두했다.

그런 이유로 과거사 정리는 민주주의를 바탕으로 한 근대적 현상으로 이해되는 것이 일반적 경향이다. 국내 연구자들 중에서 조희연은 이런 입장을 명시적으로 표명하고 있다. 조희연은 "과거사 정리라는 것 자체가 근대적 현상"이라고 주장한다. 근대 민주주의 체제에서는 "공권력의 부당한 행사에 대한 저항을 제도적 · 법적으로 보장"하고 있고 "민중들이 만든 공권력행사의 규칙, 이른바 지배의 규칙이 존재"하기 때문에, "이런 지배의 규칙을 뛰어넘어 자의성과 과잉폭력성, 왜곡된 반인륜적인 차별이 자행될 때" 그와 같은 일체의 사건 및 행위가 과거사 정리의 대상이 된다는 것이다(조희연 2005, 69). 조희연에 따르면, 조선시대에 반정(反正)과 같은 일련의 체제 전환이 이뤄진 다음 이전 국왕의 통치기에 일어난 억울한 죽음 및 멸문지화 등에 대해서 사면 · 복권 조치가 내려진 경우도 있었고, "민중들의 원성을 사는 특정한 과거사가 최고권력자에 의해서 정정되는 경우도 많이 있었"지만, 이와 같은 현상은 과거사 정리에 해당되지 않는다. 그런 조치들은 근대 민주주의에서처럼 지배의 규칙, 즉 헌정적 원칙과 규범에 의거한 것이 아니라, "권력자의 선의 혹은 주관적 인식변화에 의존"하는 것이기 때문이다(조희연 2005, 67-68).

그러나 조희연의 이런 주장은 조선 정치사에 대한 구체적 확인 없이 성급하게 제기되었다는 비판을 면하기 어렵다. 비판의 논거를 제시해보면 다음과 같다. 첫째, 조선 정치사에서 과거사 정리로 분류할 수 있는 조치들 중 다수는 국왕과 친위세력들의 반대를 무릅쓰고 사대부들에 의해서 아래로부터 발의되어 관철된 것들이었다. 둘째, 국왕이 주도한 과거사 정리라 해도 그와 관련된 국왕의 인식과 태도의 변화는 사대부들의 공론(公論)으로 강제된 것이었지 국왕이 자발적으로 마음을 바꾼 결과가 아니었다. 과거사 정리를 포함한 조선왕조의 주요 정책 대부분이 명목상으로는 왕명으로 결정된 것처럼 보이지만, 그 실상은 왕명의 이름을 빌려 반포된 사대부들의 총의인 경우가 더 많았다. 셋째, 군주정체·귀족정체도 그 나름의 헌정적 원칙과 규범을 가지고 있었으며, 이는 조선의 유교적 왕정체제를 "유가적 헌정주의(Confucian constitutionalism)"로 이론화한 함재학의 탁월한 연구에서도 확인된다(Hahm 2000). 헌정적 원칙과 규범이 자유주의나 민주주의만의 전유물은 아니다. 군주 또는 귀족집단이 그 체제의 헌정적 원칙과 규범을 무시한 채 자의적인 통치행위를 일삼았을 경우, 이에 대한 저항이 발생하며, 그것이 정치적 변혁 또는 체제 전환으로 이어지면서 과거사 정리가 제기될 수 있는 공간을 열어놓을 수 있다. 조선시대의 중종반정, 인조반정은 연산군과 광해군이 각각 조선왕조의 통치헌장인 유교 정치이념에 위배된 통치행위를 자행했다는 점을 명분으로 삼아 일어난 것이었다. 또한 각각의 반정 이후에 추진된 과거사 정리는 유교적 헌정 원칙과 규범에 의해서 정당화되었고 그에 기반을 두어 추진되었다.

이상의 논의를 통해서 우리는 근대 이후의 과거사 정리와 비교할 때, 이념적 기반, 논의 주체·참여자의 범위 그리고 정책결정 과정 등에서 상이할 수 있으나, 근대 이전인 조선시대에도 그 나름의 원칙과 절차, 정치사회적 합의에 기반을 두어 과거사 정리를 추진했다는 사실을 확인할 수 있었다. 그리고 이와 관련해 다음과 같은 질문을 던져볼 수 있다. 첫째, 특정 인물·사건에 대한 과거사 정리가 제기되었을 때, 국왕과 사대부, 또는 사대부 내 각 분파들의 입장과 태도는 무엇이었으며, 어떻게 표출되었는가? 그리고 이들 각각이 그와 같은 입장과 태도를 견지한 이유는 무엇이었는가? 둘째, 특정 인물과 사건에 대한 과거사 정리는 어떻게 의제화(議題化)되었는가? 셋째, 조선시대의 과거사 정리를 이끈 유교 정치이념의 헌정적 원칙이나 규범의 구체적 내용은 무엇인가? 이 글은 세 가지 질문에 대한 해답을 4대 사화에 대한 피해자의 신원(伸寃)·추증(追贈)을 둘러싸고 중종부터 선조

시대까지 진행된 정치적 논쟁을 분석하면서 제시하고자 한다. 이를 위해서 우선 2절에서는 과거사 정리에 대한 최근의 논의들을 간략히 소개하고, 이를 조선 정치사에 적용할 때 어떤 시사점을 얻을 수 있는지에 대해서 살펴볼 것이다. 3절에서는 4대 사화의 정치사적 의미를 일별하고, 그 피해자의 신원·추증에 관한 당대의 논의들을 분석하며, 4절에서는 위에서 제기한 세 가지 질문에 대한 해답을 제시할 것이다.

2. 과거사 정리담론과 조선 정치사

이 절에서는 현대의 과거사 정리 담론의 주된 내용을 세 가지로 나누어 살펴보고, 이어서 조선 정치사에 과거사 정리란 개념을 어떻게 적용할 수 있는지를 논의한 다음, 4대 사화를 중심으로 과거사 정리의 유형과 사례를 간략히 언급하겠다.

1) 과거사 정리 담론의 세 가지 내용 : 정당성, 목표와 방법, 기억의 전쟁

'과거사 정리'는 논자에 따라 조금씩 다르게 정의되고 있다. 하지만 대체로 정치적 격변기 또는 체제 전환기에 구정권·구체제의 부정의한 통치행위 및 제도가 남긴 부정적 유산을 정리하고 극복하려는 일련의 정치행위 및 제도적 조치로 정의되고 있다(안병직 2005 ; 정병준 2005 ; 조희연 2005). 이렇게 볼 때, 과거사 정리 담론이란 과거사 정리를 추진하는 과정에서 제기되는 일체의 논의를 일컫는 용어라 할 수 있다. 국내외 사례를 참조해보면 과거사 정리 담론은 대략 세 가지 내용으로 구성되어 있다. 첫째, 과거사 정리의 정당성에 관한 논의이다. 이는 찬반양론 모두를 포함한다. 과거사 정리의 정당성을 주장하는 측은 그동안 은폐되어 있던 구정권·구체제의 부정의한 통치행위의 진상을 규명하고 책임자들을 처벌하거나 또는 그들의 고백과 사죄를 유도·강제함으로써 훼손된 정의를 복원하고 사회통합과 화해를 성취할 수 있으며, 이러한 작업을 거치고 나서야 비로소 새로운 정권 및 체제가 반석 위에 오를 수 있다고 주장한다(조희연 2005 ; 정병준 2005). 한편 과거사 정리에 반대하는 측은 과거사 정리의 정당성 그 자체를 부정하거나 과거사 정리가 체제에 심각한 부작용과 후과(後果)를 초래할 수 있다는 주장을 제시한다. 2003-2004년 과거사 법안 입법을 둘러싸고 국내 보수-진보세력 간의 치열한 논쟁이 전개되었을 때, 진보세력은 바로 위와 같은(전자의) 논거를 들어 과거사 입법을 밀어붙인 반면, 보수세력은 과거사 입법이 '대한민국의 정통성'을 부정하는 의도를 내포하고 있다면서 반대하거나, 이미 지나간 옛 일을 들춰내 반대세력을 탄압하는 등 사회분열을 심화시킬 수 있다는 이유에서 반대한 바 있다.[1] 그리고 이런 모습은 남아프리카 공화국이나 아르헨티나 등 해외의 과거사 정리 사례에서도 관찰되었다(이남희 2005, 161 ; 박구병 2005, 204-206).

둘째, 과거사 정리의 정치적 목표와 방법에 관한 논의이다. 정치적 격변이나 체제 전환을 경험한 국가들 대부분은 과거사 정리의 초기 단계에서 처벌과 용서 둘 중 어느 것을 더 우선시할 것인가를 놓고 논쟁을 벌여왔다.[2] 이런 논쟁의 역사는 과거사 정리를 두 가지로 유형화하는 결과를 낳았다. 정의모델과 진실·화해모델이 그것이다. "정의모델은 사법적 응징을 통하여 사회공동체의 공적·제도적 정의를 실현하고자 한다"(이영재 2012,

---

1) 2004년 한나라당 여의도연구소는 당시 정부와 여당(열린우리당)이 추진 중이던 과거사 정리 작업에 반대하는 세 가지 이유로 첫째 대한민국의 정통성과 정체성을 훼손하는 '역사 뒤집기', 둘째 야당을 파괴하기 위한 정략적 의도, 셋째 선동적이고 연좌제적 성격을 띤 '보복과 응징'이라는 논거를 제시했다(『한겨레신문』 2004/08/27).

2) 제2차 세계대전 종전 이후, 프랑스에서는 비시정부 협력자에 대한 처벌을 주장했던 카뮈와 관용을 주장했던 모리아크 간의 논쟁이 진행된 바 있다(유진현 2005, 121-125).

137). 이것이 추구하는 정치적 목표와 방법은 구정권 · 구체제에서 부정의한 통치행위를 자행했던 책임자를 응보적 정의에 입각해 처벌함으로써 훼손된 정의를 사후적으로 복원하는 것이다. 제2차 세계대전 이후의 전범 재판, 한국의 5 · 18 재판 등이 정의모델의 대표 사례로서 받아들여지고 있다. 이와 달리 진실 · 화해모델은 가해자들의 고백과 참회를 바탕으로 한 과거사의 진실 복원, 정치 · 사회적 차원에서의 용서와 화해를 추구하고 있다(이영재 2012, 137-138). 남아프리카 공화국의 '진실화해위원회'가 이 모델의 대표 사례이다.3) 한국의 경우, 2005년 포괄적인 과거사 정리를 위해서 여야 합의로 '진실 · 화해를 위한 과거사정리 기본법'이 공포된 바 있다.

셋째, 과거사에 대한 기억의 괴리와 재구성에 관한 논의들이다. 이는 과거사 정리 담론에서 가장 첨예한 논쟁이 전개되는 영역이라 할 수 있다. 과거사 정리는 일반적으로 과거에 대한 기억이 통일되지 못한 상태에서 시작한다. 특히 체제 전환이 혁명적으로 전개되지 않고 신구 세력 간 타협에 의해서 추진되었을 경우, 과거에 대한 기억의 괴리가 더 크게 나타날 수 있다. 구정권 · 구체제의 통치 행위와 제도가 어떤 이에게는 부정의한 것으로 기억되고 있지만 또 어떤 이에게는 정당했거나 불가피했던 것으로 기억된다. 이뿐만 아니라 개별 사건에 대한 기억 또한 첨예하게 엇갈리는 경우가 빈번하다. 예를 들어 고문이나 학살과 같은 인권유린 사건의 경우, 가해자와 피해자 간에는 사건의 성격뿐만 아니라 구체적인 전개 과정, 즉 사실 자체가 다르게 기억되는 경우도 많다(최정기 2006). 이와 같은 기억의 괴

---

3) 남아프리카 공화국의 '진실화해위원회'는 과거사 정리 과정에서 "개인들의 정화, 공동체 형성, 정치적 변화의 공고화(cleansing of individuals, community-building, consolidation of political change, '3C')를 추구하고 정치적 · 사회적 차원에서 변화를 강화시키는 것에 중점"을 두었고, 사면을 조건으로 민주화 이전 정권하에서 자행된 국가폭력, 인권탄압에 관여한 자들로부터 진실 고백을 유도하고자 했다(이영재 2012, 137-138에서 재인용 ; 이남희 2005, 165-166).

리는 과거사 정리에 직면한 정치사회세력들로 하여금 각자의 기억을 국가의 공식기억으로 관철시키기 위한 노력을 전개하게 하며, 이로 인해서 상호 간의 갈등과 투쟁이 일어난다. 이른바 '기억의 전쟁'인데, 이는 과거사 정리의 착수 단계로부터 종료 시점까지 지속된다. 그런 점에서 과거사 정리의 궁극적 목표는 기억의 괴리를 극복하여 통합적으로 재구성된 공식적 기억을 확정·공인하는 것이다. 이것이 성취되지 않는 한, 사법적 응징을 통한 정의의 회복이건 진실규명과 용서를 통한 화해이건, 과거사 정리의 성과는 언제든 무위로 돌아갈 수 있기 때문이다.

2) 과거사 정리로 본 조선 정치사

조선 초기부터 정치사건 연루자의 신원은 정치적 논의의 대상으로 부상했다. 건국 과정 및 이후 왕위계승과 왕권확립 과정에서 발생한 각종 사건들, 네 차례에 걸쳐 일어난 사화 등을 거치면서 정치사건 연루자의 신원 및 추증이 관행화되었다(진상원 2006, 17-19).[4] 조선 정치사에서 과거사 정리 사례를 발굴하고자 한다면, 바로 이와 같은 정치사건 연루자의 신원·추증과 그에 관한 논의에서 찾을 수 있을 것이다. 신원·추증은 불가피하게 과거 정치사건에 대한 재논의를 수반하게 되어 있다. 신원·추증을 청구한 사람이 연루자의 무고를 주장하는 경우도 있었지만, 정치적 사건의 성격이

---

[4] 과거 정치적 사건에 연루되어 처벌된 인물의 후손이 자신의 선조에 대한 신원을 요청하는 특정한 서식이 19세기에 출간된 『유서필지(儒胥必知)』란 서식 편람에 포함될 정도로 정치사건 연루자에 대한 신원 및 추숭(追崇)은 조선의 일상적인 정치문화로 자리잡았다(진상원 2006, 17-19). 이 글에서 사용하는 '신원(伸冤)'의 사전적 정의는 "가슴에 맺힌 원한을 풀어"버린다는 것이다(http://stdweb2.korean.go.kr/search/List_dic.jsp). 즉, 신원이란 말에는 신원의 당사자가 억울한 누명을 쓰고 처벌당했다는 생각이 들어 있다. 따라서 신원을 요청한다 함은 과거의 유죄 결정을 번복해달라는 것이어서, 신원은 유죄를 인정한 상태에서 국왕의 사은(賜恩)이란 명목하에 행해지는 단순한 사면, 감형, 복권 등의 조치와는 구분해서 이해되어야 한다.

나 심지어 실재 여부에 이의를 제기한 일도 적지 않았다. 이런 과정은 최근의 과거사 정리 과정에서 폭동이나 반란으로 규정된 사건을 항쟁으로 재규정하려 하거나,[5] 간첩사건이나 내란음모사건이 조작사건인 것으로 밝혀지면서 제기되는 논의들과 근본적으로 유사하다.

그런데 정치사건 연루자에 대한 신원·추증이라 하여, 이와 관련된 모든 논의를 과거사 정리로 파악할 수는 없다. 가령, 사건의 파장이 그리 크지 않았거나 사건의 진실이나 의미가 정치적으로 쟁점화되지 않은 상태에서 단순히 한 개인 또는 한 가문의 억울함을 하소연하는 수준의 신원·추증 논의를 과거사 정리로 보기는 힘들 것이기 때문이다. 이 점을 고려한다면, ① 조선 정치체제의 역사적 변화에 분수령이 되었고, ② 조선 정치사회[6] 구성원들 사이에서 광범위하게 그리고 치열한 쟁점으로 논의되었던 사건들에 한해 과거사 정리로 분류할 수 있을 것이다. 이 기준에 부합하는 조선시대 과거사 정리의 대표적 사례로는 태종이 정몽주 등을 표창한 사례, 숙종이 단종과 사육신을 추복(追復)[7]한 사례, 조선 중기에 일어난 4대 사화를 둘러싼 과거사 정리 등 대략 세 가지 정도를 들 수 있다.

지면 관계상 이 글의 핵심적 분석 대상인 4대 사화에 둘러싼 과거사 정리를 살펴보면 중종반정 이후에 조정에 복귀한 사림파는 무오사화를 야기한 유자광과 이극돈의 처벌을, 김종직·김일손 등 피해자의 사면과 명예회복을 추진했다. 이런 양상은 기묘사화, 을사사화 이후, 두 사화를 주도했던 훈척

---

5) 한국 현대사를 바라보는 관점에 따라 정치적 사건들이 각각 다른 이름으로 호명되는 경우가 많다. 가령, 4·3 사건의 경우, 각자의 정치적 입장에 따라 '4·3폭동'이라 부르거나 '4·3항쟁'이라 불린다.

6) 이 연구에서 쓰는 정치사회란 용어는 조선시대에 정치를 논할 자격을 부여받았던 남성 사대부들 간의 의사소통구조를 일컫는다.

7) 추복(=추복위)이란 "빼앗겼던 위호(位號)를 그 사람이 죽은 뒤에 다시 회복"시켜주는 것이다(http://stdweb2.korean.go.kr/search/List_dic.jsp).

권신(勳戚權臣)들이 퇴진하고 사림파가 조정에 복귀했을 때에도 반복되었다. 이 과정에서 사림은 사화를 주도한 장본인들을 사법적으로 응징하고자 했다. 정몽주 추증, 단종과 사육신 추복은 큰 틀에서 볼 때, 진실·화해모델에 가까운 데 반해,[8] 4대 사화에 관한 과거사 정리는 명백히 정의모델을 추구했다. 또한 4대 사화에 대해서 사림이 과거사 정리를 추진했을 때, 국왕들은 대부분 이에 미온적이거나 반대의사를 표명했고, 정리 대상이 된 훈척권신들과 그 후손들 역시 이에 반대했다. 이 과정에서 과거사 정리에 관한 정당성 논쟁이 벌어진 것은 당연한 일이었다.

4대 사화에 대한 과거사 정리는 정몽주 추증이나 단종·사육신 문제와 비교할 때, 상대적으로 짧은 기간에 걸쳐 상당히 심각하고 치열한 공개적 논쟁을 거치면서 추진되었다. 그렇기 때문에 필자는 이에 대한 연구를 통해서 조선의 과거사 정리 담론의 전형적인 특징을 발견할 수 있고, 이를 통해서 서론에서 제기한 세 가지 질문에 대한 해답을 구할 수 있으리라 기대하고 있다. 따라서 필자는 4대 사화를 둘러싼 과거사 정리에 초점을 맞추어 조선의 과거사 정리를 본격적으로 검토·분석하고자 한다.[9] 그런데 이를 위해서 우선 4대 사화의 정치사적 의미를 검토할 필요가 있다. 이에 대한 이해가 선행되어야 4대 사화를 둘러싸고 전개된 과거사 정리 담론의 심층적 의미를 포착할 수 있을 것이기 때문이다.

---

8) 정몽주 추증, 단종·사육신 추복에서 현대적 의미에서의 진실규명 작업은 진행되지 않았다고 봐야 한다. 왕조국가의 특성과 한계로 인해서 국왕이 직접 관련된 사건에 대해서는 진실규명이 공개적으로 진행되기 힘들었기 때문이다.

9) 그리고 이에 기초한 정몽주 표창이나 단종·사육신 문제와 관련된 과거사 정리에 대한 연구를 후속작업으로 기약하고자 한다.

3. 4대 사화의 정치사적 의미와 과거사 정리

1) 4대 사화의 정치사적 의미

4대 사화는 연산군 4년(1498년)과 10년(1504년)에 발발한 무오사화와 갑자사화, 중종 14년(1519년)의 기묘사화, 명종 즉위년(1545년)의 을사사화를 통칭하는 용어이다. 16세기 전반기, 약 50년에 걸쳐 발생한 4대 사화는 일반적으로 조선왕조가 초기에서 중기로 전환되어가는 과도기에 발생한 사건으로 이해되고 있다. 이 시기에 가장 두드러진 변화는 신구 정치세력의 충돌과 교체이다. 여기서 구세력인 훈구파는 세조 이후 거듭된 비정상적 왕위계승과 정변 등에 관여하여 공신으로 책봉된 대신들로서 정치경제적 특권을 과점하는 배타적인 특권집단을 형성하고 있었다. 한편 성종 집권기 이후 본격적으로 등장한 신진세력인 사림파는 삼사, 즉 홍문관, 사헌부, 사간원과 같은 간쟁기구에 진출하여 훈구파와 대립하고 있었다. 정통 주자학자들인 사림파는 조선을 주자학의 교의대로 철저히 개조하고자 했다. 아울러 이들은 왕통과 도통의 분리를 전제로 정치의 올바른 방향을 실질적으로 담지하고 있는 주체는 왕통을 물려받은 국왕이 아니라 도통을 전수받은 자신들이란 신념을 가지고 있었다(김상준 2001, 214). 그리하여 사림파는 왕통을 세습한 국왕이 도통을 계승한 주자학자들을 반려자로 삼아 공론에 의거하여 정치를 해야 한다는 군신공치(君臣共治) 사상을 본격적으로 피력하기 시작했다.[10]

군신공치라는 이념과 그것을 실현하는 방안으로서의 공론정치에 대한 강조는 자연스럽게 삼사의 활동을 활성화시키는 결과를 낳았다. 삼사의 언

---

10) 4대 사화가 조선왕조의 군신 권력관계에 미친 영향에 대해서는 김돈의 『朝鮮前期 君臣權力關係 研究』를 참고(김돈 1997).

론을 주도하게 된 사림파는 훈구대신들을 사사로운 인연을 앞세워 군주를 에워싸고 사익을 추구하는 소인배로서, 또는 그럴 가능성이 농후한 집단으로 규정하고 배척했다. 이와 더불어 사림파는 정통 주자학이 제시하는 정치원칙과 규범을 관철하고 그것이 지향하는 이상적 군주상을 실현하기 위해서 국왕의 권력행사를 감시하고 계도하려 했다. 사림파의 이와 같은 활동상은 당대의 국왕과 훈구대신들에게는 왕조질서의 위계서열을 문란케 하고 국왕 고유의 통치권을 위협하는 행위로 인식되었다(송웅섭 2013, 38 ; 와그너 2007, 105-108). 따라서 정치적 필요에 의해서 사림파에게 다소 관용적일 수밖에 없었던 성종과 인종을 제외한 조선 초·중기의 국왕들은 대체로 훈구파와 한편이 되어 사림파와 갈등하는 모습을 보여주었다. 그러한 갈등이 극점에 이르렀을 때, 국왕 또는 그 대리인이 훈척권신과 한 패가 되어 사림파를 숙청한 사화가 발생했다.[11] 그러나 사림파는 이런 사화를 겪으면서도 소멸되지 않고 지속적인 자기 재생산을 통해서 정치적으로 재기했다. 그리고 명종 20년(1565년) 문정왕후의 죽음과 더불어 윤원형 일파가 소멸되면서 조선 정치에서 훈구파는 사실상 사라지게 되고, 사림파가 조선 정치의 확고한 주류세력으로 자리잡게 되었다.

따라서 선조 이후 사림파의 주류세력화는 윤원형 같은 훈척권신들이 지속 가능한 권력기반을 창출하는 데 실패하고 스스로 붕괴하면서 얻어진 수동적 승리였다고 풀이할 수 있다(오종록 2004). 그러나 사림파는 훈구파의 자기붕괴로 인한 수동적 승리를 사림파의 능동적 승리로 전화(轉化)시키는 기제로 과거사 정리를 적극 활용했다. 이런 과거사 정리의 지속적인 시도와 성공을 통해서 사림파는 명목상으로만 받아들여졌던 유교적 정치규

---

11) 이 점에서 연산군이 자신의 권력을 전제화하는 과정에서 훈구파와 사림파를 불문하고 모든 세력을 숙청하려 했었던 갑자사화는 예외에 속한다.

범을 실질적인 통치 원칙과 규범, 더 나아가 통치헌장으로 자리매김하게 했으며, 그 과정에서 헌정적 원칙과 규범을 수호하다가 희생당한 사림파의 정당성을 강화하는 성과를 거두었다. 이와 같은 과거사 정리가 구체적으로 어떻게 추진되었는지, 그 과정에서 어떤 담론이 전개되었는지에 대해서 다음 항에서 살펴보도록 하겠다.

2) 무오·갑자사화에 대한 과거사 정리

무오사화는 연산군 4년(1498년) 국왕과 훈구파들이 세조의 정통성을 부정하는 함의를 가진 김종직의 「조의제문」이 실린 김일손의 사초를 문제 삼아 사림파를 숙청한 사건이다. 갑자사화는 연산군 10년(1504년) 생모 윤씨의 폐위에 관여했거나 복위에 반대하는 신료들을 숙청한 사건이다. 무오·갑자사화 중 과거사 정리가 먼저 진행된 것은 갑자사화였다. 갑자사화는 다른 사화들과 달리 왕권 전제화를 추진하던 연산군에 의해서 훈구파와 사림파가 동시에 숙청당한 사건이었고, 그런 이유로 이에 대한 과거사 정리는 중종반정 직후에 큰 논란 없이 진행되었다(중종 1년 9월 3일, 9월 5일). 그런데 무오사화에 대한 과거사 정리는 그렇게 진행될 수 없었다. 중종도 세조의 후손으로서 세조의 정통성 부정을 승인하거나 용납할 수 없었기 때문이다. 중종 1년(1506년) 10월 7일 무오사화 피해자들을 신원하라는 왕명이 내려지나, 11월 12일 「조의제문」 문제를 알게 된 중종은 김일손 등 피해 당사자는 물론 연좌된 자들에 대해서까지 신원을 재검토할 필요가 있다는 유보적 의사를 피력했다. 이에 대해서 반정공신들은 김종직·김일손 등이 세조를 비난한 것은 죽어 마땅한 일이나 말과 글의 차원에서 행해진 것에 불과하므로 그 처벌대상은 당사자들에게만 국한되어야 했는데 연좌율이 적용되어 지나치게 많은 사람들이 피해를 보았다면서, 연좌된 자들의 벼슬길을 허통(許通)해달라고 요청했다. 반정공신들의 이런 입장은 정권교체라는 특수한 상황에서 정국 수습을 위해서 사림파를 포용할 필요가 있다는 정치적 판단에서 도출된 것으로 보인다. 중종은 반정공신들의 요청을 수용했다(중종 1년 10월 7일, 11월 12일).

그러나 이런 조치가 사림파들에게는 그리 만족스럽지 못한 것이었다. 사림파의 입장에서 반정공신 다수는 연산군 시대에 중용된 훈구대신들로서 과거사 책임에서 자유롭지 못한 사람들이었다. 특히 유자광은 무오사화의 주범으로서 사림파의 공적이었다. 당시 『중종실록』의 기록을 보면 과거사 정리에 대한 조정(朝廷)의 논의에서 유자광과 사림파 대간 사이에 공개적인 설전이 오가는 것을 발견할 수 있다.[12] 이와 같은 비판 여론을 의식한 유자광은 중종에게 자신을 적극 변호하는 상소를 올렸다. 이 상소문에서 유자광은 자신이 세조의 은덕을 입은 충신임을 강조하면서 세조의 정통성을 부정한 김종직은 세조의 원수일 뿐만 아니라 그 후손 모두에게 원수라고 하면서 무오사화에서 김종직과 그의 제자들에게 내려진 처벌은 정당한 것이었다고 주장했다(중종 2년 2월 2일). 유자광은 세조의 정통성 옹호라는 절대적 명분에 기대어 자신을 변호하고자 했던 것이다. 그러나 결국 두 달 뒤인 4월 13일부터 대간에 의해서 유자광 처벌을 요구하는 상소가 본격적으로 빗발치기 시작했다. 그 내용을 요약하면, 유자광은 예전부터 언로를 틀어막고 공론을 억압하는 것을 일삼으며 국왕과 대간의 관계를 왜곡해왔던 자로서 이로 인해서 성종의 배척을 받은 바 있고, 연산군 시대에는 임사홍과 결탁해서 임금의 악을 조장하여 나라를 망가뜨린 인물이다. 그럼에도 복주(伏誅)된 임사홍과 달리 반정의 말석에 끼어들어 홀로 죄를 면한 것이니 이제라도 처벌해야 한다(중종 2년 4월 13일, 4월 14일). 결국 열흘간의 공방 끝에

---

[12] 당시 유자광은 대간으로 하여금 연산군 시대에 대한 과거사 정리를 거론하지 못하게 해야 한다고 주장했다가 대사헌 이계맹(李繼孟)으로부터 논박을 당했다(중종 1년 12월 18일).

유자광과 그 자녀들의 유배가 결정되었다(중종 2년 4월 23일).

그러던 중 같은 해 6월 10일 예문관 봉교(奉敎) 김흠조 등이 무오사화에 대한 종래의 해석(또는 공식적인 기억)을 정면으로 반박하는 상소를 올렸다. 상소의 내용은 대체로 다음과 같았다 : 역사를 기록함에 따라 시비가 분명해지고 공론이 정해졌다. 태조 이래로 역대 군왕들이 사관의 역할을 중시하여 역사를 사실대로 기록할 수 있도록 보장해줬는데, 연산군 때의 간신들이 이와 같은 성헌(成憲)을 어지럽혔다. 따라서 무오사화의 본질적 문제는 김종직·김일손이 저지른 세조에 대한 불경죄가 아니라 유자광 등에 의해서 사국(史局)의 기밀이 누설된 데 있다. 이처럼 사국의 기밀이 누설된 선례는 앞으로도 지속적인 악영향을 끼칠 것인데, 이에 대해서 처벌하지 않으면, 누구든 사관으로서의 임무에 충실하게 역사를 사실대로 기록할 수 없을 것이다. 따라서 김일손을 두둔하는 것이 아니라 사가(史家)의 필법이 훼손되어 만세의 공론이 사라질까 염려된다(중종 2년 6월 10일).

이 상소문을 통해서 우리는 무오사화에 대한 정치적 성격 규정이 근본적으로 변한 것을 확인할 수 있다. 사림파 대간이 주도한 유자광 처벌 논의가 이제는 무오사화에 대한 전면적인 과거사 정리 작업으로 확대된 것이다. 중종반정 이전에 무오사화는 세조의 정통성을 부정한 역신을 소탕한 사건으로 규정되었었다. 그런데 반정 직후 연산군 시대에 대한 과거사 정리가 추진되면서, 무오사화는 세조에게 불경스런 언사를 범한 김일손 등에 대한 처벌로 국한되었어야 할 사건이 불필요하게 확장되어 무고한 사람들마저 피해를 입은 사건으로 부분적인 재해석이 시도되었다. 이후 사림파 대간의 목소리가 점차 커지자 이에 대해서 위기감을 느낀 유자광이 무오사화에 대한 중종반정 이전의 해석을 끄집어내어 자신을 변호하고 사림파를 공격하기 시작했다. 그러자 사림파는 자신들에게 불리하게 작용할 수 있는 「조의제문」과 관련된 쟁점을 회피하면서 연산군 시대의 실세였던 임사홍과 유자광의 결탁 문제를 제기하여 유자광의 처벌을 관철시키고, 그런 다음에 비로소 무오사화에 대한 자신들의 입장을 공개적으로 천명하면서 그 사건의 정치적 성격에 대한 근본적인 재해석을 주장한 것이다.[13] 그에 따르면, 무오사화는 애초에 공개되면 안 되는 사초가 정치적으로 불순한 의도에서 공개되어 발생한 사건이었다. 「조의제문」의 내용에 문제가 있었다 한들 그것은 어디까지나 개인적 견해일 뿐이며, 사국의 기밀을 누설한 일에 비해서는 그리 큰 문제가 아니었다. 한마디로 무오사화는 역사기록의 불가침성을 보장했던 역대 국왕들의 성헌(成憲), 즉 통치헌장을 뒤흔든 국기문란 사건이었던 것이다. 무오사화의 성격 규정이 이처럼 뒤바뀌면서 이에 관한 과거사 정리는 급물살을 타게 되었다. 6월 11일 김종직·김일손을 추증하라는 왕명이 내려졌다(중종 2년 6월 10일, 6월 11일). 이때 김종직은 우의정으로 증직(贈職)되었고 문간공(文簡公)이란 시호를 되돌려 받았다(진상원 2003, 84). 그리고 1년 뒤, 유자광과 더불어 무오사화의 주범으로 지목되고 있었던 이극돈의 처벌 역시 중종과 대간의 힘겨루기 끝에 관철되었다(중종 3년 6월 18일, 8월 21일). 결국 이극돈·유자광은 영원히 간흉의 굴레를 쓰게 되었으며, 김종직과 김일손은 세조의 정통성에 도전했던 전력보다 무오사화의 피해자라는 점이 더 부각되게 되었다(진상원 2003, 87-88).

3) 기묘·을사사화에 대한 과거사 정리

기묘사화는 중종 14년(1519년) 국왕의 밀지(密旨)를 받은 남곤·심정 등

---

13) 「조의제문」 문제와 결부된 김종직 신원은 "지극히 민감한 정치적 사안"이었다. 반정공신들과 사림파 대간은 이 문제로 첨예하게 대립하는 대신 "그 접합점을 새로운 방향에서 모색"했다. 그리고 유자광 처벌 정국을 거쳐가면서 이른바 "공론 정치라는 새로운 정치 담론이 생산"되었다. 유자광은 공론 정치 탄압의 상징, 김종직·김일손은 간신에게 무고하게 화를 당한 인물로 부각되어 공론 정치를 구현한 상징이 되었다(진상원 2003, 77-78).

에 의해서 조광조 일파가 숙청당한 사건이다. 기묘사화 이후 조선의 정치는 남곤·심정·김안로와 같은 권신들에 의해서 좌우되었기 때문에 기묘사화에 대한 과거사 정리는 제기되기 힘들었다.[14] 기묘사화 피해자들에 대한 신원·추증이 본격적으로 건의되기 시작한 것은 중종 32년(1537년)에 김안로가 축출되면서부터였다. 김안로 축출 이후, 사림파 대간 및 유생들의 정치적 영향력이 회복되면서 이들의 언론 활동이 다시 활성화되었고, 그 과정에서 권신의 발호와 정국 혼란에 대한 중종 책임론과 더불어 기묘사화 재평가 논의가 조심스럽게 제기되기 시작했다. 김안로가 축출된 바로 그해, 11월 15일 홍문관 전한(典翰) 김광진 등이 상소를 올렸다. 이들은 중종의 잘못된 국정운영 방식이 권신의 발호를 초래했다고 주장하면서 그 일례로 조광조 처벌 과정의 절차적 문제를 언급했다. 그들에 따르면, 공개적인 논의 절차를 거쳐서도 충분히 조광조를 처벌하는 것이 가능했는데도, 중종은 몇몇 대신들을 비밀스럽게 불러내 조광조 처벌을 결정했다는 것이다. 게다가 그때 참여했던 대신들은 하나같이 간신 아니면 외척이었다는 게 그들의 주장이었다(중종 32년 11월 15일; 김돈 1997, 203).

김광진 등의 상소가 올라간 지 약 한 달 뒤인 12월 11일 성균관 진사 이충남 등이 상소를 올려 조광조 등 기묘사화 피해자들을 사면·복권할 것을 요구했다. 이충남 등은 사기(士氣)가 국가의 원기(元氣)라고 전제하면서 연산군 시대의 무오·갑자사화로 크게 꺾인 사기를 중종이 되살려놓았으며, 그 과정에서 조광조 등이 기용된 것임을 상기시켰다. 그들의 주장에 따르면, 조광조 등은 다소 과격한 방법으로 급진적 개혁을 추진하여 나라를 혼란에 빠뜨린 잘못을 저지르긴 했지만, 간사한 마음이 없는 충신들이었

---

14) 기묘사화 당시 조광조의 사사(賜死)에 반대했던 정광필(鄭光弼)은 중종 26년(1531) 과 28년(1533)에 기묘사화 피해자 중 일부의 감형 및 재임용을 추진한 바 있다(김돈 1997, 189–190).

다. 그렇지만 중종 역시 그들을 지나치게 믿고 크게 기용한 과실이 있었고, 게다가 조광조의 처벌을 비정상적인 절차를 통해서 단행했으며, 그 과정에서 권신들이 득세하게 되었다. 따라서 이충남 등은 사기를 다시 진작시키고 심정·김안로와 같은 권신의 발호를 예방하기 위해서 조광조 등 기묘사화 피해자들을 사면·복권할 것을 요청했다(중종 32년 12월 11일; 김돈 1994, 224). 이와 같은 여론에 직면한 중종은 결국 12월 13일 당시까지 생존해 있던 기묘사화 피해자들을 재임용하거나 직첩(職牒)을 환급하는 등 일련의 사면·복권 조치를 단행했다.15) 이후 기묘사화 피해자들에 대한 사면·복권은 죽은 사람에게까지 확대되었다(중종실록 33년 4월 12일; 김돈 1997, 208).16) 하지만 중종은 기묘사림의 핵심인물인 조광조, 김정, 김식, 기준만큼은 끝까지 사면하지 않았다. 그리고 조광조 신원이 건의될 때마다 그에 대한 처벌의 정당성을 반복해서 강조했다(중종 36년 4월 10일; 39년 4월 7일).

중종 39년(1544년) 성균관 생원 신백령 등이 조광조 신원 상소를 올렸다. 이 상소문에서 신백령 등은 조광조를 정치적·학문적으로 높이 추앙하는 바, 비록 조광조가 죽게 된 직접적 원인은 남곤·심정과 같은 간신들의 참소 때문이었지만, 거기에 휘둘린 중종에게도 적지 않은 책임이 있다는 비판을 제기했다. 이에 따라 그들은 중종에게 과거의 잘못을 뉘우치고 조광조를 신원·추증해야 한다고 건의했다(중종 39년 5월 29일). 신백령 등의 상소 이전에 기묘사화에 대한 과거사 정리 담론은 어느 정도 양비론적 성격을

---

15) 중종 32년 기묘사화 피해자들에 대한 중종의 조치는 군주로서 관용을 베푼 것이지 기묘사화 당시 자신의 처분을 뒤집은 것은 아니었다. 그런 이유로 '신원' 대신 '사면·복권'이란 단어를 사용했다.

16) 최숙생(崔淑生), 이장곤(李長坤), 윤자임(尹自任), 김구(金絿) 등 조광조 일파로 지목되었거나, 조광조의 처벌에 반대하여 파직되거나 유배 중에 사망한 이들에게 직첩을 돌려주었다.

띠고 있었다. 조광조의 과격한 개혁 방식도 잘못이긴 하지만, 중종 역시 비공식적 절차를 통해서 조광조에게 과도한 처벌을 내리고 이로 인해서 간사한 권신의 발호를 야기한 잘못이 있다는 것이었다. 그런데 신백령 등은 종래의 양비론에서 벗어나 조광조를 구세(救世)의 경륜과 뜻을 품었지만 간사한 권신들의 모함을 받고 억울한 죽음을 당한 정의로운 순교자로 규정하는 한편, 중종에 대해서는 "비도(非道)로 조광조를 죽이고서도 오히려 뉘우치려 하지 않는" 군주로 비판하고 있었다(중종 39년 5월 29일; 김돈 1997, 229).

이처럼 조광조를 정의로운 순교자로 규정한 신백령 등의 상소는 이후, 조광조 신원 상소의 전범이 되었다. 친사림적 성향이 농후했던 인종이 집권하자 조광조 신원에 대한 논의는 더욱 활발해지는데, 이때 사림파 대간 및 유생들은 신백령의 논의를 약간 수정하여, 당초 중종의 본심은 조광조를 신원하는 것이었다며, 조광조를 신원하고 후대하는 것이 선대왕의 뜻을 올바르게 계승하는 것이란 주장을 펼쳤다(인종 1년 4월 7일, 5월 19일). 이에 대해서 인종은 조광조 신원·추증의 취지에는 기본적으로 공감하나 선대왕의 조치를 아들인 자신이 뒤집을 수 없다며 거부했다. 하지만 인종 1년 (1545년) 6월 29일 서거 직전에 인종은 조광조의 신원을 유훈으로 남겼다(인종 1년 6월 29일). 그리하여 명종 집권 초반기 조광조 신원이 추진되지만 을사사화가 터지면서 곧 중단되었다.

을사사화는 명종 즉위년(1545년) 문정왕후와 윤원형 일파가 명종을 제치고 다른 왕족을 임금으로 추대하려 했다는 혐의를 윤임·유관·유인숙 등에게 씌워 숙청한 사건이었다. 이와 함께 명종 2년(1547년) 양재역벽서사건과 명종 4년의 기유옥사(己酉獄事)에서도 수백 명의 사림파 인사가 숙청되었다. 그리하여 일반적으로 을사사화에 대한 과거사 정리가 논의될 때면, 같은 범주에서 양재역벽서사건과 기유옥사가 함께 언급되곤 했다. 을사사화는 당대에 '을사정난(乙巳定難)'이라 불렸다. 즉, 사건의 성격이 정통 왕위계승권자를 몰아내려는 역적들의 음모를 사전에 발각·차단하여 왕조의 정통성을 수호한 결단으로 규정되었던 것이다. 이와 같은 성격 규정은 을사사화를 일으킨 문정왕후와 윤원형이 건재하는 동안에는 도전받지 않았다. 명종 20년(1565년) 문정왕후가 서거하자 윤원형 일파는 급격히 몰락하게 되었다. 문정왕후 사후, 8월부터 대간이 윤원형을 탄핵하고 이에 대신들도 동의하여 그 결과 윤원형은 축출되었다. 이후 을사사화 피해자 중 혐의가 가볍다고 판단되는 인사들의 감형 및 직첩 환급 조치가 이뤄졌다(명종 20년 8월 3일, 8월 15일, 8월 22일, 8월 26일, 8월 27일, 10월 7일, 12월 2일). 이는 중종이 집권 말기에 기묘사화 피해자들에게 내린 사면·복권 조치와 비슷한 취지로 이해할 수 있다. 명종이 국왕으로 있는 한 을사사화에 대한 성격규정이 근본적으로 수정되기는 힘들었다.[17)]

기묘·을사사화에 대한 과거사 정리가 완전히 이뤄진 것은 본격적인 사림의 시대가 열린 선조 집권기에 이르러서였다. 우선 기묘사화부터 살펴보면, 선조 즉위년(1567년)부터 조광조 신원·추증 논의가 제기되며 이에 관한 최종 결정이 선조 1년(1568년) 4월 10일에 내려진다. 당시 선조는 조광조의 신원·추증을 결정하면서 "선조(先朝)의 일을 시비하기는 어렵지만 조정의 논의(廷議)가 이와 같으므로 추숭한다"는 말을 남겼다. 4월 17일 조광조는 영의정으로 추증되었다(선조 즉위년 10월 23일, 11월 4일 : 1년 4월 10일, 4월 17일). 조광조 신원·추증이 논의되던 당시, 을사사화에 대한 과거사 정리도 동시에 추진되었다. 선조 즉위년 10월 6일 삼정승 이하의 관료들이 을사사화 피해자들의 신원을 요구했다. 여기서 을사사화는 "윤원형·이기

---

17) 을사사화의 최종 책임자는 명종의 모후인 문정왕후였다. 따라서 을사사화의 성격 재규정은 문정왕후에 대한 명종의 불효임과 동시에 그녀의 권위를 실추시켜, 마침내 명종의 정통성까지 훼손되는 결과를 낳을 수 있었다.

등이 오래도록 분한 마음을 품고 있다가 주상[명종]이 어린 것을 틈타서" 일으킨 정변으로 "당대의 단정한 선비로서 조금이라도 지식이 있는 자"는 일망타진하여, 사기가 크게 꺾이고 국세가 시든 사건으로 규정되었다. 그리고 이런 입장은 15일 안명세 등을 신원하는 전교(傳敎)에 거의 그대로 반영되었다(선조 즉위년 10월 6일, 10월 15일). 이후에도 양재역벽서사건과 기유옥사 피해자에 대한 추가적인 구제조치가 추진되었으며, 최종적으로 선조 10년(1577년) 12월 1일에 이르러 양재역벽서사건과 기유옥사를 포함한 을사사화 주모자들의 위훈이 완전히 삭제되었다(선조 3년 5월 15일: 선조수정실록 10년 12월 1일). 위훈삭제의 뜻을 반포하는 교서는 이것이 당시 국왕 선조만의 뜻이 아닌 명종 비(妃)였던 의성왕대비의 뜻을 받든 것이라고 해명했다(선조수정실록 10년 12월 1일).

지금까지 4대 사화에 대한 과거사 정리가 각각 어떤 논의를 거쳐 진행되었는지 살펴봤다. 이에 기초하여 다음 절에서는 앞서 이 글의 모두에서 밝힌 세 가지 질문에 대한 답변을 구해보도록 할 것이다.

4. 4대 사화에 대한 과거사 정리 담론의 세 가지 쟁점

1) 현재적 과거사 : 왕권과 신권, 훈구와 사림의 교차하는 이해관계

현대 한국의 과거사 정리에서 종종 운위되는 '역사의 심판'이란 말이 있다. 이 말은 주로 과거사 정리, 특히 책임자 처벌에 대한 요구가 빗발칠 때, 이를 회피하는 수단으로 활용되곤 했다.[18] 그런데 현대 한국과 달리, 조선

---

18) 김영삼 대통령은 취임 직후인 1993년에 5월 13일 발표한 「5·18 광주민주화 운동 관련 담화문(5·18의 연장선에 선 문민정부)」에서 광주 민주화 운동에 대한 진상규명과 책임자 처벌 주장에 대해서 "진상규명과 관련하여 미흡한 부분이 있다면 이는 훗날의 역사에 맡기는 것이 도리"라고 언급함으로써 진상규명과 책임자 처벌 문제를 비켜가고자 했다 (http://www.pa.go.kr/online_contents/speech/speech02/1307833_6175.html#). 마찬가지로

의 과거사 정리에서는 역사의 심판이란 것이 결코 과거사 정리를 회피하는 레토릭이 아니라, 불행한 과거사의 책임자를 가장 근본적이고 구조적인 방식으로 처벌하는 것을 의미했다는 점에 주목할 필요가 있다. 근대국가와 달리, 조선에는 '소급처벌의 금지'라는 법적·정치적 제약이 존재하지 않았다. 부관참시(剖棺斬屍)로부터 고신(告身) 박탈까지 다양한 소급처벌 방식이 존재하고 있었고, 또 활발하게 시행되었다. 물론 이런 소급처벌은 주로 사후에 내려지는 것이었고, 대부분 추탈(追奪)이나 직첩 압수와 같은 명예 처벌이 주를 이루었다. 현대적 관점에서 보면 이런 명예 처벌이 아무런 의미가 없는 조치처럼 보일 수도 있다. 그러나 조선시대에는 달랐다. 이것은 매우 심각한 처벌이었다.

근대 이후 정치적 인물들에 대한 평가는 혈통·가문·지연·학연보다는 일단 당사자의 정치적 견해와 업적 등을 중심으로 내려져야 한다는 것이 규범적·일반적 합의이다. 이에 반해 근대 이전의 왕조 국가에서는 혈통·가문·지연·학연과 같은 출신 배경이 정치적 인물들을 평가하는 공식적 잣대로 인정되고 있었다. 그 시대에는 인간의 자아가 개인적 요소로서만 구성된다고 생각하지 않았기 때문이다. 이런 사회상을 단적으로 드러내는 것이 과거시험 답안지 제출 시, 응시생의 아버지로부터 증조부까지 3대의 이름 및 정치사회적 지위를 기입하게 했던 조선시대의 관행이다. 이와 같은 사회에서는 어떤 정치인이 역적 또는 간신으로 규정되어 추탈이나 고신 박탈과 같은 명예 처벌을 받게 되면 그 불명예와 불이익은 고스란히 자손들에게도 전가되었다. 역적 또는 간신의 후손으로 낙인찍힐 경우, 그 후손은 과거시험 응시가 금지되어 관직진출이 불가능해질 수 있었고, 관직에 진출한다고 해도

2004년 과거사법 제정과 관련하여 논쟁이 한창 진행되고 있을 때, 남덕우는 『동아일보』 칼럼에서 과거사는 역사가에게 맡겨야 한다는 주장을 펼쳤다(『동아일보』 2004/09/17).

사대부 사회에서 따돌림을 당하게 되어, 고위 관직으로 진출하기 위해서 반드시 거쳐야 하는 청요직(淸要職)이나 사관직(史官職)으로의 진출이 봉쇄당할 가능성이 높았다.[19] 이것은 결국 가문의 몰락으로 이어질 수도 있었다. 가문의 몰락이란 곧 제사가 끊긴다는 것을 의미했다. 유교적 생사관에서 사후에 인간의 존재는 자손을 통해서 연장되며, 그것을 확인받는 것이 제사였다. 제사가 끊긴다는 것은 자신을 포함한 가문 구성원 모두의 존재가 영구히 소멸된다는 것을 의미했다.

이런 이유로 조선시대에 과거사는 결코 지나간 옛일일 수 없었다. 그것은 과거 아닌 과거사, 곧 현재적 과거사였다. 『중종실록』에 나온 것처럼 이세정 · 유승건 등이 역풍을 맞을 위험성이 있었음에도 이극돈의 고신 환급, 유자광의 위훈 복구를 각각 추진했던 것도 아버지 또는 할아버지에 대한 효심 때문만은 아니었을 것이다.[20] 더 중요한 것은 이극돈과 유자광이 역적이나 간신 혹은 소인배로 규정되었을 때, 자신과 그 가문에 가해질 수 있는 피해였다. 우리는 이런 가능성을 성삼문의 외손 박호의 사례를 통해서 확인할 수 있다. 중종 9년(1514년) 대간은 "[사헌부 장령] 박호는 대간과 시종의 직무(職務)에 합당한 사람이지만 난신(亂臣) 성삼문의 외손이니 해직시켜야 한다"고 주청했다(중종 9년 6월 23일). 이로 인해서 박호는 잠시 자리에서 물러나지만 얼마 되지 않아 복직된 것으로 보인다. 그러나 이후에도 시비가 끊이지 않았다. 그나마 박호는 대간의 공론을 주도하는 사림

---

19) 삼사 관헌을 뜻하는 청요직이나 예문춘추관의 사관직은 동년배 관료들의 천거제로 충원되었다.

20) 무오사화에 대한 과거사 정리 과정에서 중종 6년(1511년) 6월 12일 이극돈의 아들 병조참의 이세정이 이극돈의 무고함을 호소하면서 고신 환수를 요구했지만, 격렬한 반대에 부딪혀 무산되었다(중종 6년 6월 12일, 6월 25일, 6월 29일, 8월 26일). 중종 28년 (1533년) 유자광의 손자 유승건이 삭훈(削勳)되어 압수된 유자광의 익대공신(翊戴功臣)의 녹권(錄券) 환수를 요구했지만, 이극돈 사건 때와 마찬가지로 대간의 격렬한 비판을 받아 뜻을 이루지 못했다(중종 9월 8일, 9월 15일).

파가 성삼문을 충신으로 추앙하고 있었기 때문에 그 추궁의 정도가 약한 편이었다.

그런데 국왕들 역시 이런 문제에 가장 민감하게 반응하지 않을 수 없었다. 권력 정당성의 기초를 선대왕의 적장자 또는 그에 준하는 위상을 가진 후손이란 점에 두고 있는 상황에서 선대왕의 정치적 오류를 인정한다는 것은 불효 이전에 현 국왕의 위상에 심각한 타격을 초래하는 일이었기 때문이다. 반정을 통해서 집권한 중종의 경우에는 이런 문제에서 비교적 자유로울 수 있었다. 그러나 중종을 계승한 인종이나 명종의 양자로서 등극한 선조의 경우에는 달랐다. 이미 중종 당대에 "비도(非道)로 조광조를 죽이고서도 오히려 뉘우치려 하지 않는다"는 비판이 중종에게 제기되고 있던 상황에서 인종이나 선조가 조광조를 신원하게 되면, 그들은 자신의 아버지 또는 할아버지가 내린 결정을 번복하는 것일 뿐만 아니라, 선대왕을 '비도를 행한 군주'로 규정하게 되는 불효를 저지르게 되는 것이었다. 아울러 이것은 선대왕에 대한 불효에 그치지 않았다. 중종이 조광조를 부당하게 처벌했다고 규정하게 되면, 이제 인종과 선조는 모두 비도를 행한 군주의 후계자가 되고 마는 것이었다(중종 39년 5월 29일). 중종의 왕통이 계속 이어지는 한, 그의 과오는 후계자들에게 정치적 부담으로 작용할 수밖에 없었다. 곧 섣부른 과거사 정리는 왕권의 위상 약화를 초래할 수 있었다.

그래서 국왕들은 과거사 정리에 소극적일 수밖에 없었다. 반대로 사림파들은 바로 이런 이유에서 과거사 정리에 적극적이었다. 과거사 정리를 통해서 과거의 훈척권신을 명예 처벌하는 것은 상징적 처벌에만 그치는 것이 아니라 그들 후손의 정치활동을 제약함으로써 자신들의 정적인 훈구파 자체의 세력을 약화시키는 수단이었으며, 과거사 정리 과정에 수반되는 왕권의 위상 약화는 상대적으로 신권, 즉 사림파의 정치적 영향력을 증대시킬 수 있는 방도였다. 선대왕들로부터 물려받은 권력의 권위가 약해진 상황에서 현재의 국왕들은 언론을 주도하고 있는 사림파 대간과 유생의 평가에 보다 민감하게 반응할 수밖에 없었기 때문이다.

2) 의제화(議題化) 방식과 과정 : 정치적 사건의 재규정과 인격적 요소의 강조

민주화 이후, 5·18은 '광주사태'에서 '광주 민주화운동'으로 재규정되었다. 이처럼 과거사 정리는 정치적 사건에 대한 기존의 규정(공식적 해석)을 새롭게 재규정하는 것으로부터 시작하고, 그와 같은 재규정에 기초해서 관련된 역사적 사건들을 과거와 달리 새롭게 해석하며, 이에 따른 상벌이 실질적으로 또는 상징적(명예회복, 관직추탈, 상훈취소 등)으로 이루어짐으로써, 궁극적으로는 그와 같은 재규정을 공고화시키는 것으로 귀결된다. 4대 사화에 대한 과거사 정리도 마찬가지였다. 먼저 무오사화에 대한 규정은 역사적으로 세 단계를 거쳤다. 첫째, 중종반정 이전에는 세조의 정통성을 부정한 역신들을 처형한 정당한 통치행위로 규정되었다. 둘째, 중종반정 직후 이 사건은 세조에 대해서 개인적으로 불경한 언사를 행한 김종직·김일손 등에게 국한되었어야 했을 처벌의 범위가 사림 전체로 확대되어 부작용을 초래한 사건으로 양비론적 입장에서 재규정되었다. 마지막으로, 유자광 처벌 국면을 지나면서 사국(史局)의 기밀을 누설하고 공론의 토대를 허문 사건으로 일단락되었다. 이와 같은 최종적 규정은 충신과 역신의 관계를 역전시켰다. 중종반정 이전까지 유자광·이극돈 등은 왕조의 정통성을 수호한 공신이자 충신이었다. 그러나 무오년의 사건이 사화(士禍)로 규정되기 시작하면서, 이 두 사람은 역사 기록의 불가침성을 확약한 성헌(成憲), 즉 왕조의 통치헌장을 뒤흔든 역신으로 낙인찍히게 되었다.

기묘사화나 을사사화도 마찬가지였다. 기묘사화는, 첫째 사사로이 붕당을 결성하고 과격한 주장으로 정치적 혼란을 초래한 조광조 일파를 처단한 정당한 사건으로 규정되었다가, 둘째 공정한 절차가 담보되지 않은 처벌로 인해서 간사한 권신이 발호하는 계기를 제공한 사건으로 수정되는 단계를 거쳐, 셋째 간사한 권신들에게 속아 군주가 비도(非道)로 충신들을 살해한 사건으로 최종적으로 규정되었다. 두 번째 단계까지 조광조에 대한 중종의 처분은 근본적으로 타당한 것으로 유지되고 있었다. 그러나 세 번째 단계로 오면서 그것은 비도, 즉 중종의 명백한 잘못으로 해석되었다. 이러한 일련의 해석과 나란히 첫 번째 단계에서 남곤·심정 등은 임금의 뜻을 받들어 '궤격(詭激)한 붕비(朋比)'의 풍조를 일소한 충신이었지만, 두 번째 단계에서는 비정상적인 의사 결정을 방임 또는 적극적으로 조장했다는 점에서 이미 간사한 권신으로 규정되었다. 더 나아가 세 번째 단계에서는 조선 주자학의 도통을 전수받고 이상정치의 시대를 열어갈 성현을 탄압한 최악의 간신으로 낙인찍혔다. 을사사화도 처음에는 정당한 왕위계승권자를 보호하고 역신들을 소탕한 정난(定難)에서 최종적으로는 윤원형·이기와 같은 간사한 권신들이 사욕을 채우기 위해서 조작한 사건으로 재규정되었다. 이에 따라 윤원형·이기·임백령 등 을사사화 주모자들 역시 왕조의 정통성을 수호한 최고의 공로자(元勳)에서 역신이자 간신으로 낙인찍히고 추탈 및 위훈 삭제라는 명예 처벌을 당하게 되었다.

이 모든 과정에서 주목할 만한 특징은 대체로 세 가지로 요약할 수 있다. 첫째, 정치적 사건의 원인을 진단함에 있어 인격적 요소가 절대적인 변수로 취급되었다. 각각의 사화는 부정의한 인물들이 자신의 사욕을 채우기 위해서 정의로운 인물들을 모함함으로써 발발했다. 둘째, 그런 이유로 각각의 사화에 대한 과거사 정리의 최종적 목표는 사화를 일으킨 부정의한 인물을 처단하고 정의로운 인물을 신원시키는 것으로 귀결되었다. 이것은 충신과 역신의 뒤집힌 자리, 정사(正邪)의 역전된 위치를 되돌려놓는 것, 곧 정의의 회복이었다. 셋째, 이런 모든 사화는 사화가 일어났던 당시에 국왕이 정의로운 인물과 부정의한 인물을 제대로 분별하지 못한 것에서 기인한 것이었다. 결국 최종적 책임은 국왕에게 있었다. 사후의 신원·추증은 정(正)과 사(邪)를 구분하지 못한 국왕의 잘못을 그 자신 또는 후손에 의해서 바로잡는다는 의미를 가졌다. 물론 수사적 차원에서는 선대 국왕이 잘못을 알고 있었지만 여러 상황적 요인에 의해서 바로잡지 못한 것을 후손이 대행한다는 논리로 포장되기도 했다.

3) 유교적 헌정 원칙과 규범의 재확립 : 공론과 군신공치

태조 1년(1392년) 11월 9일 한 간관(諫官)은 상서(上書)에서 "공론이란 것은 천하 국가의 원기"라고 주장했다(태조 1년 11월 9일). 이처럼 조선왕조는 건국 초기부터 공론에 의한 정치를 표방해왔다. 공론에 의한 정치란 국왕이 자의적 판단으로 통치하지 않고, 정치사회를 구성하고 있는 사대부들과 유교 정치이념에 준거하여 의사소통하고, 이를 토대로 공론을 발견하여 국가를 운영해가는 정치를 말한다. 여기서 유의할 것은 공론이 현대 민주주의에서와 같은 다수의 의지를 의미하지는 않는다는 점이다. 오히려 공론은 국왕과 사대부들이 공히 주자학적 사유 형식에 입각해 정치적 진리, 즉 천리를 인식하고 이를 실천에 옮기는 것을 의미했다(이상익·강정인 2004). 군신공치론이란 것은 이와 같은 사고방식에 기반을 두고 있다.

공론에 의한 정치, 그것이 곧 조선왕조의 가장 중요한 통치헌장이었다. 그런데 문제는 이런 공론에 참여할 수 있는 신하의 범위가 어디까지냐에 있었다. 조선 초기까지 공론은 조정, 그중에서도 대신들에게 있어야 하는바, 그렇지 않고 대간에 있으면 나라가 어지럽고, 민간(閭巷)에 있으면 나라가 망한다고 생각되었다. 이와 관련해 조광조는 "초야의 미천한 선비(草萊賤士)"라도 요순시대의 이상 정치를 꿈꾸는 사람이면 누구나 조정의 일을 의논할 수 있다면서, 유교적 지식을 가진 사대부라면 누구나 공론 형성 과정에 참여할 수 있다는 견해를 피력했다(중종 12년 11월 20일). 하지만 당시만 해도 조광조의 이런 주장은 소수 의견에 불과했다. "초야의 미천한 선비"는 차치하고 공론 형성의 주도권이 대간에 있는 것조차 불온시하는 것이 다수 의견이었다. 그리하여 정귀대각(政歸臺閣)이 되면, 곧 정치의 주도권을 대간이 행사하게 되면 천하가 어지러워진다고 보았다.

그런데 4대 사화를 거쳐가며 이런 관념이 변화하게 되었다. 대간의 언론 활동을 비판했던 인물들이 대부분 사화를 주도했거나 거기에 협력했고, 그리하여 과거사 정리 과정에서 간사한 권신으로 규정되어버린 상황에서 더이상 대간의 공론 주도를 시비할 수 없는 상황이 도래했다. 연산군은 무오·갑자사화로 공론을 억압하고 사기(士氣)를 꺾은 폭군으로서 폐출되었다. 중종도 공론을 등지고 비도(非道)로 성현 조광조를 죽인 임금으로 이미 당대에 비판받았다. 아울러 4대 사화에 대한 과거사 정리 과정에서 유자광·이극돈·남곤·심정·윤원형 등이 공론을 억압하고 임금을 속인 간신으로 비판받았다. 이런 분위기 속에서 선조 이후, 더 이상 정귀대각은 불온하게 여겨지지 않게 되었다. 오히려 누군가 정귀대각이란 말을 꺼내면 공격을 당했다. 인조 14년(1636년) 윤집은 최명길을 탄핵하면서, 그가 "정치가 대각(臺閣)에 돌아가고 부의(浮議)에 제재 당한다는 등의 말"을 한 것은 "은연중 대각을 협박하고 공의(公議=公論)를 저지하려는 흉계가 있는 것"이라고 비난했다(인조 14년 11월 8일).

4대 사화를 거치면서 공론은 이제 대간을 넘어 유생들에 의해서 제기되며 주도되었다. 조광조 신원 문제가 가장 민감하게 받아들여질 수 있었던 중종 당대에 이를 선도적으로 제기한 것은 대간이 아닌 유생들이었다. 그리하여 선조 집권기 이후에는 유생들이 조정의 주요 현안에 대한 의견을 개진하는 것이 당연시되었다. 더 나아가 이후에는 산림(山林)이라 불리는 재야의 명망가 유생들이 공론을 주도하는 현상까지 나타나게 되었다. 이것은 결국 정치를 논할 수 있는 권한이 유교적 지식인 집단인 사대부 전체로 확장되었다는 것을 의미했다. 조광조의 바람대로 "초야의 미천한 선비"도 정치를 논할 수 있게 된 것이었다. 이제 국왕은 대신·대간은 물론 재야 유생들의 공론까지 수렴하여 국정을 운영해야 하는 책임을 떠맡게 되었다. 이처럼 4대 사화에 대한 과거사 정리는 공론에 의한 정치라는 조선왕조의 헌정원칙을 재확인하고 재확립하는 과정임과 동시에 그것을 확장하는 과정이기도 했던 것이다.[21)]

5. 맺는글

지금까지 4대 사화를 중심으로 조선의 과거사 정리와 그에 관한 담론을 살펴보았다. 4대 사화는 조선 초기에서 중기로의 정치적 전환 과정에서 발생한 정치적 사건들로서, 이 사건들을 전후로 조선의 주류 정치세력이 훈구에서 사림으로 교체되고, 정치 규범과 양식에서 근본적인 변화가 일어났다. 특히 4대 사화에 대한 과거사 정리를 추진하는 과정에서 사림파는 자연스럽게 주류세력화되었고, 훈구파에 대한 자신들의 정당성을 결정적으로 확보하게 되었다.

이 글은 서두에서 세 가지 질문을 던졌다. 첫 번째 질문은 과거사 정리가 제기될 때, 국왕과 사대부, 또는 사대부 내의 각 분파들이 견지한 입장과

---

21) 유교적 지식을 가진 모든 사대부들이 공론 형성에 참여할 수 있는 권리를 획득하게 되었던 선조 시대에 사림 내부의 분화, 즉 붕당 정치가 시작·확대되면서 붕당 간에 소모적인 정치투쟁을 벌이게 되자 공론은 사라지고 그 빈자리를 붕당의 당론이 대신하게 되었다. 급기야 이는 숙종의 환국정치와 영·정조의 탕평정치를 통해서 도리어 왕권이 다시 강화되는 현상이 발생하게 되었다. 자세한 논의는 김영수(2005), 이승환(2005)의 논의를 참고.

태도가 무엇이었는가에 대한 것이었다. 4대 사화에 대한 과거사 정리는 국왕들에게는 선대왕의 실책을 인정함으로써 자신들의 권위가 실추될 수 있는 사안이었고, 훈구파에게는 자신뿐만 아니라 자손 대대로 간사한 권신 또는 그 후예라는 낙인이 찍힐 위험성이 큰 사안이었다. 당연히 이들은 과거사 정리에 비협조적이거나 반대했다. 사림파에게 과거사 정리는 자신들에게 가해진 억울한 누명을 소명하는 것임과 동시에 궁극적으로 자신들의 정치적 정통성을 강화하는 사안이었다. 두 번째 질문은 의제화 방식과 과정에 대한 것이다. 과거사 정리가 의제화되는 과정에서 가장 중요시 된 것은 사건의 성격 규정이었다. 사건의 규정이 변화하게 되면 그 다음은 충신과 역신을 가르는 논의가 전개되었다. 과거사 정리가 추진되면서 사화에서 희생당한 김굉필·조광조·이언적과 같은 사림(사림파)의 영수들은 충신이자 정의로운 순교자로 추앙되었다. 과거사 정리의 최대 쟁점은 이들의 무고함을 입증하고 그 처벌에 앞장선 인물들의 부도덕성과 반인륜성을 폭로·공박하는 것이었다. 세 번째 질문은 조선의 과거사 정리를 이끈 유교의 헌정 원칙과 규범에 대한 것인데, 그것은 공론정치였다. 4대 사화는 공통적으로 특정 간신에 의해서 언로가 막히고 공론이 왜곡되어 발생한 결과로 규정되었다. 이에 대한 치유책은 언로와 공론장의 확대였다. 조선 초기에 대간이 공론을 주도하는 것조차 불온시했던 분위기는 4대 사화를 거쳐 조선 중기에 이르게 되자 공론의 주도권이 대간을 넘어 산림이라 불리는 재야의 명망가 유생들에게 넘어가는 상황으로 변모하게 되었다.

마지막으로 필자는 4대 사화에 대한 과거사 정리 과정과 그 담론에서 현대 한국의 과거사 정리에서 볼 수 있는 유사한 모습들이 많이 발견된다는 점에 주목하지 않을 수 없다. 가령 광복 70년이 다 되어가는 현시점에서도 친일청산 문제가 그가 속한 가문의 명예 및 성쇠와 연결되어 논의되는 모습이라든지, 과거사 정리 과정에서 문제가 되는 사건의 원인 규명 과정에서 특정인의 동기나 의도가 중시되는 모습 등이 바로 그것이다. 이것은 어떤 측면에서 조선시대의 과거사 정리 전통이 현대 한국정치에서의 과거사 정리에 남겨놓은 지속적인 유산이자 흔적이라 할 것이다.

참고 문헌

『태조실록』.『정종실록』.『태종실록』.『중종실록』.『인종실록』.『명종실록』.『선조실록』.
　『선조수정실록』.『인조실록』

김돈. 1997.『朝鮮前期 君臣權力關係 研究』. 서울 : 서울대학교 출판부.

김상준. 2001. "조선시대의 禮訟과 모랄폴리틱."『한국 사회학』제35집 2호, 205−236.

김영수. 2005. "조선 공론정치의 이상과 현실(I) : 당쟁발생기 율곡 이이의 공론정치론을 중심
　으로."『한국정치학회보』제39집 제5호, 7−27.

남덕우. 2004. "'과거청산' 역사가의 몫이다."『동아일보』(9월 17일).

류이근. 2004. "한 비주류 '박 대표 정수장학회 사퇴를'."『한겨레신문』(8월 27일).

박구병. 2005. "아르헨티나의 군부독재와 '추악한 전쟁'의 청산." 안병직 외.『세계의 과거사 청
　산』. 서울 : 푸른역사, 190−222.

송웅섭. 2013. "사(士)란 무엇인가." 문사철 편저.『16세기 성리학 유토피아』. 서울 : 민음사,
　30−93.

안병직. 2005. "서설 : 과거청산 어떻게 이해할 것인가."『세계의 과거사 청산』. 서울 : 푸른역사,
　13−37.

안병직 외. 2005.『세계의 과거사 청산』. 서울 : 푸른역사.

오종록. 2004. "사림파는 훈구파에게 승리하여 정권을 주도하게 되었나."『내일을 여는 역사』
　제16호, 280−284.

와그너, 에드워드 저. 이훈상 · 손숙경 역. 2007.『조선왕조 사회의 성취와 귀속』. 서울 : 일조각.

유진현. 2005. "프랑스 문단과 과거청산." 안병직 외.『세계의 과거사 청산』. 서울 : 푸른역사,
　108−143.

이남희. 2005. "진실과 화해 : 남아공의 과거청산." 안병직 외.『세계의 과거사 청산』. 서울 : 푸
　른역사, 146−188.

이상익 · 강정인. 2004. "동서양 사상에 있어서 政治的 正當性의 비교 : 儒家의 공론론과 루소의
　일반의지론을 중심으로."『정치사상연구』10집 1호, 83−110.

이승환. 2005. "동양에서 '공적 합리성'의 특성과 근대적 변용 : 성리학적 公論觀을 통해 본 '진
　리의 정치'와 '관용의 정치'."『철학연구』제29집, 3−45.

이영재. 2012. "이행기 정의의 본질과 형태에 관한 연구−공감적 정의원리를 중심으로."『민주

주의와 인권』 제12권 1호, 121-151.

정병준. 2005. "한국의 과거사 유산과 진상규명작업의 역사적 의미." 『민주주의와 인권』 제5권 2호, 203-231.

조희연. 2005. "한국에서의 과거청산의 전개과정에 대한 정치사회학적 분석." 올바른 과거청산을 위한 범국민위원회 편. 『진실과 정의의 회복을 위하여 : 과거청산운동의 현재, 개념, 과제』. 파주 : 한국학술정보, 61-95.

진상원. 2003. "조선전기 정치사건의 처벌과 伸寃-김종직의 사례를 중심으로." 『역사학보』 제180집, 63-93.

_____. 2006. "조선왕조 정치범의 伸寃과 追尊 문화." 동아대학교 박사학위 논문.

최이돈. 1992. "16세기 公論政治의 형성과정." 『국사관 논총』 제34집, 1-29.

최정기. 2006. "과거청산에서의 기억 전쟁과 이행기 정의의 난점들 : 광주민주화운동 관련 보상과 피해자의 트라우마를 중심으로." 『지역사회연구』 제14권 제2호, 3-22.

Hahm, Chaihark. 2000. "Confucian Constitutionalism." J.S.D. Dissertation. Cambridge, MA : the Harvard Law School Graduate Program.

국립국어원. 2008. "신원.", "추복위." http://stdweb2.korean.go.kr/main.jsp(검색일 : 2014. 04. 28).

김영삼. 1993. "5·18 광주민주화 운동 관련 담화문(5·18의 연장선에 선 문민정부)." http://www.pa.go.kr/online_contents/speech/speech02/1307833_6175.html#(검색일 : 2014. 04. 28).

08

조소앙의 삼균주의의 재해석

'균등'의 개념과 민주공화주의

강정인 · 권도혁

1. 글머리에

헌정사상 최초의 대통령 탄핵은 우리에게 헌법이 담고 있는 정신에 대해서 진지하게 재고할 계기를 제공해주었다. 이와 관련해서 학자들은 헌법정신이 민주공화주의라는 점을 대체로 인정하고 있다. 예컨대 김철수, 김선택, 신용인, 성낙인, 이계일, 이영록, 한상희 등 여러 학자들이 헌법정신이 민주공화주의라는 점을 강조하고, 나아가 그 의미를 다양한 관점에서 조명해왔다(김철수 2013, 117-119, 165 ; 김선택 2009 ; 신용인 2016 ; 성낙인 2015, 121-131 ; 이계일 2011 ; 이영록 2010 ; 한상희 2003).

그런데 한상희와 이계일 등 일부 학자들은 민주공화주의의 헌법적 의미를 탐구함에 있어 주로 서구의 공화주의 이론에만 기대고 있다(한상희 2003 ; 이계일 2011). 우리 헌법의 민주공화주의를 해석하는 문제와 관련해서는 헌법이 제정되었을 당시에 어떠한 사상적 · 철학적 배경과 맥락에서 헌법정신이 구성되었는지를 먼저 분석할 필요가 있다. 물론 각국의 헌법의 내용이 점차 보편화되는 측면도 있지만, 여전히 각국마다의 특수성을 담고 있는 것이 사실이므로 이를 염두에 두고 헌법을 이해하여야 한다(함재학 2009a, 492).

김선택, 이영록, 신용인은 한국의 역사적 맥락에서 민주공화주의를 검토하고 있다(김선택 2009 ; 이영록 2010 ; 신용인 2016). 다만 그들은 헌법 이념으로서 받아들여진 민주공화의 의미를 유진오를 중심으로 분석하고 있다. 김철수와 성낙인도 민주공화주의를 국민주권주의로 동일시하고 있는데 이 역시 유진오의 해석과 크게 다르지 않다(김철수 2013 ; 성낙인 2015). 여기서 유진오의 민주공화국 해석이란 민주는 정체(政體)요 공화는 국체(國體)로서 전자는 권력분립, 인민주권 등 민주적 정치 방식을 그리고 후자는 비(非)군주국을 뜻한다는 것이다(유진오 1952, 45). 유진오를 중심으로 한 헌법이해와 달리 한편에서는 조소앙의 비중을 크게 인식하는 연구들도 있다. 박찬승, 서희경 · 박명림, 신우철 등의 연구는 조소앙이 주로 작성했던 임시정부의 헌정문서들과 제헌헌법 사이의 관계에 주목하여 조소앙의 사상이 헌법정신의 기초를 놓았다고 주장한다(박찬승 2013 ; 서희경 · 박명림 2007 ; 신우철 2008a, 2008b, 2009).

물론 이들 외에도 신익희 등 제헌 과정에 직간접적으로 영향을 끼친 주요 인사들이 존재한다. 또한 제헌헌법이 꼭 어느 한 사람의 사상에 의해서 결정적으로 영향을 받았다고 단정 지을 수도 없다. 다만 이 글에서는 이 중 조소앙에 집중하고자 한다. 왜냐하면 기존 연구들은 조소앙의 삼균주의를 해석함에 있어 일정한 한계를 보여주고 있기 때문이다. 결론적으로 이 글은 조소앙이 독립운동 과정에서 집대성한 삼균주의란, '모든 주체가 어떠한 것을 수행할 평등한 기회와 그것을 수행할 능력에 필요한 것들을 향유하며, 또 외부적 방해 없이 실제로 수행할 수 있는 안정적인 상태'를 보장해주어야 한다는 정치적 이념이라는 점과 또한 이것이 상술한 기존 연구들이 공통되게 주장한 헌법정신으로서 민주공화주의의 핵심적 내용이라는 점을 밝히고자 한다. 이를 위해서 이어지는 2절에서는 균등의 의미를 재구성함으로써 삼균주의의 새로운 해석을 시도하며, 3절에서는 삼균주의와 민주공화주의의 관계를 분석한다. 그리고 마지막 4절에서는 본고의 학술적 의의를 밝히면서 글을 마무리하겠다.

2. 조소앙의 삼균주의

삼균주의의 본격적 분석에 앞서 그 검토의 필요성을 확인해서주는 역사적 사례를 먼저 간략하게 짚고 넘어가려 한다. 1948년 헌법 제정을 논의하던 제헌의회의 의사록에서 우리는 조소앙의 삼균주의에 대한 언급을 발견할 수 있다. 여러 의원들이 제헌헌법이 담아야 할 주요 이념 및 가치로 삼균주의를 인식하고 있었던 것이다. 대표적인 사례는 헌법안 제1독회 당시 최운교 의원의 발언이다. 그는 대한민국이 대한민국 임시정부를 계승한다는 논의가 있었던 점을 지적하면서 "임시정부는 과거 약헌 · 헌법 등을 대외에 선포했고, 그 가운데에는 정치, 경제, 사회의 삼균주의가 분명히 있었는데, 제헌헌법은 그 정신을 계승하고 있는가"라고 질의한다. 이에 대해서 헌법기초위원회 위원장인 서상일은 헌법 전문에서 보이듯이 삼균주의를 계승하여 만민균등주의를 천명하고 있다고 대답한다. 재차 최운교가 "여기[헌법 전문]에는 전문에 정치, 경제, 사회, 문화 네 가지가 들어 있으니 이것은……삼균주의인지 알 수가 없습니다"라고 임시정부의 삼균주의를 거듭 강조하자, 서상일 위원장도 다시 제헌헌법은 삼균주의를 담고 있다며 그를 안심시키고 있다(국회회의록 18차, 8-9).[1]

최운교와 서상일의 삼균주의에 대한 대화는 당시에 그 개념이 일정한 의미

---

1) 국회회의록의 본문 주는 (국회회의록 몇 차, 몇 쪽)으로 기재한다.

를 지니지 못한 채 사용되었을 가능성을 암시해준다. 실제로 박소연이 지적하듯이 당시에 균등이란 단어는 결코 단일한 의미로 쓰이지 않았다(박소연 2010, 15-18). 예를 들어, 유진오는 사회경제적 민주주의를 헌법정신으로 내세우며 보다 균등한 사회경제적 조건 보장에 긍정했다는 점에서 삼균주의의 균등과 내용적으로 유사해 보일 수 있다. 하지만 유진오는 '균등'이란 단어 자체를 '법 앞의 평등'이란 뜻으로 사용했다(유진오 1960, 20). 조소앙과는 전혀 다르게 균등 개념을 사용한 것이다. 따라서 앞서 인용된 대화에서도 최운교와 서상일이 서로 같은 의미로 균등을 이해했는지는 알 수 없다. 이렇게 제헌 당시에서부터 조소앙의 사상은 혼란 속에서 제대로 이해되지 못했으므로 조소앙의 본의에 충실한 삼균주의 해석을 시도하려는 이 글의 연구는 타당성을 지닌다고 볼 수 있다.

1) 기존 연구 검토

그렇다면 조소앙의 삼균주의에 대한 선행연구부터 검토해보자. 삼균주의의 사상적 분석을 진행한 기존 연구로는 김기승, 신우철, 여경수, 이상익, 한시준, 홍선희 등을 들 수 있다(김기승 2009, 2015 ; 신우철 2008a ; 여경수 2012 ; 이상익 2010 ; 한시준 1992 ; 홍선희 2014). 이들 연구는 크게 정치사상 및 사상 일반에 대한 연구와 헌법사상 및 헌법적 함의에 대한 연구로 나뉜다. 전자에 속하는 대표적 연구들이 김기승(2009, 2015), 이상익(2010), 한시준(1992), 홍선희(2014)이며, 후자에 속하는 연구들에 신우철(2008a)과 여경수(2012)가 해당한다. 전자의 사례들 중에서도 이상익(2010)은 주로 조소앙의 사상이 어떠한 이념적 토대와 배경을 가지고 있는가에 초점을 맞추고 있으며 특히 그중에서도 유교적 배경을 집중적으로 탐구하고 있다. 따라서 사상 전반을 종합적으로 다루는 연구는 김기승(2009, 2015)과 한시준(1992), 홍선희(2014)라고 할 수 있다. 한편 후자의 경우에도 신우철(2008a)은 조소앙의 헌법사상을 대한민국건국강령을 중심으로 살펴보고는 있지만, 주된 내용은 대한민국건국강령이 어떤 이념 및 헌법문건으로부터 영향을 받았는지에 관한 것이다.[2]

이상의 기존 연구들 중 조소앙의 정치사상 전반을 종합적으로 다루는 논의를 살펴보면 다음의 공통적 요지들을 볼 수 있다. 첫째, 조소앙의 정치사상은 삼균주의로 집약된다. 둘째, 삼균주의를 포함한 조소앙의 사상은 다양한 세계종교들과 서구의 정치사상의 영향을 받았다. 셋째, 삼균주의의 주요 내용은 정치·경제·교육의 균등, 개인·민족·국가의 균등으로서 '삼균'이다. 넷째, 조소앙의 삼균주의는 일제강점기 시기 대한민국임시정부와 한국독립당의 공식적인 강령으로서 기능했다. 다섯째, 조소앙의 삼균주의는 좌우파를 막론하고 상대적으로 두루 인정 및 수용되었다. 필자도 위와 같은 점에 대해서는 이견이 없다. 다만 이것들은 조소앙의 정치사상을 문헌에 드러난 그대로 재서술하는 측면이 강하다. 즉, 지나치게 묘사적인 면이 없지 않다. 예컨대 위에서 넷째와 다섯째는 사상 그 자체의 분석이라기보다는 그 시대적 기능과 역할에 관한 것이다. 따라서 내용에 대한 주장은 둘째와 셋째인데, 전자는 그 유래와 배경에 관한 것이기에 제외하면, 결국 후자—삼균주의의 주요 내용은 정치·경제·교육의 균등, 개인·민족·국가의 균등이다 — 밖에 남지 않는다. 문제는 후자에 관한 연구들이 그저 조소앙이 서술한 삼균주의의 정의를 문자 그대로 재서술하는 것에 불과하다는 점이다. 이에 이 글에서 주목하고자 하는 지점은 다음과 같다. 삼균주의에서 '균등(均等)'은 정확히 어떠한 의미인가? 조소앙은 균등으로 무엇을 의미하고자 한 것인가? 기존 연구들은 균등을 평등으로 단순히 이해한다. 기실 이는

---

2) 이상익(2010)이나 신우철(2008a)처럼 조소앙의 정치사상이 그 이전 또는 당대의 어떠한 사상적 조류에 영향을 받았는지를 연구하는 것도 중요하다. 하지만 이 글의 주제와 다소 거리가 있으므로 기존 연구 분석 대상에서 제외했다.

자연스러운 방식이라고 볼 수 있다. 왜냐하면 균등이나 평등은 같은 의미로 보통 쓰이고, 또한 조소앙의 여러 문건에서 균등과 평등 또는 균평 등이 서로 유사한 맥락에서 호환되어 서술되고 있기 때문이다. 그렇다면 경제적 균등, 곧 경제적 평등은 무엇을 의미하는가? 이에 대해서 ① 홍선희는 '완전한 무차별'로서 평등이라고 주장하며(홍선희 2014, 120), ② 그밖의 다른 연구자들은 모두 기회의 평등으로 해석하거나 또는 불평등의 완화라고 모호하게 해석한다. 예를 들어, 김기승이나 한시준은 균(均)과 등(等) 및 균등을 모두 평등(平等)으로 치환하여 사용하는데 그 평등의 의미에 관해서는 정확하게 설명하지 않고 있다(김기승 2009, 31 ; 김기승 2015, 100, 111-112 ; 한시준 1992, 104, 108). 정치균등은 민주주의 원리를 토대로 한다거나 경제균등은 합리적 계획경제, 토지개혁 등에 토대를 둔다는 식의 조소앙의 발언을 재서술할 뿐이다. 다만 교육의 균등은 교육의 '기회의 평등'이라고 풀이하고 있다(한시준 1992, 113-114). 여경수도 삼균주의의 정치 및 교육 균등을 현대에 적용하려고 시도하면서 그 의미를 '기회의 평등'의 심화 및 실질화로 해석한다. 한편 그는 경제균등에 관해서는 노동자 권익 향상, 토지제도 개혁, 생산수단의 독과점 방지 등의 수단을 나열하지만 균등 자체의 의미는 모호하게 남겨둔 채 '모순 완화', '불균형 축소'로 해석한다(여경수 2012, 290-297).

이러한 기존 논의들이 지닌 문제는 설득력이 없거나 타당하지 않은 주장을 했다기보다는 애초에 균등의 의미를 조소앙이 어떠한 의도에서 사용한 것인지를 구체적으로 검토 및 분석하고 있지 않다는 점이다. 균등을 완전한 무차별, 기회의 평등, 모순 완화 등으로 설명은 하지만 그러한 뜻을 지닌다는 결론이 어떻게 도출되었는지를 엄밀히 밝히고 있지 않다. 이를테면 홍선희는 삼균주의가 사회주의적 영향을 많이 받았다고 보고 균등을 완전한 무차별로 해석한다(홍선희 2014, 118-120). 그러나 사회민주주의도 절대적 평등을 추구하지는 않듯이, 삼균주의가 사회주의의 영향을 받았다고 해서 균등을 절대적 평등으로 해석해야할 필연적 논거는 없다. 이처럼 선행 연구들이 모호하게 남겨둔 균등 개념의 규정에 대해서 이 글은 조소앙의 1차 자료를 토대로 그가 어떠한 의도에서 균등을 사용했는지를 추적 및 재구성할 것이다.[3]

2) 균등의 세 가지 의미

조소앙이 균등을 자신의 사상의 중심적 요소로 쓰기 시작한 것은 1919년 2월 만주에서 발표된 「대한독립선언서」에서부터이다. 이 글에서는 직접적으로 '균등'이라는 단어가 나오지는 않는다. 그러나 평등(平等), 균(均), 등(等), 동(同) 등의 단어가 중심적 역할을 하고 있다. 기존 연구들이 특별한 작업 없이 평등, 균, 등의 단어들을 균등과 동일한 단어일 뿐 아니라 같은 개념으로 보았던 것에서도 알 수 있듯이, 이들 어휘가 사전적으로는 균등과 대동소이한 것은 사실이다. 따라서 일단 균등과 이들 어휘의 의미들 사이에 어떤 관계가 있는지를 비교 분석하기 전에, 평등과 같은 단어들이 「대한독립선언서」에서 어떠한 의미로 쓰였는지를 먼저 살펴보겠다.

「대한독립선언서」(9–11)에서는 그 첫 문단부터 "신성한 평등복리"로서 대한의 독립을 선포한다. 그리고 일제의 만행을 격렬한 어조로 비판하는데, 주의할 점은 이때 평등은 전제(專制)와 항시 대립어로서 등장한다는 것이다. 예컨대 "민서(民庶)의 마귀와 도적이던 전제와 강권은 그 남은 불꽃이 이미 다 소진하고, 인류에 사여한 평등과 평화는 밝은 대낮에 빛나고 있다"[4]면서 민중의 적인 전제와 강권을 인류 모두가 누려야 할 평등 및 평화

---

3) 이하 조소앙의 1차 자료의 모든 출전은 특별한 경우가 아닌 한 조소앙(1982)에서 인용한 것이며, 구체적으로 인용한 경우에 편의상 '괄호' 안에 쪽수만을 기재했다.

4) 이 부분은 본래 인용문에서 한문 투의 글을 현대 국어로 다소 수정했다.

와 대조적으로 나열하고 있다. 또한 "군국전제를 소제(消除)하여 민족평등을 전지구에 보시(普施)할지니 이는 아 독립의 제일의요, 무력겸병을 근절하여 평균천하의 공도로 진행할지니 이는 아 독립의 본령"이라고 말한다 (10-11). 여기서 평등도 군국전제의 대립어로 쓰이고 있으며 또한 뒤이어 평균도 무력겸병의 대립어로 나타나고 있다. 무력겸병이 무력을 특정 국가 및 세력이 과다하게 소지하여 억압적인 관계가 형성됨을 나타내는 말이라고 볼 때, 결국 무력겸병과 군국전제가 통하고, 같은 맥락에서 평등과 평균도 통한다고 보인다. 「대한독립선언서」는 이러한 대의를 선포하면서 연달아 동권동부(同權同富)와 등현등수(等賢等壽)의 기치를 내걸고 있다. "동권동부로 일절동포에 시(施)하여 남녀빈부를 제(齊)하며, 등현등수로 지우노유(知愚老幼)에 균하여 사해인류를 탁(度)할지니 이는 아 입국의 기치요"(10-11). 이때 동, 등 그리고 제와 균이 모두 같은 대구(對句)의 위치에 자리하고 있다. 이것으로 미루어보아, 「대한독립선언서」에서 평등과 평균은 전제의 반대말의 의미를 지니고 있음을 알 수 있다. 또한 동, 등, 균도 유사한 맥락에서 사용되고는 있으나 전제의 반대어보다는 말 그대로 동일함, 똑같음, 획일적임 등의 사전적 의미가 더 강한 것으로 보인다. 그런데 이후 정식으로 삼균주의 핵심어로 수립되는 균등이란 단어의 두 합성요소인 '균'과 '등'이 평균, 평등의 단어의 합성요소로서 사용되었으며, 이때 전제와 대립하는 의미가 있었다는 점을 염두에 둘 필요가 있다.

다음으로는 1930년에 조소앙이 창당에 참여했던 한국독립당과 관련한 자료를 검토하자. 한국독립당은 상해임시정부의 집권정당으로 기능했고 그 이후 좌우 독립운동 진영의 통합의 모체로서 존재해왔는데 그 당의로서 삼균주의가 채택된 것은 의미심장하다. 1931년에 조소앙이 작성한 「한국독립당의 근황」을 보면(13-18), 당의를 설명하는 부분에서 한국독립당이 골간으로 삼는 가치관, 즉 주의(主義)는 "사람과 사람, 민족과 민족, 국가와 국가의 균등한 생활"이라고 단언한다(16). 그렇다면 어떻게 각각의 균등을 이루는가? 이에 대해서 사람과 사람 사이는 "정치 균등화, 경제 균등화, 교육 균등화"로, 민족과 민족 사이는 "민족자결"로, 그리고 국가와 국가 사이는 "식민정책과 자본제국주의를 파괴하고……일체의 국가가 서로 범하지 않고……국제생활에서 평등한 지위를 온전케 하여 사해가 일가이며 세계가 일원"이 되게 함으로써 균등을 실천할 수 있다고 설명한다(17). 이때 균등이란 어휘가 본격적으로 대두한다. 그리고 여기서 나타난 설명이 이후에도 지속되는 삼균주의의 기본적 정의라고 봐도 무방하다.

그렇다면 여기서 균등은 어떤 의미인지를 검토하는 것이 중요하다. 조소앙은 정치균등을 보통선거제로, 경제균등을 국유제로, 교육균등을 국비 의무교육제로써 "안정시키는 것"이라고 말하고 있다(16).[5] 선거권의 평등한 부여를 통해서 정치에 안정적으로 참여할 수 있게 되고 국비 의무교육을 받음으로써 누구나 안정적으로 공부할 수 있게 하는 것이다. 또한 민족 간 수준으로 보자면, 각각의 민족이 서로 동일한 자결의 권리를 갖게 함으로써 민족 간의 관계를 안정화 및 상호 조화시키는 것이다. 「한국독립당의 근황」 외에도 조소앙은 「미래세계에 있어서 한국의 지위」에서 광복된 국가에서 농민은 경작할 토지와 살 주택을 가질 수 있도록, 공인(工人)은 공장에서 작업할 수 있도록, 그리고 공무원은 제 능력을 다할 수 있는 "안전한 보장"을 받아야 한다고 선언한다(117). 여기서 안전한 보장은 곧 안정과 의미상 같은 맥락이라고 볼 수 있다. 이처럼 균등에는 어떠한 기회를 부여받고 실질적인 지원을 보장받아서 정치·경제·교육적으로 안정적인 수혜를 누리는

---

5) 단 조소앙이 보통선거제, 국유제, 국비 의무교육제로만 충분히 균등해진다고 말하는 것은 아니다. 이외에도 여러 정책, 제도 등을 열거하는 대목을 찾아볼 수 있기 때문이다. 예컨대 농민은 경작할 토지와 살 주택을, 공인(工人)은 공장에서 작업할 수 있도록 보장받아야 한다(117).

것이란 의미도 담겨 있다. 하지만 국가 간의 균등에서는 앞서 나온 전제의 반대로서의 뜻이 나타난다. 즉, 식민정책 등 제국주의의 전제적 행태나 "약한 것을 겸병"하고 또 당하는 것에서 벗어나 생활하는 상태가 평등이자 곧 균등으로 묘사되고 있는 것이다(17). 따라서 ① 전제의 반대 의미와 ② 평등한 기회의 부여를 통한 안정적 수혜의 의미 모두가 사용된다고 볼 수 있다(사실 이 부분만으로도 일부 기존 연구에서 주장한대로 균등, 평등의 뜻이 그저 기회를 고르게 주는 것이 절대 아니라는 점을 알 수 있다).

그런데 조소앙이 당시 식민지의 상태와 대한독립 운동의 당위성을 설파하고 있는 1931-1932년경에 작성된 글 「한국의 현상과 그 혁명추세」에서 또 하나의 균등의 의미를 발견할 수 있다(19-78). 이 글에서 조소앙은 단지 일제강점기뿐 아니라 역사적으로 한민족이 처했던 곤경들 그리고 혁명의 대상들을 서술하고 있다. 그는 당시의 상황은 단지 일본의 침략에 의한 압제뿐 아니라 고대로부터 이르는 "전제와 악정"에서 비롯한 인민의 해방의 실패라고 본다. 다만 일제에 의해서 식민화되면서 민족 자체가 상실될 위협이라는 위기가 더해진 것이다. 그래서 그 이전에는 민족 내의 각 계급 사이의 전제적 행태가 문제였다면 이제는 일본에 의한 한민족의 노예화가 문제인 것이다. 그는 혁명의 대상을 기본권, 생활권, 교육권의 세 측면으로 풀어내는데 이는 각각 정치·경제·교육의 균등과 대응한다. 그런데 여기서도 한민족이 극복해야할 병폐는 우선 '전제'적 정치체제이다. 이것은 모든 인민을 '노예'로 만들기 때문이다. 그는 전제정권의 존재를 정치적 기본권을 포함한 인권의 대척점으로 명확히 설정하고 있다. 경제적 문제도 마찬가지다. 그는 이 문서에서 생활, 경제의 핵심을 특히 토지문제를 중심으로 접근하면서 전근대시기에 있었던 토지제도의 문란으로 인해서 권력자에게 토지가 집중되고 결과적으로 다수의 백성들이 자신들의 살림살이를 유력자들에게 의지하게 되었던 상황을 지적한다. 인민들이 경제적으로 노예가

된 것이다. 그는 이러한 맥락에서 일제 식민지하에서는 모든 토지가 일제에 귀속됨으로써 원칙적으로 "전국 민족은 모두 농노가 되었다"고 말하기도 한다(43). 교육도 마찬가지다. 예부터 국가의 교육기관은 있어왔지만 이는 모두 귀족 등 일부 유력 계층만을 위한 것이었다. 다수의 대중들, 인민은 사실상 처음부터 교육에서 배제된 것이다. 이는 지적(知的)으로 노예가 되는 것이나 다름없다.

조소앙은 이처럼 한민족이 고래로부터 겪어온 3대 불평등을 해소하고 더불어 일제로부터 독립하는 것이 한국혁명이라고 보고 있다. 그는 이로써 전체 민족의 행복을 얻을 수 있다면서, 구체적으로 "그것은 정치권리의 균등, 생활권리의 균등 및 배울 권리의 균등"이라고 말한다(67). 이 문장에는 미리 밝힌 두 가지의 의미가 모두 섞여 있다. 권리나 기회의 평등한 부여를 통한 혜택의 고루 받음을 뜻하기도 하지만 동시에 전제 정권하에서 노예로 살았던 신분에서 해방되어 평등한 주체가 된다는 의미도 같이 있는 것이다. 그런데 주의할 것은 균등을 설명함에 있어서 '균형'이 제시된다는 점이다. 조소앙은 삼균으로써 "역사적 국가 기초와 제도를 전복하고 아울러 이족이 제멋대로 만든 일체의 시설과 제도를 파괴하여 전 한민족으로 하여금 대내적으로 그 균형을 획득하고, 대외적으로 각 민족, 각 국가가 평등과 대립적 균형을 향수하는 데 전체 민족의 행복이 있는 것"이라고 주장한다(67-8). 여기서 균등은 ①과 ②의 뜻과는 달리, ③ 어떠한 주체 및 행위자들 사이의 균형 및 전체 질서의 안정을 의미하고 있다. 그런데 주지하듯이 균형은 동일함, 똑같음 등의 뜻보다는 어떤 무게/힘이 어느 한쪽으로 치우치지 않은 상태를 이른다. 이는 다소 미묘한 차이인데, 평등은 균형일 수 있지만 균형은 꼭 평등일 필요는 없다. 예컨대 동일하게 가지런하지는 않더라도 서로 엇비슷하여 한쪽으로의 쏠림이 없다면 그것도 균형이기 때문이다. 따라서 과연 균형이 상이한 의도를 갖고 쓰인 것인지, 아니면 다소 이질적인 의미

에도 불구하고 평등, 균평과 같이 균등의 대체어로 사용된 것인지는 좀더 분석해보아야 한다.6)

요컨대 조소앙은 균등에 ① 전제의 반대 의미와 ② 평등한 기회의 부여를 통한 안정적 수혜, 그리고 ③ 어떠한 주체 및 행위자들 사이의 힘의 균형을 담고 있다. 그런데 이 세 가지가 상호 배타적으로 구분되는 개념은 아니다. 전제적 관계에서 해방되는 상태가 여러 주체들 사이의 평등한 기회 부여일 수도 있고, 힘의 균형이 달성된 상황일 수도 있으며, 또 둘 다가 공존하는 모습일 수도 있다. 자세히 나열하자면, ①번과 ②번이 결합된 경우, ①번과 ③번이 결합된 경우, ②번과 ③번이 결합된 경우, 그리고 ①번, ②번, ③번 모두가 결합된 경우, 또 마지막으로 셋 중 하나만 나타난 경우로 균등의 의미 사용을 나누어볼 수 있다. 이처럼 세 의미는 각기 미묘한 차이를 보이면서 또 동시에 결합되어 사용될 여지가 있는 것이다. 그렇다면 우리는 조소앙의 삼균주의 속 균등이란 이 세 가지를 때에 따라 자의적으로 결합 또는 분리하여 사용한 것이라고 보아야 하는가? 그렇게 결론 내리기 이전에 조소앙이 저술한 자료들에서 균등이 쓰인 용례를 통해서 가능한 한 정합적 해석을 시도해야 한다.

조소앙은 한국독립당 당원 및 독립운동가들에게 당의로서 삼균주의의 이해를 돕기 위해서 1932-1933년경에 「한국독립당 당의 연구방법」이란 글을 남겼다(185-191). 덕분에 우리 역시 이 자료를 통해서 조소앙이 의도한 삼균주의란 무엇인지에 관해서 더 자세한 설명을 접할 수 있다. 이 글은 총 8절로 나뉘어 있는데 6, 7, 8절은 전해지지 않는다. 1절에서는 한국독립당이 추구하는 9가지의 대요(大要)를 설명하는데 여기서 개인 간 균등, 민족 간 균등, 국가 간 균등과 정치·경제·교육의 균등이라는 삼균주의의

---

6) 이에 대해서는 아래 2절의 말미에서 논하고 있다.

큰 틀이 다시 주장된다. 이하 2절에서 5절까지는 삼균주의에서의 '삼균' 그리고 그것이 복국·건국·치국이라는 독립운동의 목표와 어떻게 연계되는지를 구체적으로 설명한다. 그리고 이때 균등의 의미도 더욱 명확하게 드러난다.

조소앙은 3절에서 "권(權)·부(富)·지(智) 3권은 인류의 중심문제이니 초보로 상당한 수준에 제고하기에만 노력할 것이 아니라 상당수준을 최고수준으로, 최고수준에서 최균최평한 수준에까지 제고할 것을 유일한 임무로 규정한 것이다. 그러므로 정·경·교 본신(本身)의 수립·발전을 통하여 균권·균부·균지의 종극구경(終極究竟)을 목표로 하여 돌진하게 한 것이다"고 말한다(187). 여기서 우리는 조소앙이 최고수준을 넘어 '최균최평' 및 '종극구경'의 상태를 목표로 함을 알 수 있다. 최균최평이란 최대한 균평한 것을 일컫고, '종극구경'으로 추구한다는 것은 무언가를 그 끝까지 추구한다는 것이다. 우리가 앞서 분류한 균등의 세 가지 의미에서 ②번은 기회의 평등을 통한 어떠한 혜택의 안정적 수혜나 공유이다. 그런데 이처럼 특정한 혜택이나 복지를 안정적 수준에서 유지하는 것과 '최균최평', '종극구경'처럼 가능한 한 최대한 무언가를 그 끝까지 추구하는 것은 전혀 다른 의미를 지닌다. 이 점에서 삼균주의는 절대적인 동일함으로서 평등주의로 해석될 여지가 있다. 종극구경을 균등의 완전한 실현으로서 사회경제적 조건의 무차별한 절대적 평등으로 볼 수도 있기 때문이다.

주의할 점은 그가 단지 절대적 동일함으로서 평등을 얘기한 것은 아니라는 점을 뒷받침하는 지점이 5절에서 등장한다는 것이다. 조소앙은 "개인을 출발점으로 하여 균등하게 생산·분배·소비 등 권리를 부여하며 민족을 중심점으로 하여 고도의 과학적 방법으로 생산을 증가하며 국민 전체의 총부력을 증가하는 동시에 응능응분(應能應分)의 소비를 균등하게" 해야 한다고 주장한다(189). 여기서 조소앙은 '균등하게' 하는 것에 '응능응분'이라는 단서를 달고 있다. 응능응분이란 무엇인가? 응능은 마땅히 그 능력에 상응하는 바이고 응분은 마땅히 그 몫에 상응하는 바이다. 이것은 시민 개인이 마땅히 누려야 하고 또 그럴 자격이 되는 정도를 일컫는 것이다. 조소앙은 필요에 따라서도 분배되어야 하지만 동시에 능력에 따라서도 분배되어야 한다면서 다소 모호하게 주장한 것이다.

일단 ②번의 의미와 최균최평, 종극구경의 의미를 종합하여 생각해보면, 균등은 어떠한 혜택을 누릴 형식적인 기회의 평등을 출발점으로 하되 더 나아가 응능응분의 몫만큼 실질적으로 수혜를 받는 상태를 이른다고 보아야 한다. 그것이 균등이 추구하는 궁극의 상태이자 최종목표이다. 여기까지는 충분히 그 의미들의 결합이 용이해 보인다. 사실 본래 ②번의 의미에서 '안정적'을 '응능응분'으로 교체했다고 볼 수 있기 때문이다. 그렇다면 이처럼 새로이 수정된 ②번을 기존의 ①번 및 ③번과는 어떻게 연관시킬 수 있는가? 이것은 전제의 반대로서 균등과 힘의 균형으로서 균등과 어떻게 연결되는가?

그 첫 번째 매개는 조소앙이 정치적 권력, 경제적 부, 그리고 교육적 지의 세 요소를 모두 '힘'으로 인식한다는 점이다. 그는 사람은 육체와 생명과 정신의 세 요소로 구성되고 이것들을 유지하고 발전시키는데 각각 부력(富力), 권력(權力), 지력(智力)이 필요하며, 또한 부력을 획득하려면 노동이, 권력을 획득하려면 단결이, 지력을 획득하려면 면학이 필요하다고 말한다(296). 그리고 각각이 경제, 정치, 교육에 관한 문제인데 이들은 모두 대등한 가치를 지니는 인간의 생존욕구에 기인한 것이라 설명한다(296). 이를테면 사람에게 정치적 권력은 좁은 의미의 권력일 뿐이고, 돈과 앎도 모두 넓은 의미의 권력인 것이다. 즉, 조소앙이 「한국의 현상과 그 혁명추세」에서 독립운동과 삼균주의의 목표가 오랜 역사로부터 누적되어온 전제와 악정에 따른 노예화에서 인민이 벗어나는 것이라고 주장했을 때, 그 전제와 노예의 관계는 정치적 측면에서만이 아니라, 경제와 교육의 측면에 아울러 적용되는 것이다. 다시 말해, 토지의 예속에 따른 경제적 노예나 교육을 받을 기회의 배제에 따른 지적 노예는 단지 비유나 은유의 수사학이 아니라 그 자체로 진정 '노예'인 것이다. 이러한 점에서 정치·경제·교육의 힘을 응능응분대로 누리는 것은 곧 전제적 관계에서의 해방의 조건이자 동시에 그 해방된 상태를 일컫는다고 볼 수 있다.

더욱이 「미래세계에 있어서 한국의 지위」에서는 「한국독립당 당의 연구방법」에서의 '종극구경'의 용례가 다시 나타나는데, 이를 보면 "한인이 요구하는 자주독립은 부국강병하는 옛 형식에 있지 않고 사람과 더불어 선을 행"하는 진정한 민주세계가 곧 구경(究竟)이라고 말한다(117). 무력과 부력을 겸병하여 제국으로 나아가지 않고 모든 주체와 더불어 살 수 있도록 전제적 관계에서 탈피하는 것, 한마디로 노예적 관계에서 벗어나는 것이 구경의 목표인 것이다. 앞서 「한국독립당 당의 연구방법」에서 종극구경이 최균최평, 응능응분과 함께 균등과 관련하여 사용된 것을 감안한다면, 이것들이 공통적으로 전제적 관계로부터의 해방을 뜻함을 알 수 있다. 이렇게 볼 때 수정된 ②번과 기존의 ①번은 충분히 정합적으로 설명될 수 있다. 전제적 관계의 탈피를 위해서 평등한 기회와 응능응분의 이익을 누려야 한다는 것이다.

그렇다면 힘의 균형으로서 ③번과는 어떠한가? 따지고 보면 균형은 평등을 포괄하는 단어다. 인정할 만한 불평등이 존재하더라도 힘의 균형은 달성될 수 있다. 예컨대 존 롤스의 정의론은 차등의 원칙에 따라 합당한 사회경제적 불평등은 인정하면서 모든 시민의 평등한 자유(이것을 시민 간의 자유권의 균형으로 본다면)를 보장한다(Rawls 2003, 11절). 그러나 조소앙이 그 단어를 쓰는 맥락 때문에 균형은 평등과 같은 의미로 사용되었다고 판단할 수 있다. 그 실마리는 역시 한국독립당의 당의를 설명하기 위해서 1940년 즈음에 저술된 것으로 알려진 「한국독립당 당의해석」에서 찾을 수 있다(192–209). 여기서 조소앙은 개인 간 생활의 평균을 얻지 못하면 불화가 생기고 이것이 커져서 민족, 국가의 차원에서도 마찬가지로 평화가 깨진다고 말한다. 예컨대 "민족과 민족 사이에 이익이 각각 균형발전을 하기 불능하게 되면 필경 민족적 대전을 연출하게 되는 것"이고, 세계 각국의 여러 혁명들은 그 나라에서 인민들이 서로 "불평"했기 때문이며, 세계대전 역시 나라와 나라 사이가 "불평"했기 때문이고, 역사적으로 발생한 많은 투쟁들은 "상호평균"을 위한 것이었다고 주장한다. 이렇게 보면 '균형'은 '평', '평균'과 같게 쓰인다. 결정적으로 그가 "평화는 인류의 행복이다. 그런데 전쟁은 균형을 상실하므로 폭발되는 것이요, 평화는 균등을 유지함에서 존재할 수 있는 것이다.……다시 말하면 인류사회의 균등을 실현함으로써 행복이 올 것"이라고 언급한 대목에서 조소앙이 균형과 균등, 평등 등을 구분하지 않았음을 알 수 있다(193–194).

따라서 이 글에서는 ③번, 즉 주체들 사이의 힘의 균형은 곧 힘의 균등, 평등과 같은 의미라고 판단한다. 정리하자면 ①번, ②번, ③번 중에서 마지막 것은 제외하고, 나머지 ①번과 ②번만으로 그 뜻의 연관 관계를 이해해도 충분하다는 것이다. 그리고 이미 우리는 그 두 용법이 어떻게 서로 연결되는지 파악한 바 있다. 종합하자면, 삼균주의에서 균등은 어떠한 것의 기회나 권리의 평등한 부여를 통해서 그 실질적 이익 및 혜택을 응능응분에 합당하게 누려서 전제로부터 해방됨을 일컫는다. 개인 간 교육적 균등으로 예를 들면, 한 개인이 평등한 배울 권리를 부여받고 지식을 응능응분대로 취함으로써 타인에게 지적으로 예속되지 않는 상태인 것이다.

3) 세 가지 의미의 통합과 응능응분

이제 균등의 의미 탐구에서 마지막으로 해결해야 할 점은 '응능응분'이 어떠한 정도를 지칭하는지 파악하는 것이다. 본격적으로 이에 답하기 전에 강조할 것은 여하튼 조소앙이 중점을 둔 부분은 '기회의 평등'보다는 일종의 '결과의 평등'으로 정치·경제·교육면에서 실제로 행동할 수 있을 만큼 보장받고 있는지가 중요하다는 점이다. 예컨대 그는 "권(權)은 즉 역(力)을 의미하는 것이다. 우리의 자위력이 회복되지 못하면 우리의 생존권은 언제나 보장이 없는 것"임을 역설한다. 또한 경제적 균등의 실천은 "인민의 물적 생활을 제고 향수케" 하는 것이라 말하고 교육의 측면에서도 교육의 기회뿐 아니라 "국민의 생활기능"과 "국민교육의 수준" 자체를 제고하는 것이라고 단언하고 있다(200-203). 이처럼 그는 기회나 권리의 부여에만 그치지 않고 어느 정도 결과의 평등을 중시했는데 문제는 '그것을 어느 정도로 성취해야 응능응분이라 할 수 있는지'이다.

응능응분은 이전에 분석한 「한국독립당 당의 연구방법」에만 1회 등장하는 어휘이다.7) 일단 그 어휘가 사용된 문장으로 다시 돌아가면, 조소앙은 경제문제가 "일체의 중심이며 일체 원천"이라면서 경제 균등의 중요성을 설파하고 있다. 그는 경제 문제의 해결방안을 "개인을 출발점으로 하여 균등하게 생산·분배·소비 등 권리를 부여하며……동시에 응능응분의 소비를 균등하게 하고……국제 전체에 상응한 조화 및 협조를 촉진하는 것"이라고 주장한다(189). 이 문장만으로는 특별히 응능응분이 사전적 의미 이상으로 가질 만한 뜻을 유추할 수 없다. 그런데 그 바로 뒤 문장에서 이러한 해결방안을 "따라서 인·족·국 3방면의 경제상 및 본질을 발휘하여 고대의 누습과 독부주의(獨富主義)·강도주의의 침략 및 피침략을 방제하고 자력발전으로

---

7) 같은 대목이 「삼균의 대로(大路)」에도 등장하긴 하나 이는 「한국독립당 당의 연구방법」의 일부를 그대로 발췌한 탓인 것 같다(239). 이처럼 빈도가 낮음에도 불구하고 응능응분의 뜻을 탐구하기를 회피할 수 없는 이유는, 대체로 조소앙이 균등을 얘기할 때 '평등한' '실질적' 이익의 향유를 주장하지, 굳이 그 평등한 수혜에 다른 개념으로 조건을 다는 경우가 거의 없기 때문이다. 따라서 균등한 이익의 소비를 특별히 수식하고 있는 어휘의 의미를 짚고 넘어가는 것이 필요하다.

합리한 생산·분배·소비를" 하는 것이라고 다시 풀이하고 있다(189). 애초에 응능응분이 개인의 균등 차원에서 제시된 기준임을 감안하며 뒤 문장과 연결 지어 본다면, 개인의 측면에서 경제상 본질을 발휘하여 독부주의와 강도주의를 방지하는 것의 맥락에서 응능응분의 소비를 이해해야 한다는 바를 알 수 있다. 독부주의란 곧 특정 개인 및 집단이 부를 과도하게 소유하는 것을, 강도주의는 남의 것을 침탈하는 바를 이른다. 한마디로 루소가 누구나 평등하게 시민적 자유를 누리는 공화주의 사상을 전개하면서 말했듯이 "어떤 시민도 다른 시민을 살 수 있을 만큼 부유"하지 않고 "누구도 자신을 팔아야 할 만큼 가난"하지 않아서(Rousseau 2015, 70), 경제적 '전제로부터 해방'되고 '자력발전'이 가능하다는 맥락에서 응능응분을 이해할 수 있다.

　이러한 맥락을 염두에 두고서, 응능응분 중 '응능'에 집중해보자. 응능이란 말 그대로 능력에 상응한다는 뜻이다. 자신의 가지고 있는 능력에 맞게 무언가를 해야 한다는 바이다. 그런데 조소앙이 1942년에 작성한 「미래세계에 있어서 한국의 지위」를 보면(111−117), 그의 사상에서 능력 개념이 가지는 위치를 알 수 있다. 이 글은 전후(戰後)에 한국이 독립국의 지위를 가져야만 하는 이유를 역설하고 있다. 그런데 특기할 점은 단지 모든 민족과 국가는 평등해야 한다는 당위적 원칙만으로 한국의 독립을 주장하는 것이 아니라는 점이다. 그는 당위적 원칙의 선언을 넘어 한국이 '독립할 만한 능력'이 있다는 식의 접근법을 취한다. 그는 먼저 한국이 식민지 기간에도 꾸준히 항일독립운동을 폈다는 점을 부각한 후, "한국민족은 기본적인 능력과 조건을 갖추고 있고 완전 독립국가를 수립할 수 있는 자격을 갖추고 있다"고 주장한다(112). 여기서 능력이란 유구한 역사에서 익히 나타나는 한민족의 문화와 투지의 정신적 요소와 또한 물질적 요소를 모두 아우른다.[8]

---

8) 구체적으로는 인구, 산업, 사회기간시설, 교육, 보건제도 등도 포함된다. 「미래세계에

이처럼 조소앙은 한국의 독립과 각 국가·민족 사이의 균등한 상태는 그 주체가 독립할 만한 능력이 있어야 가능하다는 인식을 하고 있는 것이다. 이것은 평등해지자는 당위가 아니라 평등을 누릴 만한 능력이 있다는 '응능주의'다. 여기서 알 수 있듯이 조소앙이 생각하는 능력은 독립적으로 자기의 사안을 결정할 수 있는 능력이다.[9]

상술한 바에 따르면 능력이 독립성의 의미라는 것을 알 수 있다. 그런데 조소앙이 「미래세계에 있어서 한국의 지위」에서 구사한 접근법처럼 독립할 능력이 있으니까 독립하겠다는 주장은 곧 '능력이 없으면 하지마라'는 주장과 같은가? 그것은 아니다. 만약 이런 식으로 해석한다면 그것은 조소앙이 삼균주의를 주창한 애초의 근본 의도를 무시하는 것이다. 삼균주의는 인민의 노예 상태에서의 해방과 모두의 평화를 추구한다는 당위성을 항상 전제하고 있다. 이러한 문제에 대해서 그는 「연합국회의에 대한 우리의 기대와 요구」에서 다음과 같이 말한다.

진일보하여 말하자면 독립은 각 민족의 하늘이 부여한 권리이며 문명민족과 낙후민족이 다 동일한 것이다.……만일 어느 민족이 자치할 권리를 상실케 된다면 그 민족이 자치할 능력이 자연 발휘될 수 없고 또 그 민족의 자치능력의 여하도 증명할 수 없는 것이다. 그러므로 자치권리와 자치능력은 한 사물의 양면인 것이다(123).

있어서 한국의 지위」와 「전후 한국 독립문제의 국제공동관리에 찬동할 수 없다」를 참고(111-120).

9) 혹자는 이것이 단지 민족 사이 또는 국가 사이의 균등에만 해당하는 것이 아닌가 하고 생각할 수 있다. 그러나 조소앙은 개인, 민족, 국가의 세 단위가 동시에 모두 삼균의 주체이자 대상이라고 단언한다(187). 이러한 대원칙을 염두에 둘 때 독립성의 개념도 세 주체에 모두 적용된다고 본다.

따라서 우리는 조소앙의 능력에 대한 인식을 '능력이 없으면 하지마라'가 아니라 '능력을 가지고 발휘할 수 있도록 보장해라'로 이해해야 한다. 다만 한국의 독립국 지위 문제는, 조소앙이 보기에 이미 한국은 충분한 능력을 다 갖추었으므로 신탁통치 등이 아닌 즉각적이고 완전한 독립이 시급하다는 강조법의 논증을 편 것일 뿐이다. 정리하자면, '독립할 수 있도록 보장받기 위한 당위적 몫'과 동시에 그러할 능력이 이미 있을 때 '그것을 방해받지 않고 발휘할 자격'의 두 측면이 있는 것이고, 이것들은 서로 불가분의 관계이다(선후를 따지면 마땅한 권리 및 기회[응분]가 먼저 주어져야 한다). 이를테면 두 측면 중 전자는 응분에 후자는 응능에 각각 상응한다.

종합하자면 삼균주의에서 균등이란 '모든 주체가 어떠한 것을 수행할 평등한 기회와 그것을 수행할 능력에 필요한 것들을 향유하며, 또 외부적 방해 없이 실제로 수행할 수 있는 안정적인 상태'를 의미한다. 예컨대 정치적 균등이란 모든 개인이 정치를 할 평등한 기회를 부여받고, 자치를 할 수 있는 능력에 필요한 것들을 향유하며, 또 자치를 방해받지 않고 행할 수 있음을 뜻한다. 따라서 기존 연구가 주장했듯이 균등이 단지 기회의 평등도 아니요 무차별한 완전 평등도 아니다. 오히려 그 두 극단 사이의 하나라고 볼 수 있다. 국가가 원칙적으로 개인에게 기회의 평등을 부여하고 이와 더불어 그 기회의 독립적 활용을 충족시켜줄 수 있는 만큼의 응분의 지원을 보장하는 것이다. 또한 이로써 국가 전체의 질서가 분쟁 없이 안정적으로 유지되어 평화[10]를 도모하는 것이다.

---

10) 이 글의 분석에 따르면 균등, 균평, 평등은 서로 동일하게 쓰이고 있으나 평화는 다르다. 평화는 균등이 실현된 결과로 얻어지는 것으로서 "인류의 행복"이다(193). 균등을 통해서 모두가 행복한 상태가 평화인 것이다.

3. 민주공화주의와 삼균주의

이상으로 삼균주의의 균등이 어떠한 의미이며 따라서 삼균주의를 어떻게 이해할 것인지에 대해서 분석했다. 그런데 삼균주의를 헌법정신과 연결짓기 위해서는 그것과 민주공화주의 사이의 관계를 분석해야 한다. 정말 조소앙의 사상이 헌법정신에 핵심적이라면, 그리고 제헌의회에서도 삼균주의의 용어가 사용되었음을 감안한다면, 이러한 삼균주의와 민주공화주의가 서로 어떠한 관계인지 논하지 않을 수 없다. 만약 조소앙 스스로가 둘을 전혀 무관한 이론으로 인식했다면 임시정부의 삼균주의가 제헌헌법에 영향을 끼쳤다는 주장은 설득력을 잃을 수 있기 때문이다.

사실 앞서 규정한 균등의 정의를 토대로 삼균주의를 본다면, 앞에서도 잠시 언급한 것처럼, 그것은 서구의 공화주의와 맞닿아 있다. 예컨대 페팃은 타인의 자의적 지배 및 간섭의 부재로서 비지배 자유(non-domination)의 추구를 공화주의적 전통이라 주장한다(Pettit 2012). 그는 공화주의가 적극적 자유를 추구해서 민주적 참여를 궁극적 목적으로 가진다는 시각을 비판하면서, 민주적 자치도 수단적으로 중요하지만 본질적으로는 타인의 자의적 간섭 없이 스스로 살아갈 수 있는 것이 중요하며 이것을 공적 제도로 보장하는 것이 공화적 가치라고 본다(Pettit 2012, 82-90). 이는 각 개인이 전제적 지배 및 그러한 외부의 방해 없이 독립적으로 어떠한 권리를 수행할 수 있도록 국가가 제도로서 응분의 지원을 보장해야 한다는 삼균주의와 부합한다. 이뿐 아니라 조소앙이 「한국의 현상과 그 혁명추세」에서 '노예'와 '노예가 아닌 것'의 대립적 묘사를 통해서 자유, 균등의 개념을 설명했던 점이나 이를 위해서 삼균주의를 헌정적 골격으로서 확립해야만 한다는 입장은 기실 로마시대의 공화주의에서부터 유래하는 노예(servus) 대 시민(liber)의 비유적 설명 및 이러한 가치를 실현하기 위해서 법의 지배를 필수불가결하게 보는 공화주의적 입장과 일치한다(Pettit 2012, 91-107).

하지만 여기서는 삼균주의와 우리 헌법정신으로서 민주공화주의의 관계를 분석하는 것이 목적이므로 서구의 공화주의보다는 조소앙의 텍스트에서 두 개념이 어떻게 연결되고 있는가에 주목한다. 이와 관련해 기존 연구들은 조소앙이 이 개념들을 서로 유사한 것으로 사용했거나 또는 삼균주의를 민주주의를 위한 토대— 예컨대 정치균등을 해야 민주주의가 잘 실현된다는 식— 라고 생각했다고 해석한다. 서희경·박명림은 삼균주의를 "민주공화주의의 구체적 실천 이념"이며, 공화주의를 천명한 제헌헌법이 조소앙의 균평·균등주의를 따랐다면서 이 둘을 동의(同義)로 보고 있고(서희경·박명림 2007, 81, 103), 한인섭도 삼균주의와 공화주의가 모두 평등, 균등이념으로서 사실상 같은 것으로 해석하고 있다(한인섭 2009, 186). 한마디로 이들은 삼균주의나 민주공화주의가 정치·경제·교육 등 모든 방면에서 개인들의 평등이라는 주요 명제를 통해서 서로 매개되는 사실상 동일한 사상으로 해석하고 있는 것이다. 아래에서는 이 주장을 검토한 후 양자를 동일시하는 것이 대체로 타당하긴 하지만 그럼에도 불구하고 양자 사이의 개념적 위계가 존재하며, 이 점을 기존 연구에서 간과했음을 지적한다.

삼균주의와 민주공화주의는 어떠한 관계인가? 민주공화주의[11]라는 단어는 조소앙 이전에 20세기 초부터 한반도에 소개되었고 사용되었다. 예를 들어, 재일유학생들이 만든 1907년 『대한유학생회보』 2호에 민주공화국이란 용어가 보이며, 1908년 『대한협회회보』 3호에는 원영의가 서구의 정치체를 소개하면서 공화정에는 귀족공화제와 민주공화제의 두 가지가 있다고 말했고, 또한 1909년 『서북학회월보』 12호에서도 귀족공화제에 대비해

---

11) 이하 조소앙이 사용한 민주공화국, 민주공화제, 민주공화국제 등의 용어를 통칭하여 민주공화주의라고 부르기로 한다.

민주공화제를 사용하고 있으며, 그것을 "전 인민의 의지가 직접 또는 간접으로 독립고유의 최고권이 되는 경우"라고 설명했다(박찬승 2013, 140에서 재인용). 또한 미주동포들도 미국을 민주공화국이라고 부르는 등 당시에 이미 민주공화국이란 단어가 널리 쓰였음을 알 수 있다(박찬승 2013, 141).

그런데 여기서 집중하려는 바는 조소앙이 민주공화주의를 통해서 의도한 뜻이다. 실제로 조소앙이 기초를 한 1919년 「대한민국임시헌장」에서 처음 민주공화국이란 용어가 독립할 한국의 정체로 등장했고 이후 민주공화주의가 공식문서에서 주류로 자리잡았다는 점을 감안하면 더욱 그렇다(이영록 2010, 58). 흥미로운 점은 최정욱이 기존 연구에서 조소앙의 민주공화 용례를 검토하고 그 방식을 두 가지로 분류한 대목이다(최정욱 2013, 135–139). 하나는 민주공화에서 민주와 공화가 사실상 전제군주국의 반대어로서 동일하게 쓰인 경우이고, 다른 하나는 민주와 공화를 구분한 것인데 이때는 공화가 전제군주국의 반대어로 쓰인 반면 민주는 인민의 다수결에 따른 정치적 의사 결정 방식을 일컫는다. 전자에 대한 근거는 「대한민국임시헌장」에서 민주공화의 영문표기가 단지 'republic'으로 되어 있는 점이다. 따라서 특별히 민주와 공화가 구분되지 않고 기존의 군주국의 반대로서 인민주권의 국가형태를 일컫는다는 것이다. 후자의 경우는 「당강해석 초안」에서 조소앙이 민주와 공화를 각각 'democracy'와 'republic'의 번역어로 구분하고 각기 정치제도/방식과 국가형태로 구분했다는 것이다. 그러나 아쉽게도 최정욱의 검토는 단지 이 두 문서의 검토로만 그치고 있으며, 또한 민주공화주의와 삼균주의의 관계는 그의 연구의 주제 밖인지라 다루지 않고 있다. 이러한 점을 염두에 두고, 아래에서는 본격적으로 조소앙의 민주공화주의가 어떻게 쓰였는지를 그의 핵심 정치사상인 삼균주의의 맥락에서 파악해본다.

먼저 민주의 용법을 보자. 이 글에서 분석한 바로도 조소앙은 민주를 공화와 따로 구분하여 여러 의미로 사용하는 것으로 보인다. 한편으로 조소앙은 민주라는 용어로 '인민 전체' 또는 '모든 인민 개개인'을 지칭한다. 「한국독립당 당의해석」을 보면 "합리한 정치는 무엇을 기본원칙으로 하여야 할까. 이것이야 두말할 것 없이 국민의 이익을 기초로 하여 정권을 민주적으로 균등화하는 것을 기본원칙으로 하여야 할 것"(201)이라거나, "민주균등의 진의 속에 과학적 · 구체적 실제건설을 내함하여서 국민 각각에 모두 정치 · 경제 · 교육의 실제이익을 향수케"(205) 할 것이라는 언급이 보인다. 또한 「5 · 10 총선거와 나의 정국관」에서는 "우리는 교육에 있어서 일부 소수의 유산자만이 배울 수 있게 하는 현 교육제도를 개혁하여 기회균등을 부르짖는 바이며, 그 민주주의화를 주장하는 바이다.……교육 민주주의로 미취학 아동에게 수학할 기회를 균등화하기 위하여 중앙과 지방에 적용할 법령을 제정할 필요가 있다"고 말한다(297). 1930년대 이후 문건에 나타난 위의 인용구에서 민주 및 민주주의는 '모든 인민 개개인에 대한 또는 그들을 위한'이라는 의미를 담고 있다. 즉, 민주적으로 균등하게 한다는 것은 인민각 개인을 서로 균등하게 한다는 말이다. 이런 용법에서 민주는 특별히 삼균주의와 결부되어 있지는 않다.

다른 한편 조소앙은 민주에 일정한 정치적 가치나 지향점을 부여하고 있기도 하다. 예를 들면 다음과 같다 : "정치 · 경제 · 교육의 균등을 기초로 한신민주국을 건설하여서"(「한국독립당 당의 연구방법」, 185). "독립국가를일체 민족에 건립하고 신민주정치를 일체 국가에 시행하고 균등제도를 일체 주(州), 일체 종족, 일체 국가에 보급하게 하여 정치와 경제와 교육에있어서 사람 대 사람의 무차별에까지 진화될 장래 신세계의 신건설이 있을것을 확신하고 있다"(「긴급한 민족운동의 통합과 단결」, 222). "우리의 단일화한 민족!……독립국을 건설하기 위하여, 민주정부를 사실화하기 위하여, 균치의 사회를 건립하기 위하여, 최후 결심으로 협력 매진하자"(「국내

외의 정세와 우리의 결의」, 229). "그리고 특별히 건국과 치국의 전 과정을 통하여 본 당의 일관된 목표는 정치 · 경제 · 교육의 균등을 기초로 한 신민주국을 건립"(230). 여기서 민주 또는 신(新)민주란 삼균주의와 불가분의 관계로 나타난다. 민주국가는 인민들의 정치 · 경제 · 교육의 균등을 실현함으로써 완성되는 것이다. 이처럼 민주 및 민주주의가 단지 인민 전체, 각개 인민의 중립적 단어로 쓰인 경우가 아니라, 가치 판단이 담긴 하나의 정치적 지향점으로 쓰일 때는 삼균주의와 내용상 다를 바가 없는 것으로 보인다.

이처럼 민주와 삼균주의와 대동소이하다는 점은 민주가 공화와 함께 쓰인 경우를 볼 때 더 뒷받침된다. 1930년대 이후 여러 문건에서 민주와 공화, 즉 민주공화라는 개념이 나타날 때 그것은 항시 '전제의 반대'라는 본래 삼균주의의 내포된 뜻과 연계되었다. 한국독립당의 당강에는 명시적으로 "전민(全民) 정치기구를 건립하여서 민주공화의 국가체제를 완성할 것"이라고 선언하고 있다(232). 조소앙은 「한국독립당 당의해석」에서 개인, 민족, 국가 수준의 균등을 언급하는 과정에서 전민(全民)적 정치균등과 "전민적 정치기구를 건립하여서 민주공화의 국가체제를 완성할 것"이라는 당강의 의미를 해설한다. 여기서 우리는 조소앙이 말하는 민주공화를 이해하기 위해서 그가 당대 영국이나 미국과 같은 자본주의 체제의 민주국가나, 독일과 이탈리아 등 파시스트 국가 그리고 사회주의 소련을 모두 특정 계급의 "독재전정"으로 규정한다는 점을 주목할 필요가 있다. 즉 자본주의 체제에서는 "자본가들이 전권하는 폐단"이 드러나고, 파시즘에서는 "변상(變相)적 군황 히틀러, 무솔리니"가 독재를 행하며, 소련에서는 "노농전정"이 실시되고 있다는 것이다. 그리고 이러한 상황을 타개하는 주의가 곧 삼균주의이고 민주공화의 국가체제인 것이다(202). 조소앙은 자본가처럼 경제적으로 또는 파시스트나 공산주의자들처럼 정치적으로 특정 계급이 전제정을 펴고 있는 것에 반대하며, 그 대립적 상대로서 민주공화를 표시하고 있다. 이는 결국 민주공화도 전제의 반대를 뜻한다는 것이다. 그러므로 삼균주의와 민주공화가 같은 맥락에서 서술될 수 있다.

이상으로 조소앙의 사상에서 민주=민주공화=삼균주의의 등식이 대체로 성립하여 서로 유사한 내용을 담고 있음을 알 수 있었다. 선행연구에서 한국헌법의 정신을 설명하는 과정에서 민주 및 민주공화와 삼균주의를 동일시한 것이 크게 부적절하지 않았다고 볼 수 있는 것이다. 하지만 민주공화와 삼균주의의 등치가 옳다고 해도 두 개념 사이의 위계가 있다는 점을 분명히 지적할 필요가 있다. 앞에서 논한 바 있지만, 삼균주의는 민족 및 국가 간 균등을 아우르는 국제관계적 성격을 포함하고 있기 때문이다. "국제관념의 발달은 가장 유치한 과정을 걸어가고 있다. 그러나 인류의 구경목적지, 최후의 입각점, 최고 발전목표는 개인이 아니며 가족도 아니며 오직 국제조직의 일원화한 총체가 그것이다.……당의의 구경점도 국제조직 혹은 인류의 전체 문제에까지 나아가고야 말 것이다. 세계일가의 진로로 향한다 함은 이를 가리키는 것이다"(190–191). 한 나라만 균등해서는 그 나라와 타국 사이의 불화를 막을 수 없고 그렇게 되면 결국 그 나라의 인민도 불행해지기 때문이다.

반면 조소앙이 말한 민주공화주의는 그렇지 않다. 그것은 어디까지나 한 국가의 통치방식에 대한 방안이다. 그는 「한국독립당의 근황」에서 삼균주의를 위해서는 국가가 "어떤 정체(政體)를 가져야 하냐고 자문하면서, "그건 민주입헌공화국이어야 한다"고 단언한다(17). 또한 「한국의 현상과 그 혁명추세」에서도 한국혁명의 여러 방면을 설명하면서, 향후 독립할 나라의 건국에 관해서는 "애초엔 공허하여 일정하지 않다가 민주입헌주의를 신앙" 하고 있다고 말한다(67).[12] 이를테면 독립국가의 정체로서 헌법의 골격이

---

12) 입헌이라는 단어가 삽입되어 있으니 민주공화주의와 다른 것이 아닌지 의문스러울

되는 근본정신의 수준에서 적용되는 삼균주의가 곧 민주공화주의인 것이다. 이것은 조소앙이 향후 건국할 한국의 헌법을 삼균주의, 공화주의, 민주공화주의로 구분하지 않고 쓴 점에서도 드러난다. 1941년 작성된「대한민국건국강령」에서는 건국시기를 다루는 제3장에서 "삼균제도를 골자로 한 헌법을 실시"할 것을 선언한다. 그런데 조소앙이 기초했던 1919년의「대한민국임시헌장」에서 1944년「대한민국임시헌장」까지 총 6차례의 임시정부의 헌법안이 작성되었고, 이들 중 1919년 9월 11일 발표된 것과 1940년 10월 9일에 발표된 것 이외에는 모두 일관되게 대한민국은 '민주공화국'임을 선포하고 있다.[13] 따라서 조소앙이 대한민국을 민주공화주의의 정체성으로 규정한 헌정문서의 존재를 모르고 삼균주의를 사용한 것이 아니다. 그는 1944년 작성된 다른 문서에서도 임시정부가 "현재 헌법상 규정과 같이 공화주의에 근거"하고 있다고 확실히 언급한다(132). 한마디로 국가의 통치방식과 체제의 근본규범 및 정신의 수준에서 삼균주의가 곧 민주공화주의로 통용되는 것이다. 종합해보면 이론 전체의 성격으로 볼 때는 삼균주의가 민주공화주의를 포섭하는 상위 범주임은 확실하나, 다만 한 국가의 정체를 따질 때는 둘이 상통하는 개념으로 쓰인다고 볼 수 있다.

4. 맺는글

이 글은 한국의 헌법정신으로서 민주공화주의의 한 해석 근거가 될 수

수 있다. 그러나 서구정치제도가 한반도에 소개된 이래, 유길준처럼 공화정/공화국에는 애초에 입헌정체의 의미가 포함되어 있었다. 1908년『호남학보』에서도 정체를 군주전제정, 군주입헌정 그리고 민주입헌정으로 나누는데 가장 후자가 'republic'의 대체어로서 내용상 쓰이고 있음을 알 수 있다(최정욱 2013, 129-131).

13) 이들 자료는 헌법재판소의 웹페이지에서 검색할 수 있다. http://history.ccourt.go.kr/cck home/history/open/constitution60.do#history08

있는 조소앙의 삼균주의의 분석을 시도했다. 그 결과를 요약하자면 다음과 같다. 첫째, 균등은 전제로부터의 해방과 어떠한 혜택이나 이익을 평등한 기회의 부여를 통해서 응능응분의 몫만큼 실질적으로 수혜받는 상태가 결합된 것으로서, '모든 주체가 어떠한 것을 수행할 평등한 기회와 그것을 수행할 능력에 필요한 것들을 향유하며, 또 외부적 방해 없이 실제로 수행할 수 있는 안정적인 상태'를 의미한다. 그리고 둘째, 삼균주의는 개념상 민주 공화주의보다 포괄적이지만, 국가의 통치방식 및 정체의 수준에서의 민주 공화주의와 동격이라고 볼 수 있다.

미국의 법철학자 드워킨은 (헌)법해석은 개인의 신념이나 정치적 타협에 의하기보다는 헌법의 가장 근본적인 원칙에 대한 최선의 해석으로서 정합적으로 이루어져야 한다고 주장한다(Dworkin 2014, 229-230). 그러면서 그는 "모든 사람이 지닌 배려와 존중의 평등에 대한 자연적 권리"를 미국헌법의 궁극적 원칙이자 헌법입안자들이 가리킨 자유와 평등의 이상이라고 말한다(Dworkin 2010, 355). 이를 우리 헌법에 적용하자면 모든 국민의 자유와 평등, 존엄을 추구하는 민주공화주의를 정합적 법해석의 규준으로 볼 수 있을 것이다. 그리고 이 점에서 이 글이 재발견한 조소앙의 삼균주의, 즉 균등의 재해석과 삼균주의-민주공화주의 사이의 이론적 관계에 대한 분석이 기여할 부분이 존재한다. 왜냐하면 사상적으로 제헌헌법에 영향을 끼친 삼균주의에 대한 좀더 정밀한 이해를 통해서 우리 헌법해석의 규준인 민주공화주의의 보다 풍부한 이해를 제안할 수 있기 때문이다.

물론 드워킨이 헌법입안자들이 명시한 원칙 그 자체는 따라야 하지만 그 원칙의 현재적 의미와 적용례는 결국 지금을 살아가는 이들의 최선의 해석에 맡겨져야 한다고 보았듯이(함재학 2009b), 최선의 법해석을 위해서 현재의 다양한 이론과 판례 등도 활용될 수 있다. 그럼에도 불구하고 민주공화국을 헌법정신으로서 인정한다면 그것의 해석 기준으로서 삼균주의를 외면해서는 안 된다.14) 더욱이 최근 진행 중인 헌법 개정 논의가 제왕적 대통령제, 정경유착, 사회경제적 양극화 등의 폐해의 극복을 목표로 하고 있다면, 정치 · 경제 · 교육에서 타인의 자의적 지배에 대한 종속으로부터의 해방을 추구했던 삼균주의의 입장에서 헌법정신을 되새기고 반영할 필요가 절실하다고 본다.

---

14) 예컨대 한상희(2003), 이계일(2011)은 대표적으로 우리만의 역사적 맥락을 전혀 염두에 두지 않고 바로 서구의 공화주의 이론을 끌어오는 사례이다. 김선택(2009)나 신용인(2016)은 우리 헌정사의 배경을 개괄하긴 하지만 민주공화국의 개념 설명에서는 유진오의 서술에만 의존하고 있다.

참고 문헌

김기승. 2009. "조소앙과 대한민국 정부수립." 『한국동양정치사상사연구』 제8권 1호, 27–43.

_____. 2015. 『대한민국임시정부의 이론가 조소앙』. 서울 : 역사공간.

김선택. 2009. "공화국 원리와 한국헌법의 해석." 『헌법학연구』 제15권 3호, 213–250.

김철수. 2013. 『헌법학신론』. 서울 : 박영사.

드워킨, 로널드 저. 염수균 역. 2010. 『법과 권리』. 파주 : 한길사.

_____. 박경신 · 김지미 역. 2014. 『생명의 지배영역 : 낙태, 안락사, 그리고 개인의 자유』. 서울 : 로도스출판사.

롤스, 존 저. 황경식 역. 2003. 『정의론』. 서울 : 이학사.

루소, 장 자크 저. 박호성 역. 2015. 『사회계약론 외』. 서울 : 책세상.

박명림. 2003. "한국의 초기 헌정체제와 민주주의 : '혼합정부'와 '사회적 시장경제'를 중심으로." 『한국정치학회보』 제37집 1호, 113–134.

박소연. 2010. "1948년 제헌헌법 경제조항의 성격에 대한 일고찰." 가톨릭대학교 석사학위 논문.

박찬승. 2013. 『대한민국은 민주공화국이다 : 헌법 제1조 성립의 역사』. 파주 : 돌베개.

서희경. 2011. "한국헌법의 정신사 : 헌법전문의 "4 · 19 민주이념 도입"에 관한 논의를 중심으로." 『정치사상연구』 제17권 1호, 33–58.

_____. 2012. 『대한민국 헌법의 탄생 : 한국 헌정사, 만민공동회에서 제헌까지』. 파주 : 창비.

서희경 · 박명림. 2007. "민주공화주의와 대한민국 헌법 이념의 형성." 『정신문화연구』 제30권 1호, 77–111.

성낙인. 2015. 『(제15판) 헌법학』. 파주 : 법문사.

신용인. 2016. "민주공화주의에 대한 헌법적 고찰." 『법학논총』 제28권 3호, 339–371.

신우철. 2008a. "건국강령(1941. 10. 28) 연구 : '조소앙 헌법사상'의 헌법사적 의미를 되새기며." 『중앙법학』 제10집 1호, 63–97.

_____. 2008b. "해방기 헌법초안의 헌법사적 기원 : 임시정부 헌법문서의 영향력 분석을 통한 '유진오 결정론' 비판." 『공법연구』 제36집 4호, 389–434.

_____. 2009. "大韓民國憲法(1948)의 '民主主義 諸制度 樹立' : 헌법전의 '주변부'에 대한 종단분석." 『헌법학연구』 제15권 3호, 357–390.

여경수. 2012. "조소앙의 삼균주의와 헌법사상." 『민주법학』 제48호, 277–303.

유진오. 1952. 『신고 헌법해의』. 서울 : 탐구당.

_____. 1960.『헌법강의 (상)』. 서울 : 일조각.

이계일. 2011. "헌법상 공화국 원리와 도그마틱적 함의에 관한 연구."『헌법학연구』제17권 1호,
39−102.

이상익. 2010. "조소앙 삼균주의의 사상적 토대와 이념적 성격."『한국철학논집』제30집,
87−121.

이영록. 2006.『유진오 헌법사상의 형성과 전개』. 파주 : 한국학술정보.

_____. 2010. "한국에서의 '민주공화국'의 개념사."『법사학연구』제42호, 49−83.

조소앙 저. 강만길 편역. 1982.『조소앙』. 서울 : 한길사.

최정욱. 2013. "근대 한국에서 '민주' 개념의 역사적 고찰."『한국정치학회보』제47집 1호,
127−144.

페팃, 필립 저. 곽준혁 역. 2012.『신공화주의』. 파주 : 나남.

한국사시민강좌위원회 편. 1992.『한국사 시민강좌 10』. 서울 : 일조각.

한상희. 2003. "『민주공화국』의 의미."『헌법학연구』제9권 2호, 27−91.

한시준. 1992. "조소앙의 삼균주의." 한국사시민강좌위원회 편.『한국사 시민강좌 10』. 서울 :
일조각, 97−116.

한인섭. 2009. "대한민국은 민주공화제로 함 : 대한민국 임시헌장(1919.4.11.) 제정의 역사적
의의."『서울대학교 법학』제50권 3호, 167−201.

함재학. 2009a. "대한민국 헌법사를 어떻게 읽을 것인가? : 1948년 헌법의 위상과 헌법이론의 빈
곤."『헌법학연구』제15권 2호, 461−499.

_____. 2009b. "드워킨의 헌법사상 : 헌법적 통합성과 파트너십 민주주의."『법철학연구』제12
권 1호, 183−222.

홍성방. 2016.『헌법학(上)』. 서울 : 박영사.

국회회의록 제헌 1회 18차 국회본회의(1948년 6월 26일). 국회의안정보시스템. 2017. http://
likms.assembly.go.kr/record/mhs-60-010.do(검색일 : 2017. 12. 31).

헌법재판소 사이버역사관. 2017. "임시헌장." http://history.ccourt.go.kr/cckhome/history/open/
constitution60.do#history08(검색일 : 2017. 05. 13)

09

이승만 대통령의 국가기념일 활용에 관한 연구

'반공'국민을 만드는 국민의식(國民儀式)

강정인 · 한유동

1. 글머리에

이 글의 목적은 이승만 대통령이 국가기념일에 행한 연설을 분석함으로써 국가기념일이 '반공'국민 형성에 적극적으로 활용되었다는 사실을 밝히는 것이다.

유럽의 근대 국민국가(이하 국민국가 혹은 국가) 형성 과정에서 등장한 국민은 이전에는 없던 새로운 정치적 주체집단으로 상상된 존재, 즉 국가에 의해서 만들어진 존재였다. 이 국민은 단순한 공동체가 아닌 "공동의 의지"를 지닌 공동체로 "모든 것에 앞서 존재하며", "모든 것의 원천"으로 그들의 "의지는 언제나 합법적이며, 그것은 법 그 자체"였다(Sieyès 1789, 180 ; 최갑수 1999, 114-115에서 재인용).[1] 그런데 국가들은 거주민을 '공동의 의지'를 지니며 새로운 정치적 공동체인 '국민'이라는 집단적 동질성과 정체

---

[1] 시에예스의 글은 로베르토(Roberto Zapperi)가 1970년에 편집한 인쇄본에 들어 있다 (Zapperi 1970).

성을 가시도록 만들기 위해서 다양한 수단—보통교육제도의 실시, 국사 편찬과 역사교육, 징병제도, 국가기념일의 제정과 활용, 기타 다양한 문화 정책 등—을 활용했다.

이러한 모습은 국민국가인 대한민국에서도 별다른 차이 없이 나타나고 있었다. 특히 이승만 정권은 대한민국 초기에 남한 주민들을 자신들의 목적에 순응하는 국민, 즉 '반공'국민[2]으로 만들고자 다양한 노력을 시도했다.[3] 물론 이러한 언급이 제1공화국 당시 남한 주민들에게 반공주의만이 유일하게 강조되었다는 의미는 아니다. 민주화 이전 한국 정치는 "권위주의와 자유민주주의라는 '이중적 정치 질서의 중첩적 병존'"이라는 이념적 특징을 보였으며 이로 인해서 규범적 질서로서 자유민주주의를 반공과 나란히 역설하지 않을 수 없었다. 이에 따라 이승만 정권 역시 "반공을 주장하더라도 단순히 권위주의가 아니라 민주주의를 수호하기 위해서 반공이 필요"하다

---

2) 이 글의 목적과 직접 연관이 없기에 자세히 논하지 않겠지만, 박찬승은 "1950년대 이승만 정권에서 권력을 장악한 정치인과 관료, 군인, 경찰들"은 "극단적인 반공주의, 반북주의를 내세우면서 민족주의를 억압"했는데, 특히 6·25전쟁 이후 1950년대에 걸쳐 "남북한[이] 서로를 극단적으로 적대시"함에 따라 남한에서 "남북한이 '하나의 민족'임을 강조하는 민족주의 논의는 당분간 실종"되었다고 지적한다(박찬승 2010, 232). 따라서 좌파를 연상시키는 오염된 '민족'이라는 용어 대신 "오직 남한 정권을 향한 충성"을 의미하는 "국가"나 "국민"이라는 단어가 널리 사용되었다(슈미드 2009, 595). 이 점에서 이승만 정권기에 널리 사용된 '국민'이라는 단어에는 이미 '반공'이 함축되었다고 볼 수 있다.

3) 유럽에서 근대국가와 민족이 거의 동시에 형성되었다면 한국에서는 민족이 형성되어 있는 상황에서 근대국가가 건설되었다. 그러나 그 근대국가는 전체 민족을 대표하지 못했다. 곧 이승만 정권은 분단국가의 정부로서 일제로부터 해방 후 한민족이 원했던 통일국가의 정부가 아니었기에 정부수립 초기 이승만 정권에 대한 남한 주민들의 지지도/충성심은 높은 편이 아니었다. 또한 북쪽에는 민족적으로나 이념적으로나 남한 정부와 경쟁관계에 있는 정권이 들어서 있었다. 이런 상황에서 반국가적인 사건인 여순사건이 발생했다. 정권 초기에 일어난 여순사건은 봉기한 군 좌익 세력에 남한의 잔존 좌익세력과 남한국가를 반대하는 주민들이 호응하여 일어난 사건으로 그들은 해방 직후 좌익세력들이 세운 '인민위원회'를 여수지역에 설립하면서 대한민국을 친일 정부, 반민족 정부라 비난하면서 부정했다(김득중 2009). 따라서 이승만 정권은 초기부터 국민을 만들면서 자신들의 목적인 '반공주의'에 적극적으로 순응하는 국민을 만들고자 했다.

는 논리를 펼쳐야만 했다.[4] 즉, 자유민주주의는 일정 정도 이승만 정권에 의해서 남한 주민들에게 강조될 수밖에 없었다. 이 점은 이승만 정권의 교육제도에서도 확인할 수 있다. 주지하다시피 제1공화국의 교육의 핵심은 학생들에게 '반공주의'를 내면화시키는 일이었다. 따라서 "1950년대 반공교육은 개별 교과를 초월해 존재"했다(박형준·민병욱 2009, 2). 특히 이승만 정권은『반공독본』과『애국독본』이라는 초·중학생용 반공교과서를 통해서 학생들이 반공주의를 "내면화"하도록, 그리고 "민족의식"을 "자극"하여 북한을 우리와 같은 민족이 아닌 다른 민족으로 인식하도록 만드는 전략을 채택했다(박형준·민병욱 2009, 9-16). 그러나 "1950년대의 민주주의 교육이 없이 4·19는 설명"될 수 없으며, "4·19는 이승만 정부의 부정부패와 실패 때문에도 왔지만 그의 정부의 교육의 성공 때문"(박명림 2006, 373)이라는 박명림의 지적처럼 이승만 정권 시절 자유민주주의는 '단순히 허공에 뜬 구름'과 같은 이념은 아니었다.

교육제도 이외에도 이승만 정권의 '반공'국민 만들기 프로젝트는 공보선전활동과 문화영화, 국가기념일의 활용 등을 통해서도 이루어졌다. 이승만 정권은 정부수립 직후부터 6·25전쟁 동안 공보선전활동을 통해서 남한 주민들에게 반공주의를 형성시키고 공산주의에 대한 적개심을 고취시키고자 했다(김영희 2010). 이승만 정권이 표면적으로 내세운 공보활동의 목표는 "새로 수립된 정부의 시책과 방안을 널리 알려 국민의 이해를 구하고자 하는 것으로서 일반적으로 제시될 수 있는 공보행정 목표"였다(김영희 2010, 330). 하지만 이 시기에 이승만 정권의 공보활동에서 "실제 더 중시된 것은 이승만 대통령 개인이 추구하는 정치적 목표에 부응하는 공보활동"으로

---

4) 이중적 질서의 중첩적 병존 및 반공과 민주주의의 관계에 대해서는 강정인(2013, 281-283)을 참고.

"정전회담을 반대하고 북진통일을 주장하는 한편 이승만의 정치적 입장을 국민이 지지하게 하고, 동원하는 것"이었다. 이 결과 "정부수립이후 전쟁기간 이승만이 원하는 대로 모든 상황이 전개된 것은 아니었지만, 그럼에도 그는 전쟁을 겪으면서 오히려 반공독재체제를 강화시킬 수 있었다"(김영희 2010, 330-331).

이승만 정권은 "국가가 공식적으로 생산해낸 대국민 시청각 교육 프로그램"인 문화영화를 통해서도 '반공'국민 만들기 기획을 수행했다. 정부수립기에 "정부는 대한민국이 민족의 정통성을 계승한 유일한 국가임을 부각하기 위해서 '민족'을 강조하는 영화들을 기획하고 장려했다." 그러나 이 시기에 "무엇보다 강조되었던 것은 대한민국의 정체성이 공산주의를 반대하는 데에 있다는 것이었다"(이하나 2009, 552, 540). 6·25전쟁 동안에는 "'군사', '반공'의 키워드가 문화영화를 온통 뒤덮었다. 그런데 이때의 반공은 단순히 공산주의에 반대한다는 의미만은 아니었다." 6·25전쟁을 "북한과 남한의 전쟁이라기보다는 공산진영과 자유진영의 대립으로" 설정하고 "남한은 자유진영의 선발대로서 공산진영과 싸우고 있다는 의미의 '반공'이었다"(이하나 2009, 541). "휴전 후 전후 재건이 본격적으로 시작된 시기에 문화영화의 주요 키워드는 '국토', '재건' 그리고 '대통령'"이었다. 그러나 이 시기에 제작된 "'재건'에 관한 문화영화"도 "반공 이데올로기를 이미지 면에서 재생산하는 데 일조"하고 있었다(이하나 2009, 543-544).

위와 같이 이승만 정권은 남한 주민들을 '반공'국민으로 만들기 위해서 다양한 방법을 동원했다. 국가기념일도 그러한 계획의 일환으로 활용되었다.5) 국가기념일은 "의례와 달력이라는 두 개의 하위 형식"으로 구성된다.

---

5) 이승만 정권 시기에 모든 국가기념일이 남한 주민들을 '반공'국민으로 만들기 위해서 활용된 것은 아니다. 정부수립 직후부터 1950년대까지는 신생국가인 대한민국을 만들어 가는, 즉 "나라의 틀"을 확립하는 시기로 "근대화"에 힘을 쏟았다. 그러므로 그 당시의

의례는 "합창과 선서와 연설 등으로 구성"되는데 국민국가는 이를 통해서 "국가의 존재이유와 이념적 토대를 상기해주고 국가와 국민의 심리적 통합을 유인한다"(하상복 2012, 113). 이와 더불어 "국가기념일의 특정한 명칭을 담고 있는 달력은 국민들이 국가이념을 환기할 것을 일상적으로 요청한다"(체릅바벨 2006, 365 ; 하상복 2012, 113에서 재인용). 이 점에서 국가기념일은 "일상성, 규칙성, 공동체성을 기반으로 국가이념의 국민적 전파와 정당성의 창출에 작용한다는 면에서 매우 중요한 정치적 재현의 장치"였다. 그리고 이는 "국가이념과 가치를 재현하고 유포하는 다른 장치물들과 마찬가지로 국가기념일 또한 정치적 대립과 갈등의 주요한 대상이 되는 이유"이기도 하다(하상복 2012, 113).

국민국가의 이념을 주입시키는 날인 국가기념일에 행해지는 의례는 과거와 연결되면서 더 한층 강한 영향력을 발휘한다. 국민국가에서 만든 국가기념일의 의례는 홉스봄의 말처럼 "만들어진 전통"인 것이다. 그에 의하면, "'만들어진 전통'은 명시적이든 암묵적이든 통상 공인된 규칙에 의해서 지배될 뿐만 아니라 특정한 의례나 상징적 성격을 갖는 일련의 관행들"로 국가는 그것들에 "특정한 가치와 행위 규준을 반복적으로 주입함으로써 자동적으로 과거와의 연속성을 내포"시킨다(홉스봄 2004, 20). '만들어진' 전통에서 과거와의 연속성은 "인위적"인 것, 곧 "전통은 새로운 상황에 대한 반응"으로 "역설적이게도 예전 상황들에 준거하는 형식을 띠거나, 아니면 거의 강제적인 반복을 통해서 제 나름의 과거를 구성한다"(홉스봄 2004, 21). 이처럼 홉스봄은 '만들어진 전통'이란 결국 "과거에 준거함을 특징으로 하면서 다만 반복되는 것만으로도 공식화되고 의례화되는 과정"이라고 정의

국가기념일에는 국가의 근대화를 위한 노력들도 반영되었다. 그렇다 하더라도 근대화와 반공주의 사이의 관계를 간과할 수는 없다(김민환 1999, 54-60).

한다(홉스봄 2004, 25). 그러면서 그는 '만들어진 전통'들에는 다음과 같은 특징들이 "중첩"되어 나타난다고 밝혔다.

> 첫째, 특정한 집단들, 실재하는 것이든 인위적인 것이든 공동체들의 사회 통합이나 소속감을 구축하거나 상징화하는 것들이다. 둘째, 제도, 지위, 권위관계를 구축하거나 정당화하는 것들이다. 셋째, 그 주요 목표가 사회화나 혹은 신념, 가치체계, 행위규범들을 주입하는 데 있는 것이다(홉스봄 2004, 33).

이처럼 국민국가에 의해서 만들어진 국민은 그 국가가 행하는 '만들어진 근대적인 의례' 속에서 역사(과거)와 연결되면서 '우리' 국민이라는 동질성과 정체성을 유구한 것으로 받아들인다.

이러한 논의를 바탕으로 이 글은 이승만이 남한 주민들을 '반공'국민으로 만들기 위한 국민의식(國民儀式)으로 국가기념일을 활용했다는, 즉 홉스봄의 언급처럼 국가기념일 행사를 통해서 반공이라는 "신념", "가체체계"를 "만들어진 전통"으로 확립하고자 했다는 점을 보여주고자 한다.[6]

필자는 이 글에서 이승만의 국가기념일 활용에 대해서 검토하기 위해서 먼저 민족기념일인 삼일절과 광복절에 대해서 다룰 것이다. 이승만 정권은 정부수립 직후부터 남한 주민들에게 반공주의를 주입하기 위해서 삼일절과 광복절을 적극 활용함으로써 두 기념일을 '반공'국민을 만드는 날로 변모시켰다. 다시 말해 이승만 정권은 대한민국이 수립된 후 본래 민족기념일

---

6) 이승만 정권에서 기념된 국가기념일을 국민형성과 직접적으로 연결 짓는 연구로는 임종명의 글을 들 수 있다. 임종명은 삼일절이라는 특정 국가기념일에 주목하여 삼일절을 통해서 초기 이승만 정권이 남한 주민들을 '대한민국의 충성스러운 자기희생적 국민'으로 만들었다고 설명한다(임종명 2010). 그러나 그의 연구의 초점은 필자와 다르게 대한민국 건국 초기에 한정되어 있으며, 반공주의와 국민형성 간의 관계에 대해서는 큰 의미를 부여하지 않고 있다.

인 삼일절과 광복절을 국가기념일로 전환하여 남한 주민들에게 마치 반공의식이 과거부터 내려온 민족의식이라는 상상을 가지도록 만들고자 했다. 이날들에 행해진 이승만 및 정부 주요 인사의 연설에서 반공주의는 과거(역사)와 연결되었고, '반공'국민이라는 정체성은 오래된(전통적인) 것이라는 의식이 남한 주민들에게 소급적으로 새겨졌다. 이를 통해서 이승만 정권은 단독정부 수립으로 인해서 초래된 민족적 정당성의 결여를 보완하고자 했다. 또한 이 글은 민족기념일에 반공주의가 강조되면서 북한 공산주의자들이 민족으로부터 배제되었다는 사실과 6·25전쟁 당시와 이후의 민족기념일에서 '전쟁의 경험'이 언급되면서 이승만 정권의 반공선전이 더욱 강화되었음을 살펴볼 것이다. 이어서 남한 주민들에게 '반공'의식을 효과적으로 주입시킬 수 있게 도와준 6·25전쟁과 관련된 기념일에 대해서 분석할 것이다. 앞선 언급처럼 삼일절과 광복절부터 시작된 이승만의 반공의식을 강화하려는 의도는 6·25전쟁을 치르면서 탄력을 받았다. 6·25전쟁을 통해서 전체 남한 주민들은 공산주의의 잔인한 모습을 직접 체험했기 때문이다. 특히 이승만 정권은 6·25전쟁 이후에 각종 전쟁기념일을 제정하고 의례를 거행함으로써 반공주의를 가일층 강력하게 주입할 수 있는 발판을 확보했다. 이처럼 이승만 정권은 정권 초부터 단독정부의 결함을 만회하기 위해서 민족기념일인 삼일절과 광복절을 활용하면서 분단의 책임을 북한에 미루는 등의 다양한 반공선전을 해왔는데, 6·25전쟁 이후에는 민족기념일에 전쟁의 기억을 언급하고, 각종 전쟁기념일의 제정과 의례를 통해서 이를 더욱 더 강화했다. 마지막으로 결론 부분에서는 지금까지의 논의를 요약한 후 이승만 정권기에는 삼일절과 광복절 등의 민족기념일에 반공주의가 활용되었지만, 이후의 정권에서는 다른 양상을 보여주었다는 점을 시사하고 이를 추후의 과제로 남기면서 글을 마무리 짓겠다.

2. '반공'국민을 만드는 국가기념일

이승만 정권은 정부수립 직후 1948년 10월 19일에 여순사건을 일으킨 공산반란분자들을 같은 민족을 죽이는 잔인한 자들이자 인간 이하의 존재로 비난함으로써 대중적 차원에서 반공선전을 본격적으로 전개했다. 이 과정에서 이승만 정권은 남한 주민들에게 공산주의자들은 더 이상 같은 민족일 수 없다는 점을 강조했다.7) 이러한 사실은 대통령인 이승만에게서 분명하게 나타났다. 그는 여순사건을 일으킨 공산반란분자들을 동족상잔을 일으킨, 인간이 아닌 존재, 그리고 불순분자로 지적하면서 그들을 민족 내에서 '제거'해야 할 존재임을 분명히 했다.

> 이번 순천(順天), 여수(麗水) 등지에 동족상잔한 진상을 들으면 우리 한족(韓族)으로는 과연 통곡할 일이다.……[공산반란분자들이] 살인 충화(衝火)하는데……[공산반란분자들은] 살해, 파괴를 위주(爲主)[로] 하고 사생을 모르는 듯 덤비는 [그들의] 상태는 완전히 인간의 형태를 벗어난 행동이라고 외국기자들도 이를 격분하기에……정부에서는……학교와 정부기관에 모든 지도자 이하로 남녀아동까지라도 일일이 조사해서 불순분자는 다 제거하고 조직을 엄밀히 해서 반역적 사상이 만연되지 못하게 [해야지]……만일 이에 우리가 등한히 하다가는 자상잔멸(自傷殘滅)로 사망의 화를 피할 자가 몇이 아니 될 위험성을 막기 어려울 것이다("불순배(不純輩)를 철저히 제거 반역사상방지 법령 준비" 1948/11/05).8)

---

7) 김득중, 임종명은 여순사건에 대한 당시 이승만 정권의 태도, 언론 보도, 문인들의 글을 분석하면서 그 사건을 계기로 공산주의자들이 민족의 범주로부터 배제되는 과정을 추적하고 있다(김득중 2009 ; 임종명 2005).

8) 이 글에서 인용한 이승만 대통령의 연설문은 대통령기록관 홈페이지를 참고했다. http://www.pa.go.kr/online_contents/speech/speech02/presidentspeech_list.html.(글 작성 당시인

그러나 백문이 불여일견이라는 속담처럼 여순사건이 발생한 지역을 제외하고는 다수의 남한 주민들은 공산주의자들의 잔인한 행동을 직접 경험하지 못했기에 공산주의자를 민족 내에서 제거하고자 하는 이승만 정권 및 이승만의 의도는 일정한 한계를 지닐 수밖에 없었다. 하지만 이 한계는 오래 가지는 않았다. 여순사건 이후 2년이 채 지나지 않은 시기에 6 · 25전쟁이 발발하면서 대부분의 남한 주민들은 자신들의 눈으로 직접 공산주의자들이 같은 민족을 죽이는 잔인하고 야만적인 행동을 확인할 수 있었기 때문이다.[9] 민족상잔인 6 · 25전쟁의 경험은 이승만 정권이 전쟁 후 제정한 국가기념일을 통해서 지속적으로 남한 주민들에게 상기되면서 반공선전을 구체적으로 강화해가는데 활용되었다. 이러한 전쟁의 경험 때문에 반공은 더욱더 남한 주민들에게 설득력을 지닐 수 있었다. 그런데 이승만 정권이 국가기념일을 통해서 시도한 '반공'국민 만들기 기획은 이승만이 정부수립 직후부터 삼일절과 광복절에 행한 연설에서 이미 등장했던 것이었다. 그는 대한민국 수립 초기부터 반공에 대한 이야기를 민족기념일에 지속적으로 언급 · 삽입하면서 남한 주민들에게 '반공'의식을 주입하고자 했다.

2012년과 달리 2018년 현재 대통령기록관 홈페이지는 다음과 같다. http://www.pa.go.kr/research/contents/speech/index.jsp) 편의를 위해서 이 글에서는 이승만의 연설문 인용표시는 연설문의 제목과 날짜만을 적었다. 더불어 이승만의 연설문과 1950년대 문헌 등을 인용할 때 대부분 원문의 한자를 한글로 바꾸어 표기하고(인용된 원문에서 '한글[한자]'로 표시된 경우나 원문의 단어의 정확한 의미를 전달하기 위해서 예외적으로 '한글[한자]'로 표시했다) 맞춤법은 되도록 오늘날에 맞게 수정했다. 또한 필자가 추가한 내용은 대괄호로 표시했다.

9) 물론 6 · 25전쟁 당시 남한군인들도 남한 주민들을 잔인하게 죽였다. 이로 인해서 이승만 정권은 그러한 사실을 가능하면 자신들에게 유리하게 왜곡하려고 했다. 이 점이 이승만 정권의 '반공'국민형성과 관련이 있다는 데에 대한 설명은 아래 II-2에서 서술했다.

1) 민족의 기념일 : 삼일절과 광복절

이승만 정권은 남한 주민들을 '반공'국민으로 만들기 위해서 정권 초기부터 노력했다. 특히 정권은 민족의 이념적 동질성 강화를 중요시했다. 이념적 동질성이 강화될수록 남한 주민들에게 혈연적 민족의 동질성은 약화되며 그 결과 공산주의자들은 민족으로부터 배제되어 갈 수 있었기 때문이다. 이승만 정권의 공산주의자들을 민족으로부터 배제하기 위한 전략은 민족기념일을 통해서 적극적으로 수행되었다. 물론 이러한 지적이 민족기념일이 오직 이러한 전략을 위해서만 활용되었다는 의미는 아니다.

해방 직후 당시 남한 주민들에게 가장 의미 있는 날은 삼일절과 광복절이었다. 삼일운동을 통해서 '전 민족'은 일제의 강압적인 식민지 지배로부터 독립을 하고자 하는 염원을 분출했으며 광복절은 그 '민족적' 염원이 이루어진 날이었기 때문이다. 따라서 삼일절과 광복절은 "일제의 침략과 항일민족해방운동"을 강조하면서 '민족의식'의 고취와 '민족의 정체성'을 확인하는 민족의 기념일이었다(서중석 2002, 145). 이는 해방 후 처음 맞이하는 삼일절과 광복절에 발표된 글에서 고스란히 표현되었다.

1946년 2월 26일에 신한민족당, 인민당, 공산당, 독립동맹, 조선민주당 등이 중심이 되어 설립된 3·1기념전국준비위원회는 "한민당을 중심으로 한 기미독립선언기념전국대회에 대하여 기념행사를 통일할 것을 제안"했다(전단 1946b/02/26).[10] 3·1기념전국준비위원회는 그 전날에 발표한 전단에서 삼일운동의 의의를 아래와 같이 설명했다.

3·1운동은 조선민족이 일본제국주의를 타파하고 자주독립을 위하여 자기 자

---

10) 이 글의 본문 및 각주에 인용된 관보 호외, 전단, 신문(출전에 신문의 면수가 적힌 경우는 제외) 등은 국사편찬위원회 자료대한민국사 홈페이지(http://db.history.go.kr/url.jsp?ID=dh)를 참고했다.

신의 손으로 지은 피의 기록이었다는 의미에 있어서 조선민족해방투쟁사의 첫 페이지를 빛내게 하는 민족적 항쟁인 동시에 불멸의 기념탑을 이루었던 것이다(전단 1946a/02/25).

또한 해방 후 처음 맞이하는 광복절에 한 언론사는 그날을 다음과 같이 설명했다.

8·15기념일은 일제철쇄에서 3천만 민족이 해방되어 본연의 문화민족 자유민으로서 자기창조와 자아발전의 『모멘트』를 재인식함으로써 재전비약(再轉飛躍)을 기하는 데에 회고의 의의가 있는 것이다(『동아일보』 1946/08/16, 1).

이러한 삼일절과 광복절에 대한 인식은 전 민족의 여론을 반영한 것이었다. 따라서 해방 직후인 1946년의 삼일절과 광복절은 좌우가 공동으로 기념해야 한다는 전 민족의 압력이 강력했다. 이러한 압력에도 불구하고 좌우파는 각각의 정치적 입장 차이로 인해서 1946년부터 삼일절과 광복절에 "'통일된'" 기념식을 거행하지 않았으며, 각 진영들은 그날에 자신들의 "정당성을 부각시키기 위해서 경합"을 벌였다(김민환 1999, 27−40). 그런데 단독정부 수립 후, 남한에서는 이승만과 우익이 두 기념일의 행사를 독점했다. 그들은 비록 독립된 대한민국이라는 국민국가를 설립했지만 통일된 민족국가가 아니었기에 정치적·민족적 정당성을 확보해야만 했다. 따라서 이승만 정권은 '민족기념일'을 국가의 소유로 전환할 필요가 있었다. 국가는 민족기념일을 소유함으로써 자신들이 만든 "새로운 민족 공동체에 대한 대중의 열광적 지지를 극대화하고 대중을 그 민족 공동체 안에 통합시키려는" 노력을 효과적으로 달성할 수 있기 때문이다(나인호·박진우 2005, 205). 이승만 정권은 새로운 공동체에 대한 대중의 지지를 얻기 위해서 1949년

10월 1일을 기하여 삼일절과 광복절을 "국가의 경사로운 날을 기념"한다는 목적하에 '국경일'로 제정(관보 호외 1949/10/01)하면서 공식적으로 민족의 기억을 국가의 기억으로 전환했다. 그리고 이승만 정권은 자신들의 '새로운 민족 공동체'인 '반공'국민으로 남한 주민들을 통합시키기 위해서 민족이 기억하는 날을 이용했다. 즉, 이승만 정권은 민족의 정체성을 일깨워주는 민족기념일에 반공을 강조하고 남한 주민들이 반공주의를 내면화하도록 만들어 민족적 동질성을 '반공'이라는 이념을 중심으로 집약시키고자 했다.

그런데 이승만 정권이 삼일절과 광복절을 국가기념일로 전환하기 전부터 우리는 이승만이 그 역사적 사건들을 기념하기 위해서 행한 연설에서 이미 상당히 강한 반공의식의 표출을 감지할 수 있다. 그는 정부수립 전인 1948년 삼일절 행사에서 당시 '우리' 민족인 북한 주민들은 공산주의의 지배로부터 핍박받기 때문에 하루빨리 북한 주민들을 구해야 한다고 언급했다. "이북동포들은 사지에 빠져 하루가 10년같이" 우리가 그들을 "살려낼 기회가 있기를 바라고 기다리는 이때에 우리가 아무것도 않고 방임하고 있다면 이는 인정도 아니요 동족상애의 도리도" 아니라는 것이다(『동아일보』 1948/03/02).[11] 1948년 이승만의 광복절 연설에서도 '반공'을 발견할 수 있다. 1948년 8월 15일은 광복절이자 대한민국 정부수립일로 이날에 이승만은 "8월 15일 오늘 거행하는 이 식은 우리의 해방을 기념하는 동시에 우리 민국이 새로 탄생한 것을 겸하여 경축하는 것"이라고 언급하면서 "민주주의를 전적으로" 믿어야지 그렇지 않고 "공산분자의 파괴적 운동"을 "해결할 만한 지혜와 능력이 없다는 관찰로 독재권이 아니면 다른 방식이 없다고

---

11) 이날에 행해진 이승만 연설의 주목적은 단정수립을 삼일운동의 정신과 연결 지어 단정수립의 정당성을 획득하려는 것이었다(김민환 1999, 34). 이 점에서 이승만은 대통령이 되기 전부터 남한국가를 민족의 역사에 연결하고 있었다.

생각"을 가지면 안 된다고 언명했다("대한민국 정부수립과 우리의 각오" 1948/08/15). 이처럼 민족기념일이 국가기념일로 전환되기 전부터 이승만은 삼일절과 광복절 연설에 반공의 논조를 등장시키면서 반공을 민족/민족정신과 연결시키려는 노력을 시작하고 있었다. 이승만의 그러한 시도는 민족기념일이 국가기념일로 전환되는 1949년부터 본격화되었다.

이승만은 정부수립 후 처음 맞이하는 1949년 삼일절 연설에서 "30년 전 오늘에 13도 대표인 33인이 비밀히 모여서 독립을 선언하고, 대한민주국의 탄생을 세계에 공포했든 것"으로 "우리가 지금 건설하는 민주국은 탄생한 지 아직 일 년이 못 되었으나 사실은 30세의 생일을 맞이하게 된 것"이라고 강조했다. 그는 대한민국의 기원을 '민족의 기억'에서 찾으면서 대한민국과 민족이 불가분의 관계임을 주장했다. 이는 대한민국의 '국민'이 지니는 민족적 동질성은 새로운 것이 아니라 과거부터 존재한 것임을 표현하는 일이었다. 그러면서 그는 "공산반란은 정부의 힘으로만 저지키 어려운 것이니" 모든 남한 주민들이 "열렬한 애국심을 발휘하여 삼일정신을 부활함으로써 능히 우리 단체도 보존하고, 개인생명도 보존하며, 국권도 공고"히 해야 한다고 언명함으로써 삼일절을 반공정신, 반공주의와 연결시켰다("국가 민족을 수호하라" 1949/03/01).

이승만은 '민족의 의식'을 고취하고 '민족의 정체성'을 확인하는 광복절에도 반공주의를 강조했다.

우리 광복의 기념을 축하하는 기쁨은 이북동포들이 우리와 같이 다시금 완전히 합동되기 전에는 충분한 기쁨이 못될 것입니다. 우리가 4천여 년 동안 한 족속 한단체로 지내기를 세계에 가장 단결된 모든 민족 중에 하나로 인증된 나라임에도 불구하고 공산당들이 갈러놓아 피를 흘리지 않고는 우리가 다시 형제자매끼리 단결되기 어렵게 만들어놓은 것입니다.……오직 38경계선을 침범하거나 어리석은 동포가 공산당 선전에 빠져서 우리 정부를 전복하자는 등 난동분자들은 누구나 이를 저제하기에 어데 까지던지 퇴보치 않을 것입니다("정부수립 일주년 기념사" 1949/08/15 ; 원문 그대로).

이승만은 삼일절은 물론 광복절에도 반공주의를 강조함으로써 남한 주민들이 '반공'의식을 내면화하도록 만들고자 했던 것이다. 그러면서 그는 "오늘 우리 독립의 첫 기념임을 또 다시 외치나니 이것은 우리의 오랜 역사에 우리가 자유민임을 다시 기록하는 것"이며 "4천여 년 유전한 조국으로서 새 민주제도를 성립하는 간단한 역사를 우리가 쓰고 있는 중"이라고 언명했다("정부수립 일주년 기념사" 1949/08/15). 즉, 그는 일제강점기에서 해방/독립한 날에 대한민국이 단순히 새로운 국가(공동체)가 아닌 과거부터 이어져온 역사적 공동체임을 강조했다.

이처럼 '반공주의'가 민족이 과거에 지녔던 정신 및 역사와 연결되면서 남한 주민들에게 '반공'국민(민족)이라는 새로운 공동체는 더 이상 새로운 것이 아닌 과거부터 존재했던 것과 같은 익숙한 공동체로 받아들여질 수 있었다. '새로운 공동체'를 과거와 연결시키려는 이승만의 의도는 국민국가가 스스로 '만들어낸 근대적인 의례' 속에서 거주민들을 과거와 연결시켜 '우리' 국민이라는 동질성과 정체성을 유구한 것으로 확장시키려는 전략을 따른 것이었다. 또한 민족기념일에 국가가 추구하는 원리인 반공주의가 주장함으로써 반공이 국가의 주장이 아닌 마치 민족의 주장처럼 남한 주민들에게 거부감 없이 주입될 수 있게 하려는 것이었다.

요컨대 이승만 정권이 해방 이후 본래 거족적인 민족의 기념일로 출발했던 삼일절과 광복절에 반공을 강조하고 반공민주주의를 부식(扶植)시켜 덧씌우면서, 애초의 민족기념일은 '대한민국'의 반공민족주의가 강화하는 국가기념일로 변했다. 그 결과 이승만 정권 시대에 '반공'은 민족주의와 결합되면서 남한 주민들의 마음속에 국민의 증표로서 깃들어갔다. 정부수립 후 처음 맞이한 민족기념일에 남한 주민들에게 '반공'의식을 강조하여 주입하려는 이러한 모습은 이후에 계속되는 삼일절이나 광복절 기념식에서 볼 수 있는 일반적인 현상으로 6·25전쟁이 발발하기 전은 물론 전쟁 당시와 그후에도 지속되었다. 다만 6·25전쟁 당시와 이후의 민족기념일이 전쟁 이전과 다른 점은 '전쟁' 및 그것과 관련된 기억들을 이승만은 물론 정권의 주요 인사들이 언급하면서 반공선전을 더욱더 강화했다는 것이다.

이승만은 6·25전쟁이 진행 중이던 1952년 삼일절 기념사에서 "삼십삼 년 전 오늘인 1919년 삼월일일에 우리애국지도자 삼십삼 대표가 독립선언서에 서명하여 이를 세계에 공포"했는데 "그때에 공포된 독립의 정신이 실지상으로 출현"한 것이 "1948년 팔월에 대한민국 주국(主國)이 탄생된 것"이라고 하면서 여전히 민족기념일에 남한국가를 연결했다. 이어서 그는 "지금에 우리는 이 독립을 유지하며 공고히 하기 위해서 [공산주의로부터] 혈전사수"함은 물론 "세계 모든 민주국가들의 선봉이 되어 집단적 안전을 보장하기 위하여 결사투쟁"하고 있는데, 이는 "우리 독립과 우리 안전만을 위해서 싸우는 것이 아니고 세계 모든 민주국가들의 원수인 공산주의와 싸우는 것"이라고 언명하면서 새롭게 민족기념일에 '전쟁'의 내용을 추가했다("이대통령 3·1절 기념사" 1952/03/01).

1950년 당시 내무부장관이었던 조병옥도 이와 유사한 견해를 민족기념일 연설에서 피력했다. 그는 1950년 광복절 기념사에서 "금년 8월 15일은 해방 후 5주년이 되는 날이요 대한민국이 탄생한지 두 돌이 되는 거룩한 날"이라고 했다. 그는 대한민국 정부수립일과 "민족이 스스로의 얼을 다시 찾고 일제의 쇠사슬에서 해방된"(『동아일보』 1957/08/16, 1면) 민족의 기념일인 광복절을 "거룩한 날"이라고 지칭하면서 그 둘을 동일하게 만들었다. 그러면서 그는 "만고역적 김일성 도배가 반기를 든 뒤 피로써 이 강산은 불들었고 불로써 이 나라의 부가 파괴"되었지만 "우리는 이 날을 기념함에 있어서 신념과 희망을" 가져 6·25전쟁을 승리함은 물론 "전화위복의 격으로 이 전란을 계기로 하여 국토통일의 대사업"을 완수해야 함을 강조했다. 그렇게 되면 "우리민족의 전도는 과연 양양(洋洋)"하다고 그는 덧붙였다(『대구매일』 1950/08/15). 6·25전쟁 이후 맞이한 삼일절도 민족정신과 반공주의를 연결시키는 날이었다. 1951년 3월 1일 대구에서는 "삼천만 겨레[가] 일제에서 분연 궐기하여 조국독립을 거족적으로 고함쳐 배달족의 엄연한 존재와 순고한 정신을 세계에 선포"(『경향신문』 1951b/03/02)한 삼일운동을 기념하기 위해서 대구시 주최로 삼일절기념시민대회가 열렸다. 이 대회에서 "국제적 강도이며 인류의 공적(共敵)인 중공 및 북한괴뢰군을 전멸시키는데 전력을 경주할 것을 맹서"하자는 반공적 성향과 그 반공을 '삼일정신'과 결부시키는 "우리는 3·1정신을 계승하여 최후의 1인 최후의 일각까지 멸공성전에 돌진할 것을 맹서"하자는 결의문이 발표되었다(『대구매일』 1951/03/02).

휴전 후에도 거족적인 기념일인 삼일절과 광복절에 "북진통일 성업을 완수하고 삼십오년 전 바로 이날 피를 뿜으며 조국의 독립을 외치다 쓰러진 선열에 보답하자"(『동아일보』 1954/03/02, 2), "우리는 우리의 전 역량을 기울여 조국의 반공통일성업을 하루 속히 이룩함으로써 중흥위업의 승리적이며 영광스러운 또 하나의 광복을 성취시켜야 할 것입니다.……우리는……조국의 영광과 민족의 번영을 위해서 우리의 단결된 힘을 모아 통일전취에 나서"(이기붕 1957, 1)자는 반공주의적인 북진통일이 강조되면서 '반공' 기세는 누그러지지 않았다. 이처럼 이승만 정권에 의해서 삼일절과 광복절에 반공이 강조되면서 민족경축일은 '민족'='남한 국민', '민족'≠'공산주의자'라는 인식을 강화하는 날로 변화해갔다. 이 점에서 6·25전쟁을 전후로 하여 민족기념일에 반공을 적극 강조하는 이승만 정권의 모습에 커다란 변화는 없었다고 할 수 있다. 다만 '북한 공산주의자들은 같은 민족을 잔인하게 죽인다'는 이승만 정권의 주장이 전쟁으로 확인되면서 전쟁 이후의 민족기념일에 반공을 강조하는 그들의 전략은 더욱 효과를 발휘하게 되었다.

앞서 언급한 것처럼 이승만 정권은 민족의 기억을 기념하는 날들에 분단으로 수립된 남한국가를 '대한민국'이라는 결손 없는 온전한 공동체로 새롭게 강조하면서, 구성원들에게 그 새로운 공동체는 마치 과거부터 이어져온 민족 공동체의 정당한 상속자이며 그리하여 민족 정통성을 계승한 국가라는 상상을 심어주고자 했다. 이승만 정권의 그러한 의도는 특히 민족의 해방을 기념하는 날에 남한 단독정부를 수립했다는 사실과 앞서 인용한 이승만 및 조병옥의 연설에서 읽어낼 수 있다. 단독정부라는 비난을 받았던 이승만 정권이 정부수립일을 광복절과 동일하게 한 일 자체가 남한국가와 민족을 일치시키려 한 그들의 전략이었음을 짐작할 수 있는 것이다.[12] 이와 함께 민족의례를 국가가 주재함으로써 이승만 정권의 이념과 그들이 지향하는 가치는 민족의 역사적 기억과 연결되고 통합되었다. 이를 통해서 이승만 정권은 남한 주민들이 새로운 국가 공동체에 대해서 이질감보다 동질감을 갖도록 유도하고자 했다. 자신들이 공식적으로 선전하고 연출한 '국가 공동체'에 구성원들을 효과적으로 편입시키고자 했던 것이다. 결국 이승만 정권은 남한 주민들을 집단적인 민족기념의식에 불러들이고, 그 과정 속에

---

12) 이는 앞서 인용한 1948년 8월 15일에 행한 이승만의 연설에서도 짐작할 수 있다. 그날의 연설문 제목은 "대한민국 정부수립과 우리의 각오"로 그는 그 연설에서 다음과 같이 말했다. "8월 15일 오늘 거행하는 이 식은 우리의 해방을 기념하는 동시에 우리 민국이 새로 탄생한 것을 겸하여 경축하는 것입니다. 이날에 동양의 한 고대국인 대한민국 정부가 회복되어서 40여 년을 두고 바라며 꿈꾸며 희생적으로 투쟁하여 온 결실이 표현되는 것입니다." 또한 6·25전쟁 발발 당년의 광복절 기념사에서도 이승만은 "금년 8·15 경축일은 민국독립 제2회 기념일"이라고 언급했다("기념사, 제2회 광복절을 맞이하여" 1950/08/15).

서 그들이 '반공'의식을 무의식중에 내면화하여 서로를 같은 공동체에 속한 구성원들로 확인하면서 동질성을 형성하도록 만들고자 했다. 이처럼 국가는 거주민들에게 자신이 추구하는 이념이나 가치 등을 민족기념일에 적극 강조함으로써 '민족의례'를 '국민화의 의례'로 만들었다.

2) 6·25전쟁과 관련된 국가기념일

삼일절과 광복절이라는 민족의례는 비록 좌우파 간의 정치적 투쟁이 있었지만 본래 반드시 반공과 연결될 필요는 없는 거족적인 기념일이었다. 그런데 앞에서 논했듯이 정부수립 초기부터 이승만 정권은 이러한 민족기념일에 남한정부의 정통성과 반공의 내용을 추가했다. 이러한 이승만 정권의 노력은 '6·25전쟁'이라는 민족상잔을 겪으면서 '전쟁'이라는 주제가 전쟁 당시는 물론 그 이후의 민족기념일에 중요한 화두로 등장하면서 탄력을 받았다. 여기서 주목할 사실은 6·25전쟁에서 공산주의자들의 침략으로 빚어진 참혹한 기억은 남한 주민들을 '반공'국민화하기 위해서 필요한 요소로서 거국적으로 기억되어야 할 것이었기에 이승만 정권에게 그 전쟁을 활용하는 일이 중요했다는 점이다. 공산주의자가 저지른 잔인하고 야만적인 행동으로 인해서 겪은 뼈아픈 전쟁의 경험은 남한 주민들을 계속해서 '반공' 국민의 정체성과 동질성을 가지도록 만들 수 있었기 때문이었다. 그래서 이승만 정권은 '6·25전쟁'이라는 기억을 더욱 활용하기 위해서 전쟁과 관련된 각종 기념일 제정함으로써 그 기념일들을 민족기념일과 더불어 남한의 반공국민 만들기에 이용했다.

가장 먼저 만들어진 6·25전쟁과 관련된 기념일은 6·25전쟁 개전일인 6월 25일이었다. 기념일로서의 전쟁발발일은 공산주의자들의 만행을 적극적으로 공개하고 지속적으로 상기시키기 위한 목적으로 전쟁을 통해서 겪었던 여러 기억 중 이승만 정권에 의해서 '의도적'으로 선택된 것이라 할 수 있다. 이승만 정권은 전쟁이 끝나기 전부터 6월 25일을 국가기념일로 제정하고 6 · 25전쟁을 기념하기 시작했다. 6 · 25전쟁이 일어난 지 2년째인 1952년부터 정부는 6월 25일을 공식적으로 기념했다. 정부부처인 공보처의 산하기관으로 조직된 선전대책중앙위원회[13]는 1952년에 "과거의 각종 행사가 각 주최자의 견해에 따라 그 실천면이 구구함에 비추어 금반 6 · 25 사변 2주년 기념행사를 전국적으로 규정하는 한편 동행사의 명칭을 '6 · 25 멸공통일의 날'로 통일"하기로 결정했다(『동아일보』 1952/05/27, 2). 6 · 25전쟁이 발발한 날을 '멸공통일의 날'로 표현했다는 사실에서부터 이승만 정권이 6 · 25전쟁을 민족 간의 전쟁이 아닌 이념 간의 전쟁으로 인식했고, 또 그렇게 인식되기를 바라고 있었음을 알 수 있다.

이 점은 6 · 25전쟁 개전일을 정부가 공식적으로 기념하기 이전인 1951년 6월 25일 이승만의 전쟁 1주년 연설에서도 드러난다. 그 연설에서 이승만은 6 · 25전쟁은 "1년 전 오늘에 공산괴뢰군이 오랫동안 계획"하여 "아무 핑계 없이 개시한" 것이라고 했다. 이 전쟁에서 "우리 한인들은 자유민으로 죽을지언정 남의 노예 백성으로는 살지 않겠다는 결심"하에 "우리 평민과 군인들이 각각 가진 것을 다 사용해서 세계 모든 자유민의 원수를 일심으로 오늘까지 싸워온 것"이라고 강조했다. 이처럼 이승만은 6 · 25전쟁 1주년을 당하여 북한 공산주의자들을 공산괴뢰군이라 부르고 '적'으로 간주하면서 '남'의 나라인 소련 공산주의자의 노예로 살지 않기 위해서 '우리 한인'들은 죽음을 각오하고 전쟁에 임했다고 연설했다.[14] 그는 같은 연설에서 "우리

---

13) 선전대책중앙위원회는 "1948년 11월 18일 대통령령 제35호로 '국무총리의 자문에 응하여 국가의 기본정강의 천명, 정부시책의 선전, 민심의 개발 기타 선전대책에 관한 사항을 조사 심의'하는 것을 목적"으로 조직된 기구이다(김영희 2010, 335).

14) 이승만은 6 · 25전쟁 당시 "우리가 하루를 더 연명하기 위해서 공산군에 항복한다든지 하루 더 잘살기 위해서 오늘 중국과 같이 소련의 노예가 되어서" 살 수 있지만 "우리는 남의 노예로서는 결코 살지 않겠다는 결심으로 죽기로서 싸워"왔다고 한 점에서 그가

의 유일한 목적은 공산괴뢰군을 다 타도시키고 자유로 살 수 있든지 그렇지 못하면 이와 같이 싸우다" 죽는 것임을 재차 강조하면서 민족 내에서 북한 공산주의자들을 제거해야 함을 언명했다("6·25사변 제1주년에 제하여" 1951/06/25). 이뿐만 아니라 그는 이어서 다음과 같이 말했다.

모든 한국인들이 한번 다시 유일한 독립정부 밑에서 한 백성이 되어가지고 자유로 살게 될 때까지는 이 전쟁을 쉬지 않을 것입니다. 이것은 우리 민족이 요청하는 바요, 우리가 또 우리 민족에게 이것을 맹서했으므로 지켜나가야만 될 것입니다("6·25사변 제1주년에 제하여" 1951/06/25).

그리고 그는 '우리' 민족은 "유일한 독립정부"인 대한민국에서 "한 백성" 인 동질성을 띠는 국민으로 살아가야 한다고 강조했다("6·25사변 제1주년 에 제하여" 1951/06/25). 이승만에게 '우리' 민족은 '독립정부'인 대한민국 에 거주하는 '국민', 나아가 '공산괴뢰군'을 물리쳐야만 하는 '반공'국민이 었다. 그가 6·25전쟁 발발 기념일에 보인 반공주의를 강조하는 담론은 이후 다른 6·25전쟁과 관련된 기념일에서도 유사하게 강조되었다.

6·25전쟁이 휴전된 후 이승만 정권은 추가로 전쟁과 관련된 기념일을 제 정했다. 6월 6일 '현충일', 9월 28일 '서울수복기념일'15), 10월 1일 '국군의 날'16) 등이 추가된 전쟁 관련 기념일들이다. 이 중 현충일은 국가를 위해서 목숨을 바친 이들을 기리는 날로 대대적으로 기념되었다. 이승만 정권은

말하는 '남'이란 소련임을 짐작할 수 있다("육해공군 합동추도일 추도사" 1952).

15) '서울수복기념일'은 연합군과 한국군이 1950년 6월 28일 공산군에 서울을 점령당한 지 석 달 만에 다시 서울을 찾은 것을 기리기 위한 날이다.

16) '국군의 날'도 '현충일'과 마찬가지로 1956년에 제정된 기념일이다. 그날은 6·25전쟁 당시 국군 제3사단 23연대가 강원도 양양지역에서 처음으로 38선을 넘어 북진한 날이었 다(강준만 2004, 101 ; 강인철 1999, 248).

1956년 4월 14일 국무회의를 통해서 6월 6일을 "거족적으로 국토수호에 바친 고인들의 거룩한 영혼을 추모"하기 위한 현충일로 제정했다(『동아일보』 1956b/04/16, 3면). 여기서 말하는 '국토수호에 바친 고인들'은 6 · 25전쟁 시의 전몰장병들이었다. 현충일이 제정되면서 이전까지 육해공군 삼군에서만 시행되던 전몰장병을 위한 기념이 국가적 기념으로 격상되었다. 거국적인 기념일로 격상된 현충일에 정부의 주요 인사들이 참석하는 것은 당연했다(『동아일보』 1956a/06/07, 1면 ; 『동아일보』 1956c/06/06, 3면).

이승만 정권은 1950년대 현충일의 주요 추모대상을 6 · 25전쟁 당시 사망한 전몰장병들로 한정하면서 애국은 반공이라는 인식을 그날의 의례를 통해서 남한 주민들에게 주입했다.[17] 이러한 모습은 이승만의 현충일 추도연설에서도 나타났다. 이승만은 그 연설에서 "공산침략에 우리 청년들이 국가의 방위를 위해서 목숨을 공헌한" 것은 "자기 가족과 자손들까지도 다 자유를 잃어버리고 남의 노예가 되는 것"을 막고 나아가 "저의 나라와 자기들의 자유"만이 아니라 "세계 모든 자유 국가들과 그 민중의 자유"를 지키기 위한 행동이라고 주장했다("제3회 현충전몰장병 중앙추도식에 추도사" 1958/06/06). 즉, 공산주의자들의 침략으로 인해서 '우리'가 노예가 되는 참혹한 상황에 빠지지 않고 자유를 누릴 수 있는 것은 '전몰장병'들의 목숨을 바친 희생 덕분이었다. 그러므로 현충일에 "국토방위와 겨레의 행복을 위하여 귀한 목숨을 바친 순국용사들을 위하여 온 겨레는 고이 잠든 그들의 명복을" 빌기 위한 묵념을 전 국민이 일제히 올려야 하는 것은 당연했다(『경향신문[석간]』 1958a/06/06, 3면). 전 남한 주민들은 전몰장병들을 위해

---

17) 1950년대 현충일에는 6 · 25전쟁에서 전사한 장병들이 추모의 대상이었지만, 1965년 3월 30일 국립묘지령(대통령령 제2092호)의 제정으로 국군묘지가 국립묘지로 승격되면서 "애국지사, 경찰관 및 향토예비군" 등으로 기념하는 대상이 확대되었다(국립서울현충원. 2005. "현충원 역사." http://www.snmb.mil.kr/mbshome/mbs/snmb/subview.jsp?id=snmb_070101000000(검색일 : 2013. 12. 02).

서 "경건하게 묵념"을 하면서 "동시에 멸공통일의 맹세를 새롭게" 해나갔다(『경향신문[석간]』 1958b/06/06, 1면).

반공의식과 더불어 멸공통일을 강조하는 모습은 6·25전쟁 발발 기념일, 서울수복기념일 및 국군의 날에도 마찬가지였다.

오늘 25일은 붉은 공산 이리 떼가 불법 남침하여 삼천리금수강산을 피로 물들이게 한지 일곱 돌날이다. 이날을 맞이하여……수많은 학생, 시민들이 운집한 가운데……이날을 다시 한 번 상기하며 멸공통일을 이룩할 것을 맹세했다 (『경향신문』 1957/06/26, 3면).

이제 우리가 9·28 수복 육 주년을 기념하는 까닭은……앞으로는 더욱 큰 통일의 감격을 마련하기 위함이다. 다시 말하면 공산침략 및 잔인한 적치하의 비절참절한 체험을 통한 적개심을 다시 깨물어 삼키고 휴전 삼년간에 이완될 수 있던 사기를 한번 다시 북돋아 통일로 재건으로 막진 하는 태세를 갖추기 위함이다(『경향신문』 1956/09/28, 1면).

오늘 1일은 제2회 '국군의 날'이다. 육이오 공산괴뢰의 불의의 침략으로 암흑 속의 90일을 겪는 동안 얼마나 강한 우리 국군의 육성을 통감했던가! 그러기에 온 겨레는……땅과 바다와 하늘에서 힘차게 자라고 있는 나라의 방패를 정성껏 받들어 실지회복의 새로운 결의를 가다듬는 것이다(『경향신문[석간]』 1957/10/01, 3면).

남한 주민들은 1956년부터 현충일과 국군의 날이 제정되면서 현충일(6월 6일) → 6·25전쟁 발발 기념일(6월 25일) → 서울수복기념일(9월 28일) → 국군의 날(10월 1일)로 이어지는, 좀더 자주 6·25전쟁을 기억할 수 있는 기념의례[18]들을 가지게 되었다.

남한 주민들은 이처럼 이승만 정권이 지정한 6·25전쟁과 관련된 기념일을 통해서 6·25전쟁 시기에 겪었던 수많은 기억 중 공산주의자들의 침략으로 겪은 비참한 모습만을 상기하도록 강요받고 있었다. 달리 말하면, 이승만 정권은 기념의례를 통해서 남한 주민들에게 공산주의에 대한 공포심만을 집단적으로 상기시켰던 것이었다. 이와 더불어 기념일은 '통일' 곧 '멸공통일'을 달성하자는 마음가짐을 다시 새롭게 하는 날이기도 했다. 결국 전쟁 관련 기념일은 남한 주민들에게 모든 '공산주의자'는 물리쳐야만 하는 '적'이라는 반공주의적인 인식과 함께 멸공통일이라는 정권 나아가 국가공동체의 목적의식을 주기적으로 알려주는 날이었다.

그러나 빛이 있으면 그림자도 있는 것처럼, 이승만 정권에게 6·25전쟁은 반공국민을 만드는 데에 '완벽한' 재료는 아니었다. 북한 군인들이 남한 주민들을 잔인하게 죽였듯이 남한 군인들도 남한 주민들을 잔인하게 죽였기 때문이다. 따라서 그 재료는 불완전한 것이었다. 그래서 이승만 정권은 자신들의 전략에 방해가 되는 그 요소를 감추어야만 했다. 곧 6·25전쟁을 겪으면서 이승만 정권이 일으킨 학살, 곧 자신들에게 불리한 사건들은 이승만 정권에 의해서 '공식적인 기억'에서 배제되었다. 이승만 정권이 남한 주민들에게 알리고 싶지 않은 '불리한 사건/기억'의 대표적인 예로는 1951년 2월 8일부터 11일까지 발생한 거창민간인학살사건(이하 거창사건)을 들 수 있다.[19] 거창사건은 "공비토벌을 이유로 국군병력이 작전수행 중 주민들이

---

18) 기념의례란 달력의례의 한 종류이다. 달력의례는 "끊임없이 재생되는 하루하루의 순환, 매달의 순환, 매년의 순환을 창출해줌으로써 시간의 경과에 사회적으로 의미 있는 명확한 구획을 설정해준다.……달력의례는 대강 세시 의례와 기념의례로 구분될 수 있다.……기념의례에는 그 날짜가 정확하든 그렇지 않든 간에 주요한 역사적 사건을 분명하게 회상하는 행위들"이 포함된다(벨 2007, 206-209).
19) 필자가 '거창양민학살사건' 대신 '거창민간인학살사건'이라는 용어를 선택한 이유는

희생당한 사건"20)으로 6 · 25전쟁 시 정권이 남한 주민들에게 자행한 민간인 학살의 대표적인 사례이다. 이 사건은 6 · 25전쟁 기간 발생한 "민간인 학살 사건 중 사건 직후 가장 빠른 시간에 의회를 통해서 공개"되었으며 "진상 조사를 통해서 학살 및 사건 은폐관련 지휘관들이 처벌받은 사건이었다"(박명림 2002, 70). 그런데 주목할 부분은 거창사건의 피해자 유족들이 1960년 4월 19일 이전까지 그 사건에 대한 진상규명을 이승만 정권에게 제대로 요구할 수 없었다는 점이다. 4 · 19 이후에야 피해자 가족들은 "거창지역을 포함해 경상남북도를 중심으로"진상규명운동을 벌였으며, "피학살자 단체가 사건과 지역별로 만들어졌고, 이를 바탕으로 전국유족회가 결성되었다." 4 · 19가 되어서야 "학살 사건의 진상규명 처리를 [국가에] 촉구"할 수 있었던 것이다(한상훈 2006, 222).21)

그렇다면 왜 거창사건은 남한 군대에 의해서 자행된 다른 민간인 학살보다도 남한 주민들에게 빠르게 공개되었고 사건과 관련된 자들이 처벌을 받았음에도 불구하고, 그 사건에 대한 '진상규명'은 이승만 정권을 물러나게 만든 4 · 19에 가서야 이루어졌는가? 우리는 그 대답을 거창사건에 대한 이승만 정권의 '반공주의'에 경도된 시각에서 찾을 수 있다.

'양민'이라는 용어가 "선과 악의 이분법적 대립구도를 설정해 '빨갱이'가 아닌 '양민'이 희생되었다는 것을 강조함으로써 거창사건을 다른 [민간인 학살]사건들과 차별화시키기" 때문이다(김기곤 2009, 45).

20)「거창사건 등 관련자의 명예회복에 관한 특별조치법」(법률 제5418호, 1996년 1월 5일 제정 ; 박명림 2002, 71에서 재인용)

21) 그러나 1961년 5월 16일 박정희 정권이 군사 쿠데타로 들어서면서 거창사건 유족들은 다시 국가에 억압을 받았다. 전두환 군사정권도 거창사건에 대한 기억을 묻어두려고 했다(한성훈 2006, 225-228). 거창사건이 비로소 국가적인 차원에서 조명받게 된 시기는 민주화 이후였다. 1996년에 "제정된 '거창사건등관련자의명예회복에관한특별조치법'에 근거"하여 거창추모공원이 "신원면 대현리 일대에" 조성되었다. 이는 "국가차원의 명예회복을 위한 위령사업이자, 거창사건에 대한 집단 보상의 성격을 갖는 사업"이었다(김기곤 2009, 40).

1951년 4월 24일에 공보처는 "내무 · 법무 · 국방 각 부에서" 벌인 거창사건에 관한 공동조사 결과를 발표했다. 그 발표에서 거창사건이 발생하기 전부터 그 일대는 "8 · 15 해방 후 공비의 모략으로 인하여 대다수의 면민은 공산주의에 감염되어 이적행위를 자행"하고 "6 · 25사변 후"에도 "공비 및 공비에 가담한 다수 면민의 습격"으로 치안이 불안한 지역이었다. 그래서 해당 지역 "군수 · 경찰서장"이 "국군의 출동을 누차 진정하여" 그 지역에서 공비소탕을 위해서 "군경 합동작전"이 개시되었다(『경향신문』 1951a/04/25). 이처럼 이승만 정권은 거창사건 이전부터 거창지역의 주민들을 공산주의자와 내통하는 '통비분자'들로 여기고 있었다. 따라서 거창사건도 "동민들이 혹은 공산당원이든지 그 동정자이든지 다 협동해서 공산당기를 두르고 공산당노래를 부르며 함께 몰려나간 고로 총살한"("신대사 소환문제에 대하야 이대통령 담화발표" 1953) 사건이라는 이승만의 말처럼 이승만 정권에게 그 사건은 '반공'국민이 되어야 할 남한 주민들을 학살한 것이 아니라 적이었던 공산주의자들을 토벌한 사건이었다.

이러한 반공주의의 강조는 거창사건에 대한 군법정의 최후판결에도 영향을 주었다. 최후판결문은 거창사건의 당사자인 남한 군대가 "거창지구 공비잔멸의 전멸적 작전 및 국군운명에 중대한 의의"를 지녔지만 "[거창지구의] 공비토벌은 애국동포들의 생명과 재산을 보호하기 위함이라는 국군작전 근본정신"을 지키지 않고, "투항하는 적군은 의법처우하는 전장도의를 소홀히 하여 직결 처분이라는 국법명령을 부하군대에 하달함으로써 천부된 인권을 유린"했다고 서술되었다(『경향신문[전선판]』 1951/12/21). "투항하는 적군은 의법처리하는 전장도의를 소홀히 하여 직결 처분"한 것이 잘못이라는 판결은, 피해자들의 주장과 달리 거창사건에서 죽은 사람들의 대다수는 공산주의자로 몰아붙이고 있었다. 공정한 판결을 해야 하는 법정까지도 반공주의의 틀에 사건을 끼워 맞추어 해석했던 것이다. 따라서 1950년대 반공주의가 지배하던 시절에 거창사건 피해자와 그 유족들은, 이승만 정권이 피해자들에게 공산주의자라는 낙인을 찍었기에, 그 사건에 대한 진상규명을 제대로 요구할 수 없었다. 종국적으로 무고한 민간인의 학살로 밝혀졌지만, 거창사건은 당시 이승만 정권하에서는 반공주의의 '해악'을 상기시키는 사건이 아니라 반공주의의 '군림'을 확인하는 사건으로 기억되었다.[22]

이와 같이 이승만(정권)은 6·25전쟁 후 공식적으로 자신에게 유리한 전쟁의 기억들을 주기적으로 기념하면서 남한 주민들에게 '반공'국민이라는 정체성과 동질성을 공고히 하고자 했다. 그리고 자신에게 불리한 내용들은 덮어놓으면서 민족들이 그것을 망각하도록 유도하고 강제했다. 마치 사람들이 원하는 경험만을 기억하고 싶은 것처럼 말이다. "현대의 민족은 한쪽 방향으로 모아지는 일련의 사건들에 의해서 야기된 역사적 결과물"이라는 르낭의 주장처럼(르낭 2002, 63), 이승만(정권)은 1950년대 남한 주민들이 6·25전쟁이라는 사건을 통해서 '반공'국민이라는 한 방향으로 모아진 "역사적 결과물"이 되기를 원했다.

지금까지 이승만의 국가기념일 활용에 관한 검토에서 드러난 것처럼 1950년대 남한 주민들은 국가가 선택한 기억과 민족이 선택한 기억의 기념의례의 복합으로 인해서 종국적으로 삼일절(3월 1일) → 현충일(6월 6일) → 6·25전쟁 발발 기념일(6월 25일) → 광복절(8월 15일) → 서울수복 기념일(9월 28일) → 국군의 날(10월 1일)로 이어지는 반공주의적 달력의 례를 가지게 되었다.[23] 그런데 달력에 표시된 순환적인 기념일은 더 이상

---

22) 6·25전쟁 동안 발생한 남한 군대에 의한 민간인 학살 중 거창사건만이 이승만 정권하에서 다루어졌는데, 박명림의 지적처럼 "이 사건조차 실체적 진실규명의 초보적 수준에 머무르고 있음을 부인할 수 없다. 거창사건이 이렇다면 다른 사건은 말할 필요도 없을 것이다"(박명림 2002, 70). 이처럼 이승만 정권에 불리한 전쟁의 기억은 남한 주민들에게 알려지지도 않았으며 드러났더라도 그 진상은 반공주의에 의해서 가려졌다.

23) 강인철은 1950년대 남한에서 "3·1절(3. 1) → 현충일(6. 6) → 전쟁발발 기념일(6. 25) →

단순한 숫자가 아니었다. 그날의 숫자는 기독교의 각종 기념일이 기독교인들에게 그렇듯이 '의례의 시간'으로 남한 주민들에게 공동의 역사적 경험을 재생시키고 그들에게 대한민국의 '국민'이 된다는 것이 무엇인지를 알려주는 상징과 같았다. 이 점에서 이승만 정권이 제시한 새로운 공동체인 '반공' 국민은 마치 "외관 장식"과 같았다. 포이케르트는 "나치가 선전한 민족공동체를 외관 장식"이라고 했다. "외관이 으레 그렇듯이 그것은[나치의 민족공동체는] 인상적이었고 특히 사람들을 구분하고 분리하는 힘이 있었으나, 사회적 현실 전체는 별반 나타내주지 못"했다는 것이다(포이케르트 2003, 282). '반공'국민이라는 새로운 공동체도 공산주의자와 대한민국 '국민'을 구분하고 국가의 원리를 체득하는 강력한 힘을 발휘했지만, 그것은 당시 남한사회에 산적한 사회문제인 가난과 부패라는 사회현실을 은폐하는 효과를 가졌다.

3. 맺는글

프랑스 혁명 이후 등장한 근대 국민국가에서 정치적 주체인 '국민'은 상상된 것이었다. 따라서 국민국가는 자신들의 영토 안에 있는 주민들을 국가이념에 적합한 '국민'으로 만들기 위해서 다양한 방법—보통교육제도의 실시, 국사 편찬과 역사교육, 징병제도, 국가기념일의 제정과 활용, 기타 다양한 문화정책 등 — 을 시도했다. 특히 국민국가들은 다양한 방법들 가운데 하나인 '국가기념일'의 제정과 기념행사를 통해서 국가의 경계 내에 있는

제헌절(7. 17) → 광복절(8. 15) → 서울수복기념일(9. 28) → 국군의 날(10. 1) → 개천절(10. 3) → 반공학생의 날(11. 23)로 이어지는, 1년을 단위로 주기적으로 반복되는 '국가력(國家曆)'과 안정된 국가적 의례체계가 완성"되면서 "집단적 · 역사적 기억의 주기적인 재생과 경축을 통해서 민족 공동체의식을 증진시키고, 나아가 국가 자체의 성화(聖化)를 안정적으로 기할 수 있는 사회문화적 토대"가 마련되었다고 봤다(강인철 1999, 248).

거주민들에게 집단적 동질성을 부여함으로써 그들에게 민족의식과 국가귀속성을 주입·강화시켰다. 이러한 노력은 이승만 정권에서도 예외는 아니었다. 이승만 정권은 교육, 공보활동, 그리고 문화영화 등을 통해서 적극적으로 남한 주민들에게 반공주의를 주입시키고자 노력했다. 특히 이승만 정권은 남한 주민들을 '반공'국민으로 만들기 위해서 국가기념일을 적극적으로 활용했다.

대한민국 수립 초기부터 이승만은 민족의 기억과 관련된 기념일인 삼일절과 광복절에 반공주의를 강조하면서 '반공'국민이라는 정체성과 동질성을 남한 주민들에게 자연스럽게 흡수시키려고 했다. 이 '반공'국민은 6·25전쟁을 통해서 남한 주민들에게 더 이상 상상된 공동체가 아니라 인간의 목숨을 좌지우지하는 '강압과 공포의' 공동체가 되었다.[24] 그러한 공동체를 6·25전쟁 이후에도 유지하기 위해서 이승만 정권은 국가기념일을 이용했다. 이승만과 정권의 주요 인사들은 남한 주민들이 공산주의에 대한 반감을 가지게 된 결정적 계기인 6·25전쟁과 관련된 이야기를 민족기념일에 반복적으로 언급하면서, 그리고 그 전쟁을 기억할 수 있는 기념일을 만들어 지속적으로 반공주의를 강조함으로써 남한 주민의 반공의식을 더욱 고취시키고자 했다. 정부가 지정한 6·25전쟁과 관련된 기념일은 전쟁 기간 발생한 수많은 사건 중 남한 주민들을 '반공'국민으로 만들기 위한 적합한 사건들로 구성되어 있었다. 이처럼 이승만은 국가기념일에 반공주의를 강조하면서 같은 민족인 북한의 공산주의자들을 민족의 범주로부터 배제하고자 했다. 이를 위해서 이승만은 이념적 특성인 반공주의를 강조하면서 '이념적' 민족이라는, 곧 이념이 같아야 같은 민족이라는 담론을 전개했던 것이

---

24) 6·25전쟁 당시에 이승만 정권은 도민증 및 시민증을 남한 주민들에게 발급했다. 도민증과 시민증은 6·25전쟁 시에 남한 주민들의 목숨을 좌지우지하는 증표였다. 다만 이는 이 글의 주제가 아니므로 더 자세한 내용은 김영미(2007)의 글을 참고하기 바란다.

다. 그 결과 이승만 정권의 민족 개념에서는 이념이 혈통을 중층결정했다고 풀이할 수 있다.[25]

　　지금까지 필자는 국민국가에서 국가기념일이 국가가 원하는 국민을 만들기 위해서 활용되었다는 사실을 이승만이 국가기념일에 행한 연설을 통해서 검토했다. 이승만 정권 이후에도 각 정권은 국가기념일에 민족주의를 강조하면서 남한 주민들에게 대한민국의 국민이라는 정체성과 동질성을 심어주기 위해서 노력했다. 그러나 각 정권마다 의식적으로 지향하는 국가의 목적과 거기에 부응하는 남한 주민들의 추가적 정체성이 달랐기에 민족주의 이외의 다양한 담론들이 국가기념일의 행사와 담론에 포함되었다. 이승만 정권 이후 각 정권들이 국가기념일을 통해서 남한 주민들에게 심어주고자 한 '국민의 정체성'이 무엇인가에 대한 자세한 논의는 지면의 제약과 이 글의 주제로 인해서 추후의 과제로 남기며 글을 마무리하겠다.

---

25) 중층결정은 루이 알튀세르(Louis Althusser)가 주장한 개념으로 그는 "주로 경제, 정치 및 이데올로기라는 세 가지 요소들(또는 모순들)이 '상대적 자율성'과 '고유한 효력'을 유지하면서 복합적으로 역사의 변화를 결정하지만, '최종층위'에서는 '경제가 역사의 흐름을 결정한다'고 언급했다. 하지만 "중층결정이라는 개념은 마르크스주의의 틀을 넘어 비교적 느슨한 의미로 널리" 사용되고 있다(강정인·정승현 2013, 5). 이 글에서도 이 개념은 마르크스주의의 틀에서 벗어나 이승만 정권에서 같은 민족이란 범위를 최종적으로 결정한 것이 '혈통'이 아니라 '이념'이라는 의미로 사용했다. 중층결정에 대한 보다 자세한 내용은 강정인·정승현(2013) 참고.

참고 문헌

『경향신문(전선판)』. 1951. "거창사건 군법회의 판정 이유서."(12월 21일).

『경향신문』. 1951a. "공보처, 거창사건 진상 발표."(4월 25일).

_____. 1951b. "대구시, 제33주년 3 · 1절 기념식 개최."(3월 2일).

_____. 1956. "사설 : 9 · 28 감격을 새롭게 하자."(9월 28일), 1면.

_____. 1957. "멸공통일을 맹세."(6월 26일), 3.

『경향신문(석간)』. 1957. "1일은 국군의 날 삼군서 다채로운 기념행사."(10월 1일), 3면.

_____. 1958a. "6일은 제3회 현충일 영현의 명복기원."(6월 6일), 3면.

_____. 1958b. "사설 : 세쨋번 현충일에 새롭게 하는 맹세."(6월 6일), 1면.

관보 호외. 1949. "법률 제53호, 국경일에 관한 법률."(10월 1일).

『대구매일』. 1950. "조병옥 내무부장관의 8 · 15 기념사."(8월 15일).

_____. 1951. "3 · 1절 기념 대구시민대회 결의문."(3월 2일).

『동아일보』. 1946. "해방기념일의 교훈."(8월 16일), 1면.

_____. 1948. "이승만, 3 · 1기념식에서 완전독립과 국권회복 역설."(3월 2일).

_____. 1952. "육해공군의 모의전도 시행."(5월 27일), 2면.

_____. 1954. "충천한 경축의 환성."(3월 2일), 2면.

_____. 1956a. "거국적 행사를 거행 처음으로 맞은 현충일."(6월 7일), 1면.

_____. 1956b. "영현을 합동추모 6월 6일을 현충일로 제정."(4월 16일), 3면.

_____. 1956c. "오늘 일회 『현충일』 팔만팔천주의 영영위훈추모."(6월 6일), 3면.

_____. 1957. "통일결의를 과시."(8월 16일), 1면.

이기붕. 1957. "반공통일에 박차." 『동아일보』(8월 15일), 1면.

전단. 1946a. "3 · 1기념전국준비위원회 3 · 1절 기념행사의 통일거행제의."(2월 25일).

_____. 1946b. "3 · 1기념전국준비위원회, 기념행사에의 참석 호소."(2월 26일).

강인철. 1999. "한국전쟁과 사회의식 및 문화의 변화." 한국정신문화연구원 편. 『한국전쟁과 사
    회구조의 변화』. 서울 : 백산서당, 197-308.

강정인. 2013. 『넘나듦(通涉)의 정치사상』. 서울 : 후마니타스.

강정인 · 정승현. 2013. "한국 현대정치의 이념적 지형 : '민족주의의 신성화.'" 『한국과 국제정치』
    제29권 4호, 1-31.

강준만. 2004. 『한국현대사 산책 : 1950년대편 3권』. 서울 : 인물과 사상사.

김기곤. 2009. "국가폭력, 하나의 사건과 두 가지 재현 : 거창사건의 기억과 문화적 재현과정." 『민주주의와 인권』 제9권 1호, 27-63.

김득중. 2009. 『'빨갱이'의 탄생 : 여순사건과 반공 국가의 형성』. 서울 : 선인.

김민환. 1999. "한국의 국가기념일 성립에 관한 연구." 서울대학교 석사학위 논문.

김영미. 2007. "해방 이후 주민등록제도의 변천과 그 성격 : 한국 주민등록증의 역사적 연원." 『한국사연구』 제136호, 287-323.

김영희. 2010. "제1공화국 초기 이승만정부 공보선전활동의 성격." 『한국언론학보』 제54권 3호, 326-348.

나인호 · 박진우. 2005. "독재와 상징의 정치 : 나치즘과 일본 파시즘의 정치 종교." 임지현 · 김용우 엮음. 『대중독재2 : 정치종교와 헤게모니』. 서울 : 책세상, 190-216.

르낭, 에르네스트 저. 신행선 역. 2002. 『민족이란 무엇인가』. 서울 : 책세상.

박명림. 2002. "국민형성과 내적 평정 : '거창사건'의 사례연구 : 탈냉전 이후의 새 자료, 정신, 해석." 『한국정치학회보』 제36집 2호, 69-91.

_____. 2006. "이승만 집권기 한국의 교육과 민주주의 : 교육혁명, 국민형성, 토크빌효과를 중심으로." 유영익 편. 『이승만 대통령 재평가』. 서울 : 연세대학교 출판부, 331-373.

박찬승. 2010. 『민족 · 민족주의』. 서울 : 소화.

박형준 · 민병욱. 2009. "1950년대 반공교과서의 서술 전략 연구 : 『반공독본』과 『애국독본』을 중심으로." 『한국민족문화』 제33집, 269-287.

벨, 캐서린 저. 류성민 역. 2007. 『의례의 이해 : 의례를 보는 관점과 의례의 차원들』. 오산 : 한신대학교 출판부.

서중석. 2002. 『비극의 현대지도자 : 그들은 민족주의자인가 반민족주의자인가』. 서울 : 성균관대학교 출판부.

슈미드, 앙드레 저. 정여울 역. 2009. 『제국 그 사이의 한국 1895-1919』. 서울 : 휴머니스트.

이하나. 2009. "정부수립기~1950년대 문화영화와 국가정체성." 『역사와 현실』 제74호, 519-557.

임종명. 2005. "여순사건의 재현과 공간(空間)." 『한국사학보』 제19호, 151-185.

_____. 2010. "설립 초기 대한민국의 3 · 1절과 국민 생산." 『역사학연구』 제38집, 351-388.

체롭바벨, 에비아타. 2006. "달력과 역사 : 국가 기억의 사회적 조직화에 관한 비교 연구." 제프리 K. 올릭 엮음. 최호근 · 민유기 · 윤영휘 역. 『국가와 기억 : 국민국가적 관점에서 본 집단기억의 연속 · 갈등 · 변화』. 서울 : 민주화운동기념사업회, 363-384.

최갑수. 1999. "프랑스 혁명과 '국민'의 탄생." 한국서양사학회 편. 『서양에서의 민족과 민족주의』. 서울 : 까치, 107-153.

포이케르트, 데틀레프 저. 김학이 역. 2003. 『나치 시대의 일상사』. 서울 : 개마고원.

하상복. 2012. "이명박 정부와 '8 · 15' 기념일의 해석 : 보수의 위기의식과 담론정치." 『현대정치
　　연구』 제5권 2호, 109-132.

한성훈. 2006. "거창사건의 정치사회학적 분석 : 기억의 정치와 학살의 승인." 『사회와 역사』 제
　　69집, 215-244.

홉스봄, 에릭. 2004. "서장." 홉스봄, 에릭 외 저. 박지향 · 장문석 역. 『만들어진 전통』. 서울 : 휴머
　　니스트, 17-43.

Sieyès, Emmanuel Joseph. 1970. Qu'est-Ce Que Le Tiers État? Zapperi, Roberto. ed. Genève : Droz.

국립서울현충원. 2005. 현충원 역사. http://www.snmb.mil.kr/mbshome/mbs/snmb/subview.jsp?
　　id=snmb_070101000000 (검색일 : 2013. 12. 02).

국사편찬위원회. 2004. 자료대한민국사. http://db.history.go.kr/url.jsp?ID=dh (검색일 : 2012.
　　03. 01-11. 20 ; 2013. 12. 26-12. 28).

대통령기록관. 2012. 연설문. http://www.pa.go.kr/online_contents/speech/speech02/presidentspeech_
　　list.html (검색일 : 2012. 01. 05-02. 10 ; 2013. 12. 21-12. 27).

박정희 시대의 국가주의

국가주의의 세 차원

강정인

1. 글머리에

국가는 그 개념과 속성에 따라 다양한 서술이 가능하다. 하지만 역사적으로 광의의 국가는 대외적으로 외국의 침략으로부터 자국의 영토와 구성원을 방어하고 대내적으로 평화를 유지함으로써, 개별 구성원들에게 생명과 신체 및 재산의 안전을 보장해왔다. 이를 위해서 국가는 물리적 힘의 사용을 (정도의 차이는 있겠지만) 우선적으로 또는 배타적으로 확보하고 행사할 필요가 있었다. 이 점에서 근대 유럽 국가를 염두에 두고 막스 베버는 국가를 "일정한 영토에서 물리적 힘의 정당한 사용에 대한 독점을 주장하는 인간 공동체"라고 정의했는데(Weber 1958, 78), 이는 근대 국가의 일반적 정의로 널리 통용되고 있다.

베버의 정의를 염두에 두고, 필자는 이 글에서 박정희 시대의 국가주의를 논하고자 한다. 그간 국내 학계에서 박정희 시대까지 포함하여 '국가주의'를 정치철학적 관점에서 본격적으로 다룬 연구는 거의 없었다.[1] 그렇다

---

1) 김기봉(2004), 이종은(2004), 박상섭(2008)의 연구 성과는 나름 주목할 만하다. 그러

고 박정희 시대의 국가주의에 대한 연구가 없는 것은 아니다. 주로 한국사 학계에서 박정희 시대의 국가주의를 한국사교육과 관련하여 다룬 연구는 비교적 풍부하게 존재한다.2) 또한 현대 한국인들의 일상적 삶 속에 국가주 의가 어떻게 침투해 있는가를 밝히고 이를 비판하는 중요한 연구들이 존재 한다.3) 이런 두 유형의 연구들은 국가주의를 전제하고 국가주의가 한국사 교과서 편찬이나 한국사 교육 또는 한국인들의 일상적 삶 속에 어떻게 침투 하고 반영되었는가에 초점을 맞추고 있고, 따라서 한국의 국가주의를 이해 하는 데 커다란 도움이 된다. 그러나 이 연구들은 최고 통치자인 박정희를 포함하여 박정희 정권이 어떻게 국가주의 담론을 직접적으로 생산하고 강 화했는지를 직접적으로 밝히지 않는 한계가 있다. 따라서 이 연구는 박정희 시대의 국가주의에 대한 기존의 연구 성과를 긍정적으로 수용하면서 미진 한 부분을 보완하는 차원에서 박정희 정권의 통치에 초점을 맞추어 박정희 시대의 국가주의를 정치학적 관점에서 연구하고자 한다.

이러한 문제의식에 기초해서 이 글은 박정희 시대의 국가주의를 박정희 대통령과 정권에 초점을 두고 세 차원으로 나누어 고찰한다. 세 차원이란 '정치철학으로서의 국가주의(이하 정치적 국가주의)', 박정희 정권에서 추 진된 국가주도의 경제발전에서 드러난 '정치경제적 국가주의(이하 경제적 국가주의)', 1960년대 말부터 유신체제에 걸쳐 박정희 자신이 적극적으로 추진한 자주국방에 투영된 '국제관계(특히 미국에 대한 관계)에서의 국가

나 이 연구들은 서구에서 국가, 민족(주의), 주권, 국민(주의)의 출현과정에 주목하면서 그것이 한국에 수용된 과정을 일반적으로 다루고 있기 때문에 한국의 국가주의를 이해 하는 데는 일정한 한계가 있다. 한국의 국가주의를 본격적으로 다룬 논문으로는 19세기 말부터 이승만 정권까지 근대 한국에서 국가주의의 탄생과 전개 과정을 검토한 박찬승 (2002)의 연구가 가장 주목할 만하다. 그러나 박찬승의 연구는 이승만 정권까지로 초점 을 맞추고 있어서 박정희 시대 국가주의의 본격적인 전개는 다루지 않고 있다.

2) 대표적인 최근의 연구로 구경남(2014), 김한종(2014), 김육훈(2015) 등을 들 수 있다.

3) 예를 들어 임지현 외(2000), 권혁범(2004), 공제욱 외(2008)와 같은 연구들이 주목할 만하다.

주의(이하 대외적 국가주의)'를 지칭한다. 필자는 이러한 분류의 적실성을 음미하기 위해서 2절에서 국가주의의 세 차원을 정치철학, 정치경제학 이론 및 국제정치이론에 비추어 일반적으로 검토할 것이다. 3절에서는 박정희 시대 국가주의를 세 차원의 국가주의를 적용하여 구체적으로 분석할 것이다. 마지막으로 4절 결론에서는 세 차원의 국가주의를 각각 자유주의와 대비하여 정리하고, 세 차원의 상호 간의 관계에 대해서 고찰하며, 박정희 시대의 국가주의를 현재의 관점에서 재조명할 것이다.

2. 국가주의의 세 차원 : 일반적 고찰

1) 정치적 국가주의 : 개인에 대한 국가의 우월성과 초월성

국가주의란 무엇인가? 국가주의는 정치철학 분야에서 먼저 이론화되었는바, 국가가 그것을 구성하는 개인, 집단, (시민)사회보다 우월하며 그 구성요소를 초월하는 실재성과 가치를 갖는다는 사고를 지칭한다. 이러한 사고에 따르면 개인이 국가를 위해서 희생하는 것은 당연시되며, 이 점에서 국가주의는 자유주의와 정면으로 대립한다. 우리는 헤겔 철학에서 국가주의의 가장 전형적인 모습을 발견할 수 있다. 다소 난삽한 표현이지만, 헤겔에게 국가는 "부동의 절대적 자기목적"으로 규정되며, 이 "궁극목적은 개인들에 대해서 최고의 권리"를 갖는다. 따라서 개인들에게 "지고의 의무는 국가의 구성원이 되는 것"이다(황태연 2000, 203에서 재인용). 자유주의 국가관에 따르면 국가는 개인의 생명·자유·재산을 보존하기 위한 도구나 장치에 불과하다. 그러나 헤겔과 같은 국가주의적 국가관에 따르면 "국가 자체가 자기목적"이 된다(황태연 2000, 203에서 재인용). 따라서 국가는 자신의 목적을 실현하기 위해서 필요하다면 개별 구성원의 희생을 요구할 수 있고, 또 개인은 국가의 이러한 부름에 기꺼이 응해야 한다. 요컨대 국가주의에 따르면, 국가는 "개인에 대해서 최고의 권리를 갖기 때문에 임의·자의 (恣意)적으로 인권을 침해할 수 있다"(황태연 2000, 203–204).

이러한 국가주의적 사상은 우리가 익히 아는 '파시즘(이나 나치즘)'은 물론 국가유기체설, 일본의 초국가주의, 좌파 전체주의 등에서도 공통적으로 발견된다. 예를 들어, 파시스트들에게 자유는 개인적 자유가 아니라 "민족의 자유", "전지전능한 국가의 자유", "유기적 전체의 자유"를 의미했다. "진정한 자유는 국가에 봉사하는 데 있다"는 것이다(볼·대거 2006, 366). 파시즘에 내재한 국가주의를 테렌스 볼과 리차드 대거는 다음과 같이 간명하게 요약한다.

> ……이탈리아 파시스트는 국가의 가치를 강조했는데, 민족의 힘, 통일성, 장 엄함을 법적, 제도적으로 구현한 것을 국가로 보았다. 민족에 봉사하기 위해 서 헌신하는 것은 국가, 그리고 위대하고 영광스러운 지도자 '두체(Duce)'에 헌신하는 것이었다. 국가는 모든 것을 통제할 수 있으며 모든 사람은 국가에 봉사해야 한다. 이탈리아인들은 '모든 것은 국가 안에서 존재하고, 어떠한 것 도 국가 밖에서는 존재하지 않으며, 그 어느 것도 국가에 반대할 수 없다'는 것을 반복해서 상기했다(볼·대거 2006, 366).

근대 서구에서 먼저 체계적으로 출현한 국가주의는 19세기 말부터 동북 아시아에서도 본격적으로 수용되기 시작했다. 박찬승은 "20세기 한국 국가 주의의 기원"이라는 논문을 통해서 한국사회에서 국가주의 전개 과정을 19 세기 말부터 이승만 정권에 이르기까지 주로 정치철학적 관점에서 면밀하 게 고찰하고 있다. 박찬승은 "개인의 자유와 국가의 권력 간의 관계"에 대 한 근대 지식인들의 입장을 "자유주의"와 "국가주의"로 나누어 정리하면서 국가주의를 정의한다. 자유주의는 "국가는 개인의 자유를 침범할 수 없고 개인의 자유를 보장하기 위해서 존재한다"는 입장이고, 국가주의는 "국가 권력이 개인의 자유나 권리보다 우월한 지위에 있다고 주장"하는 입장이다. 전자가 "천부인권설", "사회계약설", "개인주의"에 기초하고 있다면, 후자는 사회와 국가는 구성원인 개인을 초월해서 존재하는 독립적 실재라는 "사회유기체론"과 "국가유기체론"에 근거를 두고 있다(박찬승 2002, 201). 그는 한국사회에서 국가주의의 연원을 전통적인 "가부장적인 유교적 국가관"에서 찾기도 하지만, 근대적 국가주의는 19세기 말 이후 "일본·중국 등을 통해서 한국에 들어온 [서양의] 국가주의사상과 결합함으로써……굳건히 뿌리를 내렸다"고도 지적한다. 이에 따라 1890년대에 수용된 블룬칠리의 국가유기체론의 영향을 추적하고 있다(박찬승 2002, 202-205). 박찬승은 국가주의의 극단적 형태로 "국가지상주의" 혹은 "초국가주의"를 제시하면서, 그것을 "개인의 권리는 거의 무시하고, 개인의 존재는 국가 안에서만 인정하며 개인은 국가를 위해서 헌신하고 희생해야 하는 존재로서만 파악"하는 사상이라고 규정한다. 그는 중일전쟁 이후 일본에서 그리고 한국에서는 박정희 시대에 그러한 초국가주의가 출현했다고 지적한다(박찬승 2002, 201). 박정희는 이처럼 19세기 말 이래 일제 식민시기를 거치면서 지속적으로 강화되어온 국가주의를 시대적 상황과 개인적 체험을 통해서 깊숙이 내면화했고, 이러한 국가주의적 사고를 자신의 통치에 철저히 적용했다.

2) 경제적 국가주의 : 경제발전과 국가주의

경제적 국가주의는 (자본주의적) 산업화 또는 경제발전에서 자유시장의 역할보다 국가의 적극적 또는 주도적 역할을 강조하는 입장이다. 이러한 국가주의는 시장중심의 경제발전 모델과 대립한다. 국가주도의 경제계획을 통해서 산업화를 시도한 소련 등 공산주의 국가에서의 사회주의 실험 역시 경제적 국가주의를 극단적인 차원에서 시도한 것이라 볼 수 있다.[4] 한국에서 경제적 국가주의는 박정희 정권이 추진한 국가주도의 경제발전을 통해서 철저히 관철되었다. 박정희의 국가주의는 정치경제학에서 흔히 개발독재, 발전국가론, 동아시아 경제발전 모델, 또는 (신식민지)국가독점자본주의 등 다양한 개념을 통해서 이론화되었다. 경제적 국가주의는 정치경제학이나 비교정치학 등 정치학의 다른 분과 또는 발전경제학에서 별도의 이론구성을 통해서 접근된 까닭에 박정희 시대의 국가주의를 논할 때 소홀히 처리되거나 분리되어 다루어진 연구관행이 있다. 그러나 정치적 국가주의와 경제적 국가주의의 이론적·실천적 친화성을 고려한다면, 국가주의를 논할 때 양자는 함께 검토되어야 할 것이다.

러시아 출신의 경제사가인 알렉산더 거센크론은 역사적으로 후발 산업국가일수록 경제발전에서 국가의 역할과 개입이 증대된다는 점을 일찍이 밝힌바 있다(Gerschenkron 1962). 이런 통찰은 그후 '개발독재(developmental dictatorship)' 또는 '발전국가(developmental state)'의 사례와 이론을 통해서 재차 확인되었다. 후발적으로 산업화를 추진한 국가로서 산업화 또는 경제발전에 성공한 국가는 대부분 강한 국가주의를 적극 활용했다. 그렇다고 강한 국가주의로 무장한 국가가 모두 급속한 산업화에 성공하는 것은 아니다. 세계사적 상황, 적절하고 일관된 산업정책의 채택, 유능한 관료제나 테크노크라트의 존재, 산업화를 일관되게 추진할 수 있는 엘리트의 현명한 리더십 등이 긴요하기 때문이다.

19세기 후반 이후 후발적으로 산업화를 추진한 독일, 이탈리아, 일본 등은 정치적 국가주의에 기초한 강한 국가를 활용하여 급속한 산업화에 성공

---

[4] 그러나 이 글에서는 자본주의를 전제로 한 국가주의에 초점을 맞추어 고찰하기 때문에 사회주의적 국가주의 또는 국가사회주의는 본격적으로 다루지 않는다.

했다. 1933년에 독일 총통에 취임한 히틀러는 "자유시장경제와 달리 정부가 주도하는 생산계획, 원자재의 배분, 가격 규제, 무역 통제를 통해서 국가 주도 경제체제를 수립"했으며, 이를 통해서 높은 인플레이션을 안정시키고, 고용을 증대시키는 것은 물론 국민총생산과 산업생산성을 비약적으로 증가시키는 데 성공했다(김윤태 2012, 9).

그레고르 역시 1979년에 펴낸 『이탈리아 파시즘과 개발독재(*Italian Fascism and Developmental Dictatorship*)』에서 파시즘을 우리에게 친숙한 용어인 '개발독재(developmental dictatorship)'로 새롭게 개념화하면서, "주어진 역사적 공동체의 인적·물적 자원의 총체를 국가의 발전에 투입하고자 했던 대중동원적인 발전주의 체제"로 정의했다(Gregor 1979, ix). 그는 파시즘을 일당 체제하에서 또는 카리스마적 지도자의 주도하에 근대화와 발전을 수행하는 발전주의 체제로 규정하면서 파시즘에 담겨져 있던 "근대화와 산업화의 의도"가 제대로 인정·평가받지 못하고 있다고 불평했다(Gregor 1979, xi-xii). 그의 해석에 따르면, 파시즘은 "지체된 이탈리아 반도의 산업적·경제적 잠재력을 개발하는 것"을 "역사적 사명"으로 삼고, "권위주의적이고 위계적인 정치체제의 주도에 의한 기율, 희생 및 헌신"을 통해서 저발전을 극복하고 "자본 축적, 산업 발전 및 경제적 합리화"를 달성하고자 했으며, 그 결과 눈부신 경제성장을 달성했다(Gregor 1979, 144, 111, 149).

이처럼 파시즘에 의한 개발독재 또는 발전주의 체제는 민족국가로의 지체된 통일, 산업화의 후발성 등의 이유로 역사적 후진성을 자각한 국가의 엘리트에 의해서 추진된 국가주의의 발현과 산물로 해석할 수 있다. 이러한 맥락에서 1982년 미국의 정치학자 차머스 존슨은 전후 일본이 거둔 놀라운 경제성장과 국가의 역할을 검토하면서 '자본주의 발전국가'라는 개념을 최초로 제시했다(Johnson 1982). 발전국가는 "일종의 계획 또는 전략적 목표에 따른 경제와 사회제도를 만들어 경제발전을 추진하는 국가"로 개념화된다(김윤태 2012, 11). 20세기 후반 일본을 비롯한 한국·타이완·싱가포르 등 동아시아 국가들이 성취한 급속한 경제성장은 물론 덩샤오핑이 주도한 중국의 산업화 정책을 설명하기 위해서 발전국가라는 개념이 널리 통용되고 있다.

박정희 시대의 한국도 전후의 일본형 발전국가를 모델로 하여 경제적 성공을 거둔 대표적 사례로 흔히 인식되어왔다. 그러나 박정희 시대의 개발독재형 발전모델의 기원을 전후 일본의 경제발전 모델이 아니라 계획경제에 기초한 국가적 통제를 통해서 산업개발을 추진한 만주국에서 찾는 연구 성과들이 최근 속속 출현하고 있고, 또 주목을 받고 있다(김웅기 2006 ; 한석정 2010, 120-137 ; 한석정 2012, 161-178 ; 강상중·현무암 2012).[5] 1936년 만주국을 건국한 이후 사실상 일본 육군본부의 통제를 벗어난 관동군은 1937년부터 '만주국 산업개발 5개년계획' 등 엄격한 통제경제를 실시하면서 급속한 산업화를 추진했다(강상중·현무암 2012, 13). 이처럼 만주국에

---

5) 김웅기는 한국의 발전모델을 일본 대신 만주국에서 기원을 찾는 근거로 다섯 가지 논점을 제시한다. 그는 ① 박정희가 추진했던 중화학공업화의 이면에 군수산업화라는 목적이 동시에 존재했다는 점, ② 군수산업화를 지향하게 된 동기인 군사적 위협이 만주국엔 소련, 남한엔 북한으로 존재했다는 점, ③ 만주국이든 한국이든 절대 권력에 대한 견제세력이 국내에 부재했다는 점, ④ 두 국가가 모두 독재체제로서 권력자의 필요에 따라 민중을 억압할 수 있었다는 점, ⑤ 만주국과 한국은 공통적으로 권력자의 의향에 따라 기업가의 활동을 좌지우지할 수 있었다는 점을 든다(김웅기 2006, 3). 이러한 김웅기의 해석이 강한 설득력을 갖는다는 점을 인정할 수 있지만, 동시에 박정희 시대 경제발전 모델이 자급자족을 지향한 만주국의 발전모델이 아니라 개방적인 세계시장에 초점을 맞춘 수출 지향적 발전모델이었다는 점, 1973년에 박정희 정권이 추진한 중화학공업화 정책이 1957년부터 시작된 일본의 중화학공업화 정책을 모델로 하고 있었다는 점 등을 고려한다면, 전후 일본의 경제발전 모델 역시 상당한 영향을 미쳤다는 것을 부정할 수 없다. 이에 대한 명확한 규명은 학문적으로 흥미로운 논점임이 분명하지만, 이 글의 주제를 벗어나기에 여기서는 다루지 않겠다. 어느 경우나 강한 국가주의를 배경으로 한 점은 마찬가지이기 때문이다.

서 실행했던 국가주의적 산업화가 각각 기시 노부스케와 박정희를 통해서 전후 일본의 경제부흥과 박정희 시대 개발독재에 계승된 것으로 해석된다.

3) 대외적 국가주의

국가주의는 본래 대내적으로 국가와 그 구성원들 사이의 수직적·유기체적·권위주의적 관계를 지칭하기 위해서 사용되는 개념으로, 보통 국가의 대외적 활동을 지칭하기 위해서 사용되는 개념이 아니다. 그러나 국가주의는 대내적으로 국가의 최고성은 물론 대외적으로 국가의 자주성을 명실상부하게 확보할 때 비로소 완성된다고 할 수 있다. 후자를 위해서는 국제관계에서의 국가주의가 필요하다. 국가가 대내적으로 최고의 위상을 확보하고 있다 할지라도 경제적으로 또는 군사적으로 타국에 의존하거나 종속되어 있다면, 국제관계에서의 열악한 지위는 필연적으로 국가의 대내적 최고성마저 위협하기 때문이다. 『군주론』에서 마키아벨리가 신생국의 군주나 지도자에게 용병이나 원군에 의존하지 말고 자신(자국)의 군대를 양성하고 확보할 것을 반복해서 역설한 이유도 그의 조국 피렌체가 경제적으로는 부유하지만 군사적으로 취약해서 대외적으로 자주성을 확보하지 못했기 때문이다.

대외적 측면에서 파악된 이러한 국가주의는 현대 국제정치에서 사실상 현실주의 이론과 긴밀한 관계를 맺으면서 그 기본적 전제를 구성하고 있다. 제2차 세계대전 이후 미국을 중심으로 발전한 국제정치이론에서 자유주의 이론이 국제기구, 초국적기업, 가톨릭교회, 초국적 비정부기구(NGO) 등 초국가적 행위자들의 활동이 국가 못지않게 국제정치(경제)에 미치는 역할을 강조하는 것과 대조적으로, 현실주의 이론은 국제정치의 기본적이고 중요한 행위자는 오직 '국가'라는 점을 강조한다. 현실주의에 따르면, 국제정치는 국가 간의 분쟁과 갈등을 중재하고 해결할 수 있는 상위의 공통된 심판자가 없는 무정부적 상태를 가정한다. 이러한 무정부적 상태에서 국가는 항상적으로 안보 딜레마에 직면하기 때문에, 자신의 안전을 확보하고 분쟁을 해결하는 궁극적 수단으로 오직 폭력의 사용을 수반하는 자력구제에 의존할 수밖에 없다. 그리고 "만인에 대한 만인의 전쟁 상태"인 자연 상태와 인간의 본성에 대한 홉스의 통찰이 보여주듯이, 인간은 물론 국가 역시 공격과 침략을 통한 힘(권력)의 증대를 꾀하지 않으면, 현재의 생존이나 존립도 보장하기 어렵기 때문에 "힘에 대한 끊임없는 욕망"을 보유하게 된다(홉스 2008, 170-171). 따라서 "최고의 권력자인 군왕들은 국내에서는 법으로, 국외에서는 전쟁으로 권력을 확보하기 위해서 노력한다"(홉스 2008, 138)는 『리바이어던』의 구절이 보여주듯이 무정부상태인 국제질서에서 국가는 생존을 위해서도 강력한 대외팽창적 지향성을 갖게 된다. 비록 자유주의 이론의 도전을 받아왔지만, 현실주의 이론은 냉전의 종언 이전에 핵무기에 의한 공포의 균형으로 특징지어지는 미소 양극체제하에서 적어도 안보분야에서 주류이론으로 군림해왔다. 현실주의 이론에서 국가는 자신의 국력을 극대화하고자 부단히 노력하며, 이 과정에서 다른 국가들과 안보와 시장 및 영향력을 놓고 경쟁한다. 이러한 상황은 종종 상대적 우위를 놓고 경합하는 영합적(零合的 : zero-sum) 상태이기 때문에, 한 국가의 이득은 자동적으로 다른 국가의 손해로 간주된다.

이처럼 대외적 국가주의는 국가가 안보 딜레마의 상황에서 자국의 힘과 이익을 일방적으로 또는 우선적으로 추구하는 국제정치적 현상을 지칭한다. 한국인을 포함한 비서구 세계의 대다수 인민은 국가를 상실하고 식민주의 · 제국주의의 굴레에서 신음하다가 제2차 세계대전 종전 이후에 비로소 독립을 성취했다. 따라서 국가야말로 외부의 침략과 정복으로부터 보호할 수 있는 유일한 기제라는 체험과 자각으로 인해서 그들은 대외적 국가주의를 쉽사리 수용할 처지에 놓여 있었다. 박정희가 유신체제에 들어와 중화학공업화 정책을 돌진적으로 추진하게 된 배경으로는 경공업 중심으로 발전한 경제구조의 한계를 타개할 필요성 이외에도 1960년대 말부터 제기된 북한의 빈번한 무력도발과 (주한미군 철수 논의로 불거진) 미국과 동맹관계의 불안정이 야기한 안보위기, 그리고 그것이 초래한 자주국방에 대한 박정희의 집념이 지적된다. 이 점에서 박정희는 급속한 산업화에 기초한 강력한 국가건설을 통해서 북한의 안보위협에 자력으로 맞설 수 있는 자주국방을 지향하고 추구했다. 따라서 이러한 자주성의 추구를 박정희 시대 국가주의의 대외적 측면으로 이론화하여 다룰 필요가 있다.

3. 박정희 시대의 국가주의 : 구체적 검토[6]

1) 정치적 국가주의 : 국가민족주의의 신성화[7]

박정희의 국가주의는 국가와 정치의 관계에 대한 그 자신의 사고에서 잘 드러난다. 유신시절인 1978년 4월에 행한 다음의 언설은 박정희 자신의 정치관을 총체적이고 압축적으로 잘 보여준다.

한마디로 정치의 목적과 제도의 참다운 가치는 그 나라의 당면 과제를 효율적으로 해결하고 원대한 국가 목표를 착실히 실현해 나가기 위해서 국민의

---

6) 이 글에서 박정희의 연설문, 담화문 등을 인용할 때에는 각주에서 '대통령비서실'에서 발간한 『박정희대통령연설문집』의 출처를 일일이 밝히는 대신, 편의상 본문 주를 사용해 인용문 뒤에 『박정희대통령연설문집』의 '권'의 번호와 쪽수를 괄호 속에 기재하고 (예를 들어 5권 278쪽은 '5 : 278'로 표기), 필요한 경우에는 연설문(또는 담화문)의 제목이나 일자를 병기했다. 필자가 참고한 『연설문집』은 제1, 3, 5-6권으로 참고 문헌에 정확한 출처를 밝혀놓았다.

7) 이 항의 상당한 부분은 필자가 출간한 강정인(2014)에 수록된 박정희의 국가주의와 관련된 서술을 선별적으로 옮겨오면서 필요한 부분을 수정·축약하거나 추가한 것이다. 박정희 연설문 등을 다시 인용한 경우를 제외하고는 본문의 출처를 각주를 통해서 밝혔다.

슬기와 역량을 한데 모아 생산적인 힘을 최대한으로 발휘할 수 있도록 뒷받침하는 데 있다고 나는 믿습니다. 어떤 명분과 이유에서든,⋯⋯국민총화와 사회안정을 저해하고 국론의 분열과 국력의 낭비를 조장하는 그러한 형태의 정치 방식은 우리가 당면한 냉엄한 현실이 도저히 그것을 용납하지 않을 것입니다(6 : 304).[8]

이 언설에서 흥미로운 것은 정치의 목적과 제도가 국가의 목표에 봉사하는 것이라는 언급이다. 박정희는 이미 이전의 언설에서 "국가 의식"이 "정치 이전에 요구되는 것"이라고 주장한 바 있었다(1963/02/22, 1 : 378). 국가가 정치에 선행하고 우위에 있다는 이러한 사고는, 앞에서 정치적 국가주의를 논할 때 이미 지적한 것처럼, 서구의 자유주의와 정면으로 충돌하는 국가주의적인 것이다. 또한 박정희에게 국가의 "당면 과제"와 "원대한 국가 목표"는 민주적 합의에 의해서 설정되는 것이 아니라, 위기를 수반하는 "냉엄한 현실"이 우리에게 선택의 여지없이 부과하는 무언가 '긴급하고 자명한 것'으로 상정된다. 이처럼 '긴급한 위기'를 명분으로 그러한 과제와 목표 설정이 정치의 영역에서 배제될 때, 곧 최고 통치자의 결단과 예지의 산물로 귀결될 때, 정치는, 유신헌법에서 구체화되고 당시 박정희의 통치가 전형적으로 보여준 것처럼, 초월적 영도자에 의한 '주권적 독재'의 모습을 띠게 된다(강정인 2014, 234-5).[9]

박정희의 국가주의는 민족주의와 강고하게 결합된 국가민족주의라 할 수 있다. 그것은 "한편으로 단군의 혈통을 이어받은 단일민족임을 강조하

---

8) 이처럼 "우리가 당면한 냉엄한 현실"을 끊임없이 강조하는 박정희 사상은 또한 '위기의 정치사상'이라 할 수 있다.

9) 주권적 독재의 개념은 칼 슈미트에 의해서 고안된 것이다. 이에 대한 상세한 논의로는 최형익(2008), 강정인(2014, 285-287)을 참고.

는 종족적 민족주의의 자부심에 자주적인 근대화의 실패와 뒤이은 국권강탈, 식민지 경험, 분단과 6·25전쟁의 체험 등이 덧씌워짐으로써" 형성된 상처받은 '민족주의'가, 다른 한편으로 19세기 말에 수용된 서구의 국가주의, "식민지 시기에 박탈당한 국가에 대한 강렬한 집착, 일제강점기에 부과되고 내면화된 파시즘적 국가관, 남북한에서 각각의 분단국가가 민족을 온전히 대표한다고 고집하는 분단국가주의 등이 한데 응축된 '국가주의'"와 복합적으로 결합하여 출현한 것이다(강정인 2014, 272). 이러한 역사적인 요인 이외에도 박정희는 그 자신의 개인적인 성장배경으로 인해서 국가민족주의를 더욱더 강렬하게 내면화하지 않을 수 없었다. 박정희 역시 "일제강점기부터 국가를 잃은 민족의 애환을 체험하고, 분단과 6·25전쟁이라는 유례없는 민족의 수난시대"를 살아왔을 뿐만 아니라, 나아가 일제강점기에는 만주군관학교와 일본육사, 해방 후에는 조선경비사관학교에서 받은 군사교육을 포함해 "오랫동안 군인으로서 국가주의적 사고와 기율"을 철저히 내면화해왔다(강정인 2014, 273). 이 점에서 그는 한국 민족주의의 국가민족주의로서의 특성을 극단적으로 체현한 인물로 자리매김할 수 있다. 박정희의 이러한 국가민족주의는 "그 구성요소인 개인과 시민사회의 자율성을 철저히 부정하고 동시에 그것들을 초월하는 엄청난 무게와 신성성을 획득"하게 되었다(강정인 2014, 273).

박찬승은 다이쇼-쇼와 시대에 걸쳐 극우 사상가로 활동한 오카와 슈메이의 일본주의에 담긴 국가주의를 논하면서, 오카와 슈메이는 "국가는 최고의 도덕이고, 최고선의 실현"으로서 "인간이 인간으로 존재하는 의의와 가치는 바로 국가의 이상에 헌신함으로써 확립"되며, 따라서 "국가의 존립과 발전을 위해서 국가를 구성하고 있는 개인의 희생"을 당연한 것으로 인식했다고 기술한다(박찬승 2002, 213). 1940년에 박정희는 만주군관학교에 입학하기 위해서 "진충보국 멸사봉공(盡忠報國 滅私奉公)"이라는 구절이 들어간 유명한 혈서를 보낸 적이 있다. '충성을 다해 국가에 보답하고 자기를 희생하여 공공에 봉사할 것'을 다짐한 문구에서 박정희가 일제강점기에 내면화한 국가주의를 가감 없이 엿볼 수 있다. 1963년 8월 민정에 참여하기 위해서 행한 전역식에서 행한 연설에서도 박정희는 "<생>과 <사>의 극한에서 감히 사를 초극하는 군인의 <죽음>은 정의와 진리를 위해서 소아를 초개같이 버리는 희생정신의 극치로서 군인만이 가지는 영광되고 신성한 길"이라고 군인의 사명을 정의했다. 이어서 "이 거룩한 <죽음> 위에 존립할 수 있는 국가란, 오직 정의와 진리 속에 인간의 제 권리가 보장될 때에만 가치로서 긍정되는 것"이며, "국가가 가치구현이라는 문제 이전으로 돌아가 그 자체가 파멸에 직면했을 경우"에는 혁명이 불가피하다고 하면서 자신의 쿠데타를 정당화했다(「전역식에서의 연설」, 1 : 489). 이 연설은 국가주의적 사고로 무장한 군인이 어떻게 (예외적으로 어떤 상황에서) 정부(국가)를 전복하는 쿠데타를 할 수 있는지 정당화한 것이지만, 동시에 군인을 "정의와 진리"의 신성한 구현체인 국가를 위해서 자신의 목숨("소아")을 "초개같이 버리는" 존재로 규정함으로써 군인으로서 지닌 국가주의적 사고의 진수를 극명하게 보여주고 있었다(강정인 2014, 277). 유신시대에 국민의례의 일환으로 시행된 '국기에 대한 맹세' 역시 그러한 국가주의가 면면히 지속되고 있음을 보여주었다 : "나는 자랑스런 태극기 앞에 조국과 민족의 무궁한 영광을 위하여 몸과 마음을 바쳐 충성을 다할 것을 굳게 다짐합니다."

박정희가 자주 사용한 용어들, 예를 들어 '민족적 양심', '정신적 근대화', '이기주의' 개념들, 역시 국가민족주의적 관점에서 재규정된 것이었다. 먼저 박정희가 흔히 사용하던 "민족적 양심"은 다분히 국가민족주의적 관점에서 개념화되었다. "전체의 이익과 개인의 이익이 상반 대립할 때는 개인의 희생과 통제로써 합치점을 발견하지 않으면 안 될 것이다. 개인과 전체의 이익이 상반 대립할 때, 거기서 자기를 통제하고 억제하면서 전체와 개인의 합치점을 모색하고 발견하는 것이 소위 「양식」이요, 이것을 민족적 견지에서 본다면 「민족적 양심」이라 할 수 있다"(박정희 1962, 29). 나중에 논할 것처럼 박정희에게 민족과 국가가 거의 동일시된다는 점을 고려하여 이 구절에서 '전체'에 '국가'를 대입한다면, 박정희에게 '민족적 양심'은 다른 말로 '국가적 양심'이 될 것이다.

1970년 1월 행한 <연두기자회견>에서 "물량의 근대화"와 구분되는 "정신적 근대화"를 언급했을 때도, 박정희는 "건전한 국민 도의"와 "사회 윤리"의 확립을 강조하면서, 그것의 핵심이 국가주의를 내면화하는 것으로 귀결됨을 밝혔다 : "우리들은 인간의 모든 행동 중에서도 국가에 대해서 충성을 하고 봉사를 하며, 특히 자기 개인을 희생하면서 국가를 위해서 일한다 하는 것을 인간 사회의 가장 훌륭한 미행이요 본보기라고 하며, 이런 것을 대의명분에 산다고 말합니다"(3 : 686). 박정희의 이러한 사고에서 '이기주의'가 "국가와 민족을 도외시하는 이기주의"로 규정되는 것은 당연했다(1976/01/15, 6 : 29). 이러한 국가주의적 사고에 따라 박정희는 이기적 동기로 부정부패를 저지른 공무원들을 심지어 '국가의 반역자'로 규정하는 것도 서슴지 않았다(1969/01/10, 3 : 430). 이 점에서 '정신적 근대화'는 박정희 자신이 작성한 혈서에 따라 사는 것, '민족적' 양심에 따라 사는 것을 달리 표현한 것에 불과했다. 이처럼 박정희가 사용하는 많은 개념들은 국가주의에 의해서 강력하게 각인·주조되었다.

지금까지 논의에서 시사된 것처럼, 박정희에게 민족과 국가는 동일시되고, 박정희를 포함한 개별 국민 역시 민족 및 국가와 동일시되었다. 민족과 국가가 대우주라면, 개별 국민은 이에 상응하는 소우주였다. 그렇기 때문에 박정희는 "<나>라는 우리 개인을……<소아>", "<나>를 확대하고 연장한……국가"를 "<대아>"라 하는데, "우리 민족" 역시 국가와 마찬가지로

"나를 확대한 <대아>"라고 규정함으로써 <대아>인 민족과 국가가 사실상 불가분적이고 호환적임을 재확인했다(1970/01/19, 3 : 686 ; 강정인 2014, 278). 나아가 유신체제 수립 직후인 1973년 1월에 행한 <연두기자회견>에서 박정희는 "민족과 국가"는 "영생하는 것"이고, "<국가 없는 민족의 영광과 발전이라는 것>은 있을 수 없는 것"이라며 "<국가는 민족의 후견인>"이라고 강조했다. 나아가 이 회견에서는 <나라>와 <나>의 구분, 이전에 구분했던 <소아>와 <대아>의 형식적 구분마저 폐기하면서, "<나라>와 <나>라는 것은 별개의 것이 아니라 하나인 것"이라며 "투철한 국가관"을 강조했다 (1973/01/12, 5 : 20).

지금까지 분석한 박정희의 국가주의에서 우리는 '국가주의의 신성화'를 발견할 수 있다. 필자는 다른 글에서 한국 현대 정치사상사의 특징으로 '민족주의의 신성화'를 논하면서 그것이 민족의 영구성, 민족주의의 무오류성, 민족(주의)의 비도구성으로 구성되어 있다는 점을 밝힌 바 있다(강정인 2016, 134-160). 그런데 위에서 논한 것처럼 박정희의 국가주의 역시 "민족과 국가"를 "영생하는 것"으로 규정함으로써, "정의와 진리"의 화신인 국가를 위한 개인의 무조건적인 희생을 요구함으로써, 그리고 국가권력을 남용하여 부정부패를 저지른 공무원들을 "국가의 반역자"로 규탄함으로써, 국가의 영구성, 국가의 무오류성, 국가의 비도구성으로 구성된 국가주의의 신성화를 정식화했다고 할 수 있다.[10]

또한 개인과 국가 및 민족을 동일시하는 박정희의 언술이 대통령을 국가와 민족의 불가분적 결합(동일성)을 매개하고 구현하는 초월적 지도자로 격상시키는 일은 자연스러운 귀결이었다. 다시 말해, 국가와 민족의 불가분

---

10) 사실 민족주의나 국가주의의 신성화에서 '신성화'라는 개념은 기독교의 하나님과 같은 절대자에게 전형적으로 부여된 속성인 것처럼 보인다.

적 결합은 이를 매개하고 체현하는 인격화된 권력을 요구하는바, 이는 최종적으로 유신헌법의 제정을 통해서 대통령이 영도자의 지위에 오름으로써 명실상부하게 제도화되었다. 요컨대 국가민족주의를 극단적으로 구현한 유신체제는 "국가＝민족＝나(박정희)"라는 삼위일체적 결합을 공식화한 것이었으며, 이는 박정희 개인이 권력의 최정상에서 민족과 국가의 화신이자 영도자로서 군림하게 된다는 것을 의미했다(강정인 2014, 285–289).[11]

2) 경제적 국가주의: 국가주도적 경제발전

이념상 초월적으로 군림하는 국가주의가 명실상부하게 실효성을 확보하기 위해서는 (국가의 물리적 · 이념적 기제가 완비됨은 물론) 경제적으로 부유하고 군사적으로 강력한 국가를 건설해야 할 것이다. 국가주의 이념이 강력하다 할지라도 빈곤하고 힘이 약한 국가는 사실상 종이호랑이에 불과하거나 단순히 소수 엘리트의 의한 '약탈국가'로 전락하기 십상이기 때문이다. 쿠데타 이후 정권을 장악한 박정희는 당시 국가의 실상에 관해서 "마치 도둑 맞은 폐가를 인수한 것 같았다"라는 소감을 실토한 바 있다(박정희 1963, 84). 박정희는 1962년에 펴낸 『우리 민족의 나갈 길』에서 안으로는 "국내의 경제사정 즉 빈곤, 기아, 실업 등"이, 밖으로는 공산주의자의 침략 위험이 민족의 자유에 중대한 위협을 제기한다고 주장했다(박정희 1962, 41). 따라서 박정희는 집권 기간 내내 자립경제의 건설과 자주국방의 확보를 국가의 목표로 정하고 이를 달성하는 데 온 힘을 쏟았다. 구체적으로

---

11) 유신체제의 출범 이전인 1970년 12월 말경 당시 중앙정보부장으로 취임한 이후락은 취임식에서 "중앙정보부는 국가안보의 보루다. 국가안보는 대통령의 안보다. 대통령을 보위하는 것은 바로 국가를 보위하는 것이다. 우리는 박대통령을 보위하는 전위대다"라고 선언했다고 한다(『중앙일보』 특별취재팀 1998, 28에서 재인용). 여기서 유신시대에 많은 국민들이 체험했던 다음과 같은 등식을 논리적으로 확인할 수 있다. "국가안보＝(정권안보)＝박정희 개인안보."

그 목표는 경제적으로는 물론 정치적(군사적)으로 미국에 대한 의존을 줄이면서 경제와 국방에서 북한을 능가하는 국력을 쌓는 것이었다. 따라서 그가 제3공화국 초기에 내세운 민족적 민주주의는 자주와 자립에 기초하여 조국근대화와 민족중흥의 과업을 성취함으로써 궁극적으로 '민족(=국가)의 자유와 번영'을 추구하는 이념으로 해석할 수 있다. 이 항에서는 경제적 번영을 추구한 박정희의 경제적 국가주의를 다루고, 이어지는 항에서 군사력 강화를 통해서 자주국방을 추구한 대외적 국가주의를 다루도록 하겠다.

집권 초기 박정희는 민주당 정권이 내세웠던 경제제일주의를 수용하고 실천에 옮겼다. 박정희는 『국가와 혁명과 나』에서 "민족 제일주의와 경제 우선주의"를 내세웠는데(박정희 1963, 255), 제3공화국에서는 경제제일주의를 더욱 응축하여 "수출제일주의"라는 말을 애용하곤 했다.[12] 박정희는 수출 1억 달러를 달성한 1963년을 '수출의 해'로 지정하고 11월 30일을 '수출의 날'로 제정하면서, 수출에 큰 공을 세운 기업인들을 표창하기 시작했다. 강준만은 박정희 정권에서 '수출제일주의'는 "일종의 신앙"이었으며(강준만 2004a, 277), 박정희는 "강력하고 유능한 수출 총사령관"이었다고 평가한 바 있다(강준만 2004b, 13).

경제발전의 목적은 '5·16 혁명공약'에서 밝힌 것처럼 무엇보다 "절망과 기아선상에서 허덕이는 민생고를 시급히 해결"하는 것이었으나, 이는 또한 "국토통일을 위하여 공산주의와 대결할 수 있는 실력의 배양"을 추구한다는 점에서 반공·승공 통일과도 맞닿아 있었다(김삼웅 편, 1997, 256). 박정희는 군정기인 1962년 1월 1일 「국민에게 보내는 <연두사>」에서도 "당면

---

12) 그러나 박정희는 유신체제 이후 국가안보가 위기에 처함에 따라 "국가안보 제일주의"를 강조하기 시작했다(예를 들어 <연두기자회견>, 6 : 8 ; 「1977년도 예산안 제출에 즈음한 <시정연설>」, 1976/10/04, 6 : 94 등). 물론 경제제일주의와 안보제일주의는 상호 대체관계라기보다는 병용관계였다고 보아야 할 것이다.

한 우리의 지상목표는 경제재건을 위한 산업개발"이라고 강조했다(1 : 157). 빈곤에 시달리던 당시 한국 민중에게 '잘 살아보세'를 외치며 매진하는 박정희 정권의 경제제일주의는 강한 공감대를 형성했고, 군사 쿠데타에 대한 광범위한 지지를 이끈 가장 중요한 명분으로 작용했다.

20세기 후반에 일본은 물론 한국·타이완·홍콩·싱가포르 등 동아시아 국가들이 거둔 성공적인 경제발전을 놓고 종래 국가중심적 해석과 시장중심적 해석 사이에 격렬한 논쟁이 전개된 바 있다. 예를 들어, 국제통화기금이나 세계은행 등 국제경제기구나 서구의 주류 자유주의 경제학자들은 한국경제의 성장을 "수출지향적 산업화"와 "시장원리의 작동"에 기반을 둔 성과로 규정하면서 국가의 역할을 시장이 제대로 작동할 수 있게끔 도와주는 보조적인 것으로 해석했다. 이와 달리 암스덴과 웨이드로 대표되는 국가중심적 접근론자들은 한국과 타이완의 눈부신 경제발전에 대한 구체적 분석을 통해서 그 성공이 "적극적인 산업정책, 금융통제, 무역보호 그리고 자본통제 등 국가의 효과적인 시장개입에 기초한 것"이라고 주장하면서 시장주의자들을 통렬하게 논박했다(이강국 2005, 303-304 ; 김형아 2005, 27-28). 이들의 주장에 영향을 받아 세계은행의 보고서 역시 본래의 입장을 수정하여 동아시아의 경제적 성공이 높은 수준으로 이루어진 국가의 경제개입에 의한 것임을 시인했다(이강국 2005, 304 ; 김형아 2005, 27-28). 그러나 복지 선진국인 서구에서도 경제적 성패를 놓고 '국가의 실패냐 시장의 실패냐'를 논쟁하는 것으로 비추어볼 때, 이른바 시장주의자(또는 자유주의자)와 국가주의자의 이론적 대립은 단순히 신흥공업국의 사례에만 국한되는 것은 아니다.

오늘날 대부분의 국내학자들은 박정희 정권이 이룩한 경제발전을 국가주도에 의한 것으로 해석한다. 다시 말해 박정희 시대에 한국의 국가는 수차례에 걸쳐 경제개발 5개년계획을 입안하는 등 경제에 체계적으로 개입함으로써 경제발전을 견인했다는 것이다. 박정희는 쿠데타 직후 1961년 7월에 경제기획원을 창설했다. 같은 해 11월, 케네디 대통령과 정상회담을 마치고 샌프란시스코에 들렀을 때 행한 연설에서, "특히 우리 한국과 같은 저개발국가에서는 모든 가용자원을 최대한으로 이용하도록 선견 있고 합리적이며 잘 조화된 그리고 모든 요소를 세심히 고려한 총괄적인 경제계획이 필요"하다고 일찍부터 역설한 바 있다(1961/11/20, 1 : 129). 박정희는 민정 이양을 위한 선거를 앞두고 출간한 『국가와 혁명과 나』에서 군정 2년간의 성과를 보고하면서 그 내용의 거의 대부분을 1962년부터 추진된 제1차 경제개발 5개년계획을 상세하게 설명하는 것으로 채웠다. 제1차 5개년 계획은 전력·석탄 등의 에너지 공급원 확충, 농업 생산력 증대, 기간산업의 확장과 사회간접자본의 형성, 국토 개발을 골자로 한 유휴 자원 활용, 수출증대를 통한 국제수지의 개선, 기술진흥 등을 골자로 했다. 특히 정유·비료·화학·전기기계 등의 기간산업과 사회간접자본의 확충에 집중적인 투자를 했다. 박정희는 대통령에 취임한 이후에도 매월 상공부의 '수출확대회의'와 경제기획원의 '월간 경제동향 보고회의'에 참석해서 회의를 직접 주재했다.

박정희 정권은 정부가 직접 은행을 통제하고 정책금융과 세제지원을 통해서 전략적 산업과 수출 기업에 투자를 집중시킴으로써 수출 진흥을 위한 불균형 성장을 추진했다. 차관이나 직접투자 등 해외자본의 유입을 국가가 면밀히 감시하고 통제하는 것은 물론 사실상 정부가 독점하고 있던 금융자원을 산업정책과 개발계획에 맞추어 배분했다. 환율정책과 경상수지관리 정책, 높은 무역장벽의 설치와 수입 금지 및 허가제를 통해서 수출의 촉진, 수입의 억제 및 국내산업의 보호를 위해서도 노력했다(이강국 2005, 305, 309). 또한 박정희 정권은 외자도입의 긴요성을 고려하여 민간 기업의 차관에 대해서도 정부가 지급을 보증하는 유례없는 조치를 취했다. 심지어 "박정희 정부는 매년 철강 몇 만 톤의 필요분을 예측하여 그에 따라 제철소 건립 및 이에 필요한 국내와 자금의 조달방안과 기술자 양성을 위한 공업고등학교의 설립까지도 구체적으로 계획하고 정책"으로 밀어붙일 정도로 주도면밀하게 경제에 관여했다(이강국 2005, 308). 이러한 사례들을 고려한다면 박정희 정권기의 경제발전을 단순히 시장에 대한 국가 개입을 넘어, 시장에 대한 국가의 주도 또는 통제에 의한 성장으로 설명하는 것이 합당하다고 생각된다.

유신 정권에서 경제 수석비서관이자 중화학공업기획단 단장이었던 오원철은 국가주도에 의한 경제발전을 정책 담당자의 입장에서 "엔지니어링 어프로치(공학적 접근법)"라는 개념을 통해서 설명한다. 먼저 그는 "경제가 아무것도 없으니, 새로 집(家屋)을 건축하듯 경제를 새로 건설했다"는 의미에서 국가가 "경제발전을 시킨 것이 아니라 경제건설(Economic Construction)을 했다"고 주장한다(오원철 2006, 261-262). 그는 엔지니어링 어프로치를 간명하게 "세계시장을 기초로 한 효율·이윤 극대화의 국가적 계획경제체제"라고 정의한다(오원철 2006, 277). 이러한 엔지니어링 어프로치에 따라 박정희 시대에 국가는 경제에 적극 관여하여 공업단지를 건설하고, 정책금융 등을 통해서 새로운 사업을 위한 투자자금 조달을 지원했다. 그리고 관세·내국세 등 세제상의 혜택을 제공하고, 수입금지 정책이나 국내시장에서의 독점 보장을 통해서 전략산업을 육성했다. 또한 사회간접자본의 적극적 투자를 통해서 기업의 생산비를 절감해주며, 대대적인 기능공 양성정책을 통해서 필요한 숙련 노동력을 적기에 공급하고, 마지막으로 경제건설에 참여하는 기업가와 노동자의 사기를 진작시키기 위해서 노력했다(오원철 2006, 267). 특히 국가주도의 경제발전에 대한 대중들의 지지와 동원을 극대화하기 위해서 박정희 정권은 민족주의적 열정에 호소하면서 정권 초창기부터 1970년대에 이르기까지 국가재건 운동, 국민교육헌장, 제2경제 운동, 새마을 운동 등 각종 대중 운동을 전국적으로 조직·전개했다.

유신 정권에서 1973년 이후 본격적으로 추진된 중화학공업화 정책은 미군 철수 논의로 인해서 초래된 안보적 위기상황을 타개하기 위해서 그리고 전후방 연관효과가 큰 산업의 성장을 통해서 한국경제를 자본집약적인 고도 산업국가로 전환시키기 위해서 추진되었다. 중화학공업화 정책의 추진과 더불어 정부는 국내의 대기업들에게 철강, 전자, 화학, 선박, 기계와 비철금속 등 목표산업에 새로운 투자를 하도록 강력한 압박을 가했다. 중화학공업화 정책에 엔지니어링 어프로치가 적용된 것은 물론이다.

오원철은 "중화학공업화의 전제조건이 권위주의"이며 중화학공업화가 결론적으로 성공한 것은 "테크노크라트들이 합의된 계획을 정치적 간섭이나 반대 없이 자유롭게 실행할 수 있었기 때문"이라고 주장한다(김형아 2005, 294). 나아가 중화학공업화의 추진과 10월 유신의 관계에 대해서 오원철은 이렇게 언급했다.

요사이 많은 사람들이 박 대통령은 경제에는 성공했지만 민주주의에서는 실패했다고들 말한다. 심지어는 박 대통령 아래서 장관을 지냈던 이들조차 공개적으로 중화학공업화와 유신 개혁을 별개의 문제처럼 이야기한다. 나는 이렇게 말한다. 중화학공업화가 유신이고 유신이 중화학공업화라는 것이 쓰라린 진실이라고. 하나 없이는 다른 하나도 존재할 수 없었다. 한국이 중화학공업화에 성공한 것은 박대통령이 중화학공업이 계획한 대로 정확하게 시행되도록 **국가를 훈련시켰기** 때문이다. 유신이 없었다면, 대통령은 그런 식으로 국가를 훈련시킬 수 없었을 것이다(김형아 2005, 294에서 재인용 ; 강조는 필자).

오원철의 이러한 언명은 중화학공업화의 추진이 유신시대에 최고조에 달한 경제적 국가주의의 소산임을 밝힌 것이다. 김형아의 표현에 따르면, "중화학공업을 추진하는 과정에서 박정희는 '대통령 지시'라는 명분하에 최고권력을 행사했고, 이를 국가기관뿐만 아니라 주요 재벌, 고위직 관료, 군 장성들을 통제하는 수단으로 사용했다. 유신 체제하에서 박정희는 국가 그 자체였고, 어느 누구도 그의 감시망에서 벗어나지 못했다."(김형아 2005, 33)

앞에서도 잠시 언급한 것처럼, 최근의 연구들은 박정희 시대 국가주도 경제발전에 관해서 그 모델을 계획경제에 기초하여 산업개발을 추진한 만주국에서 찾는다. 한석정은 만주국에서 "관동군이 밀어붙인 경제개발, 중공업, 도시, 철도 건설, 위생개선 등 발전에 대한 강박적 신념"을 박정희가 물려받았다고 지적한다(한석정 2010, 130). 한석정에 따르면, 박정희는 관동군이 점령지에서 군사작전을 수행하듯이 밀어붙인 경제정책을 한국경제에 도입했다. 또한 경제개발의 모토였던 '증산, 수출, 건설'에서 건설에 관한 논의는 종종 간과되는데 박정희 정권하에서 1960년대 한국은 "전국이 건설의 현장"으로 화한, "만주국을 능가하는 건설국가"였다(한석정 2012, 164).

만주국에서 일본군은 국도건설국(國都建設局)을 창설하여, 대도시 신징, 다롄, 하얼빈 등에서 새 관공서와 주택단지를 지으면서 철로건설과 도시계획 등을 일사천리로 진행했다(한석정 2012, 163).[13] 박정희의 군사정부 역시 쿠데타 일주일 뒤 '국토건설본부'를 만들었다가 열흘 뒤 건설부로 승격시켰다(한석정 2012, 165). 한석정은 이러한 발상이 만주국의 경험을 계승한 것임을 밝히기 위해서 군사정부의 초대 건설부장관이 "박정희 국가재건최고회의장과 만주국군 동기생인 박임항"이었으며, "1969년에서 1971년까지의 건설부장관도 박정희의 만주국군 동기생(이한림)이 맡았다"고 지적한다(한석정 2012, 166). 1963년에는 국가의 최상위 국토개발계획을 위해서 국토건설종합계획법이 제정되었다.[14] 이 법을 토대로 박정희 정권

---

13) 박정희 정권은 울산공업단지를 건설하기 위해서 '울산특별건설국'을 설립했는데, 그 명칭은 '국도건설국'과 유사하다(한석정 2012, 164).

14) 초대 건설부장관이었던 박임항은 박의장이 "'63년 7월 말까지 전국 국토계획을 완성하

은 집권 기간 내내 전국 곳곳에서 고속도로와 철도 건설, 공업단지 건설, 대규모 공장 건설, 도시계획사업, 토지구획사업, 공유수면의 매립과 점용 등 대규모 건설사업을 벌였다. 한석정에 따르면, "60년대는 국토 전 지형을 파헤치는 '착공'과 '준공'의 시대였다"(한석정 2012, 167).

이렇게 보면 박정희의 경제적 국가주의는 국가가 경제를 단순히 '발전'시킨 것이 아니라, 오원철의 말처럼, 경제를 '건설'한 것으로, 국토를 단순히 '개발' 한 것이 아니라 국토를 '건설'한 것으로 해석하는 것이 합당할 법도 하다.

3) 대외적 국가주의 : 방위산업 육성과 국군 현대화를 통한 자주국방

박정희는 5·16 군사 쿠데타는 물론 자신의 권위주의체제를 정당화하기 위해서 무엇보다도 반공과 국가안보를 적극적으로 활용하고 강조했다. 물론 국가안보를 위협하는 세력은 바로 북한이었다. "북한은 6·25전쟁을 일으 켰을 뿐 아니라 그후에도 빈번히 무력도발을 감행했기 때문에, 국가안보는 대내외적으로 북한을 주 대상으로 한 반공·반북주의로 자연스럽게 응축되 었다."(강정인 2014, 237) 북한의 위협이 상존하는 상황이었기 때문에 박 정희 정권이 반공과 국가안보를 강조한 것은 원칙적으로 타당한 논리적 근 거를 확보했다. 강한 경제적 동기는 물론 안보상의 이유로도, 박정희는 베 트남 파병을 적극적으로 추진했다. 미국의 베트남전 참전으로 인해서 주한 미군이 철수하거나 군사적·경제적 원조가 삭감되는 것을 방지하고 한국군 현대화에 대한 미국의 지원을 확보하기 위해서 대규모 병력을 파병했던 것 이다. 그러나 박정희 정권은 반공과 국가안보를 수시로 동원·남용하여 정권 에 비판적인 국내의 정치적 반대자들을 무자비하게 탄압했다.[15]

라"고 독촉했다고 증언했다(한석정 2012, 166에서 재인용).

15) 최근 심각한 북핵 위기에도 불구하고 다수 국민 사이에서 만연된 안보불감증은 역대 독재정권이 이처럼 국가안보와 반공을 남용함으로써 초래된 역효과라 할 수 있을 것이다.

권혁범은 국내 신문에 흔히 나오는 "안보 및 힘 담론과 평화" 관련 기사나 칼럼을 분석하면서, 국제정치에서 현실주의적 세계관이 국가주의를 강화시킨다고 논한다. 그는 이러한 담론이 형성하는 일종의 "조건반사적 회로"를 이렇게 표현한다. "국제 정치 현실 → 냉혹한 정글 → 약육강식 → 자구적 힘의 필요성 → 국력 증강 및 국익 강화 ↔ 안보 태세 강화 ↔ 국가 강화"(권혁범 2004, 84). 앞에서 필자가 박정희의 사상에서 국가와 정치의 관계를 논하면서 보여준 것처럼, 권혁범 역시 이러한 논리가 "국가적인 것을 초월적인 것으로 전환시킴으로써 국가를 정치로부터 분리"시키고 나아가 "국가 및 안보[개] 정치에 대해서 우위를 점"하게 되는 국가주의를 형성·강화한다고 주장한다(권혁범 2004, 84-85).

이러한 안보관에 따라 박정희는 북한의 위협에 맞서고 강대국의 희생양이 되는 약소국가의 처지를 벗어나기 위해서 방위산업을 육성하여 무기 개발을 — 심지어 핵무기 개발까지 — 착수하면서 국군 현대화와 자주국방을 추진했다. 박정희 국가주의의 대외적 측면은 부국강병에 기반을 둔 자주국가였다. 박정희의 국가주의는 미국에 의존하지 않고 능히 북한에 대적할 수 있는 자주적인 국방능력을 갖추는 것을 목표로 했다. 자주국방에 대한 박정희의 집념은 1960년대 후반 북한의 도발이 빈번해지고, 국제정세의 변화와 함께 미국이 주한미군 철수를 추진하면서 더욱 강화되었다. 그리고 자주국방의 추구는 1973년부터 추진된 중화화공업화와 함께 더욱더 강화되었다.

1960년대 말부터 1970년대 중반에 이르기까지 한국의 안보 위기상황이 고조되자 박정희는 자주국방에 대해서 심각하게 고민하기 시작했다. 북한은 1968년 1월에 무장공비들을 보내 청와대를 습격했고, 며칠 후 동해상에서 미국의 푸에블로호를 납치했다. 또한 같은 해 10월 말부터 11월 초에 걸쳐 울진·삼척 지역에 무장공비를 침투시켰다. 1969년 4월에는 미국의 첩

보기를 동해에서 격추시켰다. 이런 상황에서 1969년 7월 미국의 닉슨 대통령은 아시아의 안보 문제에 손을 떼기 위해서 다시는 아시아 대륙에 지상군을 투입하지 않을 것이라는 닉슨 독트린을 발표했다. 박정희는 같은 해 9월 대구에서 "미군의 주둔이 언제인가 종결될 때에 대비해 장기대책으로 국군의 정예화를 위해서 노력해야 한다"고 언급했다(김정렴 2006, 383에서 재인용). 이런 일련의 상황에 대처하기 위해서 박정희는 1968년부터 1970년까지 3년 연속 국정지표를 '싸우면서 건설한다'는 "일면 건설, 일면 국방"으로 정했다(김정렴 2006, 382).

박정희는 1968년 1월 북한 무장공비의 침투 사건에 대해서 즉각적인 보복을 계획하고 미국의 지원과 승인을 요청했다. 그러나 미국은 이 계획에 대해서 상대적인 무관심과 함께 반대했고, 박정희는 이에 대해서 격분했다. 이로 인해서 박정희는 북한의 무력도발 시에 미국의 한국 방어 의지에 관해서 강한 우려를 품게 되었다. 그리고 1969년 북한의 미국 첩보기 격추사건에 대해서 닉슨 행정부가 보여준 "무력하고 우유부단하고 지리멸렬한"(키신저의 표현) 대처는 박정희의 우려를 더욱 강화시켰다(김형아 2005, 184). 박정희는 1968년 4월경에 미군의 베트남 철수를 이미 예상했던 것으로 알려져 있다(김형아 2005, 186). 1970년 7월 닉슨 행정부하에서 로저스 국무장관은 주한미군 제7사단의 철수를 한국에 정식으로 통보했다(김정렴 2006, 384). 비무장지대의 서부 해안 전선에 배치된 미군 7사단이 철수한다는 사실은 곧바로 한국군이 북한군에 맞서 비무장지대 전역을 방어해야 한다는 것을 의미했다. 또한 이는 남한과 북한 사이에 전쟁이 발발했을 때, 미국의 즉각적이고 자동적인 개입을 기대할 수 없다는 점을 시사했다(김형아 2005, 189). 당시 박정희는 주한미군의 감축이나 궁극적인 철수를 어느 정도 예상하고 있었지만, 그 속도나 시기가 너무 빠르다고 판단했다. 남한에 비해 북한이 월등한 군사력을 보유하고 있는 상황에서 전쟁이 발발하면

낙후된 기존의 무기와 군장비로는 남한 군대가 북한 군대를 대적할 능력이 부족하다고 보았기 때문이다. 1970년 8월 박정희는 "자주국방만이 우리가 살 길이다. 미 측 방침에 일희일비하는 처지를 빨리 벗어나야 한다"(김정렴 2006, 387에서 재인용)고 말하면서 경제성장의 필요성과 무기의 현대화와 국산화를 강조했다.

박정희는 북한 공비침투 사건 이후 창설한 향토예비군을 무장시키기 위해서 이미 무기공장 건설의 필요성을 느꼈고, 1970년 6월 방위산업 건설을 지시했다. 이어서 극비리에 '무기개발위원회'와 '국방과학연구소'를 창설했고 M-16 소총 공장의 건설을 지시했다(김형아 2005, 280). 1973년부터 본격적으로 추진된 중화학공업화는 방위산업의 건설과 맞물려 진행되었다. 또한 주한 미군의 철수에 대비에 고성능 무기와 군장비의 자체적인 생산을 계획하고 추진하기 시작했다. 이러한 계획은 핵무기와 유도탄 개발도 포함하고 있었다. 이 점에서 중화학공업화는 자주국방과 직접적으로 연결되었다. 중화학공업화의 추진은 미국에 대한 의존도를 줄이고 한국의 경제적·군사적 능력을 동시에 신장시킴으로써 북한을 경제와 국방 모두에서 능가하는 힘을 키우는 것을 목표로 했다(김형아 2005, 222).

1974년 3월 최신 무기와 장비를 도입함으로써 군을 현대화하는 극비 방위 프로젝트였던 '율곡 사업'을 승인했다. 또한 미국 핵우산을 통한 한국의 안전보장이 철회될지도 모른다는 우려에 따라 박정희는 중수 연료봉 공장과 유도탄 개발을 포함한 종합적 핵 프로그램을 가동시키기 시작했다. 이에 필요한 재원을 조달하기 위해서 방위성금을 모금하고, 방위세를 도입했다. 1980년까지 총 2조6,000억 원에 해당하는 액수가 방위세로 징수되었다(김형아 2005, 316). 한국의 핵개발 프로그램 추진을 저지하기 위해서 미국이 엄청난 압력을 행사한 것은 물론이었다. 1975년 한국 정부는 핵재처리 시설과 원자력 발전소 두 군데를 건설하기 위한 차관교섭을 프랑스와 성공적으로 체결했는데, 미국의 끈질긴 압박에 의해서 한국과 프랑스 정부는 최종 단계에서 이를 취소하지 않을 수 없었다(김형아 2005, 324-326).

그럼에도 박정희는 핵 미사일 프로그램을 지속적으로 추진했고, '대전기 계창'으로 위장한 중수 연료봉 생산 공장을 건설했다. 이어서 1976년 12월 한국 정부는 '한국핵연료개발공단'이라는 이 시설을 공식적으로 공개했고 (김형아 2005, 330), 급기야 1978년 9월에는 자체적으로 개발한 유도탄을 성공적으로 발사함으로써 세계에서 일곱 번째로 자국산 유도탄을 생산한 국가가 되었다. 이로 인해서 한국의 핵무기 개발에 적극 반대했던 미국 정부의 불안은 가일층 고조되었으며, 이를 막기 위해서 미국 고위 관료들이 한국을 방문했다(김형아 2005, 332). 마침내 1979년 6월 한·미 정상회담에서 박정희와 카터는 주한미군 철수와 한국의 인권 문제를 놓고 격렬한 언쟁을 벌였다. 이처럼 주한미군 철수 논의에 따른 안보위기의 심화로 인해서 박정희 정권은 한국의 존립 자체가 위기에 처해 있다고 믿었고, 어떤 희생을 치르더라도 국가안보를 확보하고자 했다(김형아 2005, 336). 바로 이런 이유로 박정희 정권은 방위산업의 개발을 겸한 중화학공업화를 필사적으로 밀어붙였던 것이다.

중화학공업화와 방위산업에 관련된 정책 추진에 긴밀하게 관여했던 핵심 고위 관료들은 한국판 국가주의의 절정인 유신체제가 "국가의 근본적 목표, 즉 부강하고 공업화된 국가 건설을 달성하고 대미의존도를 줄이기 위한 획기적인 공업 구조 개혁을 시행"하는 데 필수적이었다고 믿었다(김형아 2005, 313). 김형아는 "그들의 국가 개발 방식[이] 철저히 국가주의적, 권위주의적이었고 경제 민족주의에 상당히 의존했다"고 평한다(김형아 2005, 313-314). 이 점에서 1960년대 말부터 조성되고 가중된 안보위기 상황은 박정희와 유신체제로 하여금 국가주의의 대외적 표현인 자주국방에 필사적으로 매달리게 만들었고, 박정희의 핵무기 개발 프로그램은 박정희 정권의 몰락을 재촉한 하나의 요인으로 추정되고 있다. 박정희가 추진한 국가주의에 그 자신이 희생된 셈이었다.

4. 맺는글

지금까지의 검토에서 드러난 것처럼, 국가주의의 세 차원은 각각 (같은 용어를 사용하지만 내용상 상이한 색조를 지닌) 자유주의와 대립하는 것처럼 보인다. 먼저 개인과 사회에 대한 국가의 우월성과 초월성을 주장하는 정치철학적 국가주의는 개인주의에 기초한 정치적 자유주의와 정면으로 충돌한다. 국가주도에 의한 경제발전을 추진하는 정치경제적 국가주의는 시장중심의 경제운영을 강조하는 자유방임주의, 신고전 자유주의 또는 최근의 신자유주의 등 경제적 자유주의와 대치한다. 마지막으로 현실주의 이론에 기초해서 국가를 유일한 행위자라고 강조하는 국제관계에서의 국가주의는 국가는 물론 국제기구와 초국적 기업 및 초국적 비정부 기구 등 다양한 행위자의 중요성을 주장하는 자유주의나 다원주의에 대응한다. 이러한 사실은 국가주의와 자유주의의 다양한 차원들이 각각 가족 유사성과 선택적 친화성을 가지면서 상호 대조된다는 점을 잘 보여준다.

지금까지의 논의가 시사한 것처럼, 국가주의의 세 차원인 정치적 국가주의, 경제적 국가주의, 대외적 국가주의는 분석적으로는 각각 구분되지만, 현실에서는 상호 중첩적이고 상호 보완적이다. 기본적인 층위를 구성하는 정치적 국가주의에 따라 국가가 구성원이나 시민사회로부터 그 우월성이나 초월성을 인정받기 위해서는 경제적으로 부유하고 군사적으로 강력해야 한다. 이와 달리 국가가 경제적으로 빈곤하고 군사적으로 허약하다면, 국가는 그런 우월성이나 초월성을 누릴 수 없기 때문이다. 또한 국가가 국가 주도적 경제발전을 추진하기 위해서 또는 군사력을 강화시켜 대외적 자주성을 확보하기 위해서는 구성원 혹은 시민사회의 순응성을 확보할 수 있는 정치적 국가주의에 호소하고 의존해야 한다. 또한 경제적 국가주의와 대외적 국가주의를 성공적으로 추진하여 경제적 부와 강한 군사력에 기초한 대외적 자주성을 확보하면 그러한 성공은 정치적 국가주의의 강화로 연결될 개연성이 높다. 유감스럽게도, 이러한 논의는 지금까지 제시된 본문에서의 분석과 더불어 박정희 시대 정치적 국가주의에 기초한 유례없는 독재가 경제적 국가주의에 따른 급속한 경제발전과 동전의 양면을 구성한다는 점을 보여준다. 다시 말해 한국이 후발국가로서 산업화를 추진하는 과정에서 독재와 경제발전의 높은 선택적 친화성을 시사한다.

그러나 정치적 국가주의에 대한 개인과 시민사회 본래의 자유주의적 반발에 더하여 경제적 국가주의의 성공에 따른 경제적 풍요의 성취는 자유에 대한 개인의 열망을 고취하고 시민사회의 다원성을 활성화시켜 국가의 억압에 저항하면서 정치적 국가주의를 약화시킬 가능성을 증가시킨다. 나아가 개인과 기업 등 강화된 민간 경제주체들이 시장과 경제에 대한 국가의 간섭을 배제하고 보다 자유로운 경제활동을 주장하면서 경제적 국가주의를 무력화시키거나 해체하고자 하는 경향을 강화시킨다. 1987년 민주화 이후 지난 30년 동안 한국 정치는 이런 식으로 정치적 국가주의와 경제적 국가주의가 점진적으로 약화되어온 현상을 목격해왔다.

먼저 한국의 정치적 국가주의는 박정희의 유신체제에서 절정에 달했다. 하지만 1980년 광주민주화 운동을 유혈 진압한 전두환 정권의 출범은 그후 격렬한 민주화 투쟁을 촉발시키면서 결과적으로 국가주의를 약화시키는 전환점이 되었고, 민주화 이후 이러한 추세는 지속되어왔다.16) 또한 전두

---

16) 물론 이런 진단이 국가주의의 약화가 현재 만족스러운 수준에 이르렀다는 평가는 결코 아니다. 최근 박근혜 정부는 유신체제의 적폐인 검찰, 경찰 및 국가정보원을 동원하여, 부분적이지만 유신독재의 부활을 시도한 바 있다. 아울러 최근의 연구는 국가주의가 보

환 정권이 시장중심의 경제정책으로 전환함에 따라 국가주도에 의한 경제발전, 곧 경제적 국가주의 역시 점진적으로 쇠퇴하기 시작했다. 나아가 1997년 금융위기 이후 신자유주의적 개혁을 전격적으로 도입함에 따라 더욱더 퇴조하게 되었다. 마지막으로 박정희 정권이 핵무기 개발 프로그램을 추진함에 따라 대외적 국가주의는 한때 최고조에 달했지만, 박정희 사후 미국의 압력에 의해서 전두환 정권이 그 프로그램을 포기하는 것은 물론 주한 미군의 지속적 주둔이 보장되면서 결정적으로 하강국면에 접어들었다. 더욱이 민주화 이후에 김대중-노무현 정부가 경제적 우위를 바탕으로 하여 북한에 대한 적대적 태도를 중지하고 대북 화해와 협력 정책을 적극적으로 추진함에 따라 자주국방을 추진하던 남한의 국제관계에서의 국가주의는 지속적으로 약화되어왔다. 그러나 박정희 정권의 유산으로 지속적으로 성장하면서 비대해진 재벌 등 대기업 집단들이 신자유주의의 득세에 더욱 힘입어 국가가 철수한 빈자리를 메우면서 많은 사람들이 취업난과 비정규직의 일상화로 인해서 실업과 고용불안에 시달리고 있고, 사회적 양극화 역시 심화되고 있다. 이로 인해서 민주화와 더불어 누리게 된 정치적 자유가 사회적 차원에서 심각하게 위협받고 있다. 또한 북한은 최근 핵무기와 미사일 개발에 성공함으로써 바야흐로 남한의 안보를 전례 없는 위기에 몰아넣고 있다.

수세력은 물론 진보세력 사이에도 켜켜이 쌓여 있다는 점을 신랄하게 고발한 적이 있다. 대표적으로는 임지현 외(2000), 권혁범(2004)을 참고.

참고 문헌

대통령비서실. 1973. 『박정희대통령연설문집 1권 : (최고회의편 : 1961.07-1963.12)』. 서울 : 대통령비서실.

_____. 1973. 『박정희대통령연설문집 3권 : 제6대편 : 1967.07-1971.06』. 서울 : 대통령비서실.

_____. 1976. 『박정희대통령연설문집 5권 : 제8대편 상 : 1972.12-1975. 12』. 서울 : 대통령비서실.

_____. 1979. 『박정희대통령연설문집 6권 : 제8대편 하 : 1976.01-1978. 12』. 서울 : 대통령비서실.

강상중 · 현무암 저. 이목 역. 2012. 『기시 노부스케와 박정희』. 서울 : 책과함께.

강정인. 2014. 『한국 현대 정치사상과 박정희』. 서울 : 아카넷.

_____. 2016. "8 · 15와 한국사회 : 한국 민족주의의 신성화와 그 퇴조." 『신아세아』 제23권 3호, 134-160.

강준만. 2004a. 『한국 현대사 산책 : 1960년대편 2』. 서울 : 인물과사상사.

_____. 2004b. 『한국 현대사 산책 : 1960년대편 3』. 서울 : 인물과사상사.

공제욱 엮음. 2008. 『국가와 일상-박정희 시대』. 파주 : 한울.

구경남. 2014. "1970년대 국정 <국사> 교과서에 나타난 애국심 교육과 국가주의." 『역사교육연구』 제19호, 347-383.

권혁범. 2004. 『국민으로부터의 탈퇴 : 국민국가, 진보, 개인』. 서울 : 삼인.

김기봉. 2004. "우리에게 국가란 무엇인가? 하나의 역사적 성찰." 한국철학회 편, 『철학과 인접학문의 대화』. 서울 : 철학과현실사, 164-194.

김삼웅 편. 1997. 『사료로 보는 20세기 한국사』. 서울 : 가람기획.

김웅기. 2006. "일본의 '만주형' 발전모델이 박정희정부 산업화에 미친 영향." 한국학중앙연구원 박사학위 논문.

김육훈. 2015. "국가주의와 역사교육, 그 너머를 향하여." 『역사와 교육』 제11호, 126-145.

김윤태. 2012. 『한국의 재벌과 발전국가 : 고도성장과 독재, 지배계급의 형성』. 파주 : 한울.

김정렴. 2006. 『최빈국에서 선진국 문턱까지 : 한국 경제정책 30년사』. 서울 : 랜덤하우스중앙.

김한종. 2014. "역사교과서의 사회문화적 기능과 국가 이데올로기." 『역사교육』 제131집, 103-129.

김형아 저. 신명주 역. 2005. 『유신과 중화학공업 : 박정희의 양날의 선택』. 서울 : 일조각.

박상섭. 2008. 『국가 · 주권』. 서울 : 소화.

박정희. 1962.『우리 민족의 나갈 길 : 사회재건의 이념』. 서울 : 동아출판사.

＿＿＿. 1963.『국가와 혁명과 나』. 서울 : 상문사.

박찬승. 2002. "20세기 한국 국가주의의 기원."『한국사연구』제117호, 199-246.

볼, 테렌스 · 대거, 리차드 저. 정승현 외 역. 2006.『현대 정치사상의 파노라마』. 서울 : 아카넷.

오원철. 2006.『한국형 경제건설 : 엔지니어링 어프로치 3』. 서울 : 기아경제연구소.

이강국. 2005.『다보스, 포르투 알레그레 그리고 서울 : 세계화의 두 경제학(2판)』. 서울 : 후마
니타스.

이종은. 2004. "한국에서의 국가." 한국철학회 편,『철학과 인접학문의 대화』. 서울 : 철학과현
실사, 195-273.

임지현 외. 2000.『우리 안의 파시즘』. 서울 : 삼인.

중앙일보 특별취재팀. 1998.『(실록) 박정희 : 한 권으로 읽는 제3공화국』. 서울 : 중앙 M&B.

최형익. 2008. "입헌독재론 : 칼 슈미트(Carl Schmitt)의 주권적 독재와 한국의 유신헌법."『한국
정치연구』제17권 1호, 241-269.

한석정. 2010. "박정희, 혹은 만주국판 하이 모더니즘의 확산."『일본비평』제3호, 120-137.

＿＿＿. 2012. "만주국-60년대 한국, 불도저 국가의 흐름."『만주연구』제13집, 161-178.

홉스, 토마스 저. 진석용 역. 2008.『리바이어던 1』. 파주 : 나남.

황태연. 2000. "헤겔의 국가론과 정치철학."『계간 사상』가을호(제46호), 193-240.

Amsden, Alice. 1989. *Asia's Next Giant : South Korea and Late Industrialization*. New York :
Oxford University Press.

Gerschenkron, Alexander. 1962. *Economic Backwardness in Historical Perspective*. Cambridge,
MA : Harvard University Press.

Gregor, A. James. 1979. *Italian Fascism and Developmental Dictatorship*. Princeton, N.J. :
Princeton UP.

Johnson, Chalmers A. 1982. *MITI and the Japanese Miracle : the Growth of industrial Policy*,
1925-1975. Stanford, CA : Stanford University Press.

Wade, Robert. 1990. *Governing the Market : Economic Theory and the Role of Government in
East Asian industrialization*. Princeton, NJ : Princeton University Press.

Weber, Max. 1958. "Politics as a Vocation," in *From Max Weber*, edited by H. H. Gerth and C.
Wright. New York : Oxford University Press, 77-128.

11

탈서구중심주의를 지향하는 비교사상 연구의 새로운 지평

−김성국, 『잡종사회와 그 친구들 : 아나키스트 자유주의 문명전환론』(이학사, 2015)

강정인

1. 글머리에

김성국 교수(이하 저자)가 『잡종사회와 그 친구들 : 아나키스트 자유주의 문명전환론』(이학사, 2015)이라는 제목으로 아나키즘 연구에 대한 역저를 출간했다.[1] 이 책은 한국 현대사상의 주류에서 소홀히 취급되고 있는 아나키즘 사상을 선구적으로 개척하고 체계적으로 집대성함으로써 한국 현대사상 연구에 새로운 활력을 불어넣고, 나아가 한국 현대사상에 풍성함과 깊이를 더한 매우 독창적인 걸작이다. 이 점에서 학문적으로는 물론 실천적으로도 이 책의 중요성은 아무리 강조해도 지나치지 않다.

저자는 사회학이론과 한국사회에 관한 연구에서도 이미 중요한 학문적 업적을 남기고 있고, 다양한 시민운동에도 주도적으로 관여해온 이론적 · 실천적 역량을 겸비한 사회학자이다. 1990년대 후반부터 깊은 관심을 갖고

---

[1] 이 글에서 본격적으로 분석하는 김성국의 『잡종사회와 그 친구들 : 아나키스트 자유주의 문명전환론』을 인용하는 경우에는, 편의상 괄호 속에 단순히 쪽수만 기재하도록 하겠다.

아나키즘 연구에 천착해온 저자는 아나키즘 관련 3부작을 완성하겠다는 자신의 목표를 2007년 출간한『한국의 아나키스트 : 자유와 해방의 전사』(이학사)의 '머리말'에서 밝혔다. 그 첫 번째 책이 한국의 아나키즘의 역사에 관한 것으로 한국의 주요 아나키스트들의 사상을 집중적으로 조명한『한국의 아나키스트』다. 두 번째 책은 아나키즘의 이론 및 실천을 적용하여 한국 현대사의 주요 사건이나 변화를 설명하는『아나키스트 한국사회론』이다. 세 번째 책은 세계화·정보화·생태화로 특징지어지는 21세기 포스트모던 사회의 도래를 염두에 두고 아나키즘을 포스트모더니즘과 노장사상의 관점에서 이론적으로 재구성하고 새로운 실천전략을 모색하는『해방적 자유 : 탈근대 아나키스트 사회 이론』이 될 것이라고 언명했다(김성국 2007, 5). 그런데 예정된 두 번째 책보다 세 번째 책이 먼저 출간되었다. 이 과정에서 원래의 목표가 확장되고 내용이 확충되어『잡종사회와 그 친구들 : 아나키스트 자유주의 문명전환론』이라는 바뀐 제목으로 출간되었는바, 전체 분량이 장장 930쪽에 달하는 방대한 저술이다. 저자가 예정대로 두 번째 책마저 출간하여 3부작을 완성함으로써 저자 개인적으로는 아나키즘 연구에 획기적인 이정표를 남기고, 나아가 후학들이 저자의 연구를 이어받아 잘 숙성된 한국발 아나키즘 사상을 세계적으로 더욱 발전시킬 수 있기를 평자는 진심으로 기원한다.

정치사상의 탈서구중심적 형상화를 지향하는 연구자로서 평자가 저자의 책에 관심을 갖는 주된 이유는 아나키즘 사상에 대한 저자의 깊은 식견과 통찰에 대한 것도 있지만, 그보다는 동서양의 아나키즘 사상을 종횡무진으로 누비면서 이를 보합·조제하는 방법론에 대한 것이다. 저자는 이 저작을 통해서 "우리 세대가 고심해왔던 '서구 이론에 대한 종속성 탈피와 한국적 혹은 토착적 이론의 수립'이라는 숙제"를 "동서 아나키즘 이론의 잡종화 및 개인주의적 아나키즘과 포퍼-하이예크 자유주의의 잡종화를 통해서 풀어보고자 한다"고 연구방법론상의 동기를 추가적으로 밝혔다(7-8). 다시 말해 아나키즘 이론과 사상을 종합한 '동아시아 아나키즘' 사상을 전개하면서 그 방법론으로 비교 정치(사회) 사상(철학) 방법을 적용하여 탈서구중심적 연구를 지향하겠다는 것이다. 이 점에서 저자의 연구는 시의 고금, 양의 동서를 가로질러 아나키즘과 관련된 사상을 섭렵하여 통섭(通涉)을 시도함으로써 현대 한국사상 연구의 방법에서도 새로운 지평을 열었다. 일반적인 철학자나 이론가는 말할 것도 없고, 『천부경』, 노자, 장자에서부터 단주 유림, 하기락을 거쳐 현대 한국 사회학자에 이르기까지, 그리고 막스 슈티르너, 미하일 바쿠닌, 구스타프 란다우어, 콜린 워드에 이르기까지 다양한 아나키즘의 영웅들은 물론 현대의 다양한 사상과 이론들을 두루 아우르고 넘나드는 저자의 해박한 지식(독서)에 감탄하지 않을 수 없다. 나아가 광대무변하고 천변만화하는 산맥이자 바다와 같은 저자의 사상에 평자는 압도되지 않을 수 없다. 부끄러운 고백이지만 평자는 『천부경』은 물론 『루바이야트』, 단주 유림, 하기락, 콜린 워드 등에 대해서는 이 책을 접하면서 처음 알게 되었다.

비록 방대한 분량의 저술이지만, 여전히 이 책은 아나키스트 자유주의 입장에서 거시적으로 밑그림을 그린 것이기에 원칙과 대강에 대한 선언적 서술 이외에는 구체적인 내용에 대한 서술 — 대표적으로 예를 들면, 사회 국가의 구체적인 내용, "반자본주의적 혹은 사회주의적 요소(계획경제)", "비자본주의적 혹은 탈자본주의적 요소(공유 협동경제와 탈물질주의 경제)" 및 자본주의적 요소가 혼합된 경제체제의 구체적인 모습(300−301), 경제적 평등의 구체적 구현 양태 등 — 이 충분하지 않다고 느껴질 때가 적지 않게 있다. 나아가 개별 사상가(이론가)나 여러 가지 사상에 대한 저자의 해석 및 다양한 사상들(이론들)의 매끄러운 연결, 기타 논리전개 등에 있어서는 (당연한 얘기이지만) 허술한 점이 적지 않게 발견된다.[2] 이에 따

---

2) 후자의 측면과 관련해서는 김태창의 이론에 대한 저자의 적절한 평을 상기할 가치가

라 책에 담긴 세부적인 논점에 대해서 이의를 제기하고 문제 삼는 것도 매우 유용한 작업이 될 수 있겠지만, 이 글에서는 이를 가급적 삼가도록 하겠다. 부분적으로는 워낙 제한된 시간에 방대한 책을 읽고 논평을 시도하는 과정에서 평자의 논평이 때로는 '장님 코끼리 만지기'식 품평이 지닌 오류를 범할 수 있기 때문이다. 게다가 이 책에 담긴 지식의 방대한 양과 심원한 깊이에 필적하지 못하는 평자의 지식으로 자신이 잘 모르는 영역이나 이론 및 사안에 대해서 섣불리 논평하는 것은 이 책에 대한 적절한 비판이기는커녕 오히려 평자의 무지와 오류를 드러내는 데 불과할 수도 있기 때문이다. 이에 따라 평자는 저자가 풀어놓은 '생각의 내용' 그 자체에 대해서보다는 (생각의 내용을 풀어놓는 과정을 지배하는) '생각의 방법(how to think)' 또는 '생각의 습관(habits of thinking)'에 대해서 비교사상 연구의 관점에서 몇 가지 논점을 제기함으로써 논평을 전개하고자 한다.

이를 위해서 먼저 이 책의 핵심 개념인 '잡종(화)'의 개념 구성이 적절하게 이루어지고 있는지에 대해서 비판적으로 분석하면서 저자가 잡종사회의 다섯 친구들로서 제시한 바 있는 타협적 탈국가주의자, 절제적 탈물질주의자, 협동적 개인주의자, 상대적 허무주의자, 현세적 신비주의자를, 저자가 주장하는 것처럼, 과연 '잡종'으로 개념화하는 것이 합당한지를 검토할 것이다. 이어서 저자의 '생각의 습관' 가운데 평자가 수긍하기 어려운 지점들을 '논증이 생략된 유비적(類比的) 사고들', '비교의 프레임의 공정성'이라는 소제목을 설정하여 몇 가지 사례를 들면서 비판적으로 검토하겠다. 마지막으로 '에필로그'에서 저자가 남긴 독백으로부터 모든 유토피아 사상이 안고 있는 '이행(移行)의 딜레마'를 상징적으로 연역하면서 이 글

있다. "이론적 잡종화는 백화만발의 화려함을 갖추기 쉽지만 그 사이사이의 연결과 연결에서 일종의 애매모호함이나 두루뭉술함이, 어쩌면 자연스럽고 당연하지만, 흐를 수밖에 없다"(290).

을 마무리하고자 한다.

2. '잡종화'에 관하여

이 책의 제목인 '잡종사회와 그 친구들'이 시사하듯이, 잡종(화)은 이 책의 핵심 개념이다. 나아가 저자는 2장에서 거론하듯이 잡종(화)과 잡종 사회에 관해서 그 역기능 — 혼란과 무질서, 불안정과 위기감, 방종과 전통 문화 파괴 등 — 을 부정하지는 않지만(108), 그 긍정적 기능들 — "변혁적 인 잠재력", 인간사회 해방의 잠재력, "거대한 문명사적 전환"의 원동력, "관용적 개방성", "탈권력성", "탈경계성", "타협과 절충"의 미덕, '잡종성 의 약화=다양성의 축소' 등 — 을 강조하면서 전체적으로는 긍정적으로 평가한다(102-110). 이처럼 잡종(화)은 이 책의 핵심어이자 빈번히 나오 는 개념인데 그것이 정확히 무엇을 의미하고 지칭하는지는 평자에게 명확 하게 다가오지 않는다. 이에 따라 평자에게는 다음과 같은 두 질문이 떠오 른다. 첫째, '잡종(화)은 무엇이고 잡종(화)이 아닌 것은 무엇인가?' 생각 건대 일부 예외를 제외하고는 거의 모든 것이 잡종(화)이기 때문이다. 둘 째, '모든 잡종화하는 좋은 것인가?' 나아가 '잡종화의 선악(좋고 나쁨)을 평가하는 기준은 과연 무엇인가?' 이 두 질문은 분석적으로 구분되는 것 같지만, 경우에 따라 긴밀하게 상호 연관되어 있기도 하다. 예를 들어 (저 자가 반드시 그렇게 생각하지는 않겠지만 그래도 전체적으로) 만약 모든 잡종(화)이 좋은 것이라면, 나쁜 잡종(화)은 잡종의 범주에서 제외되어야 하고 이에 따라 잡종(화)의 개념 규정이 변하게 될 것이기 때문이다.[3] 그

---

3) 이와 비슷하게 우리는 '모든 사랑은 다 좋은가?'라는 질문을 던질 수 있다. 만약 이에 대해서 긍정한다면, 가령 '눈먼 사랑'으로 인해서 살인을 저지른 경우에, 그 눈먼 사랑을 우리는 (진정한) 사랑이 아닌 일종의 '유사(의사) 사랑'으로 규정해야 한다. 이와 달리

러나 '잡종(화)'에 관한 저자의 빈번한 언급과 전반적으로 긍정적인 평가에도 불구하고, 이러한 평자의 의문에 대한 체계적이고 명쾌한 답변을 적어도 잡종화와 잡종사회를 본격적으로 논의하는 책의 2장에서는 발견하지 못한 것 같다. 따라서 평자가 놓친 구절까지 포함해서 잡종(화)에 대한 저자의 명쾌한 설명을 기대하면서 잡종(화)에 대한 평자의 문제의식을 전개해보겠다.

저자는 2장에서 (역사상 모든 사회가 잡종사회이고, 역사상의 모든 주요한 변화가 잡종화 과정의 산물이지만)[4], 21세기를 "탈근대 잡종사회"로 규정한다(89). 또한 잡종(화)의 예찬론자로서 저자는 종래 순혈주의, 순종주의, 정통주의 입장에서 '불순한 혼합' 또는 '타협과 절충'을 상징하는 '잡종(화)'에 대한 비하적 편견이나 잘못된 고정관념을 불식시키려는 논변을 적극적으로 전개한다. 저자는 자신의 아나키스트 자유주의 역시 일견 모순되는 '아나키즘'과 '자유주의'의 잡종화(급진화된 자유주의+실용화된 아나키즘)임을 선언한다. 잡종(화)의 전도사로서 저자는 '머리말'에서 유불도선의 지혜를 모아 화쟁을 이루고자 했던 원효를 "잡종화의 선구자"로 꼽는다(11). "원효의 화쟁은 나의 화두인 잡종화를 오래 전에 가장 간명하고도 심원하게 표현한 만세지표"로서 "비단 불교의 모든 종파를 초월한 귀일(歸一)에만 머무르지 않고, 유교와 도교까지 총섭(總攝)하고, 이에 더하여 국유현묘지도(國有玄妙[之]道)라 일컬어지던 화랑도(花郞道), 국선도(國仙道), 풍월도(風月道)까지도 그 바탕에 까는 대종합의 화쟁을 추구했다"(86). 평자는 저자의 이러한 논변에 '어느 정도' 공감한다. 종래 잡종(화)이 지닌 부정적인 어감 때문에 우리는 긍정적인 잡종(화)에 대해서는 잡종(화)이라는

사랑을 중립적으로 규정한다면 '눈먼 사랑'도 사랑으로 규정될 것이다.
4) "세상만사는 잡종화를 통해서 생성되고, 변화한다.……역사상의 모든 주요한 변화는 이 잡종화 과정의 산물이라고 해도 과언이 아니다"(89).

용어를 사용하기보다는, 그 대신 '종합', '집대성' 등 긍정적인 용어를 사용하지 않았나 싶다. 대표적으로 마르크스주의는 영국의 정치경제학, 프랑스의 사회주의, 독일의 관념철학의 종합(잡종)이다. 주희의 성리학은 공맹유학과 도가 및 불가의 형이상학의 종합(잡종)이며, 주돈이, 장재, 이정(二程) 형제 등 북송대 유학자들의 연구 성과를 집대성(잡종화)한 것이다. 플라톤 철학 역시 피타고라스, 파르메니데스, 헤라클레이토스, 소피스트 철학을 집대성(잡종화)한 것이라 할 수 있다. 그러나 위에서도 언급한 것처럼, 평자는 저자의 논의에 상당히 수긍하면서도 '잡종화는 무엇이고 잡종화가 아닌 것은 무엇인가', '모든 잡종화는 좋은 것인가'라는 상호 연관된 두 가지 의문에 봉착하게 된다.

먼저, 여러 가지 것이 섞였을 때 어떤 것을 '잡종(화)'이라고 부르는 기준은 무엇인가? 저자는 "잡종화는 차이를 가진 이질적인 것들의 상호작용"이라고 간단하지만 모호하게 규정하고 있을 뿐이다(88). 이 점에서 저자는 잡종화의 요소, 원리, 과정, 결합방식, 필요충분조건 등 무엇이 잡종화를 구성하는지 명확히 논하지 않는 것으로 보인다.5) 일상적 용례를 든다면, 잉크/설탕/꿀/커피 원두와 물이 섞이는 것은 잡종인가 아닌가? 커피와 우유, 홍차와 우유가 섞이는 것은 잡종인가 아닌가? 커피에 우유 그리고 설탕을 섞는 것은 잡종인가 아닌가? 예를 들어 우리는 커피와 홍차(계란)를 섞은 것을 잡종이라 부르겠지만, '커피＋우유＋설탕'의 혼합을 잡종이라 부르지는 않을 것이다. 그런데 홍차와 우유 또는 녹차와 우유를 섞으면 우리는 그것을 잡종이라 부를 것인가? 영국인들(인도 등 영국 식민지배의 영향을 받은 국가의 인민들)은 홍차와 우유의 혼합을 잡종이라 생각하지 않을 법

---

5) 잡종화는 (같은) 시대와 문화 내에서 또는 그것을 가로질러 일어나는 것으로도 보인다. 잡종화는 동일한 범주 내에서 일어나는가 아니면 범주를 가로질러 일어나는가? 예를 들어, 어리석은 질문 같지만, 돌과 물을 섞는 것도 잡종화인가?

하다. 이와 달리 녹차와 우유를 섞은 것을 잡종이라 부를 법하지만, 녹차 라테에 친숙해진 사람들이 그것을 굳이 잡종이라 부를까 의문스럽다. 일상의 평범한 사례를 벗어나 그리고 흔히 말하는 문화와 기술의 혼용을 넘어, 우리가 관심을 갖는 정치사상으로 주의를 돌려보자. 국가독점자본주의, 수정자본주의, 사회민주주의, 자유민주주의는 잡종인가 아닌가? 정권/국가 형태로서 개발독재 또는 발전국가는 잡종인가 아닌가? 남북한의 분단국가는 잡종인가, 그렇다면 어떤 잡종인가? 한국의 반공 민족주의는 잡종인가 아닌가? 독일의 나치즘, 이탈리아의 파시즘은 잡종인가?[6]

둘째, 모든 잡종화는 좋은 것인가? 만약 그렇지 않다면 잡종화의 선악을 평가하는 기준은 구체적으로 무엇인가? 저자는 이런 기준에 대한 논의 없이 잡종(화)에 대해서 긍정적으로 평가하는 전체적인 기조와 서술을 유지하고 있다.[7] 그런데 그 기준은 과연 무엇인가? 먼저 우리는 삶의 영역에 따라 잡종화를 긍정적으로 또는 부정적으로 평가한다. 손쉬운 예로, 애완동물들(예컨대 애완견 등) 가운데 비싼 것은 순종이고 족보가 있으며, 잡종은 대체로 덜 선호된다. 그렇다면, '우리는 우리 삶의 어떤 영역에서 순종을 선호하고, 어떤 다른 영역에서 잡종을 선호하는가?'라는 의문이 제기된다. 좀더 분석적으로 말하면, 전반적으로 잡종을 좋은 것으로 받아들이는 저자의 입장에 전폭적인 지지를 선뜻 보내기란 어렵다. 좋은 것과 좋은 것, 좋은 것과 나쁜 것, 나쁜 것과 나쁜 것이 잡종화하고, 또는 선악중립적인 것(과학기술 등)도 중요한 요소로 잡종화에 참여하기도 하며, 어느 조

---

6) 나치즘의 원어적 표현은 국가(민족)사회주의이다.

7) 예를 들어 저자는 "……나의 잡종화 개념은 세계화의 문화적 차원을 설명하거나, 기술상의 융합적 측면을 강조하는 서구의 접근법을 포괄하면서도 이를 넘어 보다 심원한 수준의 존재론적, 역사적-문명사적, 기능론적 영역으로 확장된다"(88)고 말한다. 다시 말해 '하이브리드(bybrid)'는 통상 문화나 기술 영역에서의 혼용을 지칭하는데 저자는 이를 거의 모든 영역으로 확장하여 사용하며, 훨씬 빈번히 긍정적으로 언급한다.

합이든 그 선악에 대한 결과는 예단하기 어렵다. 예를 들어, 저자는 '국가독점자본주의'를 '국가(주의)'와 '독점자본'이 결합(잡종화)한 것으로 보면서 부정적으로 평가한다(10). 복지국가 역시 국가주의와 평등주의가 결합한 것으로 보이는데 일반적으로는 긍정적으로 평가되지만, 저자는 부정적으로 판단한다. 이슬람 원리주의를 신봉하는 일부 세력들은 종교적 순수성을 강조하지만 동시에 그들이 혐오하는 '서구'의 과학기술을 적극 수용하여, 곧 이슬람 원리주의와 서구의 과학기술을 잡종화하여, 9·11 테러를 저지른 것은 물론 테러, 강간 등 무자비한 방법을 동원해서 IS(이슬람 국가) 건설을 추진하고 있다. 또한 국가의 감시 속성과 첨단 정보기술이 결합(잡종화)하여 팬옵티콘(원형감옥) 국가가 도래하고 있다(이 감시국가는 잡종화의 산물인가 아닌가?). 명시적인 악(부정과 사기) 역시 정보기술과 잡종화하여 고도로 진화하고 있다(피싱, 스미싱 등). 동성애를 옹호하는 것에 대한 반대 논변 중의 하나는 개인의 성적 취향(선택)을 존중하다 보면 그 끝은 어디인가라는 것이다. 최근 독일에서 일부 시민이 동물과의 섹스를 허용해달라고 헌법재판소에 청구했다가 기각되었다는 보도를 접한 바 있는데, 인간과 동물의 섹스 역시 잡종화 차원에서 지지할 것인가? 나아가 우리는 머지않아 출현할 복제인간이나 기계인간이 자연인과 여러 가지 조합과 방식으로 잡종화하는 것을 어떻게 다룰 것인가? 그들이 교합하여 2세를 낳는다면 그 현실을 어떻게 받아들일 것인가? 독일의 사회학자 울리히 벡이 말하는 위험사회 역시 여러 가지 위험요소들 또는 위험을 제공하는 사회적 원인들이 한데 섞이면서 곧 위험의 잡종화에 의해서 위험이 중층적이고 다중적으로 증폭·가중되는 사회라 할 수 있을 것이다. 지금까지 평자가 제시한 사례들 중에서 어떤 것이 잡종화이고 어떤 것이 잡종화가 아닌가? 평자가 제시하는 사례들의 대부분이 잡종화로 인정된다면, 잡종화된 사회현상에 부정적인 것이 상당히 많다는 점이 확인될

것이다.[8]

위의 사례에서 이미 시사되었듯이, 사회현상 가운데 잡종(화)에 대해서는 이념적 입장에 따라 평가가 분분한 것 또한 역사적 현실이다. 사회민주주의가 잡종이라는 전제하에 논해보면, 19세기 말 독일 사회민주당에서 베른슈타인 등 온건 사회주의자는 이를 긍정적인 것으로 주장하고 평가했지만, 정통 사회주의자들(카우츠키, 룩셈부르크 등)은 이를 수정주의라고 극렬히 비난했다(그러나 오늘날에는 대체로 긍정적으로 평가된다). 비서구 세계에서 좌파는 계급을 중시하는 '정통(또는 서구적)' 좌파보다는 서구 제국주의에 반발하여 민족해방을 계급해방에 섞은(잡종화한) 민족주의적 좌파가 주로 세력을 잡았다(김일성의 사회주의, 아랍민족주의, 제3세계주의, 중국, 쿠바, 베트남 등). 여기서 좌파 민족주의 또는 민족주의 좌파는 잡종인가, 그리고 좋은 것인가? 좋은 것이라면 그 기준은 무엇인가? 마찬가지로 수정자본주의에 대해서 같은 자유주의권 내에서도 찬반이 엇갈렸다. 하이에크 등 시장원리주의자들은 결사반대하고 복지자유주의자들은 이를 지지했다. 저자 역시 모든 잡종화가 좋은 것은 아니라고 인정한다. 저자는 자신의 아나키스트 자유주의 이론이 "호혜적 잡종화를 통해서 개인적 자유와 사회적 해방을 동시에 추구"한다고 주장한다(91). 만약 저자의 구분에 따라 '호혜적 잡종화'와 '그렇지 않은 잡종화'를 구분한다면 전자를 산출하는 잡종화와 후자를 산출하는 잡종화는 그 원리, 과정, 결과에서 어떻게 유의미하게 구분되는가?

위에서 호혜적 잡종화와 그렇지 않은 잡종화를 구분하는 것처럼, 저자의

---

8) 물론 나쁜 것과 나쁜 것이 잡종화하여 긍정적인 잡종이 나오는 흥미로운 사례도 있다. 그리스 정치철학자 아리스토텔레스는『정치학』에서 나쁜 과두정과 나쁜 민주정을 섞은 혼합정을 긍정적인 정치체로 평가했다. 소위 나쁜 것과 나쁜 것을 잡종화했는데 좋은 결과가 나온 것이다.

궁극적인 입장은 모든 잡종화를 긍정적인 것으로 평가하지 않는 것으로 보인다. 많이 찾지는 못했지만, 예를 들어 저자는 이렇게 말하기도 한다 : "자본주의를 전면적으로 부정하거나 옹호하는 것이 아니라, 자본주의에 필요한 여러 대안적이고 비판적인 관점을 과감히 잡종화하여 자본주의를 개선하려는 것이 아나키스트 자유주의의 과제이다"(10). 다시 말해 저자는 자본주의에 모든 것을 섞는 것이 좋은 것이 아니라 "자본주의에 필요한 여러 대안적이고 비판적인 관점"을 섞어서 "자본주의를 개선"하는 것이 좋은 잡종화라고 말하고 있다.9) 따라서 이 구절 역시 모든 잡종화가 좋은 것은 아니라는 저자의 인식을 드러내고, 나아가 좋은 잡종화와 나쁜 잡종화를 구분하는 (모호하지만) 저자 나름의 기준을 탐색하려는 시도를 보여주고 있다. 이렇게 볼 때 원효에 대한 저자의 찬양 역시 잡종화를 평가하는 기준이 생략되어 있어 아쉬움을 자아낸다. 만약 저자가 원효를 잡종화의 선구자로 본다면, 비록 원효의 전공자는 아닐지라도 그가 제시한 화쟁의 기본원리—예를 들어 원융회통(圓融會通) 등—를 탈근대 잡종사회의 필요와 아나키스트 자유주의의 목표에 적합하게 업그레이드하고 확장하여 잡종화의 방식이나 평가기준을 도출하려는 시도가 필요하지 않았을까?

좋은 잡종화에 대한 저자의 기준이 모호하기 때문에 저자가 일견 긍정적으로 제시하는 잡종화에 대해서도 이제 평자는 선뜻 동의하기 힘들다. 예를 들어 저자는 "아나키즘과 자유주의의 잡종화, 즉 개인주의적 아나키즘과 포퍼-하이에크 자유주의의 잡종화를 통해서 아나키스트 자유주의의 길을 개척하고" 나아가 "자유의 길을 더욱 풍요롭게 만들고자 한다"(90)고 말한다. 그런데 선택의 기준, 잡종화가 작동하는 맥락, 잡종화의 결과에 대한

---

9) 따라서 독점자본에 국가를 섞는(잡종화하는) 국가독점자본주의는 물론 좋은 잡종화가 아니다.

선악을 평가하는 맥락(과 그 변화가능성)에 대한 서술이 명료하지 않기 때문에 평자는 저자의 아나키스트 자유주의를 긍정적으로 받아들이기 어렵다. 예를 들어 '가'에서 긍정적인 'a', '나'에서 긍정적인 'b'를 도출하여 잡종화했을 때, 그 결과는 반드시 긍정적일까? 'a'가 긍정적인 것은 '가'라는 전체적인 맥락, 'b'가 긍정적인 것은 '나'라는 전체적인 맥락이 작용하기 때문에 가능하다는 판단이 사후에 얻어질 수 있다. 그런데 'a'와 'b'가 잡종화하여 탄생한 'c'가 작동하는 맥락은 본래의 '가' 또는 '나'와는 전혀 다른 '다'라는 맥락일 수 있다. 노자는 물론 루소 역시 언급한 것처럼, 인간사회에서 복(화)에는 화(복)가 필연적으로 따르고, 선에는 악이 불가분적으로 뒤섞여 있는 경우가 다반사다. 또한 중국의 '새옹지마' 이야기가 보여주듯이, 한 맥락에서 부정적인 결과가 맥락이 바뀌면 긍정적인 결과로 전도되고, 또 그 역도 사실이다.

마지막으로 저자는 잡종사회의 다섯 가지 친구들로 타협적 탈국가주의자, 절제적 탈물질주의자, 협동적 개인주의자, 상대적 허무주의자, 현세적 신비주의자를 제시하고 "각 친구들이 각 차원마다 일종의 잡종적 균형과 조화"를 이루고 있다고 주장한다(593). 이 친구들이 일종의 균형과 조화를 추구한다는 저자의 해석은 어느 정도 납득할 수 있지만, 그것이 왜 '잡종적'인지에 대해서는 쉽게 이해되지 않는다. 중요한 입장(가치)에 대해서 중용적 덕과 균형을 유지하기 위해서 붙인 '타협적', '절제적', '협동적', '상대적', '현세적'이라는 수식어가 '탈국가주의자', '탈물질주의자', '개인주의자', '허무주의자', '신비주의자'라는 명사(실체)와 잡종으로 결합하는 대당으로 적절한가? 앞에서 인용한 것처럼 저자가 말하는 "잡종화"란 "차이를 가진 이질적인 것들의 상호작용"이다. 그렇다면 '타협적 탈국가주의'에서 우리는 어떤 관점과 기준에서 '타협적'과 '탈국가주의'를 '차이를 가진 이질적인 것들'로서 인식할 수 있는가? 역으로 저자가 상정할 법한 '급진적 탈국가주의'에 관해서 생각해볼 때, '급진적'과 '탈국가주의'는 '차이를 가진 이질적인 것들'이 아니고 따라서 이들의 결합은 잡종화가 아닌 것인가?

이 문제를 일단 제쳐두고 저자의 논리를 따른다면, 예를 들어 '과감한 용기' 대신 '신중한 용기'를 발휘하는 사람 또는 '날선 비평' 대신 '애정 어린 비평'을 하는 사람 역시 잡종적 균형과 조화를 이루고 있다고 해석할 수 있을 법하다. 이런 식으로 저자의 논리를 따르더라도 구체적으로 검토해보면, 평자는 다른 세 친구들(가치들)은 몰라도 '협동적 개인주의자', '절제적 탈물질주의자' 그 자체가 어떻게 잡종인지 잘 들어오지 않는다. 예를 들어 일반적 이해에 따르면 서구적 시민사회에서 시민의 개인주의는 보통 '협력'을 수반하는 개인주의(정교한 노동분업, 사회계약의 체결, 시민운동·노동운동을 포함한 다양한 연대활동 등)가 아닌가? 또한 탈물질주의자를 물질주의에 대해서 상당한 수준의 절제력을 발휘하는 '절제적 물질주의자'라고 해석한다면, '절제적 탈물질주의자'라는 용어는 중복적이거나 동어반복적인 느낌이 나고 따라서 이질적인 것의 상호작용인 '잡종화'의 개념을 성립시키지 않는 것처럼 보인다. 아니면 저자의 논리에 따라 우리는 '절제적 탈물질주의자'를 급진적인 또는 원리주의적인 탈물질주의자 — 고행을 하는 스님이나 수도사, 안빈낙도하는 공자의 제자 안회 등 — 가 아니라 탈물질주의를 절제하는 — 상당한 수준에서의 물질적 욕구의 충족을 인정하는 — 인간으로 보고 이를 긍정해야 하는가? 그러나 절제적 탈물질주의자에 대한 저자의 실제 서술은 평자가 말한 '절제적 물질주의자'의 모습에 접근한다. 평자의 이러한 혼란에는 평자 자신의 이해력 부족도 있겠지만, 그에 못지않게 '잡종화가 무엇인지에 대한 저자의 정교한 개념화'가 미흡한 데도 그 중요한 원인이 있지 않나 생각된다.

평자는 잡종화라는 개념을 사용하지 않았지만 동서 비교정치사상을 수행하기 위한 방법론으로 '교차문화적 대화'라는 개념을 고민하다가 간디사상에 대한 파레크의 해석에서 그 사례('비판적 잡종화를 통한 사상의 쇄신')를 찾아 인용하면서 논한 바 있다.

이런 상호문화적 실험의 방법론은 다른 문화에 대한 존중, 문화 내부의 이질성과 유동성, 교차 문화적 대화의 중요성 등을 강조하는바, 이를 상호문화주의(interculturalism)라고 부를 수 있을 것이다. 파레크는 간디의 사상을 검토함으로써 상호문화주의의 방법론을 설명한다. 파레크의 설명에 따르면, 간디는 인도의 정통 힌두교 가문에서 태어나 힌두교 전통의 교육을 받으며 성장했다. 그리고 이후 영국과 남아프리카에 체류하면서 기독교와 유대교 및 여타 서구 사상과 접하면서 힌두교 전통에 대한 비판적인 사고를 키워나갔다. 간디는 힌두교의 비폭력(ahimsā) 개념에 오랫동안 매료되어 있었다. 그렇지만 그는 기독교의 사상과 실천을 접하면서 힌두교의 이 개념이 타인에게 해를 끼치는 것을 피하기만 할 뿐 타인의 행복에 대해서는 아무런 적극적인 관심을 기울이지 않는 소극적인 것임을 깨닫는다. 여기서 그는 사회 지향성을 갖는 기독교의 카리타스(caritas, 또는 아가페, 신의 초자연적인 사랑과 이웃에 대한 사랑) 개념을 취해 "이것을 힌두교의 비폭력 개념과 통합하여 보편적 사랑의 원칙에서 영감을 받은, 모든 살아 있는 존재에 대한 적극적인 봉사라는 관념"으로 이해한다. 나아가 그는 "기독교의 카리타스 개념이 지나치게 감정에 치우쳐 있어서" 내적인 평정과 정서적인 충만함을 위태롭게 한다고 보고, "이를 힌두교의 비애착(anāsakti) 개념에 비춰 재해석하고 수정한다." 이런 교차 문화적 대화 혹은 횡단적 비교를 통해서, 곧 힌두교의 비폭력 개념을 기독교의 관점에서 재해석하고 기독교의 카리타스 개념을 힌두교의 관점에서 재해석함으로써, 간디는 "적극적이고 능동적이되 초연하고 감정적이지 않은 보편적 사랑이라는 새로운 개념을 만들어낸다." 이처럼 간디는 힌두교 전통, 기독교, 자유주의를 이종 교배 또는 교차 수정함으로써 새로운 사상을 창조했던 것이다. 그는 "상이한 도덕, 종교, 문화적 전통 간의 대화"를 전개함으로써 "기존의 정체성을 뒤흔들어 새로운 정체성을 창안했다." 물론 그는 힌두 전통에 견고히 자리잡고 있었지만, "동시에 그 한계를 민감하게 인식하고 있었고 따라서 다른 전통에로 손을 내뻗었던 것이다"(Parekh 2006, 370-372 ; 강정인 2013, 50-51).

우리는 테일러가 문화 간의 대화의 방법론으로 제시한 "확장적으로 진화하는 중첩적 합의", 가다머의 "지평의 융합" 역시 이와 같은 맥락에서 활용할 수 있다(이에 대해서는 강정인 2013, 51-52 참고). 지금까지 잡종화에 대한 평자의 논평이 장황하게 전개된 점이 없지 않지만, 평자는 저자가 후속작업을 통해서 이에 대한 명쾌한 해명을 보여줄 것을 기대해서 본다.

3. 몇 가지 논점들

1) 논증이 생략된 유비적(類比的) 사고들

이 책에 제시된 저자의 서술에서 논증이 생략된 유비적 사고들이 적지 않게 발견된다. 서구적 사고로 훈련된 탓인지 평자의 입장에서는 이러한 서술이 불편하게 다가온다. 여러 가지 사례가 있지만 대표적으로 두 가지 사례를 검토하면서 논평하고자 한다.

(1) 다섯 친구들, 사회의 다섯 가지 기능, 오행 및 오덕의 의심스런 상호 연관성

저자는 미국의 사회학자 파슨스가 자신의 사회체계론에서 사회가 그 존속을 위해서 충족시켜야 할 네 가지 기능적 요건— 경제적 적응, 정치적 목표 달성, 사회적 통합, 문화적 동기— 을 논함에 있어서 종교적 기능을 간과했다고 지적한 후, 종교를 문화와 분리시켜 사회의 핵심 기능에 포함하여 다섯 가지 기능을 제시한다. 이어서 다섯 가지 기능을 음양오행의 오행(목화토금수)과 연결시키고,[10] 또 그것을 유가의 오덕인 인의예지신에 상응시킨다. 결과적으로 저자는 '정치 → 인 → 타협적 탈국가주의자, 경제 → 의 → 절제적 탈물질주의자, 사회 → 예 → 협동적 개인주의자, 문화 → 지 → 상대적 허무주의자, 종교 → 신 → 현세적 신비주의자'라는 도식을 만들어 낸다. 나아가 저자는 다섯 가지 기능을 "'구조/체계'의 동태적 표현이자 '힘' 혹은 '기'라고 간주"하면서 "음양의 대대적 관계나 오행의 상생상극을 항상 전제하면서⋯⋯사회의 제 세력들⋯⋯간의 '상호 균형과 조화'를 세상과 개인적 삶의 최고 가치로 상정한다"고 서술한다(70-72, 591-594).

　이러한 도식을 접하면서 평자는 저자의 (아나키스트에 걸맞게) 자유분방하고 상상력이 풍부한 독창성에 감탄을 금할 수 없다. 현대 유가 사회학이 나아가야 할 방향을 모범적으로 제시하는 것 같아 더욱 바람직하게 생각한다. 그러나 평자는 유교의 '인의예지신'이 어떻게 정치, 경제, 사회, 문화, 종교에 연관되는지에 대한 저자의 설명(592-593)이 미흡하게 여겨진다.[11] 잘 아시다시피, 5덕에 대한 맹자의 해석에 따르면 인의 발단은 측은지심이고, 의는 수오지심이며, 예는 사양지심이고, 지는 시비지심이다. 여기서 예를 사회적 기능, 지를 문화적 기능으로 연관시키는 논리는 어느 정도 수긍할 수 있겠지만, 그 나머지는 그렇지 않다. 먼저 유가의 인이 부자지간의 가장 원초적이고 친밀한 감정에서 발단된다는 점을 인정한다면, 우리는 그것이 공사 영역을 불문하고 인간사회의 모든 영역에 적용되는 최고의 덕이라는 점을 상기할 필요가 있다. 따라서 저자처럼 유가의 인이 경제 · 사

---

10) 정치 · 경제 · 사회 · 문화 · 종교를 각각 목화토금수와 연관시키는 저자의 이론구성은 형이상학적인 유비로서 특별히 찬성하거나 반론을 제기하고 싶지 않다.

11) 저자 역시 "논란을 초래할 수 있는 방식"이라고 하면서 그 점을 예상하고 있다(592).

회·문화종교를 제쳐놓고 무엇보다도 정치영역에 우선적으로 적용된다는 논리는, 비록 그것이 수긍할 만한 것이라 할지라도, 이에 대한 정교한 논리구성이 필요할 것이라 생각되는데, 저자는 이러한 작업을 하지 않고 있다. 나아가 인을 우선시하는 유가적 국가(정치)관은 가부장적 국가관으로서 사회의 폭넓은 영역에 걸쳐 국가의 온정주의적인 간섭과 개입을 요구할 것이고, 상당한 수준의 복지국가를 지향할 것이기 때문에 인을 최소국가를 지향하는 아나키스트 자유주의(타협적 탈국가주의)와 연관시키는 것이 합당한지도 의문이다. 다시 말해 정치나 국가가 '인'을 표상한다면 인은 많을수록 좋은 것인데 왜 최소국가를 지향해야 하는지 납득이 되지 않는다. 나아가 정작 11장에서 타협적 탈국가주의자를 논할 때, '인'이 어떻게 작동하는지는 전혀 거론되지 않는 듯하다.

마찬가지로 수오지심으로 발단되는 '의' 역시 경제적 정의와 연관시킬 수 없는 것은 아니지만, 그보다는 도덕적 올바름에 직결된다고 보아야 할 것이다. 이와 관련하여 우리는 맹자가 양혜왕과 나눈 유명한 대화편에서 왕이 나라의 이로움(利)에 대해서 묻자 맹자가 이를 정면으로 거부하면서 오직 나라의 '인의(仁義)'에 대해서만 논하겠다고 공박한 구절을 상기할 필요가 있다(『孟子集註』, 梁惠王章句上). 양혜왕과 맹자의 대화에서 공통의 화제가 단순히 나라의 '경제'가 아니라 치국의 전반적 원리였다는 점은 명확하다. 그렇기 때문에 경제와 유가의 '의'를 연관시키는 저자의 논리구성도, 추가적인 논리적 정교화가 이루어지지 않는 한, 그 타당성이 다분히 의심스럽다. 현대 정치철학에서 자유주의적 정의론의 전범으로 군림하는 롤스의 『정의론(A Theory of Justice)』에서도 정의는 정치공동체 전반을 규율하는 원리이지 단순히 경제영역만 규제하는 원리가 아니다. 롤스는 『정의론』의 모두에서 "진리가 사고 체계에서 제1의 덕목이듯이, 정의가 사회제도에서 제1의 덕목이다"라고 선언한 바 있다(Rawls 1971, 3). 그렇게 보면 인과 의는 저자의 생각처럼 정치와 경제로 분리되는 것이 아니라 정치는 물론 경제(심지어 모든 영역)도 관장하는 것으로 보는 것이 합당하다. 끝으로 정작 12장에서 절제적 탈물질주의자를 논할 때에도, 유가적 '의'의 작동방식에 대한 저자의 논의는 거의 없는 것으로 보인다.

마지막으로 '신(信)' 역시 오늘날 단어상의 의미로는 종교에 연관시킬 수 있겠지만 — 저자는 신에 "신앙심"의 의미를 부여한다(593) —, 본래 유교에서 '신'은 붕우유신처럼 주로 인간관계를 지칭하는 것이지, 인간과 초월적인 것의 관계를 지칭하는 개념이 아니다. 유교에서 종교적 심성은 경(敬)이나 성(誠) 개념에 더 연관되어 있다. 이렇게 보면 '신'은 사회(협동적 개인주의)나 경제(절제적 탈물질주의)에 더 연관된다고 해석하는 것이 더 온당할 것이다. 나아가 15장에서 정작 현세적 신비주의자를 논할 때, 저자는 유가의 '신' 개념을 의미심장하게 논하면서도 종교와 적절히 연관시키지 않고 있다. 비슷한 비판과 의문을 예와 협동적 개인주의, 지와 상대적 허무주의에도 제기할 수 있을 법하다. 평자는 저자의 독창적인 발상과 상상력이 풍부한 유추에 진심으로 감탄하지만, (사후의 작업을 통해서라도) 추가적인 논증이나 보완적인 논리구성이 필요하지 않나 싶다. 그렇지 않으면 인의예지신과 저자의 다섯 개 영역(및 가치)의 연관성에 대해서 유교의 인의예지신을 인위적이고 자의적으로 심지어 수사학적으로 동원했다는 비판을 저자가 비켜가기는 힘들 것이다.

(2) 천지인 합일

저자는 "……사회학의 오랜 전통이던 개인 대 사회라는 구분법 대신에 천지인합일에 의거하여, 개인을 매개로/중심으로 국가와 사회를 연결·조화시키는 국가-개인-사회의 연합적 하나, 즉 합일(체)을 개념화하여 국가와 사회가 개인 속에서 재구성되는 '사회국가'를 제안한다"(72). 저자는 여기서 천이 '국가'를, 지가 '사회'를, 인이 '개인'을 표상한다고 지적한다(813). 평자는 천지인 합일에서 왜, 어떤 논리구성에 따라 천지인이 국가, 사회, 개인을 각각 표상하는지 이해하기 어렵다. 천–국가와 지–사회는 물론이고 인–개인의 연결고리도 매우 의심스럽다. 예를 들어, 유가적 국가가 천에 의해서 정당화되는 것(천명)이지 국가가 천을 직접적으로 표상하는 것은 아니기 때문이다.[12] 한 걸음 양보해서 유가사상에서 천이 '초월적이고 신성한 국가'를 표상한다는 저자의 해석을 받아들인다고 해도, 이 천이 어떻게 해서 아나키스트 자유주의 이념에 따라 '최소화된 국가(여기서 국가는 개인의 자유를 억압할 가능성이 높은 부정적인 존재다)'를 표상하는 천으로 전환되는지 그 논리가 명확하지 않다. 그리고 그 천(또는 국가)이 다시 천지인 합일에 따라 사회 및 인과 하나로 된다는 발상도 쉽게 납득이 가지 않는다. 저자는 일체유심조나 천상천하 유아독존 등과 같은 구절에 기대며 인을 개인으로 해석할 수 있겠지만, 평자가 보기에 여기서 인은 개인이 아니라 집합으로서 인(류)을 지칭하는 것(또는 개체와 전체가 합일된 일자[一者])으로 보인다. 설사 개인이라 해도 불교나 『천부경』에서 말하는 인은 사회와 국가(나아가 문명과 역사)를 초월한 개인으로 해석하는 것이 합당하다고 생각된다. 어느 경우든 여기서 '인(개인)'은 형이상학적/종교적 개념으로 합당할지 모르지만, 사회사상(정치사상)의 개념으로는 적합하지 않다고 생각된다. 또한 많이 사용되는 천인(신인)합일과 천지인합일에서 양자를 어떻게 비교할 것인가? 천인합일에서도 천이 국가를 표상할 것인가? 이런 의문에 합당하게 답변하고자 한다면, 오히려 천(천상)은 초

---

12) 예를 들어, 천성, 천륜, 천리, 천인(天人), 인내천에서 천의 개념을 생각해볼 필요가 있다. 유가에서 천명이 왕조나 통치자의 정당성과 관련하여 자주 나타난 것은 사실이지만, 공자의 유명한 '지천명'이라는 구절처럼, 천명은 또한 개인의 운명과도 연관되어 사용되었다. 나아가 '천상천하 유아독존'에서 천이 국가를 상징하는 것이 아님도 물론이다.

월적인 것, 지(지상)는 세속(현세)적인 것, 그리고 인간은 양자 사이에 존재하면서 양자를 매개하거나 초월하는 것으로 개념화되어야 할 것이다.

2) 비교의 프레임의 공정성 : 기울어진 운동장

우리는 일반적으로 자신을 타인과 비교할 때 또는 자신이 타인과 분쟁상태에 있을 때, 자신의 입장(속성)은 이상주의적인 관점에서 과장(미화)하고, 타인의 입장(속성)은 현실주의적인 관점에서 폄하하는 경향이 있다. 또는 자신의 장점과 타인의 단점을 비교하는 성향이 있다. 그렇기 때문에 분쟁상태에 있는 두 당사자 가운데 오직 일방의 이야기만을 듣다보면 그 일방이 옳거나 선하거나 합당한 것으로 판단하게 되는 오류에 빠지기 쉽다. 학자의 경우에는 자신이 내세우는 논변— 대체로 자기 자신의 입장을 옹호하거나 자신이 동의하는 논변— 에 대해서는 그 이상주의적 버전을 제시하여 옹호하고, 자신이 비판하고자 하는 논변에 대해서는 그것을 현실주의적 관점에서 검토하면서 그 결함이나 한계를 적나라하게(또는 과장해서) 드러내면서 결과적으로 자신의 논변의 우월성을 주장하는 학문적 경향으로 나타난다. 이는 일반적으로 보수와 진보, 자유주의자와 마르크스주의자, 시장원리주의자와 수정자본주의자(복지자본주의자) 사이의 이념 논쟁에서도 쉽사리 발견된다. 일견 객관적인 학문적 논쟁에서도 이러한 경향은 어렵지 않게 관찰되는바, 저자 역시 이러한 경향으로부터 벗어나지 못하는 경우가 종종 발견된다. 평자는 저자의 사회국가 옹호 논변과 중국 정치체제 옹호 논변을 예로 들어 이러한 경향을 지적해보고자 한다.

(1) 사회국가론의 이론 구성에 관해서

16장에서 저자는 아나키스트 자유주의 입장에서 자신이 제시한 탈권력적 사회국가(이하 사회국가 ①)를 진보정치연구소가 내세운 사회국가(이하 사회국가 ②)와 대비하면서 옹호한다. 이 과정에서 저자는 자유주의적 사회학자들이 흔히 수용하는 단순화된 이분법— 곧 사회＝선, 국가＝악 — 을 통렬히 비판하는바, 평자 역시 공감한다. 그러나 저자는 '개인-사회-국가'의 구도에서 '개인'을 이상화하여 무리하게 긍정하고, '사회'의 현실모습을 직시하면서 과도하게 비판적인 태도를 취한다.[13] 저자는 진보정치연구소의 사회국가의 이념에 대해서 이렇게 서술한다.

진보정치연구소(2007 : 8)는 "사회를 통해서 진보를 구현하는 인류의 경험"을 상기시킨다. "사회연대라는 공동체의 가치 속에서 개인의 고통과 아픔을 공유하고 치유하는 것 그것이 바로 진보적인 삶의 방식"이라고 믿는다(818).

이러한 이념을 신봉하는 진보정치연구소는 "아직까지는 진보의 가치를 실현하는 일이 국가를 단위로 이루지고" 있다는 현실인식에 근거해서 사회국가론을 내세운다(819에서 재인용). 저자는 진보정치연구소의 사회국가론을 세 가지 논점에서 비판하는데, 이 글에서는 비교의 프레임의 공정성과 관련하여 두 번째 논점만 검토하도록 하겠다.

공동체적 연대에 대한 신뢰는 사회주의적 평등을 최고의 가치로 간주하는 좌파적 진보세력에게는 인민의 동원과 통합에 필요한 강력한 무기로서 뿌리칠 수 없는 유혹이다. 그러나 이 책의 곳곳에서 아나키스트 자유주의는 고정관념이 된 이상적 공동체의 허구성과 불가능성을 강조한다. 전국의 수만 개 아파트에서 그리고 작은 시골 촌락에서조차 공동체를 못 이루고, 비리가 터

---

13) '국가' 역시 현실주의적 차원에서 과도하게 악마화되어 있다. 그러나 이에 대한 비판을 여기서는 유보하겠다. 물론 유교의 가부장적/온정주의적 국가관은 국가를 부모와 동일시하면서 또는 비유하면서 과도하게 이상화해왔다.

지고, 갈등이 끊이지 않는 현실을 보라. 사회학자로서 사회＝공동체적 연대라는 아름다운 방정식은 슬프지만 부정하겠다(820).

평자는 국내의 진보세력이 주로 신봉하는 독일 등 사회국가에 대해서 저자가 제기한 비판을 이 인용문을 중심으로 살펴보겠다. 먼저 저자는 사회국가 ①을 옹호하는 과정에서 사회국가 ②를 비판하는바, 저자의 주장이 한국에만 적용되는 특수한 논변이 아니라 일반적인 논변이라면, 저자가 언급한 적이 있는 "독일을 중심으로 사회민주주의 그리고 복지국가와의 연관 속에서 꾸준하게 관심을 모으고"(818) 있는 사회국가 ②를 좀더 상세하게 검토하고 비판했어야 한다고 생각된다. 다시 말해, 한국의 진보세력은 물론 일반인들 역시 독일과 북구의 사민주의를 매우 긍정적으로 평가하는 경향이 있는데, 그 국가들이 지향하는/현실화한 사회국가 ②를 그 장점과 단점을 치밀하게 분석하는 작업이 필요하지 않았나 싶다. 그러나 평자가 읽은 바로는 이에 대한 검토와 비판이 결여되어 있다. 저자는 사회국가를 비판하는 첫 번째 논점에서 현대의 '국가'와 더불어 프롤레타리아 독재의 역사적 구현물인 현존 사회주의 국가의 오류를 적절히 비판하고 있지만(820), 사민주의 국가에 대해서는 구체적인 언급이 없다. 다만 "오늘날의 변덕 많은 선거민주주의 사회에서 국가권력이란 유용하지도 믿을 만하지도 그리고 (권력 장악이) 지속 가능하지도 않다"(820)는 구절을 통해서 사민주의 국가(사회국가 ②)를 포함해 민주주의 국가 일반이 지닌 부정적인 면을 지적하고 있는데, (사민당이 오랫동안 집권했던) 스웨덴과 (영국 등과 달리 사민주의적 가치가 정치체제 전반에 깊이 내면화되어 있어서 보수세력인 기민련이 집권해도 사민주의의 성과를 상당한 수준에서 온존시킬 수밖에 없는) 독일의 사례 등을 본다면 이 구절이 설득력이 있는지 의문이다.

다음으로 저자는 사회국가 ②가 지향하는 공동체적 연대에 관해서 위의 인용문에서처럼 한국의 수만 개 아파트와 시골 촌락에서 이상적인 공동체를 기대할 수 없다는 식으로 통렬하게 비판한다. 평자 역시 이상적 공동체의 허구성이나 불가능성에 대한 저자의 지적에 어느 정도 공감할 수 있다. 그러나 이에 대해서 평자가 제기할 수 있는 반론은 과연 저자가 심혈을 기울여 옹호하고 있는 '아나키스트 자유주의자'가 이념적 토대로 삼고 있는 그 '개인'은 과연 '현실에 얼마나, 어떻게 실재하는가?'이다. 일단 사회국가를 다루는 장(16장 1절)을 중심으로 살펴보면, 거기에 묘사된 개인은 거의 신화적 존재이다. 저자는 개인을 옹호할 때 '천상천하 유아독존' 또는 '일체유심조'라는 불교의 구절, 노자와 장자의 도가적 철인상, 『천부경』에 나오는 인중천지일 사상을 즐겨 인용하지만, 이는 매우 추상적이고 형이상학적인 개인이다.

또한 저자는 자신의 사회국가론에서 구현된 개인권력에 대해서 매우 이상적으로 서술한다.

……국가권력이 사회권력으로 이동하는 과정에서 이 두 가지 형태의 권력[국가권력과 사회권력]은 (인간으로서 모든 개인이 각각 권력을 갖는다는 의미에서) 개인권력으로 재구성된다. 이 개인권력은 개인이 다른 개인을 강제하거나 지배하는 권력이 아니다. 개인이 자신을 개인답게 만드는 개인 실현의 권력, 즉 개인의 자유를 유지하고 강화시키는 개인 자신의 능력이다. 개인권력은 바로 자유의 힘이자, 자유를 위한 힘이다(815).

일단 이러한 서술을 받아들인다면, 평자로서는 저자가 이러한 개인권력의 모습을 어떻게 예시하는가, 정당화하는가에 대해서 관심을 갖게 된다. 그러나 저자는 이처럼 개인권력을 이상화하여 서술한 다음에 곧바로 노자적 관점에서 개인권력을 "강제성이 없는 순리요, 천리요 자연으로서 무위권력으로 전환되는 것을 의미한다"고 승화시키고, 궁극적으로 저자의 국가는 노자의 이상인 "무위이무불위의 유토피아"라는 최소주의 국가로 비상한다.

개인이나 개인권력을 정당화하는 저자의 서술에서 현실적인 근거를 확보한 개인을 보기란 매우 어렵다. 다만 우리 사회를 염두에 두고 저자는 개인권력이 실현된 사회의 모습을 이렇게 서술한다.

> 국가권력을 궁극적으로 개인권력으로 변형시키려는 나의 탈권력화 프로젝트는 유토피아적인 것 같지만 매우 현실적이다.……우리는 다시 저 따뜻한 부모 자식 관계, 훈훈한 사제지간, 부드러운 상하 관계, 아름다운 선후배 사이를 회복해야 하고, 또 회복할 수 있다. 권력과 힘, 지위와 서열, 연륜과 지혜 등이 모든 권력자원을 자신을 포함한 타인의 자기 고양과 자기 성숙, 그리고 자기실현을 위한 능력으로 제공하고 사용할 수 있다(817-818).

저자의 이러한 서술은 군신 관계, 부부 관계가 제외되어 있긴 하지만, 전체적으로 관계중심적인 유가의 오륜이 온전히 구현된 또는 아시아적 가치의 현실적 완성본으로 비쳐진다. 서구의 자유주의적 개인주의와 달리, 아마 저자의 개인주의는 이처럼 관계중심적 인간관에 기초하고 있는 것처럼 보인다. 그렇다면 저자가 신봉하는 아나키스트 자유주의의 개인주의는 관계중심적 인간관에 기초한 유교적 집단주의 또는 공동체주의에 의존한다는 일견 모순된 현상을 빚어내지 않는가? 저자의 개인 또는 개인주의는 하이에크, 포퍼 등 서구의 자유주의적 개인주의와 충돌하는 것은 물론 오륜의 가치를 부정하는 도가적 세계관에 따라 관계중심적인 인간관에 얽매이지 않고 자연과 인간세계를 유유자적하게 노니는 노자나 장자의 초월적 개인의 모습과도 모순된다.

나아가 개인권력에 대한 저자의 서술이 한국인의 이상화된 인간관계 일반을 포함하고 있어서 현실성('규범적 현실'로서의 친숙함)을 담보하고 있는 것 같지만, 한국사회의 실상은 그렇지 않은 것처럼 보인다. 부자지간, 부부간의 패륜적 살상과 학대가 빈번히 신문기사에 보도되고, 직장이나 학교에서 성추행, 성폭력이 빈발하고 있으며, 유치원이나 보육원에서 빈번히 발생하는 아동학대나 직장에서 상사의 부하에 대한 갑질은 상당히 일상화되어 있다. 아름다운 선후배 관계 역시 낯선 꿈으로 남아 있다.

또한 저자처럼 한국에서 사회학을 이론과 실천을 통해서 수행하는 김동춘 역시 저자가 전제하는 개인주의와는 전혀 다른 한국사회의 실상을 묘사한다. 김동춘은 자영업자의 분석을 중심으로 한국사회 전반의 무계급성을 설명하면서 그 원인 중의 하나로 한국사회에는 서구와 같은 수평적이고 독립적인 개체화된 개인이 존재하지 않고 가족 중심으로 결집된 '가족 개인' 만이 존재한다고 개탄조로 서술한다.

유교적 가족주의(familism) 전통이 강하게 남아 있는 한국사회에서 한국인들은 주로 '가족 개인'으로 행동한다. 결혼 시에 가장 두드러지지만, 개인의 선택에는 개인의 자유의사보다는 (확대)가족의 판단이 주로 작용해왔고, 개인이 가족으로부터 정신적으로 독립되어 있지 않다. 한국의 계급·계층연구에서도 가족은 가장 중심적인 위치를 차지한다.……한국의 전통적인 가족, 친족질서의 지속적 영향력과 더불어, 식민지 근대화 이후 강화·재구축된 가족주의는 산업화이후 구성원의 새로운 직업 획득과정에서 강한 전략 단위로 기능해왔다. 한국인들은 개인단위의 성취전략이 아닌 가족 단위의 상승과 이동을 기획했다. 여기서 노동자 혹은 화이트칼라의 직업을 갖는 것 모두 가족 전략의 일환으로 이해될 수 있고, 직업의식, 계급의식은 그의 행동을 좌우하는데 부차적인 영향만 미쳤다(김동춘 2016).

저자는 아나키스트 자유주의자로서 한국사회에 팽배한 제도적 · 일상적 폭력은 물론 부정부패의 근절을 주장하면서 그 결정적 원인을 국가권력 체제와 (금융자본 등) 독점자본에서 찾고 있는바, 평자 역시 이에 공감한다 (829–840). 그러나 한국사회에서는 공직자이건 기업가이건, 자영업자이건 노동자이건, 그 사회적 지위에 우선하는 정체성이 '가족 개인'이라는 점을 기억하는 것은 중요하다. 국회 인사청문회에 나타난 공직후보자 비리의 압도적 부분이 자식을 좋은 학군에 보내기(또는 부동산 투기를) 위한 위장 전입이나 자식의 부당한 병역면탈이라는 점, 부당한 방법으로 축적된 부를 자식에게 물려주는 과정에서 자행된 편법/탈법 상속/증여라는 점은 이를 여실히 보여준다. 정보기술, 자동차 산업 등 첨단기술로 세계적 기업의 반열에 오른 대기업 총수 가족들의 경우도 예외는 아니며 상속세를 가급적 면탈해가면서 자식들에게 기업을 물려주고자 하는 열망은 기업가이기 전에 '가족 개인'이라는 정체성을 상기하지 않으면 이해하기 곤란하다. 조선시대 국가가 왕실(왕의 가족)이 지배하는 가족국가였듯이, 현대의 한국 재벌 역시 '재벌 일가에 의해서 지배되는 국민기업(?)'이라는 모순적 존재다.[14] 이러한 현실을 직시할 때, 저자가 말하는 아나키스트 자유주의의 토대가 되는 '개인'을 어디서 찾을 수 있는지 진정 궁금하지 않을 수 없다.

여기서, (앞에서 인용한 바 있는) 저자가 공동체적 연대를 옹호하는 진보적인 사회국가론자에게 제기한 비판을 표현을 조금 바꾸어 이상적 개인을 옹호하는 저자에게 되돌려보자.

[국가와 사회의 부정 · 부패 · 비리로부터 초월한] 이상적 개인에 대한 신뢰는

---

14) 심지어 대기업의 노동자들 역시 노조를 통해서 특권화된 노동자 지위를 대물림하려는 현상이 관찰되고 있다.

초월적 개인을 최고의 가치로 간주하는 아나키스트 자유주의자에게는 자신의 이념을 인민에게 호소하고 그들을 동원하기 위해서 필요한 강력한 무기로서 뿌리칠 수 없는 유혹이다. 그러나 진보적 사회민주주의자들은 아나키스트 자유주의자의 고정관념이 된 이상적 개인의 허구성과 불가능성을 강조한다. 고급 저택과 빌라는 물론 전국의 수만 개 아파트에서 그리고 작은 시골 촌락에서조차 정치인이건 기업가이건, 자영업자이건 농민이건 노동자이건, 가족 개인들에 의한 비리가 터지고, 갈등이 끊이지 않는 현실을 보라. 진보세력으로서 나는 인중천지일(사람 속에서 천과 지는 하나가 된다)이라는 아름다운 사상은 슬프지만 부정하겠다.

혈연·지연·학연·종교연 등 수많은 인연의 질곡 속에서 가족 개인의 지위를 벗어나지 못한 채 삶을 영위하고 있는 대다수의 한국인들을 저자는 국가나 사회 또는 종교단체 등 집합적 기제에 의존하지 않고 어떻게 아나키스트 자유주의의 토대가 될 수 있는 이상적 개인으로 환골탈태시킬 수 있을 것인가? 다시 말해 그러한 이상적 개인의 양성은 순수하게 개인주의적 방법보다는 국가나 사회의 개입을 필요로 하는 과정이 아닐까?[15] 또한 평자의 비판이 과한지 모르지만, 적어도 진보적 사회국가론자가 꿈꾸는 공동체적 연대가 허구적이듯이, 저자가 꿈꾸는 초월적(신인합일적) 개인 역시 그에 못지않게 허구적이지 않은가? 대다수의 한국인에게 신인합일적 인간이 될 것으로 기대하거나 요구하는 근거는 과연 무엇인가?

---

15) 저자는 "부정부패 소탕을 위한 전면전을 선언해야 한다"는 주장을 제기하면서 "어쩔 수 없다. 지금은 법을 강하게 새울 때다"라고 역설한다(831, 839). 이는 결론에서 간략히 언급할 과도기의 곤경을 제기하는데, 그것은 '최소국가'라는 목표 도달(유토피아의 실현)을 좌초시키기 십상이다.

(2) 현대 중국체제 옹호 논변

저자는 "동아시아의 잡종화와 문명전환"을 논하는 10장에서 현대 중국체제에 관해서 "중국의 잡종화 : 자본주의와 사회주의의 모순 해소?"라는 제목으로 흥미로운 논의를 전개하고 있다. 거기서 저자는 현대 중국체제를 혁명적 잡종화(사회주의 정치체제＋자본주의 경제)로 이해한다. 나아가 저자는 고비용 저효율의 민주주의, 서구의 다수결 민주주의의 폐해(민주독재), 미국의 금권 민주주의 등을 비판하고, 중국에서 제한적으로 존재하는 비판의 자유(사례)에 대한 긍정적 평가, 현능정치로 개념화할 수 있는 중국의 인사 시스템, 중국 엘리트의 탁월한 행정능력(인기영합적인 인사 행정 비판), 공산당 정부에 대한 높은 신뢰도, 잡종화에 능한 중국의 실용주의 등을 거론하면서, 중국이 "서구식 자본주의, 서구식 민주주의, 그리고 서구식 사회주의보다 더 낫거나, 적어도 그만큼은 되는 새로운 유형의 중국식 문명 창조도 가능하다"고 주장한다(540).

그러나 전체적으로 평자는 미국이나 자유민주주의(자본주의)에 대한 저자의 비판이 '적나라한 현실'에 근거를 두고 있고, 중국에 대한 저자의 설명(옹호)이 '이상화된 (버전의) 현실'에 의거하고 있다는 인상을 뿌리치기 힘들다. 그리하여 비판의 자유에 대한 심각한 제약, 인권 탄압, 부정부패, 소수민족 탄압에 대한 서술은 침묵되거나 아니면 약화되어 서술되고 있다. 물론 저자의 논조가 대등한 차원에서의 서술(비판)이라기보다는 중국에 대한 서구 주류세력의 비판을 염두에 두고 방어적인 차원에서 전개되었기 때문에, 그런 맥락을 염두에 둔다면 저자의 서술을 이해 못할 바는 아니지만, 학문적으로는 여전히 공정하지 못한 비교라고 느껴진다. 그리고 부제가 시사하는 것처럼, 독자는 중국이 자본주의의 어떤 모순을 어떻게 해결했고, 사회주의의 어떤 모순을 어떻게 극복했으며, 또한 남은 과제는 무엇이고 그 해결에 대한 향후 전망은 무엇인가라는 의문을 제기할 법한데, 정작 이 부분에 대한 저자의 서술은 별로 없다. 평자 역시 (모든 위대한 문명, 곧 고대 그리스와 로마, 고대 중국, 근대 서구의 영국, 프랑스, 미국 등이 그랬듯이) 중국이 새로운 정치·경제 체제를 장기적으로 만들어내리라고 믿는 편이지만, 저자의 서술 방식과 제시된 논거는 여전히 설득력이 약하게 느껴진다.

4. 맺는글

'에필로그'에서 저자는 해변에서 아나키스트 자유주의의 깃발을 단 배를 떠나보내지만, 정작 그 배를 건조한 자신은 타지 않고 남는다. "이 과거로 무겁고 우중충하며, 현재로 찌들어 고단한 육신은 여기에 남아야 한다"고 중얼거리고 "나의 미래가 현재의 순항을 질투하는 과거의 욕망으로 흐려지지 않기를 다짐"하면서 바닷가에 남는다(891). 낭만적인 구절이긴 하지만, 이러한 저자의 독백은 많은 유토피아 사상의 딜레마를 상징적으로 표현하고 있다. 유토피아 사상은 '바람직함'과 '실현가능성(이행가능성)'을 충족시켜야 비로소 도덕적인 생명력[16]을 넘어 현실적인 생명력을 갖는다. 실현가능성은 다른 말로 표현하면 '이행전략 또는 과도기의 문제'로서 거의 모든 유토피아 사상을 좌초시켜온 절망적인 폭풍이자 최대의 암초다. 이는 (나갔다가 되돌아갈 길을 찾지 못한) 중국의 무릉도원 설화 그리고 마르크스주의의 실패에서 설화적으로는 물론 현실적으로 확인된다. 저자는 '과거의 나'와 '미래의 나'의 건널 수 없는 심연(단절)을 고백함으로써 아나키스트 자유주의로의 이행가능성을 실질적으로 부정하고 있는 것은 아닌가? 그

---

16) 평자는 유토피아 사상의 도덕적인 생명력 자체에 대해서도 긍정적으로 평가한다. 그것은 기존사회에 대한 치열한 비판과 바람직한 사회의 희구라는 인류의 원망(願望)을 표현하고 있기 때문이다.

러나 평자 역시 저자와 다른 이유로 승선하지 않을 것이다. 저자가 그려낸 '아나키스트 자유주의'의 비전이 현재의 서술로는 그 실현가능성은 물론 바람직함을 옹호하는 논변에서도 아직 설득력 있게 다가오지 않기 때문이다.

참고 문헌

『孟子集註』. 1992. 성백효 역주. 서울 : 전통문화연구회.

강정인. 2013.『넘나듦(通涉)의 정치사상』. 서울 : 후마니타스.

김동춘. 2016. "소사장(small businessmen)의 나라, 한국 – '가족 개인'과 한국사회의 '무계급성'." 미출간.

김성국. 2007.『한국의 아나키스트, 자유와 해방의 전사』. 서울 : 이학사.

김성국. 2015.『잡종사회와 그 친구들 : 아나키스트 자유주의 문명전환론』. 서울 : 이학사.

Rawls, John. 1971. *A Theory of Justice*. Cambridge, Mass. : Harvard University Press.

Parekh, Bhikhu. 2006. *Rethinking Multiculturalism : Cultural Diversity and Political Theory*. 2nd ed. New York : Palgrave Macmillan.

12

동 · 서 비교 사회관계론의 기여와 한계

조긍호, 『사회관계론의 동 · 서 비교 : 새로운 심리학의 가능성 모색 II』

(서울 : 서강대학교 출판부, 2012)

강정인

1. 글머리에

조긍호 서강대 명예교수는 대학원 석사과정에 재학 중이던 1970년대 초부터 서구의 현대심리학을 공부하는 한편 언젠가는 "동양사상의 심리학화 작업"을 하기로 다짐한 바 있었다. 이러한 다짐은 1984년에 서강대학교로 부임하면서 "심리학도의 안목으로 유학 경전들을 읽고, 이를 바탕으로 서구의 현대심리학을 대치할 수 있는 새로운 심리학의 가능성을 탐색"해보고자 하는 작업으로 태동했다(5).[1] 이 작업은 『논어(論語)』·『맹자(孟子)』·『순자(荀子)』 등 선진유학(先秦儒學)의 고전에 대한 독해와 당시 새롭게 대두한 문화비교심리학에 대한 연구를 병행하면서 유학 사상의 심리학적 함의를 발굴하고 체계화하는 '유학심리학'으로 구체화되었다. 이러한 노력

---

[1] 이 글의 성격상 조긍호 교수의 『사회관계론의 동 · 서 비교 : 새로운 심리학의 가능성 모색 II』(서울 : 서강대학교 출판부, 2012)를 빈번히 인용할 터인데, 인용의 편의상 괄호 안에 쪽수만을 기입하도록 하겠다.

은 1998년『유학심리학 : 맹자·순자 편』을 출간하는 것으로 최초의 결실을 맺었고 이 책으로 대한민국학술원상을 수상했다. 그 이후 2015년에 정년퇴임하기까지 15여 년 동안 유학심리학 또는 한국심리학에 대한 역저를 연이어 출간했다. 대표적으로『동양심리학 : 서구심리학에 대한 대안 모색』(공저 : 지식산업사, 1999),『한국인 이해의 개념틀』(나남, 2003),『이상적 인간형론의 동·서 비교 : 새로운 심리학의 가능성 탐색 I』(지식산업사, 2006),『동아시아 집단주의의 유학사상적 배경 : 심리학적 접근』(지식산업사, 2007),『선진유학사상의 심리학적 함의』(서강대학교 출판부, 2008),『사회관계론의 동·서 비교 : 새로운 심리학의 가능성 탐색 II』(서강대학교 출판부, 2012),『사회계약론 연구 : 홉스·로크·루소를 중심으로』(공저 : 서강대학교 출판부, 2012)를 들 수 있다.

저자는 서구 심리학과는 다른 유학심리학의 구조를 유학 사상의 인성론·군자론·도덕실천론·수양론으로부터 도출한다. 그는 이 네 가지 요소를 각각 심리구성체론·이상적 인간형론·사회관계론·자기발전론으로 전환하고 체계화함으로써 그 골격을 완성한다(9). 무엇보다도 이러한 시도는 얼핏 보기에는(완성된 관점에서 보면) 평범하고 당연한 것 같지만, 근대 서구학문과 달리 이론과 실천의 합일을 지향하는 전통 학문의 맥을 계승하면서 유학 사상을 심리학적 측면에서 혁신하고 재구조화하려는 독창적인 발상이라 할 수 있다. 그는 이러한 골격에 기초해서 유학심리학의 체계화에 몰입해왔는바, 그 첫 결실로『이상적 인간형론의 동·서 비교』를, 두 번째 성과로『사회관계론의 동·서 비교』를 출간했다. 저자의 목표에 따르면 일련의 이러한 작업은『심리구성체론의 동·서 비교』와『자기발전론의 동·서 비교』를 통해서 완성될 것으로 기대된다(9).

『사회관계론의 동·서 비교』는, 무엇보다도, 유학 사상의 도덕실천론에 담긴 심리학적 함의를 사회관계론의 관점에서 정리하면서 서양 심리학과 비판적으로 비교·대조한 것이다. 독자의 편의를 위해서 이 책의 구성을 일별해보면, 먼저 1부는 책 전체의 서론으로서 동아시아와 서구에 각각 집단주의와 개인주의 문화가 꽃피게 된 역사적 배경과 각 문화권의 특징적인 인간관을 대조하여 앞으로 전개될 논의의 이론적 기초를 제공하는 한편, 이를 바탕으로 현대 동아시아인과 서구인의 특징적인 사회관계 행동의 차이를 문화심리학의 연구 성과에 의존하여 정리한다. 2부에서는 서구 개인주의 사회의 지배적인 사회관계론을 사회계약론과 사회교환론을 중심으로 검토한다. 3부는 동아시아 집단주의 사회의 사회관계론을 선진유학과 성리학에 나타난 도덕실천론을 중심으로 살펴본다. 이 책 전체의 결론에 해당하는 4부는 지금까지 논의된 서구와 동아시아 사회관계론의 제반 차이가 동·서 인간관의 차이로부터 직접 도출된 것이라는 점을 확인하는 한편, 새로이 구성될 유학심리학의 체계가 제기하는 연구문제를 역할심리학, 분배정의의 문제 및 경영관리정책의 문제(승진과 보수체제 등)를 중심으로 검토한다(9-12).

유학심리학을 창시하고 개척하는 데 바쳐온 저자의 학문적 삶은 정년퇴임 후에도 현재진행형이며, 이 점에서 그는 이 분야의 독보적인 학자이자 또 세계적인 학자라고 할 수 있다. 저자의 이러한 작업은 동서 비교정치사상 연구에 깊은 관심을 갖고 있는 평자에게도 비옥한 영감과 성찰의 원천으로 작용하고 있다.

좁은 식견이지만, 춘추전국시대 중국 고대사상의 백화제방적 분출, 고대 그리스의 철학과 학문의 융성, 근대 서구 학문의 번영 등을 돌이켜볼 때, 다른 문화유산과 마찬가지로 학문적 업적 역시 소중한 문화유산으로 자리매김할 수 있다. 따라서 저자의 학문적 업적 역시 귀중한 문화유산(문화재)으로서 우리의 후손에게 전승될 것이라고 평자는 굳게 믿는다. 동시에 이런 식의 찬사가 단순한 덕담이나 빈말로 남지 않기 위해서는 당대의 후배학자들은 물론 미래의 학문후속 세대가 그의 학문적 유산을 계승하고 발전시키는 엄숙한 책무를 이행해야 한다. 아무리 소중한 문화재라 할지라도 잘 보존하고 가꾸지 않으면 사장되어 그 가치를 발할 수 없기 때문이다. 나아가 학문적 업적의 계승과 발전은 단순한 보존으로 충족되는 것이 아니라 엄격한 비판을 통한 정련과 쇄신 및 확충을 필요로 하는바, 비록 심리학 전공은 아니지만 동시대 후학으로서의 평자 역시 오늘의 논평을 통해서 이러한 작업에 미력이나마 참여할 수 있는 기회를 갖게 된 것을 소중하게 받아들인다.

2. 논평의 방법과 정신(ethos) : 두 개의 미러링[2]

평자는 이 서평의 기본적인 방법과 정신으로 두 개의 '미러링(mirroring)'을 제안하고 이를 통해서 서평의 비판적 논점을 발전시키고 평자의 학문적 자세를 반추하고자 한다. 하나는 '가지 않은 길을 상상하고 이를 통해서 이미 간 길을 성찰하기'로, 다른 하나는 '저자의 완성된 작업에 대한 비판을 통해서 평자의 초보적 작업을 반성하기'로 이름 붙인다.

먼저 '가지 않은 길을 상상하고 이를 통해서 이미 간 길을 성찰하기'는 저자가 유학과 자유주의 심리학이 상정하는 사회관계를 집중적으로 비교하는 작업에 몰두하는 과정에서 (시간과 공간을 달리하는) 다른 문화권의 심리학이나 사회관계의 풍성한 차원을 소홀히 함으로써 빚어진 오류나 한계를 탐색하는 작업을 지칭한다. 다른 한편, '저자의 완성된 작업에 대한 비판을 통해서 평자의 초보적 작업을 반성하기'는 평자 역시 (비록 초보적

---

2) 최근 한국사회의 여성운동에서 성행하는 미러링(mirroring)은 한국의 남성중심적 가부장제에 의해서 생산된 여성혐오적 언어를 공격하기 위해서 거울이 반사하듯이 여성혐오적 발화의 주체와 대상의 관계를 전복시킨 언어를 만들어냄으로써 남성들에게 그 반전된 여성혐오적 언어들이 담고 있는 억압성이나 불편함을 '유희'적으로 상기시키는 것이다. 이 글에서 평자는 '반사'와 '유희'에 착안하여 이 용어를 사용한다.

인 차원에서지만) 동서양의 비교 작업을 정치사상 연구와 관련하여 간혹 수행한 적이 있었는데, 자신의 작업을 충분히 타자화하거나 객관화하지 못함으로써 자신의 오류나 한계를 간과하는 경향이나 습성이 있었다는 인식에서 출발한다. 따라서 비슷한 작업을 보다 원숙한 차원에서 수행하고 있는 저자의 작업을 비판하는 과정에서 평자 자신의 작업을 암묵적으로 반성하는 계기로 삼겠다는 정신(ethos)을 지칭한다. 이러한 발상은 평자가 저자의 작업에 대해서 감행하는 비판이 역으로 평자 자신의 작업 역시 겨냥하고 있다는 점을 스스로 깨닫고 있다는 점을 지시한다. 이는 학문적·도덕적 경륜과 수양이 부족한 평자와 같은 사람이 맹자가 말하는 반구저기(反求諸己 : 모든 것을 자기에게 돌이켜 구하는 태도)를 직접적으로 수행하지 못하고 타자에 대한 비판을 통해서 반사적으로(reflexively) 수행한다는 점을 시사한다.

3. 가지 않은 길을 상상하고 이를 통해서 이미 간 길을 성찰하기

이 책에서 저자는 서양의 자유주의와 동아시아의 유학 사상을 근간으로 사회관계론의 동서를 비교한다. 양자에 대한 집중적인 비교는 양자의 차이를 발견하고 이를 설명하는 데 탁월한 장점이 있다. 하지만 비교의 지평이 협소해지면서 사회관계론에 대한 풍성하고 비옥한 성찰이 이루어지지 못하고, 나아가 양자가 공통적으로 안고 있는 한계 등이 사상되거나 간과되는 문제점이 발생하는 듯하다. 다시 말해 두 사상의 대조에 주목하다 보니, 두 사상이 공유하고 있는 공통적인 결함이나 한계에 대해서 소홀해지는 경향이 있다. 따라서 만약 그 공통점이 다른 종교나 사상에도 공통되는 것이 아니라 그것들과는 현저하게 다른 특징으로서 일정한 결함이나 한계를 내포하고 있다면, 저자의 사회관계론에 대한 논의 역시 그러한 문제를 떠안게 된다. 비록 자유주의나 유학 사상이 인류가 성취한 뛰어난 사상이라는 점을 부정할 수 없겠지만, 아무리 뛰어난 문화나 사상도 인간의 생각이나 경험을 총체적으로 담아낼 수 없다는 자명한 논점을 우리는 상기할 필요가 있다. 이러한 통찰은 인간이 영위하는 사회생활 또는 사회관계에도 물론 적용된다. 이와 관련하여 평자가 책을 읽으면서 발견한 양자의 공통적인 한계는 '인본주의'/'인간중심주의(humanism/anthropocentrism)' 그리고 '세속주의와 합리주의'다.[3] 비록 양자가 인류 문명이 도달한 탁월한 경지라는 점은 받아들여야 하겠지만, 그것이 안고 있는 오류와 한계에 대한 명철한 인식 역시 필요하다. 특히 인간중심적 관점에 편향하여 고도로 발전된 과학기술 문명이 가져온 생태계의 파국은 물론 세속주의와 합리주의가 초래한 인간 삶의 황폐함에 대한 심각한 우려와 반성이 요구되는 21세기 상황에서 이러한 문제의식은 매우 절박하다. 이하에서 평자는 양자를 차례대로 논하겠다.

1) 인본주의/인간중심주의

저자는 인간과 여타 동물을 구분 짓는 인간만의 고유한 특성으로 서구의 심리학(자유주의 철학)은 합리성을 제시하고 유학 심리학(사상)은 도덕성을 제시한다고 반복해서 지적한다(815-816, 823, 825, 827, 835, 851). 인간만의 고유한 특성에 대한 동서 사상의 지속적인 관심이 인간의 존엄성에 대한 존중을 내포한다는 점에서 그 긍정적인 의미를 인정하지만, (다양한 동식물의 멸종 등 생태계 파괴에 일상적으로 직면하면서 이를 우려하는 21세기의) 평자에게는 이러한 구절이 줄곧 인본주의/인간중심주의(인간우월주의)를 전형적으로 강조하는 구절로 읽혀 매우 불편하게 다가온다. 저자

---

3) 물론 인본주의와 세속주의·합리주의는 매우 긴밀하게 연관되어 있고 중첩된 측면이 적지 않지만, 여기서는 따로 분리해서 논하기로 한다.

는 서구 자유주의 사상과 유학 사상을 비교하는 과정에서 인간우월주의를 기본값으로 설정하고(인간우월주의에 대해서는 양자의 입장이 일치한다는 점을 수용하고) 단지 이를 정당화하는 논거에 있어서는 양자 사이에 근본적인 차이가 있다고 역설한다. 궁극적으로 저자의 결론은 인간의 선험적 도덕성을 전제하고 이를 근거로 여타 동물과 구분되는 인간만의 고유한 특성으로 도덕성을 강조하는 유학 사상의 설명이 합리성을 중심으로 설명하는 서구의 자유주의 철학보다 더 타당하다는 것이다.

이에 대한 평자의 반론은 두 가지로 구성된다. 첫째, 인간과 여타 생명체 및 자연계와의 질적 차별성을 강조하는 인간중심주의가 인간의 존엄성을 확립하는 데 일정한 진보적인 기여를 한 것은 부정할 수 없지만, 이제 그 폐해가 우려스러운 수준에서 드러나고 있기 때문에 인간중심주의는 폐기 · 철회 · 약화되어야 한다는 것이다.[4] 따라서 인간우월주의를 상정하는 자유주의와 유학의 인간관(우주관)은 점진적으로 폐기되거나 또는 축소 · 수정되는 방향으로 (재)해석되어야 한다. 둘째, 저자 역시 서양의 이성 개념을 반드시 합리적 계산능력만으로 환원하는 것은 아니지만, (사회교환론의 틀에 따라) 주로 그렇게 해석하면서 이성과 도덕의 배타성 또는 질적 차별성, 이성의 도구성 또는 욕망 종속성을 강조하고 있는데 이 역시 받아들이기 어렵다.[5] 평자는 저자와 달리 서양 이성 개념의 풍성하고 초월적인 차원을 중시하며,[6] 이성과 도덕성은 중첩적이고 호환적인 차원이 있고, 서로 영향

---

4) 물론 평자는 인간 이하의 삶을 영위하는 지구상의 빈곤한 인민에 대한 지속적인 관심이 필요하다고 믿는다. 또한 현대사회에서 극도에 달한 인간소외를 타개하는 과정에서 출현한 애완동물/반려동물 페티시즘을 우려하기도 한다.

5) 근대 서구 문명이 중시하는 이성에 대한 저자의 일방적인 해석에서는 역오리엔탈리즘 또는 옥시덴탈리즘의 혐의가 느껴진다.

6) 평자는 플라톤 이래 서양철학에서 단순히 도구적 · 계산적 차원을 넘어선 이성의 비판적 · 초월적인 차원이 저자가 주장하는 것보다 훨씬 더 중요하게 인지되고 있다고 생각한다. 심지어 근대 자유주의 철학자라 할 수 있는 루소나 칸트는 물론 에드먼드 버크와 같은

을 주고받는다고 본다. 이 점에서 저자의 이분법은 경직되고 과장된 대비로 읽혀진다. 이성이 없는 도덕성은 공허하고, 도덕성이 없는 이성은 맹목이다.

먼저 평자는 인간을 다른 동물과 구별 짓는 표지로서 인간의 이성이나 도덕성을 강조하는 자유주의나 유학의 입장에 원칙적으로 반대하지는 않는다. 그러나 이러한 입장이 동물이나 여타 생명체, 나아가 자연계를 단순히 열등하고 도구적인 존재로 간주하게 만들어 그것들에 대한 무분별한 살해나 학대 및 파괴를 정당화하고 조장하는 인간행동을 누적시켜왔기 때문에 평자는 이러한 구분에 대해서 저어하지 않을 수 없다. 더욱이 이러한 인간우월주의가 인류가 현재 직면하고 있는 생태계 파괴라는 위기의 바탕에 깔려 있는 세계관이라는 점을 감안할 때, 이제 인간우월주의는 철회되어야 한다. 나아가 저자는 자유주의와 유학 사상에서 나타난 이러한 인간우월주의를 공통적인 것으로 받아들이다 보니, 유학을 포함한 동서양의 거의 모든 전통사상이 보유하고 있는 생태학적 차원을 소거해버린 것으로 보인다. 예를 들어 『맹자』에서 사랑의 발현은 친친(親親) → 인민(仁民) → 애물(愛物)로 확장된다(『孟子集註』, 「盡心章句上」, 411).[7] 여기서 애물은 다른 동물이나 자연을 포함하는 생태학적 차원에 관계되는 것으로 확장하여 해석될 필요가 있다. 그러나 유학과 자유주의 사상을 비교하면서 양자의 인간중심주의를 공통된 것으로 받아들이는 과정에서 유학 사상이 담고 있는 생태학적 사유가 저자의 논의에서는 무시되는 경향이 있다. 평자의 비판에 대해서 이러한 인간우월주의, 생명체나 생태계에 대한 그 발현 양상은 인간의 사회관계를 논하는 데 있어서 구성적 요소가 아니라고 반론을 제기할 수도 있겠지만, 평자는 인간우월주의가 지배하는가 아니면 생태주의

보수주의자에게도 이성은 비판성과 초월성을 보유하고 있다.
7) 『논어』에서도 다양한 생태학적 언급이 발견된다.

(ecocentrism)가 지배하는가에 따라 인간의 사회 구조와 관계가 근본적으로 달리 조형될 수 있다고 믿는다.[8]

이 점에서 이미 19세기에 동물에 대한 학대를 반대했던 벤담의 입장은 주목을 요한다. 벤담 역시 공리주의적 자유주의자로서 인간을 자기이익의 최대화를 추구하는 합리적 계산자로 받아들였지만, 동시에 인간과 동물을 쾌락과 고통의 주체라는 점에서 공통적으로 파악함으로써 자유주의의 도도한 인간중심주의에 제동을 걸고자 했다. 그는 동물이 이성을 사용할 수 없다거나 아니면 말을 할 수 없기 때문이라는 이유로 동물학대를 정당화하는 주장이 궁극적으로 자기파괴적이라는 점을 다음과 같이 지적했다.

완전히 다 자란 말이나 개는 생후 하루, 일주일, 또는 한 달된 유아(幼兒)보다 비길 바 없이 더 이성적이거나 대화를 더 잘한다. 그러나 그들이 그렇지 않다고 가정한다면, 그게 무슨 소용이 있는가? 문제는 동물들이 이성적으로 사고하는가도 아니며, 말을 할 수 있는가도 아니다. 문제가 되는 것은 동물들이 고통을 느낄 수 있는가이다(테렌스 볼 · 리처드 대거 2013, 436에서 재인용).

따라서 우리에게 건전한 우주관은 인간과 동물의 차이에 주목하는 요소 못지않게, 양자의 공통점이나 연속성을 강조하는 요소를 포함해야 하고, 나아가 사회관계를 구성함에 있어서 후자가 전자를 압도할 수도 있는 영역과

---

8) 이에 관한 대표적인 사례로 인간과 자연환경 및 문화가 조화를 이루는 생태도시(ecopolis)를 생각해볼 수 있겠다. 생태도시는 특성에 따라 생물 다양성 생태도시, 자연순환성 생태도시, 지속가능성 생태도시로 구분된다. 저자가 중시하는 자유주의와 유학사상이 담고 있는 인간관의 차이를 떠나, 자동차로 꽉 막힌 도로와 빼곡히 들어선 높은 빌딩으로 숨 막히는 현대의 거대도시(metropolis)와 이러한 생태도시에서 인간의 사회관계가 달리 구성될 것임은 분명하다. 다음에 논할 주제와 연관된 것이지만, 가령 소 · 코끼리 · 원숭이 등이 신성시되는 힌두교 문화에서 관찰되는 사회관계가 그렇지 않은 사회의 사회관계와 커다란 차이가 있음은 물론이다.

차원을 받아들여야 할 것이다. 미숙아나 중증 장애인에 대한 인도주의적 배려, 말기환자에 대한 안락사 반대 등에 나타난 문명화된 배려는 현대사회가 인간의 존엄성을 단순히 이성이나 도덕성의 차원에서만 구하는 것이 아니라는 점을 보여준다. 더욱이 알파고(인공지능과 첨단 로봇) 시대에 접어들어 알파고가 이성이나 도덕성은 물론 감성에 있어서도 비교를 불허할 만큼 인간보다 훨씬 더 우월한 존재로 판명될 때, 저자의 인간중심주의가 어떻게 정당화될지 궁금해진다. 인간에 의한 동물의 도구화(지배와 학대)가 정당화되었듯이, 이제 알파고에 의한 인간의 도구화(지배와 학대) 역시 허용되어야 하는 것 아닌가?

이렇게 볼 때, 평자는 인간과 여타 동물 사이에 존재하는 이성이나 도덕성의 차이를 단절적이고 질적인 것이라기보다는 연속선상의 것으로 이해하는 것이 미래에 사회관계를 기획하고 구성함에 있어서 더 바람직하다고 생각한다. 지면 관계상, 여기서는 유학심리학이 강조하는 인간의 도덕성만을 검토해보기로 하자. 유학 사상이 인간에게는 도덕성이 선험적으로 존재한다고 가정할 때, 우리는 맹자가 언급한 측은지심의 대표적 사례인 '어린아이가 갑자기 우물에 빠지려는 것을 보고 깜짝 놀라 이를 측은히 여기고 구하려는 사람들의 마음'을 떠올린다. 그러나 저자도 잘 알고 있듯이 그러한 정도의 측은지심은 일부 영장류에게서도 어렵지 않게 발견된다. 2016년 5월 미국 신시내티의 한 동물원에서 관람객이 데려온 어린애가 오랑우탄의 우리에 떨어져서 위급한 상황에 몰리게 되었을 때 어린애를 구하기 위한 긴급조치로 어린애에게 접근한 오랑우탄(고릴라 하람비)을 사살한 사건을 놓고 그 당부당에 대해서 열띤 논쟁이 일어난 적이 있었다. 논란의 여지가 없는 것은 아니겠지만, 이에 대해서 오랑우탄 전문가들은 오랑우탄이 어린애를 보호하려 행동한 것이기에 동물원의 조치가 잘못된 것이라고 비판하고 나섰다. 과거에 그러한 비슷한 사건이 있었을 때 오랑우탄이 어린애를 잘 보호했다는 일화도 있기 때문이다.

맹자에게 인의 발단이 되는 측은지심(또는 불인지심[不忍之心])이 오 랑우탄과 같은 영장류에게서 발견된다는 사실은 원초적인(원시적인) 도덕 의식이 인간은 물론 포유류를 포함한 다른 척추동물들 사이에서도 일반적 으로(의미심장한 정도의 차이는 있겠지만) 발견되는 것은 아닌가라는 의 문을 불러일으킨다. 평자는 도덕심리학(또는 진화생물학)에 대한 전문지 식이 없지만, 근본적으로 서구의 사회계약론자들이 인간에 대한 가장 근본 적인 가정으로 제기한 자기보존본능이 인간이 다른 동물과도 폭넓게 공유 하는 중요한 특징이라고 믿는다. 나아가 종(種)과 개체의 차원에서 존재하 는 자기보존본능이 원초적인 도덕의식의 발단이라고 상정한다. 평자는 이 러한 자기보존본능에 쌍무적인 보은의식과 복수의식(응보적 정의관), 나 아가 이타적인(타자지향적인) 배려의식과 타자의 고통에 대한 공감능력 (측은지심 또는 동정심) 등 원초적인 도덕의식이 배태되어 있다고 본다. 그리고 인간은 이를 기초로 하여 선과 악에 대한 문명화된 개념, 세련된 도덕철학을 발전시켰다고 여겨진다.[9] 이처럼 인간과 (일부) 동물이 원초 적 도덕의식을 공유한다는 점을 받아들이기 때문에, 평자는 도덕성을 이유 로 인간과 동물 사이의 단절적인 구분을 강조하는 저자(또는 유학)의 인간 중심주의를 받아들이기 어렵고, 이러한 입장은 자유주의 심리학에도 적용 된다.

2) 세속주의와 합리주의

저자는 자유주의가 인간을 이성의 주체로 파악하고 유학 사상이 인간을

---

9) 이 점에서 본능적 욕망과 이를 규제하는 것으로 간주되는 도덕 사이의 거리는 우리가 생각하는 것처럼 그렇게 멀지 않다.

도덕의 주체로 파악한다는 점에서 양자는 결정적으로 구분된다는 입장을 취한다. 그러나 평자는 자유주의나 유학이 대단히 세속적이고 합리적인 사상체계라는 공통점에도 주목하고 싶다. 전통사상이나 종교 가운데서 기독교·불교·힌두교·이슬람 등과 비교해서 유학은 사회현상이나 자연현상을 설명함에 있어서 (음양사상, 재이론[災異論], 역[易]사상이 없는 것은 아니지만) 초월적인 것, 영적인 것 또는 주술적인 것에 크게 의존하지 않고 대단히 합리주의적인 서사를 발전시켜왔다. 이는『논어』에서 공자가 초월적인 명(命), 귀신을 섬기는 일, 또는 사후의 세계에 대해서는 매우 드물게 언급했다는 점에서도 잘 드러난다(『論語集註』,「雍也」, 119 ;「述而」, 138 ;「子罕」, 164 ;「先進」, 209). 이 점에서 유교사상은 다른 전통종교와 비교하여 대단히 세속적이고 현세중심적이며 합리주의적이라 할 수 있다. 물론 서구의 근대사상인 자유주의 역시, 초기 로크의 사상의 경우와 같이 기독교(와 그것에 근거한 자연법사상)에 배태되어 있었다는 점을 부정하기는 어렵지만, 그렇다 하더라도 대단히 세속적이고 합리주의적이다.

이 점에서 유학 사상이나 자유주의 사상은 사회생활과 인간 내면의 삶을 설명함에 있어서 영적 측면이나 초월적 측면을 최소화한다고 할 수 있다. 아마도 동아시아가 세속적이고 합리주의적인 서구의 근대 물질문명에 성공적으로 적응할 수 있었던 배경에는 이러한 측면이 개입되어 있을 것이라고 생각된다. 저자 역시 이러한 가정에 입각해서 자유주의와 유학 사상을 비교하다 보니, 사회관계를 중대하게 구성하는 영적 측면이나 초월적 측면에 대한 논의가 빈약한 것으로 보인다. 그러나 세계를 돌아볼 때, 이슬람·불교·힌두교 등을 중심으로 구성된 다른 문명권의 사회는 여전히 영적·초월적·내세적 측면이 강하게 사회관계를 구성하고 있다. 비록 이런 사회가 유학이나 자유주의 입장에서 볼 때에는 비합리적이고 부조리한 면이 많은 것으로 보이고 그렇게 보이는 것이 타당한 점도 있겠지만, 반면에 영적·초월적·내세적 측면이 빈약한 사회는 인간의 삶과 경험 및 사회관계를 황폐하게 조형할 가능성이 높다. 다른 한편, 자유주의나 유학 사상이 지배적인 사회라 할지라도 그 사회에서 실제로 삶을 영위하고 있는 사람들은 자신의 삶의 피폐함이나 불확실성을 타개하기 위해서 빈번히 초월적이고 영적인 요소에 호소한다.10) 물론 그러한 역할은 대부분 기독교, 불교 등 기성의 종교가 수행하고, 또 동아시아 사회에서는 각종 점, 풍수 및 무교 등이 추가적으로 감당하고 있다. 이러한 사실은 사회관계를 구성하는 중요한 측면이기도 하고, 또 중요한 사회심리학적 현상이다. 그러나 자유주의와 유학의 사회관계론을 주로 세속적이고 합리주의적인 관점에서 서술하는 저자의 심리학에서 이러한 차원을 탐색할 수 있는 이론적 도구는 상대적으로 빈약한 것으로 보인다. 나중에 논할 것처럼, 저자는 현대심리학(= 서구의 심리학)은 서구의 문화특수적인 심리학이지 보편심리학은 아니라고 합당하게 지적하면서 그 보완책으로 동아시아의 심리학을 제안한다. 그러나 동서양의 두 심리학은 사회관계의 영적이고 초월적인 차원에 대한 탐색을 소홀히 하는 공통된 한계가 있다. 더욱이 세계화·정보화와 함께 서구 사회는 말할 것도 없고 동아시아 사회 역시 다양한 배경을 가진 이주민의 유입이 증가함에 따라 다종교사회이자 다문화사회로 급속히 이행하고 있다. 이처럼 새로운 종교적·문화적 정체성을 지닌 새로운 이주민이 유입·정착함에 따라, 동아시아 사회 역시 유학심리학으로 설명할 수 없는, 초월적이고 영적인 측면을 중시하는 사회관계와 사회현상의 증가를 목격하게 될 것이다.11) 이러한

---

10) 한국에서 일반 시민은 말할 것도 없고 유명한 정치인이나 기업인들 역시 자신의 정치적 성공이나 사업의 성공을 기원하면서 점을 치거나 굿을 하고, 또 조상의 묘를 이장하는 현상은 우리 사회에서도 매우 흔하게 관찰된다. 또 합리주의적인 서양인들이 동양의 요가나 명상에 몰입하거나 불교에 귀의하는 현상 역시 적지 않게 발견된다.

11) 잘 알려져 있다시피 서남아시아는 물론 남아시아 사회에서는 종교적 정체성이 개인의 정체성에 핵심적이다. 유교사상의 영향권에 있는 동아시아 사회에서 학연·혈연·지연이

상황을 예상·고려할 때, 나중에 논할 것처럼, 자유주의 심리학과 유학 심리학의 보완적 종합인 새로운 심리학이 이러한 과제를 적절히 수행할 수 있는지에 대해서는 의문이 든다.

4. 비교의 비대칭성, '평등'의 문제

저자는 8장에서 새로운 심리학의 가능성으로 유학심리학 체계를 본격적으로 탐색한다. 그러나 이 장의 서술에 제시된 서구의 현대심리학(자유주의 심리학)과 유학심리학의 비교는 상당한 비대칭성을 띠고 있어 서술의 균형성 또는 형평성에 관해서 문제를 제기할 수 있다. 서구심리학의 이론적 문제점에 대해서는 치밀하게 비판하면서 유학심리학의 결함에 대해서는 거의 논하지 않는 편향성을 보여주고 있기 때문이다. 이런 편향성은 자신이 심정적으로 옹호하는 유학심리학은 이상화시켜 서술하고 자신이 비판하는 서구의 현대심리학은 현실주의적 관점에서 서술하는 저자의 태도와 연관된 것으로도 보인다. 저자의 이러한 편향성은 유학 사상의 평등에 대한 논의에서도 과도하게 드러나는바, 평자는 이를 비판적으로 검토하고자 한다. 나중에 논할 것처럼, 저자의 이러한 비대칭적 비교는 서구의 현대심리학에 대한 유학심리학의 모호한 위상 및 장차 양자를 보완하여 종합할 새로운 심리학의 불확실한 역할과도 일정한 관계를 맺고 있다.

1) 비교의 비대칭성

저자는 8장에서 서구 사회관계론의 문제점과 그 보완책을 논할 때, 서구 사회관계론의 문제점으로 ① 개체적 독립성 중시와 사회적 존재 특성의 무

개인의 정체성에 핵심적이고 중요한 사회적 연결망인 것과 대조적이다.

시, ② 쾌락적 이기성 중시와 도덕적 관심의 무시, ③ 보편적 일관성 중시와 상황가변성의 무시를 논한다. 여기서 서구 사회관계론의 문제점은 '－의 결핍/부재(저자는 '무시'로 표현)'로 특징지어지는데, 이러한 서술은 평자가『서구중심주의를 넘어서』에서 서구가 발명한 오리엔탈리즘의 이론적 특징을 '부재와 일탈의 신화'로 파악한 것과 비슷한 논조를 보여준다. 그리고 서구 사회관계론에서 부재한 것은 당연히 유학심리학에 의해서 보충되어야 하는 것으로 서술된다.[12] 저자의 이러한 주장을 수긍한다 할지라도 유학심리학에 대한 저자의 논의에서 유학적 사회관계론의 한계나 문제점을 명시적으로 논한 구절은 찾아보기 힘들다. 서구의 사회관계론에 대한 저자의 서술로부터 유학적 사회관계론의 문제점을 추론해본다면, 그것들은 혹시 "개체적 독립성의 무시", "쾌락적 이기성의 무시", 및 "보편적 일관성의 무시(결여)"가 될 법하다. 그러나 저자는 이를 명시적으로 언급하지는 않으며 오히려 유학심리학은 개인의 자율성, 개인의 사적 이익(의 충족)을 존중하는 것으로 나타난다. 다만 '보편적 일관성 중시와 상황가변성의 무시'를 논할 때에 저자는 예외적으로 유학심리학이 보편적 일관성도 존중한다는 논변을 제출하지는 않는다. 그러나 저자의 전체적인 논조를 따르면 유학심리학은 서구 심리학의 문제점을 타개하고 보완해줄 수 있는 이론적 자원을 보유하고 있음은 물론 서구심리학의 장점을 수용할 수 있는 이론적 자원을 본래부터 겸비하고 있는 것으로, 일견 무결점의 오롯한 이론체계로 나타난다.

이러한 평자의 해석을 좀더 구체적으로 부연해보면, 먼저 저자는 서구의 사회관계론의 특징과 문제점으로서 "개체적 독립성 중시와 사회적 존재 특

---

12) 이 점에서 저자의 논조는 서구중심주의를 역으로 재생산하는 역오리엔탈리즘 또는 옥시덴탈리즘의 혐의를 비켜가기 힘들다.

성의 무시"를 논할 때, 인간의 사회적 존재 특성을 개체성보다 우선시하는 동아시아의 사회관계론이 전반적으로 더 우월하고 적절하다고 주장한다. 동아시아의 사회관계론이 인간의 공동체 지향의 도덕성을 중시하는 것은 물론, "도덕적 주체로서의 개인의 자발성을 인간의 사회성의 근거"로 봄으로써 "인간의 개체성을 도외시하거나 무시하는 것"은 아니기 때문이다 (819). 이어서 "쾌락적 이기성 중시와 도덕적 관심의 무시"을 논할 때에도, 유학적 사회관계론에 담긴 통찰로 "조화로운 관계의 형성이 개인 사이의 차이를 뛰어넘어 모두의 이익을 보장하는 길[이] 된다"는 점을 지적한다 (826).[13] 다시 말해 "······진정한 개인의 이익은 공동의 이익 속에서도 찾아질 수 있다는 것이 유학자들의 관점"이라는 것이다(826). 따라서 집단주의적인 유학적 사회관계론은 서구의 사회관계론이 소홀히 하고 있는 도덕적 관심을 중시할 뿐만 아니라 (서구의 개인주의적 사회관계론의 관점에서 비판적으로 지적할 법한) '개인의 이익에 대한 무시'가 일어나지 않는다. 오히려 유학적 사회관계론에서는 개인의 이익과 공동체의 이익, 또는 사익과 공익의 절묘한 조화가 발견된다. 다시 말해 유학적 사회관계론은 서구의 자유주의적 사회관계론이 결여하고 있는 도덕적 관심을 중시할 뿐만 아니라 개인의 이익도 존중한다.

마지막으로 서구의 사회관계론의 특징과 문제점의 세 번째 항목인 "보편적 일관성 중시와 상황가변성의 무시"를 논할 때, 저자는 "각자가 자기이익의 최대화를 추구하는 것을 사회관계의 목표"로 규정한 서구의 사회관계론에서는 개인들 사이에 "이익 갈등"이 필연적으로 빚어지는바, 교환이론가들은 이러한 갈등을 제거하고 사회관계를 유지하기 위해서 보편적인 "규범

---

13) 이러한 통찰은 저자가 자유주의자로 분류하는 루소의 일반의지론에서도 쉽게 발견되는 대목이다.

체계", 보다 구체적으로는 "공정한 교환의 규범"을 개발하고 이의 준수를 사회 성원들에게 강제한다고 설명한다(828). 저자는 이러한 공정한 교환규범을 그 보편성과 강제성의 측면에서 우선적으로 비판한다. 이를 위해서 먼저 "공정 교환의 원칙은 모르는 사람들 사이 또는 이익의 교환관계에서는 잘 통용되는 것일지라도, 모든 사회관계의 기초인 부모-자식이나 부부 사이에서도 이 원칙이 관계유지의 유일한 규범이 될 수 있는가?"라고 반문한다. 일견 저자의 이러한 비판은 설득력이 있어 보이지만, 사회관계를 가족관계의 연장으로 보는 유교사회와 달리, 근대 서구의 사회관계론은 원칙적으로 가족과 (시민) 사회의 영역을 분리된 영역으로 구분한다는 것이 평자가 이해하는 바다. 서구의 사회관계론 역시 가족을 친밀성이 지배하는 사적인 영역으로 보고, 가족 구성원들 사이의 영역에 공정 교환의 원칙을 주장하지 않는다. 공정 교환의 원칙은 시장을 중심으로 구성된 시민사회 영역에 적용되는 것이다. 근본적으로 가족과 사회의 관계를 어떻게 구성하는 것이 바람직한가에 대한 난해한 논쟁을 일단 접어둔다면, 저자의 반박은 설득력이 없어 보인다.

이와 연관된 비판으로 저자는 "공정 교환 규범의 준수를 성원들에게 요구하기 위해서는 외적인 강제력이 필수적으로 요청될 텐데, 이러한 외적 강제력의 효과가 어느 정도나 지속성을 가질까?"(829)라는 의문을 제기한다. 이와 달리 유학의 사회관계론은 외적 강제력에 크게 의존하지 않고서도 자발적인 지속성을 유지할 수 있는 것으로 저자는 상정하는바, 이는 유학의 사회관계론이 "관계상대방에 대한 관심과 배려"에 따라 다양한 역할을 쌍무적으로 수행하면서 "일상생활에서 도덕성을 실천"하기 때문이다(830). 이에 대해서 자세히 논하지 않겠지만, 비록 법치의 폐해를 강조하고 덕치의 효용성을 강조한 공자(나아가 유학 일반)의 경우에도 통치의 수단으로 '예악형정(禮樂刑政)'을 포괄적으로 고려했다는 점을 상기할 필요가 있다. 여기서 '예악'이 사회관계의 자발적인 규율에 기초한다면, 형정은 사회관계의 유지에 외적 강제력이 필수적으로 요구된다는 점을 시사한다. 이처럼 유학사상 역시 외적 강제력에 의존해서 사회관계를 규율해야 한다는 점을 받아들였다는 점을 인정한다면, 외적 강제력에 대한 의존은 '존부'의 문제라기보다는 '정도'의 문제인 것으로 밝혀진다. 그렇다면 '정도의 차이'에 대한 심도 있는 고찰이 없이, 마치 서구의 사회관계론은 외적 강제력에 의존해야하고, 유학의 사회관계론은 그럴 필요가 없는 듯이 서술하고 있는 저자의 논의는 충분한 설득력을 확보하지 못한 편향적인 것으로 다가온다.14)

또한 저자는 서구의 사회관계론이 추구하는 "공정 교환의 규범은 보편성을 띠는 일반원칙으로서, 상황의 변이에도 불구하고 누구에게나 똑같이 적용되어야 하는"데 반해, "유학자들은 상황과 관계의 양상이 달라지는 데 맞추어 유연하게 따라 변하는 상황가변성을 적응의 핵심"으로 삼는다고 대비한다(829-830). 그러나 평자는 저자의 이러한 대비가 과연 적절한 것인지에 관해서 의문이 간다. 일반적으로 우리가 보편적인 원칙을 추구하는 이유는 복잡하고 끊임없이 변화하는 인간상황을 이해하고 규율하기 위한 '거시적인 틀'— 조감도, 프레임, 패러다임 등 — 이 필요하기 때문이다. 그리고 일단 발견된/발명된 보편적인 원칙은 그 구체적인 적용과정에서 인간상황의 가변성과 복잡성에 대처하기 위해서, 곧 구체적 타당성을 확보하기 위해서, 정교한 분류(사례 나누기)와 세부적인 해석의 수순을 밟는다. 따라서 보편적 원칙의 추구와 구체적 타당성의 확보는 상호 배타적인 관계라기보다는 상호 의존적인 관계라 할 수 있다. 그러나 저자의 입장은 두 개념의 상호 의존적인 계기를 심도 있게 고려하지 않는 것처럼 보인다. 다시 말해

---

14) 이와 관련하여 19세기 유럽의 대부분의 자유주의적 사회이론가들이 사회를 자율성의 영역으로 국가를 강제성(폭력)의 영역으로 구분하여 대비시켰다는 점을 상기할 필요가 있다.

상황과 관계의 양상이 달라지는 데 맞추어 유연하게 적응하더라도 그 적응이 '적응'으로서 일정한 '의미'를 확보하고 유지하기 위해서는 (다양한 해석과 개방적인 수정에 열려 있는) 잠정적으로 보편적인 원칙이 필요하지 않을까?

2) 평등의 문제

저자는 "쾌락적 이기성 중시와 도덕적 관심의 무시"를 다루는 대목에서 "함께 관계를 맺고 있는 타인과 더불어 몸담아 살고 있는 사회에 대한 관심과 배려"에 기초하여 조화로운 사회관계를 지향하는 유학 사상이 중시하는 역할의 쌍무적 수행을 논하면서 평등에 대해서도 언급한다(824-825). 평자는 평등에 대한 저자의 논의를 위의 항에서 검토할 수도 있었지만, 그 중요성을 고려하여 이 항에서 독립적으로 논하겠다.

특히 예를 통한 조화로운 인간관계를 강조할 때, 저자는 순자의 군거화일론을 즐겨 인용하는데, 평등에 관심을 갖는 평자에게 이 구절은 과거부터 매우 불편하게 다가오곤 했다.

무릇 귀(貴)하기로는 천자가 되고, 부(富)하기로는 천하를 차지하는 것, 이것은 사람의 성정으로 똑같이 바라는 것이다. 따라서 사람의 욕구에만 따르면, 그 세(勢)는 용납할 수가 없고, 자원은 넉넉할 수가 없다. 그러므로 선왕이 그것을……감안해서 예의를 제정하여, 각자의 몫과 할 일(分)을 나누었다. 그리하여 귀천의 등급, 장유의 차이, 지혜로운 사람과 어리석은 사람(智·愚), 유능한 사람과 무능한 사람(能·不能)의 구분(分)이 있도록 하여, 사람들로 하여금 모두 자기의 일을 하도록 맡기고, 각각 그 합당함(宜)을 얻도록 했다. 그런 뒤에 보수(穀祿)를 많거나 적게 하고, 후하거나 박하게 하는 알맞음(稱)이 있도록 했다. 이것이 대체로 '더불어 모여 살면서 조화롭게 통일을 이루는 길'[群居和一之道]이다(825-826에서 재인용).

저자는 이 구절에 대해서 "타인에 대한 배려를 기초로 하여 일상생활에서 도덕성을 실천하게 되면 사회관계에 조화와 통일이 이루어지며, 이것이 사회관계의 목표라고 순자는 주장하는 것"이라고 언급한다(826). 이어서 저자는 유학자들이 이러한 군거화일지도에 기초한 조화로운 관계의 형성을 통해서 "개인 사이의 차이를 뛰어넘어 모두의 이익을 보장하는 길"을 발견했다고 주장한다. 그러나 평자의 해석은 이와 다르다. 평자는 평소 이 구절을 순자가 예의를 명분으로 하여 무릇 모든 인간이 탐하는 희소한 재화인 귀와 부에 대한 차등적인 분배를 합리화하는 진술로 받아들였다. 이렇게 본다면, 순자에게 예의란 궁극적으로 귀천, 장유, 지·우(智·愚), 능·불능(能·不能)의 차이를 인위적으로 설정하여 등급화하고 사회의 기초적인 재화의 불평등한 분배는 물론 유교사회의 세습적인 신분제도를 정당화하는 기제라고 할 수 있다. 대표적으로 순자 당대는 물론 유교사회 일반에서 바로 사회관계의 조화와 통일을 지향하는 이러한 예의를 통해서 여성, 종 (노예와 하인), 서인(庶人)들이 감당하는 불평등하고 열악한 지위가 정당화된 것 아닌가?

그러나 저자의 해석은 평자의 입장과 다른 듯하다. 이어지는 대목에서 저자는 정명론에 대한 공자·맹자·순자의 진술을 연이어 인용하면서, 유교사회에서는 인간관계가 일방적인 관계가 아니라 쌍무적인(상호호혜적인) 역할수행을 요구한다고 강조한다. 그러면서 부모-자식 간의 관계에 관해서도 자식의 일방적인 효도만을 강조하는 불평등한 관계가 아니라 그에 상응하는 부모의 자애의 의무(역할)를 역설하는 쌍무적인 관계라고 주장한다. 이를 토대로 하여 저자는 "유학사상은 인간관계를 평등한 관계로 상정하되 각자의 역할이 다른 것으로 인식할 뿐, 절대로 상·하나 주·종의 불평등

관계로 설정하고 있는 것은 아니다"라고 강변한다(830–831). 그러나 사회
관계에서 요구되는 역할을 관계당사자들이 일방적으로 수행하는가 아니면
쌍무적으로 수행하느냐를 기준으로 하여 인간관계의 평등을 논하는 저자
의 논변은 현대의 지배적인 평등이념에 비추어볼 때 그 설득력이 대단히
의심스럽다. 이른바 주인과 종(노예와 하인)의 관계 역시 종이 신공(身貢)
을 바치는 일방적인 관계가 아니라 주인 역시 종에 대해서 일정한 의무(생
계유지가 가능한 적절한 물질적·정신적 조건을 제공해주는 것을 포함한)를
부담하는 쌍무적 관계이다. 그러나 유교사회에서 주인과 종의 관계는 교환
되는 서비스의 불평등뿐만 아니라 도덕적인 불평등을 수반하는 매우 불평
등한 관계였다. 마찬가지로 삼종지도에 얽매어 있는 여성들 역시 자신이
복종해야 하는 남성들(부모, 남편, 자식)과 쌍무적인 관계를 맺고 있었지
만, 온갖 불평등을 감수해야 했다. 그러나 저자의 해석에 따르면, 이는 자발
적인 것이고 평등한 관계로 치부된다.

   저자의 이러한 입장은 저자가 유학심리학의 새로운 가능성으로 현대심
리학이 소홀히 해온 (현대심리학의 공백으로 남겨진) 역할심리학을 순자
사상에 기대어 논할 때 좀더 정교한 논리로 전개된다. 저자의 해석에 따르
면 순자는 인간의 사회적 역할을 "귀천(貴賤)으로 대표되는 '사회등급', 장
유(長幼)로 대표되는 '사회윤리', 그리고 지·우(智·愚)와 능·불능(能·不能)
으로 대표되는 '사회직분'의 차이"로 나눈다(878). 여기에서 평등과 관련하
여 평자의 주목을 끄는 대목은 "귀천(貴賤)으로 대표되는 '사회등급'", 곧
'사회신분'과 "지·우(智·愚)와 능·불능(能·不能)으로 대표되는 '사회직분'"
의 차이다. 저자는 순자를 좇아 "사회적 신분에 따른 역할은 타고나는 것이
아니라 개인의 도덕적 수양의 결과에 따라 주어지는 것"이고 사농공상 같은
"사회적 직분에 따른 역할의 차이도 개인이 개발한 능력의 차이를 근거로
하는 것"이라고 주장한다(880). 저자의 이러한 해석에 따르면, 사회적 신분

과 사회적 직분에 따른 역할의 차이는 우연한 출생에 의해서 불평등하게 세습된 것이 아니라 도덕적 수양과 능력의 차이에 근거한 합당하고 (산술적이 아니라 비례적으로) 평등한 것으로 현대사회에서 서구의 평등 원리의 하나로 승인되고 있는 능력주의(meritocracy)에 근거한 것으로 해석된다.15) 그러나 역사적 경험과 사실을 통해서 우리는 순자 등과 같은 유학자들의 주장과 달리 (가장 고귀한 군주의 지위는 말할 것도 없고) 귀천에 따른 사회적 신분의 차이가 도덕적 수양이 아니라 (사회윤리와 마찬가지로) 선천적으로 세습된 것이 지배적인 관행이고, 마찬가지로 사농공상으로 구성된 사회적 직분상의 차이도 지배계급인 '사'와 피지배계급인 '농공상' 사이에서 불평등하게 세습되어왔다는 점을 잘 알고 있다. 그러나 저자는 사회윤리에 근거한 역할배분을 "개인이 하기에 따라 달라지지 않는 항구적인 역할"로 보지만, 사회신분과 사회직분상의 역할 차이에 대해서는 그것이 개인이 하기에 따라, 곧 (일견 모든 개인에게 기회의 평등이 보장되었다는 가정 위에) 개인의 도덕적 수양과 능력 개발의 결과에 따라 달라지는 유동적이고 개방적인 결과로 보는 듯하다(880). 그리고 유학자들은 이처럼 차등적인 역할을 인식하고 제안함으로써 "사회관계의 조화와 통일"(881)을 추구했다고 서술한다. 그렇다면 평자가 지적한 대단히 불평등한 유교사회의 현실에 대해서 저자는 그런 사회란 유학이론과 배치되는 현실로서 공자·맹자·순자 등이 발전시킨 유학이론은 그렇게 가르친 적이 없고, 따라서 그런 현실에 대해서 아무런 책임이 없이 결백하다고 항변할 것인가?

저자는 그렇게 생각하는 듯하다. 저자는 8장의 말미에서 '분배정의'의 문제로서 "역할 구분의 근거 : 덕과 능력에 따른 형평"을 논할 때, 재차 공자·

---

15) 능력주의는 평등의 원칙에 부합하기 위해서 형식적이고 실질적인 차원에서의 기회의 평등을 전제로 한다(화이트 2016). 그러나 저자는 유학이론이 그러한 기회의 평등 문제에 대해서 진지하게 고민했는지에 관해서 논하지 않는다.

맹자·순자를 연이어 인용하면서 유학 사상에서 사회적 지위나 직분, 곧 사회적 역할의 근거는 "태어날 때부터의 출신성분에 의해서 결정되는 것"이 아니라 배움을 통해서 후천적으로 이룬 "덕(德)과 능(能)"을 기준으로 나누어진다고 재강조한다(913-915). 그러나 역사적으로 공자·맹자·순자를 포함한 대부분의 유학자들은 당대 사회에서 사회적 지위나 직분의 세습을 어느 정도 당연시하면서 살아왔고, 저자가 인용하는 구절은 다소 예외적인 언급이라는 점을 감안할 필요가 있다. 그렇다면 그들은 세습된 사회적 지위나 직분이 도덕적 수양이나 능력의 개발에 달려 있다는 점을 예외적으로 강조함으로써 진보적인 논조를 전개한 점도 있지만, 다른 한편 그렇게 세습된 지위와 직분에 명시적이고 적극적으로 반대하지 않음으로써, 결과적으로 (그들의 의도와 달리 아니면 그들의 대세적 의도에 따라) 세습된 사회적 지위나 직분에 도덕적 수양과 출중한 능력이라는 외피를 씌워 정당화한 결과에 기여한 것은 아닌가? 마지막으로 설사 '도덕적 수양'의 결과에 따라 다스리는 직책을 맡는다는 저자의 일관된 주장이 나름 일정한 타당성을 갖는다는 점을 인정한다 할지라도, 그것이 정치적 평등과 다수결을 주장하는 민주주의의 원리에 정면으로 배치된다는 점은 분명히 할 필요가 있다. 서양 정치사상의 전통에서 정치적 평등의 구현인 민주주의는 플라톤의 철인통치론과 정면으로 배치되는 것이니, 그것은 저자가 신봉하고 있는 유덕자 통치론과 배치되는 것임도 분명하다. 다시 말해 저자의 유덕자 통치론은 선거 등 별도의 민주적인 정치기제에 의해서 보완되지 않는 한, 그 자체로는 민주주의와 정치적 평등에 반한다. 요컨대 덕과 능을 기준으로 하여 사회적 지위나 직분을 배분한다는 유학적 사회관계론이 다른 원칙에 호소함으로써 정당성을 확보하는 것은 용인할 수 있을지 몰라도, 그로 인해서 유학적 사회관계론이 "유학사상은 인간관계를 평등한 관계로 상정하되 각자의 역할이 다른 것으로 인식할 뿐, 절대로 상·하나 주·종의 불평등관계로 설정하고 있는 것은 아니다"(830-831)라는 저자의 논변에 부합하는 것은 아니다.

저자가 이러한 유교사회의 역할 배분과 수행을 긍정하고 승인하는지 아니면 비판하고 부정하는지는 일견 명확하지 않다. 그러나 저자가 서구 현대 심리학이 상정하는 사회관계론에 대해서는 치밀하고 신랄한 비판을 가하는 데 반해, 유학이 전제하는 이러한 역할심리학에 대해서 명시적인 비판 없이 서술하고 있다는 사실은 저자가 이를 사실상 승인하고 있다는 인상을 평자에게 심어준다. 설사 백보를 양보해서 저자가 서술하고 있는 유학의 역할심리학을 당대의 역사적 한계를 감안하여 승인한다고 해도, 유교사회에 지배적인 관행이었던 군(君)과 신(臣), 사대부(양반)와 평민은 물론 주인과 하인의 역할상의 차별 그리고 남성과 여성의 차별을 현대의 심리학자인 저자는 유학 심리학의 틀에서 어떻게 (재)해석할 것인가? 저자가 제시한 유학자들의 역할심리학에 따르면 남성과 여성, 주인과 하인의 역할 차이는 사회적 신분, 사회윤리 또는 사회직분 가운데 어디에 속하는가? 그것들은 도덕적 수양, 태어날 때부터 따라오는 선천적 지위, 능력개발의 차이 가운데 무엇으로 정당화될 수 있는가? 남성 지배계급의 일원인 공자·맹자·순자의 침묵을 시대적 한계의 결과로 일단 용인한다고 해도 평등한 인간관계에 기초한 현대 심리학에 익숙한 저자의 무의식적인 동조적 침묵을 어떻게 받아들여야 하는가? 지금까지 검토한 저자의 해석에 따르면, 철인통치자, 전사(보조자 계급) 및 생산자 계급으로 구성되었지만 남녀평등(비록 지배계급에 한정된 것이지만)을 포함하여 훨씬 더 개방된 능력주의와 계층상의 이동을 명시적으로 서술하고 있는 플라톤의『국가』에 서술된 계급구조가 훨씬 더 평등한 것으로 여겨진다.[16] 그러나 플라톤의『국가』에 서술된 사

---

16) 심지어 플라톤이 구상한 이상국가의 지배계급에게는 사유재산과 가족제도가 허용되지

회가 평등한 사회라고 옹호하는 서양의 이론가들이 거의 없다는 점은 두말
을 요하지 않는다.

5. 유학심리학의 모호한 위상, (보완적으로 종합된) "새로운" 심
리학의 불확실한 역할

이 책에 제시된 저자의 논의에서 서구의 현대심리학과 저자가 검토하고
제안하는 유학심리학의 상호 관계와 위상은 다분히 모호하고 유동적인 상
태에 놓여 있다. 앞에서도 인용한 것처럼, 저자는 '책머리에'에서 자신이 추
구하는 심리학의 목표를 "서구의 현대심리학을 대치할 수 있는 새로운 심리
학의 가능성을 탐색해보고자 하는 작업"이라고 규정한다(5 ; 강조는 평자).
이 구절만 보면 저자가 추구하는 "새로운 심리학"은 서구의 현대심리학을
대치(代置)하거나 대체(代替)하는 것이다. 8장 "새로운 심리학의 가능성 :
유학심리학 체계의 모색"의 모두에서도 저자는 "심리학은 연구되고 있는
사회에서 실제로 삶을 영위하고 있는 사람들을 대상으로 하여 탐구될 수밖
에 없"기 때문에 "서구에서 발달한 현대심리학"은 "서구의 문화특수적인 심
리학"에 불과할 뿐, "보편심리학"은 아니라고 주장하면서(813),[17] 그 논거

___

않는다. 그들은 유교사회의 지배계급만큼 부귀를 누리지 못한다.

17) 이 지적은 당연한 것 같지만, 서구인이 서구 사회(서구인)를 대상으로 연구한 심리학
을 전제로 할 때 대체로 합당할 것이다. 서구인(인류학자 등)이 비서구 사회(아프리카,
라틴아메리카, 아시아 등)에 살면서 비서구인의 심리에 대한 연구를 한다든지 아니면
비서구인이 서구 사회에 살면서 서구인의 심리에 대한 연구를 한다든지 하면서 발전시
킨 심리학에 대해서는 이러한 지적이 합당하지 않을 수 있다. 물론 이러한 지적은, 예를
들어, 서구인이 비서구 사회를 대상으로 하여 발전시킨 심리학 역시 서구중심주의에 따
라 서구의 문화특수적인 심리학의 아류로 재생산될 수도 있다는 점을 부정하는 것은
아니다. 그러나 그가 비교문화적 심리학 연구를 객관적으로 수행한다면 오히려 좀더 보
편적인 심리학을 생산할 수도 있을 것이다.

와 함께 새로운 심리학의 필요성과 가능성을 아래와 같이 제기한다.[18]

지금까지 살펴본 바와 같이, 서구와 다른 입장에서 인간을 파악하는 동아시아의 관점에 서면, 서구에서 발달할 것과는 다른 심리학의 내용이 도출될 수밖에 없을 것이기 때문이다. 동아시아인의 삶과 경험에 바탕을 둔 새로운 심리학이 요청되는 까닭이 바로 여기에 있다(813).[19]

……이상에서 고찰한 바와 같이 서구와 동아시아에서 인간을 파악하는 관점이 달라짐에 따라 사회관계를 파악하는 이론체계가 달라지고, 그에 상응하여 두 사회인들이 사회관계의 장면에서 실제로 드러내는 행동에 차이를 보인다면, 서구에서 서구인의 인간관을 바탕으로 하여 발달할 현대심리학과는 달리 동아시아에서 동아시아인의 인간관을 바탕으로 한 새로운 심리학의 체계를 구성할 수 있는 가능성이 있다……(813-814).

얼핏 의미가 비슷하면서도 중복되는 두 인용문에서 저자는 동아시아와 서구는 인간관이 서로 다르기 때문에(이론적 이유), 또 그러한 인간관의

---

18) 저자가 자주 언급하는 '새로운' 심리학이 무엇을 지칭하는지는 평자에게 명확하게 다가오지 않는다. 어떤 때는 저자가 유학고전을 재해석하여 체계화한 유학심리학을 의미하는 것 같고, 어떤 때는 저자가 발전시킨 유학심리학을 현대심리학이 받아들인 결과 출현한 "통합적이고 보편적인 사회관계론"에 기초한 심리학을 지시하는 것 같기 때문이다. 마지막으로 새로운 심리학은 저자가 마음에 품고 있지만 (서구중심주의의 위엄과 위세에 눌려) 명시적으로 표현하지 못하는 심리학, 곧 (평자가 411쪽에서 잠깐 언급한 바 있는) 유학심리학을 중심으로 하여 서구의 현대심리학을 통합적으로 포섭한 그런 심리학일 법도 하다. 만약 평자의 이러한 혼란이 근거가 있다면, 저자는 이 구분을 좀더 명확히 해줄 필요가 있을 것이다.

19) 그러나 이제 동아시아인의 삶과 경험은 지난 100년 동안 산업화·근대화·세계화·정보화와 함께 과거와 다른 근본적인 변혁을 겪어왔다. 그런데 이에 대한 저자의 체계적 논의는 이 책에서 발견되지 않는다. 이 점에서 저자의 심리학은 '문화 본질주의'로 흐르는 편향을 보인다.

차이가 빚어내는 '삶과 경험'이 서로 다르기 때문에(현실적 이유),[20] 적어도 "동아시아인의 인간관을 바탕으로 한" "동아시아인의 삶과 경험에 바탕을 둔 새로운 심리학"의 체계가 요청되고 또 구성 가능하다고 주장한다. 그러나 저자의 논지에 따르자면 이른바 '동아시아적 심리학'— 그것이 유학심리학이든 아니면 다른 무엇이든 — 역시 "문화특수적인 심리학"일 뿐이다. 그렇다면 하나의 문화특수적인 동아시아적 심리학이 다른 또 하나의 문화특수적인 심리학, 곧 현대심리학을 '대치'하는 것은 곤란한 것처럼 여겨진다. 이러한 상황은 문화상대주의의 입장에 따라 서구인에게는 서구인의 삶과 경험에 바탕을 둔 서구의 현대심리학이, 동아시아인에게는 동아시아적 심리학이 적합하다는 결론을 시사하는 것 같다. 이런 결론을 따른다면, 서구의 현대심리학과 동아시아적 심리학(유학심리학 등)은 상호 대치(대체)할 수 있는 대체제 관계도 아니고, 서로의 한계와 문제점을 보완할 수 있는 보완재의 관계도 아닌 것처럼 보인다. 양자는 동아시아와 서구라는 상이한 문화적 지형(인간관+삶과 경험)에 바탕을 두고 적용영역을 달리하면서 공존하거나 병존해야 하는 것처럼 보인다.

　그러나 사회심리학적 관점에서 동서의 사회관계론을 비교하는 저자의 입장이 서구 특수적 심리학이나 동아시아 특수적 심리학이 각각의 사회에 안주하면서 공존할 것을 제안하는 것으로 귀결되는 것은 아니다. 그것은 저자의 의도도 아니고, 식견 있는 독자가 기대하는 바도 아닐 것이다. 이어지는 논의에서 저자는 자신이 추구하는 도덕실천론에 입각한 유학심리학이 "서구 사회의 대표적인 사회관계론인 사회교환이론," 나아가 "현대 서구 심리학이 갖는 일반적인 문제점에 대한 보완책"을 제시한다고 주장한다

---

20) 여기서 이론과 현실은 분리된 것이 아니라 상호 구성적으로 영향을 주고받으면서 한데
　　엮어져 있다고 보아야 할 것이다.

(814). 그 점에서 저자가 말하는 "새로운 유학심리학"은 이제 서구의 현대 심리학에 대한 대체재가 아니라 보완재로서의 의미를 갖는 것으로 보인다. 저자는 이러한 보완을 통해서 "통합적이고 보편적인 사회관계론이 추구해야 할 점들을 도출"할 수 있을 것이라고 주장한다(817). 다시 말해 "사회관계의 제반 행위를 전적으로 개인의 특성에 환원시켜 이해하려 함으로써, 인간 삶의 공동체적 특성을 무시하는 경향을 띤" 사회교환이론에 기초한 서구의 사회관계론은 "인간의 삶의 의의를 사회적 관계체로서의 인간 존재의 사회성에서 찾아, 사회를 구성하는 기본단위를 사람들 사이의 관계라고 인식하는 유학적 사회관계론의 도덕실천론을 그들의 이론체계" 속에 받아들임으로써 '통합적이고 보편적인 사회관계론'을 발전시켜야 한다고 저자는 말한다(834 ; 817).

일단 저자의 이러한 주장을 받아들인다고 전제할 때, 저자는 이렇게 구성된 통합적이고 보편적인 사회관계론에 기초한 심리학을 어느 사회에 적용할 것으로 의도하는가? 먼저 한국·중국·일본·타이완·북한 등 동아시아 사회에 적용할 것을 의도하는가? 그렇지만, 앞에서 평자가 비대칭적 비교를 논하면서 살펴본 것처럼, 유학에 기초한 동아시아의 사회관계론이 서구의 사회관계론보다 훨씬 더 우월한 것이라면, 마음의 습관으로 유학에 익숙한 동아시아인들이 굳이 서구의 사회관계론을 '기본'으로 하되 동아시아의 사회관계론을 보완하여 종합한 심리학을 받아들여야 이유는 무엇인가? 아마도 우리는 유학적 사회관계론을 기본으로 하되 유학적 사회관계론의 결함을 서구의 사회관계론을 통해서 보완한 심리학을 발전시키고 적용해야 하는 것 아닌가? 그 경우 우리는 유학적 사회관계론이 인간의 개체성(개인의 자율성, 개인의 이익 등)이나 평등한 인간관계를 소홀히 했다고 지적하고 그러한 결함을 서구의 자유주의적 사회관계론에 의해서 보완하자고 제안할 법한데, 저자는 유학적 사회관계론에 그러한 결함이 없다는 점을 이미 소상하게 설명한 바 있다. 그렇다면 그 이유는 지난 70년 동안 급속하게 자본주의에 기초한 산업화·근대화·세계화·정보화를 수행하는 과정에서 대다수의 한국인들 — 서구심리학을 보편적인 심리학으로 철저히 학습하고 이를 학생들에게 가르치는 심리학자들을 포함한 — 이 삶과 경험에서는 물론 인간관에 있어서도 유학적 사회관계론을 망각하고 서구의 사회관계론을 체화했기 때문인가? 그리하여 이처럼 유감스럽고 잘못된 결과를 치유하기 위해서 서구의 사회관계론을 기본으로 하되 그 결함을 유학적 사회관계론으로 보완하는 역의 과정을 제안하는 것인가?

아니면 통합적이고 보편적인 사회관계론은 이제 서구의 사회관계론을 부분적으로 수정·대치하여 서구인들의 삶과 경험을 조형하고 해석하는 데 적용되어야 하는가? 그런데 그들이 개인주의적이고 자유주의적인 사회관계론의 결함을 굳이 유학적 사회관계론을 통해서 보완할 필요가 있을까? 서구 문명 역시 획일적이고 단조로운 문명이 아니라 다양하고 풍성한 요소를 포함하고 있는 복합 문명이라는 점을 받아들인다면, 서구 문명 내에서 다른 이론적 자원을 찾아 그 결함을 보완할 수 없는가? 이러한 발상에 따라 서구 문명의 전통을 검토할 때, 먼저 플라톤과 아리스토텔레스 등 고대 그리스의 철학자들은 인간의 사회성과 도덕주체성을 강조하지 않았는가? 예를 들어, 그리스인들의 일반적인 관념에 따라 아리스토텔레스가 인간을 '정치적 동물(political animal ; zōion politikon)'이라고 규정했을 때, 그는 폴리스(polis)라는 도시국가의 두텁고 친밀한 공동체적 속성을 강조한 것이었고, 오직 폴리스에서의 삶을 통해서 인간이 정치적 덕의 최상의 형태인 '정의'의 관념을 획득할 수 있다는 신념을 표현한 것이었다. 한편 고대 로마에서는 이처럼 친밀한 공동체적 유대를 담고 있는 폴리스로부터 파생된 정치적 동물에 직접 대응하는 단어를 라틴어에서 찾을 수 없어서 부득이 그에 가까운 의미를 찾아 '사회적 동물(social animal ; animal sociale)'로 번역했다.[21] 따라서 고대 그리스와 로마의 철학자들은 인간의 개체성이 아니라 정치성과 사회성을 인간의 규정적(defining) 요소로 받아들였다.

마찬가지로 서구의 근대 철학을 예로 들더라도, 저자가 자유주의자로 묶어서 다루는 프랑스의 정치철학자 루소 역시 『사회계약론』에서 인간이 자연 상태에서 사회계약을 통해서 시민사회로 이행하게 되었을 때, 비로소 인간의 행위가 본능이나 욕망 대신 정의와 도덕성을 따르게 되고, 육체적 충동 대신 이성에 귀를 기울인다고 주장함으로써 인간의 사회성과 도덕주체성을 강조하고 양자를 결부시켰다(Rousseau 1978, I, viii, 55-56). 또한 그는 인간의 자유를 인간의 도덕성에 필수불가결한 전제조건으로 설정함으로써 자유와 이성이 단순히 자기 이익의 극대화를 위한 것이 아님을 분명히 했다(Rousseau 1978, I, iv, 50). 그의 유명한 일반의지 개념 역시 인간의 사회성과 도덕성의 실현을 가능케 하는 핵심적 개념이라 할 수 있다. 이러한 이론적 자원은 에드먼드 버크 등 근대 보수주의 사상가는 물론 가톨릭에서도 어렵지 않게 찾아볼 수 있을 것이다.

이러한 보완적 자원은 서구의 현대 정치철학에서도 당연히 발견되는바, 20세기 후반에 출현한 사조로서 앨러스데어 매킨타이어, 마이클 월저, 찰스 테일러, 마이클 샌델 등으로 대표되는 서구의 공동체주의를 가까운 예로 제시할 수 있다. 공동체주의는 "근대 개인주의의 보편화에 따른 윤리적 토대의 상실, 즉 고도산업사회화에 따른 도덕적 공동체의 와해와 이기적 개인주의의 팽배에 의한 원자화 등의 현상에 대한 불만의 이론적 표출"로서 자유주의와 달리 인간의 덕성, 곧 "자유보다는 평등의 이념, 권리(right)보다는 책임(responsibility), 가치중립적 방임보다는 가치판단적 담론을 중시"한

---

21) 이 점에서 오늘날의 용례와 달리 고대 그리스-로마 문명에서 '정치적'과 '사회적'은 그 발상과 의미에서 거의 비슷한 뜻을 담고 있었다.

다.[22] 사회 이전에 존재하는 개인의 자율성에 절대적인 우선성을 부여하는 자유주의와 달리 공동체주의는 유학과 비슷하게 인간의 정체성이 그가 속하는 가족, 계급, 공동체, 국가, 민족의 구성원이라는 의식으로부터 분리될 수 없다고 주장한다. 이러한 이유로 한국을 포함한 비서구 사회에서 공동체주의는 종종 유학 등 전통사상과 비슷한 것으로 쉽게 오해되기도 하지만, 서구의 공동체주의 역시 계몽주의의 산물로서 전통사상이 담고 있는 권위주의적·집단주의적 전통을 거부한다는 점은 주목을 요한다(송재룡 2001).[23] 그렇기 때문에 무연고적 개인의 절대적 자율성에 기초한 사회관계론을 (저자와 마찬가지로) 거부하거나 비판하는 서구의 심리학자들은 자유주의적 사회관계론의 결함을 유학적 사회관계론을 통해서 보완하기보다는 공동체주의에 의존하여 보완하기를 원할 것이다. 그렇다면 이런 문제가 제기된다. 저자가 서구의 사회교환이론의 결함을 도덕실천론에 입각한 유학의 사회관계론으로 보완하여 제시한 "통합적이고 보편적인 사회관계론"은 공동체주의를 통해서 보완한 사회관계론보다 어떤 이론적·실천적인 이점이나 우위를 가지고 있는가? 토머스 쿤의 통찰에 따라 자유주의 패러다임에 낯선 패러다임인 유학심리학을 도입하여 자유주의를 수정하고 교체하는 비용(retooling expenses), 곧 전환의 비용이 서구인들에게는 매우 높을 것이라는 점을 감안한다면, 그들은 유학 사상보다는 공동체주의에 의존하여 혁신을 꾀하는 대안을 선택하지 않을까?

마지막으로 앞에서 유보했던 질문을 제기하고 간략히 논함으로써 이 절

---

22) https://ko.wikipedia.org/wiki/%EA%B3%B5%EB%8F%99%EC%B2%B4%EC%A3%C%EC%9D%98.

23) 그렇기 때문에 송재룡은 '미국의 공동체주의자들은 한국의 자유주의자들보다 더 자유주의적이며, 한국의 자유주의자들은 미국의 공동체주의자들보다 더 공동체주의적'이라고 꼬집는다(송재룡 2001).

을 마무리할 필요가 있다. 서구의 사회관계론에 유학적 사회관계론의 도덕적 실천론을 접목하여 종합한 '통합적이고 보편적인 사회관계론'은 과연 얼마나 보편적일 것인가? 평자가 앞에서 논한 것처럼— 물론 평자가 논하지 못한 다른 한계도 추가하여 고려해야 하겠지만 — 유학과 자유주의 사회관계론이 지니고 있는 문제점, 곧 인간중심주의와 세속주의 및 합리주의 등이 안고 있는 한계를 인정한다면, 동아시아와 서구의 사회관계론을 상호 보완하여 종합한 사회관계론이 동아시아와 서구를 제외한 여타 많은 비서구 사회(이슬람, 남아시아 및 동남아시아, 라틴아메리카, 아프리카 등)에도 두루 적용될 수 있는 '통합적이고 보편적인 사회관계론'을 발전시킬 수 있는지에 대해서 평자는 회의적이다. 어떤 주어진 문화도 인간의 삶과 경험을 총체적으로 담아낼 수 없기 때문에 교차문화적인 지양과 종합에 대해서 평자는 매우 긍정적이다. 그러나 각각의 심리학의 터전을 이루고 있는 동아시아와 서구의 문화는 저자의 대조와 달리 공통점(장점은 물론 단점을 포함한)이 많기 때문에 이종교배라기보다는 동종교배와 가깝고, 그렇기 때문에 다른 문화권의 사회관계론을 폭넓게 담아서 풍성한 결과를 엮어내기 어렵다는 것이 평자의 잠정적인 결론이다.

6. 맺는글

지금까지 평자는 동과 서의 비교연구에 기초한 유학심리학 또는 '새로운 심리학'에 대한 저자의 여러 저작을 전체적으로 읽지 못한 상태에서 『사회관계론의 동·서 비교: 새로운 심리학의 가능성 모색 II』을 '장님 코끼리 만지기식'으로 두서없이 논평했다. 논평을 마무리하는 작업의 일환으로 평자의 논평을 좀더 간략히 정리해보면 다음과 같다.

먼저 "가지 않은 길을 상상하고 이를 통해서 이미 간 길을 성찰하기"에서 평자는 동서 사회관계론의 비교를 통한 저자의 새로운 심리학의 가능성 탐색작업이 양자의 공통적인 한계, 곧 인본주의/인간중심주의 그리고 세속주의와 합리주의의 틀에 갇혀 있다는 점을 지적했다. 이로 인해서 저자가 제안하는 사회관계론이 생태학적 사유―21세기 생태계의 위기가 인류에게 부과하고 있는―가 사회관계의 쇄신(또는 재조형)을 요구하고 있다는 점을 적절히 반영하지 못하고 있고, 또 세속주의와 합리주의에 매몰된 사회관계론이 인간존재의 영적·초월적 차원에 대한 탐색을 소홀히 하고 있다는 점을 비판했다. 궁극적으로 평자의 이러한 비판은 바람직한 사회관계론이 단순히 인간 본위의 사회관계론으로 머물러 있어서는 안 되며, 유학 사상 본연의 체계로 돌아가 인간존재에 내재하는 영적이고 초월적인 요소, 인간존재에 내재하는 물질적·생태학적 요소, 인간에 고유한 요소, 곧 천지인(天地人)을 한데 아우르는 체계를 구상하고 구성해야 한다는 점을 시사한다.24) 이러한 비판은 저자가 제안하는 사회관계론이 '통합적이고 보편적인 사회관계론'의 기준을 충족시키기 어렵다는 마지막 논점을 추가적으로 강화하는 면이 있다.

둘째, "비교의 비대칭성, '평등'의 문제"에서 평자는 서구 사회관계론의 문제점으로 저자가 제시하고 치밀하게 비판한 항목들―① 개체적 독립성 중시와 사회적 존재 특성의 무시, ② 쾌락적 이기성 중시와 도덕적 관심의 무시, ③ 보편적 일관성 중시와 상황가변성의 무시―이 논의의 구도에 있어서 비대칭적이고 편향된 이항대립으로 설정되어 있기 때문에 서구중심주의의 한 요소인 오리엔탈리즘을 역으로 재생산하고 있으며, 아울러 유학적 사회관계론의 문제점에 관해서는 침묵을 지키거나 오히려 예상 가능한

---

24) 이러한 제안은 정치사상을 하는 평자 역시 감당할 수 없는 거창한 작업임이 분명하다. 그러나 당장 실천에 옮기지 못하더라도 큰 그림의 필요성에 대한 상상은 필요할 것이다.

(친숙한) 비판을 반박하고 있다는 점을 지적했다. 이어서 저자가 유학 사상이 인간관계를 평등한 관계로 상정한다는 자신의 해석을 정당화하기 위해서 제시한 두 가지 논변—곧 인간 상호 간의 '쌍무적인 역할수행' 그리고 세습적인 신분이 아니라 "도덕적인 수양의 결과"와 "지·우(智·愚)와 능·불능(能·不能)"에 따라 귀천을 가르는 사회적 지위(또는 사회등급)와 사회직분이 배분된다는 주장—이 설득력이 없다는 점을 비판했다.

마지막으로 "유학심리학의 모호한 위상, (보완적으로 종합된) 새로운 심리학의 불확실한 역할"에서 평자는 사회관계론의 관점에서 유학심리학이 서구의 현대심리학에 대한 대체재인지 아니면 보완재인지를 검토하면서 전체적으로 보완재의 위상을 갖는 것으로 파악했다. 그러나 이 책에서 명시적으로 제시된 저자의 논의에만 따른다면 양자를 보완적으로 종합하더라도, 왜 서구심리학이 '주(主)', 유학심리학이 '보(補)'가 되고 그 반대가 아닌지는 평자에게 명확하게 드러나지 않는다는 점을 비판했다. 또한 평자는 양자를 보완적으로 종합한 결과 출현한 '통합적이고 보편적인 사회관계론'이 동아시아를 제외한 다른 비서구 사회는 말할 것도 없고, 심지어 동아시아나 서구 사회에도 적실성 있는 이론체계가 될 수 있는지에 관해서 심각한 의문을 제기했다.

참고 문헌

『論語集註』. 1991. 성백효 역주. 전통문화연구회.

『孟子集註』. 1991. 성백효 역주. 전통문화연구회.

강정인. 2004.『서구중심주의를 넘어서』. 서울 : 아카넷.

송재룡. 2001.『포스트모던 시대와 공동체주의』. 서울 : 철학과현실사.

볼, 테렌스 · 리처드 대거 저. 정승현 외 역. 2013.『현대 정치사상의 파노라마』. 서울 : 아카넷.

조긍호. 2012.『사회관계론의 동 · 서 비교 : 새로운 심리학의 가능성 모색 II』. 서울 : 서강대학교
출판부.

화이트, 스튜어트 저. 강정인 · 권도혁 역. 2016.『평등이란 무엇인가』. 서울 : 까치.

Rousseau, Jean-Jacques. 1978. *On the Social Contract with Geneva Manuscript and Political
Economy*. ed. Roger D. Masters and tr. Judith R. Masters. New York : St Martin's Press.

위키백과. 2017. "공동체주의" : https://ko.wikipedia.org/wiki/%EA%B3%B5%EB%8F%99%EC%
B2%B4%EC%A3%BC% EC%9D %98(검색일 : 2017. 02. 09).

원(原) 논문이 출간된 학술지

이 책에 수록된 글들이 원래 출간된 학술지는 다음과 같다. '책머리에'에서 밝혔듯이 필자들은 이 글들을 책으로 묶으면서 새로 문장을 다듬었으며, 일부 논문은 논지가 좀더 명료해지도록 대폭 수정했다.

제1장 강정인, "율곡 이이의 정치사상에 나타난 대동(大同)·소강(小康)·소강(少康) : 시론적 개념 분석"(『한국정치학회보』 제44집 제1호, 한국정치학회, 2010년 3월)

제2장 강정인·김태환, "성인(聖人)에 관한 『한비자(韓非子)』의 중층적 언술 검토 : 성인에 대한 모순된 평가를 중심으로"(『한국정치학회보』 제51집 제2호, 한국정치학회, 2017년 6월)

제3장 강정인, "루소의 정치사상에 나타난 정치 참여에 대한 고찰 : 시민의 정치 참여에 공적인 토론이나 논쟁이 허용되는가?"(『한국정치학회보』 제43집 제2호, 한국정치학회, 2009년 6월)

제4장 강정인·김우영, "볼테르의 종교적 관용 사상 : 그는 보편적 관용을 주장했는가?"(『한국정치학회보』 제48집 제1호, 한국정치학회, 2014년 3월)

제5장 강정인, "덕치(德治)와 법치(法治) : 양자의 겸전(兼全) 필요성을 중심으로"(『정치사상연구』 제6집, 한국정치사상학회, 2002년 5월)

제6장 이석희·강정인, "조선 유교 헌정주의의 성립 : 도통론과 문묘배향 논쟁을 중심으로"(『한국정치학회보』 제52집 제4호, 한국정치학회, 2018년 9월)

제7장 강정인·장원윤, "조선의 과거사 정리담론 : 4대 사화를 중심으로"(『한국정치연구』 제23집 제2호, 서울대학교 한국정치연구소, 2014년 6월)

제8장 강정인 · 권도혁. "조소앙의 삼균주의의 재해석 : '균등' 개념의 분석 및 균등과 민주공화주의의 관계를 중심으로"(『한국정치학회보』 제52집 제1호, 한국정치학회, 2018년 3월)

제9장 강정인 · 한유동. "이승만 대통령의 국가기념일 활용에 관한 연구 : '반공'국민을 만드는 국민의식(國民儀式)"(『현대정치연구』 제7권 제1호(통권 제13호), 서강대학교 현대정치연구소, 2014년 4월)

제10장 강정인. "박정희 시대의 국가주의 : 국가주의의 세 차원"(『개념과 소통』 제20호, 한림대학교 한림과학원, 2017년 12월)

제11장 강정인. "탈서구중심주의를 지향하는 비교사상 연구의 새로운 지평 : 김성국, 『잡종사회와 그 친구들 : 아나키스트 자유주의 문명전환론』(이학사, 2015)"(『정치사상연구』 제22집 제1호, 한국정치사상학회, 2016년 5월)

제12장 강정인. "동 · 서 비교 사회관계론의 기여와 한계 : 조긍호, 『사회관계론의 동 · 서 비교 : 새로운 심리학의 가능성 모색 II』(서울 : 서강대학교 출판부, 2012)"(『정치사상연구』 제23집 제1호, 한국정치사상학회, 2017년 5월)

인명 색인